STADT
ENTWERFEN

LEONHARD SCHENK

STADT ENTWERFEN

GRUNDLAGEN, PRINZIPIEN, PROJEKTE

MIT BEITRÄGEN VON OLIVER FRITZ, ROLO FÜTTERER UND MARKUS NEPPL

ZWEITE, AKTUALISIERTE UND ERWEITERTE AUFLAGE

BIRKHÄUSER
BASEL

Vorwort 7

1. Einführung 11

2. Qualitative Merkmale 17
2.1 Sehgesetze 18
2.2 Gestaltgesetze und Städtebau 22
2.3 Weitere Annäherung an qualitative Merkmale 26
2.4 Proportionen 28
2.5 Proportionen im Städtebau 29

3. Allgemeine Ordnungsprinzipien 33
3.1 Das nicht-geometrische Prinzip 33
3.2 Das geometrische Prinzip 44

4. Die Beziehung der Teile zum Ganzen 57
4.1 Additives Fügen 57
4.2 Divisives Fügen 62
4.3 Überlagerndes Fügen 66
4.4 Städtebau aus einem Stück (Großform) 70

5. Entwurfsprinzip „Gitter" 77
Das regelmäßige Gitter 77
Das unregelmäßige Gitter 77
Das verkippte Gitter 77
Das gedehnte Gitter 77
Das transformierte Gitter 77
Das überlagerte Gitter 77

6. Stadtbausteine 95
6.1 Typisierung von Stadtbausteinen 95
6.2 Normalbausteine 97

7. Anordnung von Stadtbaufeldern, Baufeldern und Stadtbausteinen 141
7.1 Prinzipien zur Anordnung von Stadtbaufeldern zu einem größeren Stadtgebiet und Baufeldern zu einem Stadtbaufeld 141
7.2 Ordnungsprinzipien von Stadtbausteinen im Baufeld 166

8. Erschließungssysteme 177
8.1 Vollständige Erschließungsnetze 177
8.2 Unvollständige Erschließungsnetze 179
8.3 Kombinationen 179

9. Stadtraum 189
9.1 Plätze 189
9.2 Straßenräume 207
9.3 Grün- und Freiräume 219

10. Darstellung im Städtebau 243
10.1 Pläne und Zeichnungen IM STÄDTEBAU – Rechtspläne und informelle Pläne 243
10.2 Planarten, Zeichnungen und Modelle im städtebaulichen Entwurf 245

11. Parametrisches Entwerfen 311
Oliver Fritz: Anwendungsmöglichkeiten im Städtebau

12. Praxisbeispiele 317
12.1 Markus Neppl: Die Entwicklung des Masterplans der Hafencity in Hamburg 319
12.2 Rolo Fütterer: Von der Stahlhütte zur Stadt, Belval/Esch-sur-Alzette 327
12.3 Leonhard Schenk: Bürger bauen Stadt: die Südstadt Tübingen 333

Anhang
Literaturverzeichnis 343
Projektverzeichnis 347
Abbildungsverzeichnis 354
Autoren 355

„Auch die liebevollste Beschäftigung mit theoretischen Problemen der Kunst darf den Schaffenden nie darin stören, intuitiv zu arbeiten. [...] Kunsttheorie ist dafür da, das Schaffen zu erhellen, nicht, es zu wecken.“[1]

Fritz Schumacher, 1926

Vorwort zur Neuauflage

Der große Erfolg von *Stadt entwerfen* hat mich sehr gefreut. Rasch ist das Buch zu einem Standardwerkzeug beim städtebaulichen Entwerfen geworden und hat sowohl bei Studierenden als auch bei etablierten Planern seinen festen Platz gefunden.

Natürlich ist der Themenkomplex „Stadt entwerfen“ viel umfangreicher, als im Buch dargestellt, bzw. möglicherweise in einem einzelnen Buch überhaupt darstellbar. Vieles, was fehlt, wurde bereits von Kolleginnen und Kollegen umfassend dargelegt. Die thematisch geordnete Literaturliste im Anhang dient der Orientierung und soll zur thematischen Vertiefung anregen.

Ich bin davon überzeugt, dass der Städtebau zu den Kernkompetenzen der Architektin und der Stadtplanerin gehört. Mit der Fokussierung auf die künstlerischen und handwerklichen Teile des städtebaulichen Entwerfens ist es mir ein Anliegen zu zeigen, dass der Städtebau zur Architektur eine gleichberechtigte räumliche, gestalterische und kreative Disziplin ist, die sich zudem in vielen Bereichen, inhaltlich und methodisch nicht von der Architektur trennen lässt. Im Buch steht daher stets die Frage im Vordergrund: „Wie wird es gemacht?“, bzw. „welche Methoden und Werkzeuge stehen dem Entwerfer zur Verfügung?“

Mit der Neuauflage des Buchs wurde die Chance ergriffen, das Buch behutsam zu aktualisieren, zu erweitern und in einem größeren, die Pläne besser lesbaren Format zu präsentieren. Mein besonderer Dank gilt allen Planerinnen, Planern und Büros, die uns Ihr Knowhow in Form von Projekten, Plänen und Modellen zur Verfügung gestellt haben.

Konstanz/Stuttgart im Frühjahr 2018

Vorwort zur Erstauflage

Mit dem Zitat aus *Das bauliche Gestalten* sind die Möglichkeiten und Grenzen des vorliegenden Buchs beschrieben. Wir können uns von ganz unterschiedlichen Seiten dem kreativen Prozess annähern, Methoden und Abläufe analysieren – und dennoch wird sich ein wesentlicher Teil des Entwerfens der Rationalität verschließen, nämlich derjenige, den Schumacher „Intuition“ nennt.

Das Buch soll dazu dienen, die Entwurfsprinzipien im Städtebau zu „erhellen“ und nachvollziehbar zu machen. Ein Rezeptbuch, wie man gute städtebauliche Entwürfe anfertigen kann, will es nicht sein. Dennoch verbinde ich mit dem Buch die Hoffnung, angehenden wie auch etablierten Architekten und Stadtplanern Anstöße für die eigene Entwurfspraxis geben zu können.

Bedanken möchte ich mich ganz herzlich bei meinen Master-Studierenden aus zwei Seminaren. Ohne die hier geführten Diskussionen und Vorüberlegungen wäre das Buch in dieser Form nicht möglich gewesen. Steffen Maier hat die historischen Beispiele zeichnerisch aufgearbeitet, Prof. Rolo Fütterer und Prof. Markus Neppl schildern in ihren Beiträgen, wie prämierte Entwürfe erfolgreich realisiert werden können, Prof. Oliver Fritz beschreibt in seinem Beitrag neue computerbasierte Entwurfsinstrumente im Städtebau. Auch hierfür ganz herzlichen Dank!

Mein besonderer Dank gilt meiner Familie für ihre Geduld, meinen Lektorinnen Annette Gref und Katharina Kulke, meinem Kollegen Martin Feketics und Herrn Prof. Dr.-Ing. Dittmar Machule, die mir mit wertvollen Hinweisen beratend zur Seite standen, den zahlreichen Büros, die mir freundlicherweise ihr Know-how, nämlich Pläne, Skizzen und Modellfotos, zur Verfügung gestellt haben, und der Stiftung „Lebendige Stadt“ für die finanzielle Unterstützung.

Konstanz/Stuttgart im Herbst 2012

Leonhard Schenk

1
Fritz Schumacher: *Das bauliche Gestalten*, Basel/Berlin/Boston 1991 (zuerst 1926), S. 53.

1 Einführung

1 Einführung – Stadtplanung – Städtebau – Entwurfsprinzipien

Seit 2008 leben erstmals mehr Menschen in Städten als auf dem Land. Gibt es derzeit circa 3,5 Milliarden Städter, so werden es im Jahr 2050 nach Berechnungen der UNO bis zu 6,3 Milliarden Menschen sein, die in urbanen Agglomerationen leben.[1] Selbst wenn die Zahl der sogenannten Megacities mit 10 Millionen Einwohnern und mehr wächst, wird auch künftig über die Hälfte der Städter in kleineren urbanen Zentren mit weniger als einer halben Million Einwohnern leben. Vermutlich wird nur ein verschwindend kleiner Teil dieses Urbanisierungsschubs geplant von sich gehen. Aber allein für diesen Teil stehen der Stadtplanung und auch dem Städtebau, dem gestalterischen, baulich-räumlichen Aspekt der Stadtplanung, Aufgaben in ungeahntem Umfang bevor.

Stadtplanung ist das „Bemühen um eine den menschlichen Bedürfnissen entsprechende Ordnung des räumlichen Zusammenlebens – auf der Ebene der Stadt oder der Gemeinde".[2]

Dieses Bemühen umfasst die sozialen, wirtschaftlichen und umweltschützenden Aspekte, den Ausgleich zwischen öffentlichen und privaten Belangen und auch die städtebaulichen Aspekte wie Entwicklung, baukulturelle Erhaltung und Weiterentwicklung der städtebaulichen Gestalt und des Orts- und Landschaftsbildes.[3] Während der Begriff „Stadtplanung" mehr auf die vorausschauende Stadtentwicklung und deren Verankerung in der Gesellschaft zielt, geht es beim Städtebau um die konkrete gestalterische, baulich-räumliche Organisation[4]: Der Städtebau hat also die Aufgabe, physische Identität und einprägsame Orte zu schaffen.
→ Abb. 1.8, 1.10

Jede Zeit hatte und hat ihre eigene Vorstellung von physischer Identität und deren Ausdruck in Form von baulichen, städtischen Strukturen. Besonders an den Gründungsstädten der Antike bis hin zu den asiatischen Entlastungsstädten unserer Tage lässt sich gut ablesen, welche gesellschaftlichen und gestalterischen Grundordnungen hinter den Stadtkonzepten stehen. In der mittelalterlichen Stadt zeigte sich die Macht von Kirche, Feudalherrschaft oder Bürgertum. Die barocke Stadt zelebrierte den Machtanspruch des Souveräns, die Stadt des 19. Jahrhunderts das neu aufkommende bürgerliche Selbstverständnis, die moderne Stadt des 20. Jahrhunderts die Errungenschaften von Industrialisierung, Wirtschaftswachstum und Mobilität.
→ Abb. 1.1, 1,2, 1.7, 1.9

Spiegelt die klassische chinesische Stadt die göttliche, kosmische Ordnung wider, so basieren römische Stadtgründungen wie Timgad ganz pragmatisch auf der Grundstruktur des römischen Militärlagers, des Castrum Romanum. Interessanterweise haben beide Stadtmodelle eine orthogonal geteilte quadratische/rechteckige Grundform; die Bedeutung der Einzelteile ist jedoch völlig verschieden. Die Idealform des Quadrats zeigen beispielsweise auch die Renaissancestadt Freudenstadt im Schwarzwald oder die derzeit im Bau befindliche Ökostadt Masdar in den Vereinigten Arabischen Emiraten.
→ Abb. 1.3, 1.4

Indem sich keines der Beispiele auf ein anderes der genannten bezieht, wird deutlich, dass es grundlegende städtebauliche Gestaltungs- und Ordnungsprinzipien gibt, die unabhängig von Gesellschaftsmodell, Zeitalter, Zeitgeist und modischen Strömungen angewandt werden können. Selbst Konzepte, die wie das von Masdar als besonders innovativ gelten, bedienen sich regelmäßig bereits bekannter Entwurfsmethoden. Die entwerferischen, kompositorischen Grundprinzipien sind weitgehend zeitlos, die Inhalte jedoch nicht. Der Bedeutungswandel vollzieht sich im Detail, beispielsweise in der Bedeutung der Mitte: Wo in der chinesischen Stadt der kaiserliche Palast die Mitte einnimmt, da befindet sich in der antiken griechischen Stadt die öffentliche Agora, in der römischen Stadt das Forum, in der mittelalterlichen Stadt der Markt, im Idealstadtentwurf der Salinenstadt Chaux/Arc-et-Senans von Ledoux das Haus des Fabrikdirektors, in der US-Hauptstadt Washington, D.C. von l'Enfant das Parlamentsgebäude, in der „ville contemporaine" von Le Corbusier ein Verkehrsknoten, auf dessen platzartiger Überdachung Lufttaxis landen sollten, in Masdar von Foster + Partners das Hotel- und Kongresszentrum der zukünftigen Wissenschaftsstadt.
→ Abb. 1.5, 1.6

Die im Rahmen dieses Buches erläuterten städtebaulichen Ordnungs- und Entwurfsprinzipien sind ein Resultat der über 5 000-jährigen Geschichte der Stadt. Während einige Prinzipien, wie das orthogonale Gitter, sehr alt sind, gibt es andere gerade einmal seit gut 140 Jahren, z. B. bewusst angewandte nicht-geometrische, malerische Siedlungsstrukturen, die sowohl die nordamerikanischen Vorstädte ab 1870 als auch die europäischen Gartenstädte ab 1900 beeinflussten. Bei den Stadtbausteinen zeichnet sich ein ähnliches Bild ab. Die unterschiedlichen Stadtbausteine, die uns im zeitgenössischen Städtebau bereitstehen, haben sich über einen sehr langen Zeitraum hinweg entwickelt – manche über Tausende Jahre, andere, wie die Zeile, erst in den letzten hundert Jahren.

Wie in der Architektur steht uns im Städtebau heute der gesamte zeitgenössische und historisch überlieferte Gestaltungs- und Formenkanon zur Verfügung. Zwei Punkte sollen dabei hervorgehoben werden:

1
Hier und im Folgenden vgl. http://esa.un.org/unpd/wup/pdf/WUP2009_Highlights_Final_R1.pdf (Zugriff am 20.1.2012), S. 1.

2
Gerd Albers: *Stadtplanung. Eine praxisorientierte Einführung*, Darmstadt 1988, S. 4.

3
Vgl. BauGB – Baugesetzbuch, §1 (5), zuletzt geändert am 03.11.2017.

4
Vgl. Dieter Frick, Urs Kohlbrenner: *Städtebau/Urban Design*, in: Dietrich Henckel u.a. (Hg.): *Planen – Bauen – Umwelt. Ein Handbuch*, Wiesbaden 2010, S. 436.

– Nicht alles, was technisch machbar ist, ist auch sinnvoll. Im Vordergrund eines jeden Entwurfs sollte, wie von Albers beschrieben, „das Bemühen um eine den menschlichen Bedürfnissen entsprechende Ordnung des räumlichen Zusammenlebens“[5] stehen. Städtebau kann nur gelingen, wenn sich die Bewohner auch mit ihrer urbanen Umwelt identifizieren können.

– Städtebauliche Entwürfe werden immer aus der Vogelperspektive entwickelt, die Stadt jedoch aus der Fußgängerperspektive wahrgenommen. Nur wenn es gelingt, die urbanen Gestaltqualitäten aus dem Wechselspiel von Dichte und Weite, Umschließung und Vernetzung, Ordnung und Überraschung, Harmonie und Spannung für den Nutzer auch erlebbar zu machen, hat der Gestalter sein Ziel erreicht.

Die Erläuterung der wichtigsten Prinzipien erfolgt in den folgenden Kapiteln anhand von ausgewählten historischen Beispielen sowie von Projekten und prämierten städtebaulichen Wettbewerbsbeiträgen der letzten fünfundzwanzig Jahre aus dem In- und Ausland. Ins Zentrum der Betrachtung sollen dabei jeweils die Fragen gerückt werden, wie das Projekt entworfen wurde und welche Methoden und Instrumente dem Entwerfer zur Verfügung standen.

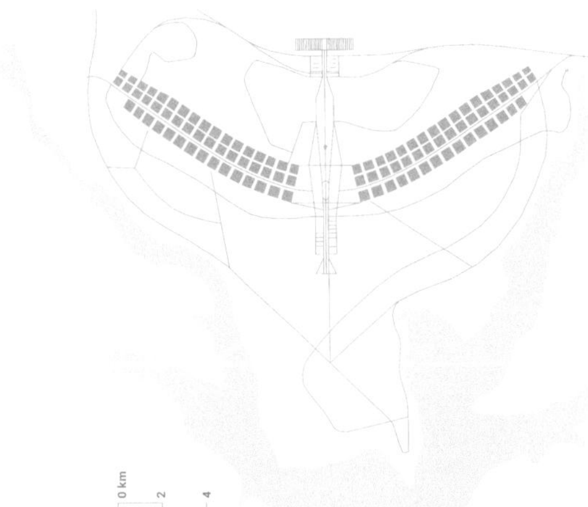

Abb. 1.1 Brasilia, Lúcio Costa/Oscar Niemeyer, 1956 (BR)

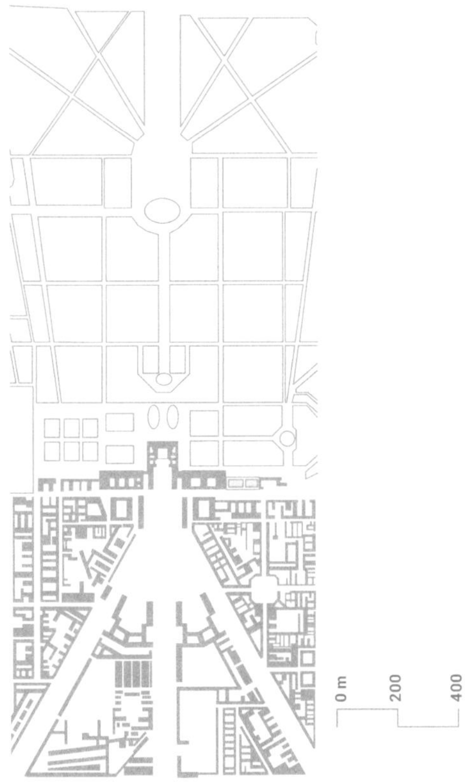

Abb. 1.2 Versailles, Louis Le Vau/André Le Nôtre u. a., 1668 (F)

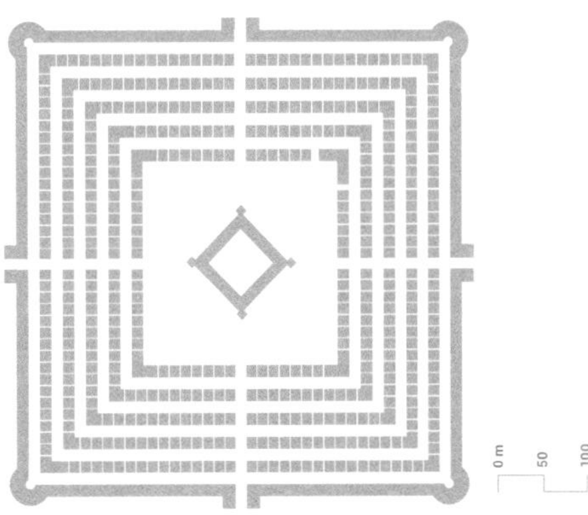

Abb. 1.3 Freudenstadt, Heinrich Schickhardt, 1599 (D)

Abb. 1.4 Masdar City, Foster + Partners, 2007 (UAE)

5 Albers, 1988, S. 4.

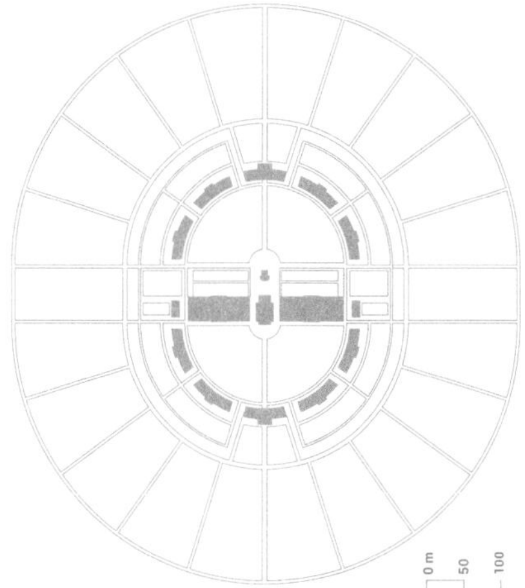

Abb. 1.5 Idealstadt Chaux, Weiterentwicklung der Königlichen Saline in Arc-et-Senans, Claude-Nicolas Ledoux, 1790 (F)

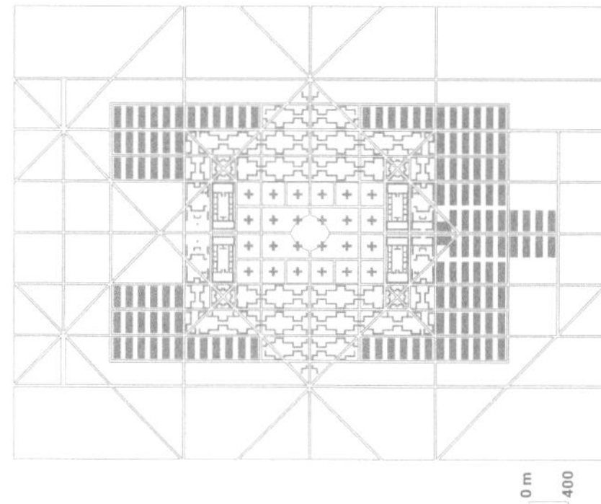

Abb. 1.6 Ville contemporaine, Le Corbusier, 1922 (F)

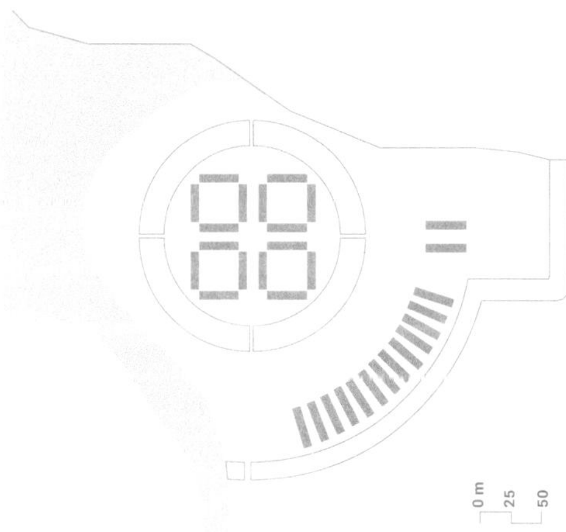

Abb. 1.7 Wikinger-Lager Trelleborg, 980 (DK)

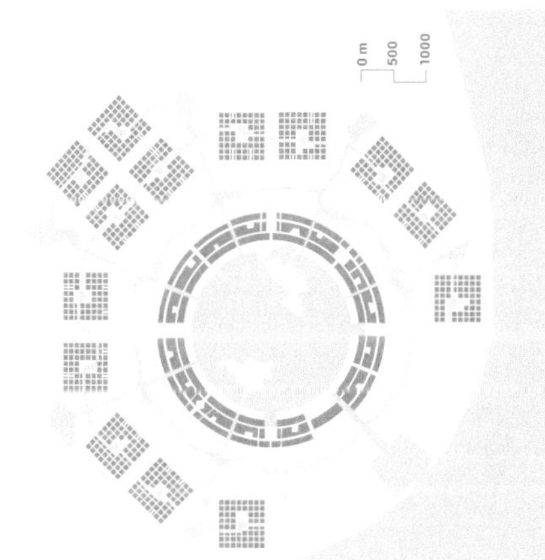

Abb. 1.8 Lingang New City, gmp Architekten von Gerkan, Marg und Partner, 2003 (PRC)

Abb. 1.9 Freiburg im Breisgau, 1120 (D)

Abb. 1.10 Seeside, Andrés Duany/Elisabeth Plater-Zyberk u. a., 1979 (US)

2 Qualitative Merkmale – die gute Gestalt

2.1 Sehgesetze

2.2 Gestaltgesetze und Städtebau

2.3 Weitere Annäherung an qualitative Merkmale

2.4 Proportionen

2.5 Proportionen im Städtebau

2 Qualitative Merkmale – die gute Gestalt

Die meisten der hier vorgestellten städtebaulichen Entwürfe sind Wettbewerbsarbeiten aus den vergangenen Jahren. Immer wieder erstaunlich ist, wie groß die Bandbreite der Beiträge in einem konkurrierenden Verfahren sein kann – und das, obwohl die Auslobung den Bearbeitern in der Regel ein eindeutig formuliertes Anforderungsprofil an die Hand gibt. Im Folgenden soll untersucht werden, welche Merkmale und Eigenschaften die eine Arbeit von anderen Arbeiten abhebt.

Ein städtebaulicher Entwurf muss so unterschiedlichen Aspekten wie Kontext, Funktionalität, Wirtschaftlichkeit, Nachhaltigkeit und Gestaltung genügen. Einige davon lassen nur wenig Interpretationsspielraum zu und können anhand eines Kriterienkatalogs überprüft werden. Die Funktionalität beispielsweise ist eine solche objektive Eigenschaft. Zur Funktionalität eines städtebaulichen Entwurfs gehören ein angemessenes Erschließungskonzept, die sinnvolle Verteilung der Nutzungen, der Schutz und Erhalt von natürlichen Gegebenheiten (Bäume, Biotope, Schutzzonen von Gewässern) und vieles mehr.

Gleichwohl fehlt vielen Entwürfen, die zwar die funktionalen Belange nachvollziehbar lösen, die „besondere" Gestaltung, eine schlüssige Idee oder eine einprägsame Gestalt. Auf den ersten Blick erscheinen Gestaltungsfragen so subjektiv wie persönliche Vorlieben: Während der eine gerne auf dem Land, mitten im Grünen lebt, bevorzugt ein anderer das abwechslungsreiche Leben in der Stadt. Im Kontext des Entwerfens kann man diese Vorlieben auch als Haltung oder Einstellung des Verfassers bezeichnen, die sich im Entwurf widerspiegelt. Teilt das Preisgericht die Haltung und stimmt die Funktionalität, so richtet sich der Fokus auf die Qualität der Gestaltung.

Erfahrungsgemäß ist ein Entwurf dann erfolgreich, wenn die Erwartungen des Auftraggebers und der Jury einerseits, Haltung, Funktionalität und Gestaltung des Entwurfs andererseits perfekt zusammenwirken.

Intuitiv werden die meisten Menschen handwerkliche Gegenstände und Industrieprodukte wie Autos als gut oder weniger gut gestaltet erkennen. Dies lässt sich möglicherweise auch auf Architektur und, in geringerem Umfang, auf Städtebau übertragen. Die Merkmale einer guten Gestaltung sind jedoch nicht einfach zu benennen, und es stellt sich die Frage, ob es neben subjektiven Kriterien auch solche gibt, die objektiv und übertragbar sind.

Antworten darauf bieten die Wahrnehmungs- und Gestaltpsychologie. Als einer der Ersten beschäftigte sich der österreichische Philosoph Christian von Ehrenfels mit der Frage nach der guten Gestalt. In seiner 1890 erschienenen Schrift *Über Gestaltqualitäten* weist er darauf hin, dass eine Melodie zwar aus einzelnen Tönen bestehe, aber dennoch mehr sei als deren Summe. Man könne mit denselben Tönen auch andere Melodien erzeugen, während die ursprüngliche Melodie, transformiert in eine andere Tonart, auch andere Töne enthalten könne. Das Lösen des Ganzen von den ursprünglichen Teilen und die damit verbundene Abstraktion ist laut Ehrenfels ein wichtiger Aspekt für Gestaltqualität – oder, mit Aristoteles gesprochen: Das Ganze ist mehr als die Summe seiner Teile. In Bezug auf die Kunstgeschichte stellt Ehrenfels in seinem Aufsatz fest: „Was man Stilgefühl für ein gewisses Kunstgebiet nennt, dürfte der Hauptsache nach in nichts Anderem als in der Fähigkeit bestehen, Gestaltqualitäten der betreffenden Kategorie aufzufassen und zu vergleichen."[1]

Zeichnet sich die neu entstandene Ganzheit, auch Übersummenprinzip genannt, durch eine Gestaltqualität aus, so stellt sich unmittelbar die Frage nach deren Maß. In einigen kurz vor seinem Tod entstandenen Zeilen zum Sinn seiner Lehre merkt Ehrenfels an: „Jeder feste Körper hat irgendeine Gestalt. Wer aber die Gestalt einer Erdscholle oder eines Steinhaufens mit der Gestalt etwa einer Schwalbe vergleicht, wird ohne weiteres zugeben müssen, daß die Schwalbe oder die Tulpe das eigentümliche genus Gestalt in stärkerem Maße realisiert haben als die Erdscholle oder der Steinhaufen."[2] Als Quintessenz nennt er: „Höhere Gestalten sind diejenigen, in denen das Produkt von Einheitlichkeit des Ganzen und Mannigfaltigkeit der Teile ein größeres ist."[3]

In der Nachfolge von Ehrenfels untersuchte der Gestalttheorie- und Wahrnehmungspsychologe Wolfgang Metzger die menschliche Wahrnehmung beim Sehen in einer Reihe von Experimenten. Daraus formulierte er die *Gesetze des Sehens*, wie auch sein 1936 erstmalig erschienenes Buch heißt. Metzger bezieht sich auf den „Aufbau der Sehwelt",[4] also darauf, wie Menschen ihre Umwelt wahrnehmen.

1 Christian von Ehrenfels: „Über Gestaltqualitäten", in: *Vierteljahrsschrift für wissenschaftliche Philosophie*, Jg. 14 (1890), S. 249–292, zitiert nach http://scriptorium.hfg-karlsruhe.de/ehrenfels.html (Zugriff am 19.10.2011).

2 Christian von Ehrenfels: „Über Gestaltqualitäten (1932)", in: Ferdinand Weinhandl (Hg.): *Gestalthaftes Sehen. Ergebnisse und Aufgaben der Morphologie*, Darmstadt 1967 (2. Aufl., zuerst 1960), S. 63.

3 Ebd.

4 Wolfgang Metzger: *Gesetze des Sehens*, Frankfurt a. M. 1975 (3. Aufl., zuerst 1936), S. 7.

2.1 Sehgesetze

Exemplarisch genannt werden sollen die folgenden Sehgesetze, die teilweise in einem der späteren Kapitel sowohl bei der Lesbarkeit von Stadtgrundrissen im Lageplan oder in der Vogelperspektive als auch bei der Wahrnehmung innerhalb von Stadtgrundrissen aus der Fußgängerperspektive oder bei der Darstellung von städtebaulichen Plänen wieder aufgegriffen werden:

Das Gesetz von Figur und Grund
Die menschliche Wahrnehmung ordnet das Gesehene in Figur und Grund. „Von den im Auge abgebildeten Formen können wir meist nur diejenigen wirklich sehen, die den Eindruck von ‚Figuren', von ‚Dingen', von ‚Körpern' machen."[5] Für den Hintergrund und den Zwischenraum zwischen den Figuren scheinen wir dagegen weitgehend blind.[6] Als Figuren wahrgenommen werden – wie bei Buchstaben in einem Buch – eher dunklere Flächen auf einem helleren Grund. Symmetrische Bereiche schieben sich jedoch vor unsymmetrische, wobei sich bei einem dunklen Hintergrund die hellen symmetrischen Flächen als Figur abbilden.
→ Abb. 2.1

Grundsätzlich werden konvexe (nach außen gewölbte) Bereiche einer Figur als dinghafter erkannt als konkave (nach innen gewölbte) Bereiche. Metzger nennt dies auch das „Gesetz der Innenseite".[7]
→ Abb. 2.2

Im Städtebau funktionieren Baumassenpläne (Schwarzpläne) nach dem Figur-Grund-Gesetz. Schwarze Gebäude auf weißem Grund lassen die Komposition der Baukörper genau erkennen. Bei einer Umkehrung – weiße Gebäude auf schwarzem Grund – treten dagegen die zusammenhängenden Zwischenräume, der Stadtraum, in den Vordergrund.
→ Abb. 2.3

Das Gesetz der Geschlossenheit
Linien, die eine Fläche umschließen, werden bei Farbgleichheit von Fläche und Hintergrund leichter als Figur aufgefasst als diejenigen, die nicht geschlossen sind. „Wird ein nicht ganz von Umrisslinien umgebendes Flächenstück dennoch als Figur gesehen, so schließt es sich an den offenen Stellen vollends mit [unsichtbaren] Umrisslinien"[8] – sofern wir Kenntnis von der eigentlichen Figur besitzen. Dadurch lässt sich beispielsweise allein aufgrund eines leichten, linienhaften Schattenwurfs von Gebäuden im Lageplan auf die Figuren der Baukörper schließen.
→ Abb. 2.4

Das Gesetz der durchgehenden Linie
Linien und Kurven folgen immer dem einfachsten Weg, dem glatten Verlauf.[9] Wenn sich zwei Linien kreuzen, so geht das menschliche Auge nicht davon aus, dass der Verlauf der Linien an dieser Stelle einen Knick macht. Vielmehr erkennt es zwei durchgehende Linien – selbst dann, wenn diese am Kreuzungspunkt partiell unterbrochen sind. Im Städtebau wird dies beispielsweise bei Baufluchten oder Traufkanten spürbar.
→ Abb. 2.5

Das Gesetz der Nähe
Eng beieinanderliegende Elemente werden leichter als Gruppe empfunden als solche, die weiter voneinander entfernt sind.[10] Beispiel: Stehen mehrere Gebäude dicht beisammen, werden sie als Gruppe wahrgenommen, auch wenn keine weiteren gestalterischen Gemeinsamkeiten bestehen.
→ Abb. 2.6

Das Gesetz der Gleichartigkeit (oder der Ähnlichkeit)
Elemente, die sich in der Form ähneln, werden eher als zusammengehörig erlebt als einander unähnliche. Zudem ergeben gleichartige Elemente einheitlichere Gruppen als ungleichartige.[11]
→ Abb. 2.7

Das Gesetz der Symmetrie
Symmetrische Figuren oder Anordnungen ziehen die Aufmerksamkeit des Betrachters mehr auf sich als unsymmetrische.[12] Bei vertikalen Spiegelachsen scheint dieser Effekt stärker zu sein als bei horizontalen.
→ Abb. 2.8

Das Gesetz der guten Gestalt (oder der Prägnanz)
Diesem Gesetz zufolge schließt sich zusammen, was „seiner Natur nach zusammengehört" und „was gemeinsam ein wohl-geordnetes, einheitlich aufgebautes Gebilde ergibt".[13] Die Sinnesorgane des Menschen sind in der Lage, Regelmäßigkeiten und damit Ordnung zu erkennen. Metzger spricht deshalb von der „Ordnungsliebe unserer Sinne".[14] So ergibt für uns die farbgleiche Überlagerung z. B. eines Quadrats mit einem Dreieck kein unregelmäßiges Polygon, sondern ein Dreieck, das auf einem Quadrat liegt (oder umgekehrt). Dabei kommt es nicht darauf an, dass die Form für uns leicht berechenbar ist, sondern dass „man den Eindruck hat: das ist aus einem Guss".[15]
→ Abb. 2.9

In der Konkurrenz verschiedener guter Gestalten ist in der Regel die einfachere überlegen.
→ Abb. 2.10

Metzger verweist darauf, dass Prägnanz wohl auch mit negativer Entropie, Redundanz und der Abwesenheit von Chaos, zu tun hat. Daraus folgernd kann Prägnanz zu Eintönigkeit führen.

5 Edgar Rubin: *Visuell wahrgenommene Figuren*, Kopenhagen/Berlin 1921, zitiert nach Metzger, 1975, S. 29.

6 Vgl. Metzger, 1975, S. 29.

7 Ebd. S. 41.

8 Ebd., S. 38.

9 Vgl. ebd., S. 69.

10 Vgl. ebd., S. 83.

11 Vgl. ebd., S. 88.

12 Vgl. ebd., S. 44 f.

13 Ebd., S. 75 ff.

14 Ebd., S. 70.

15 Ebd., S. 79.

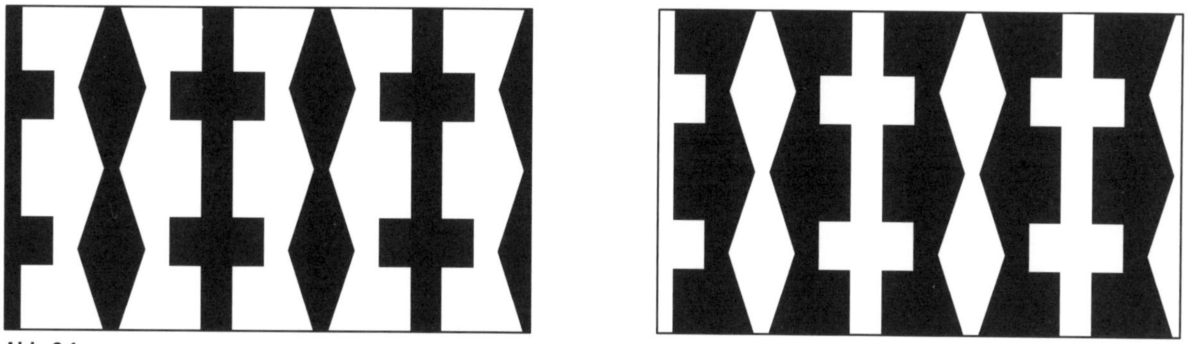

Abb. 2.1

Abb. 2.2

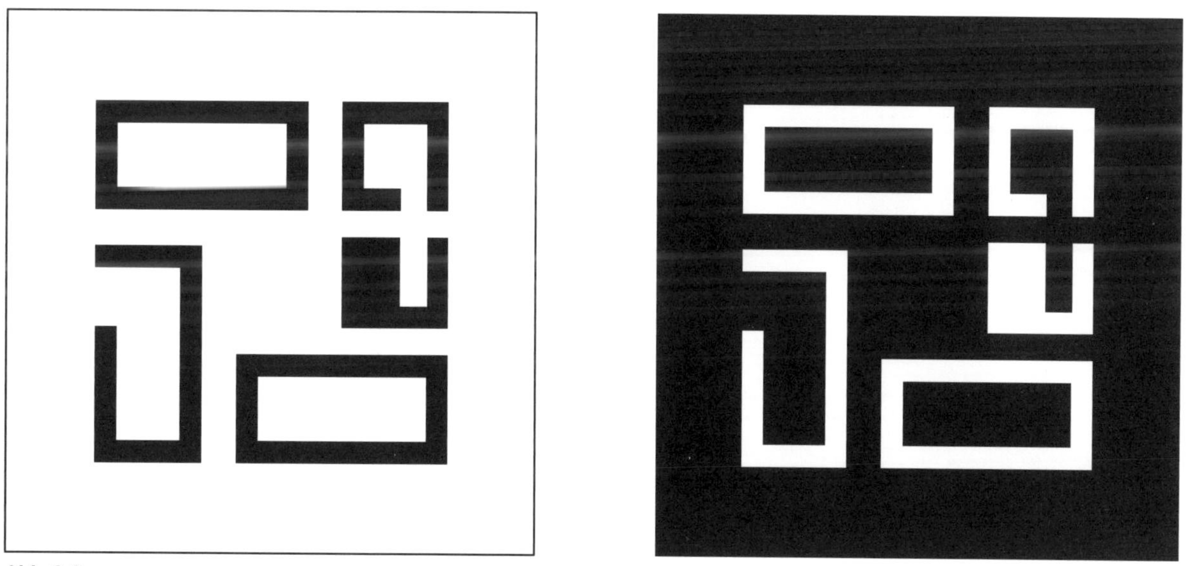

Abb. 2.3

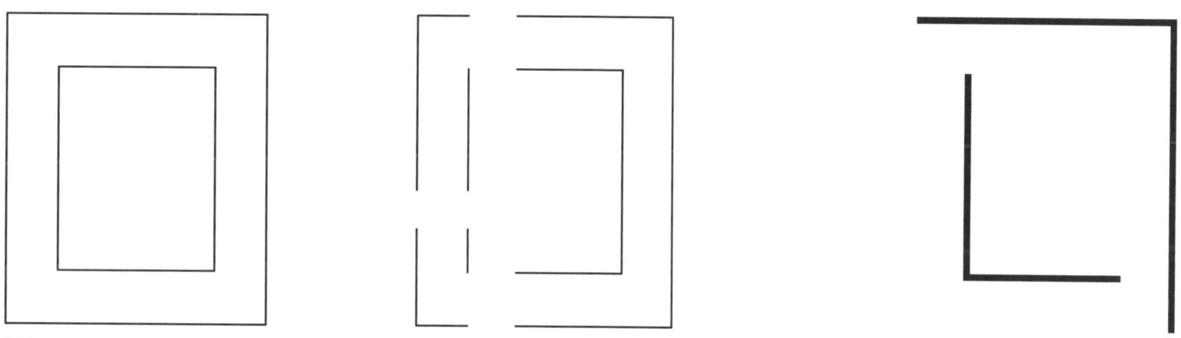

Abb. 2.4

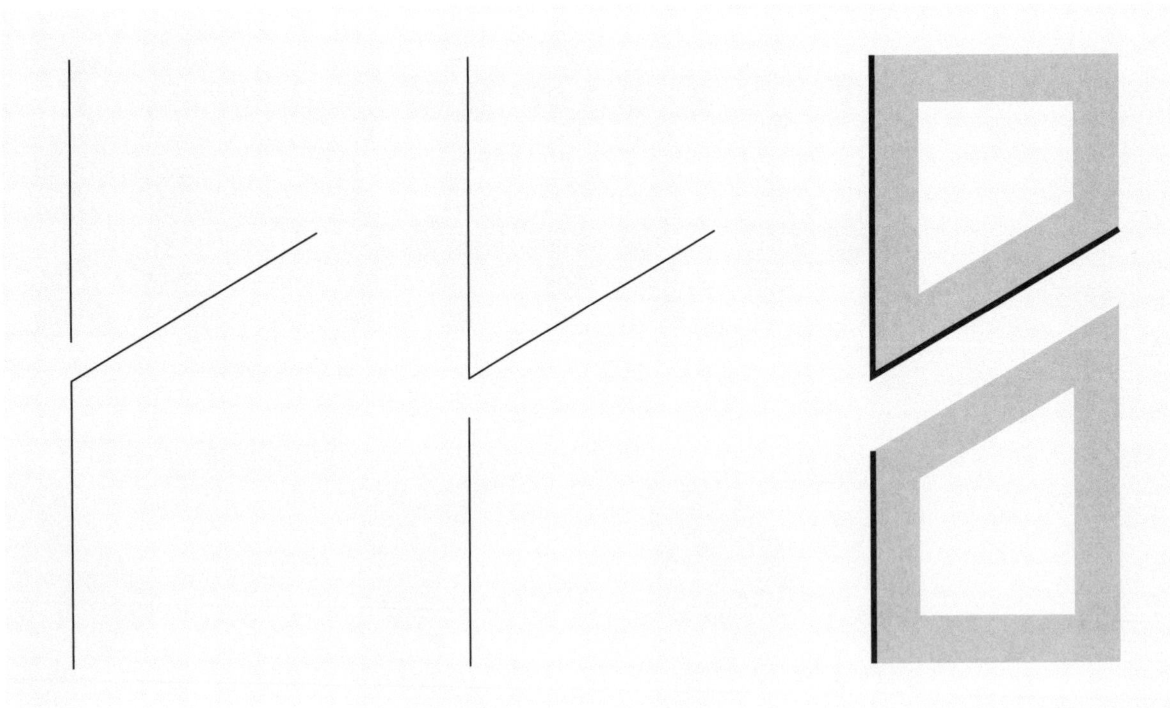

Abb. 2.5

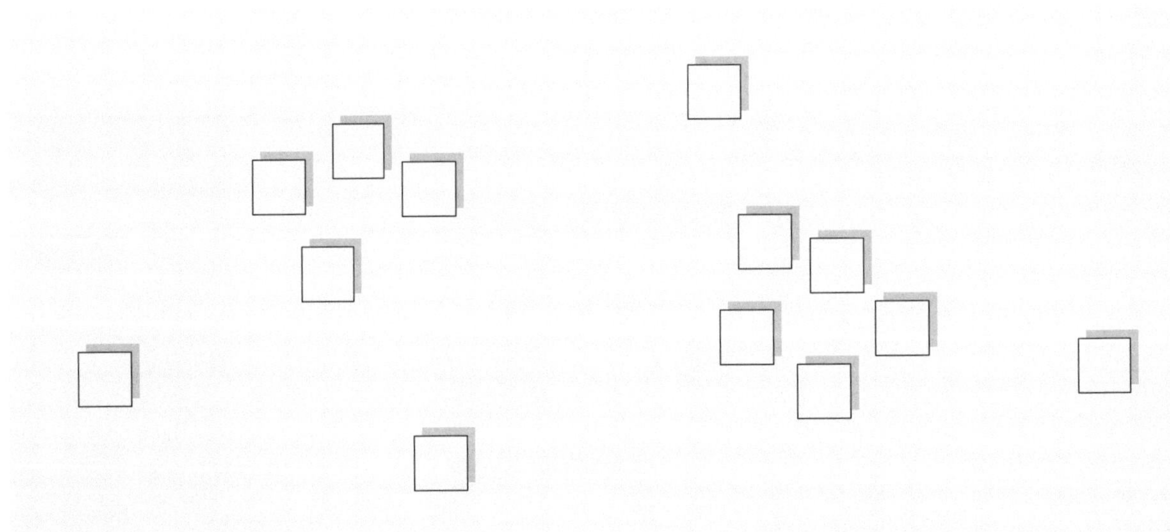

Abb. 2.6

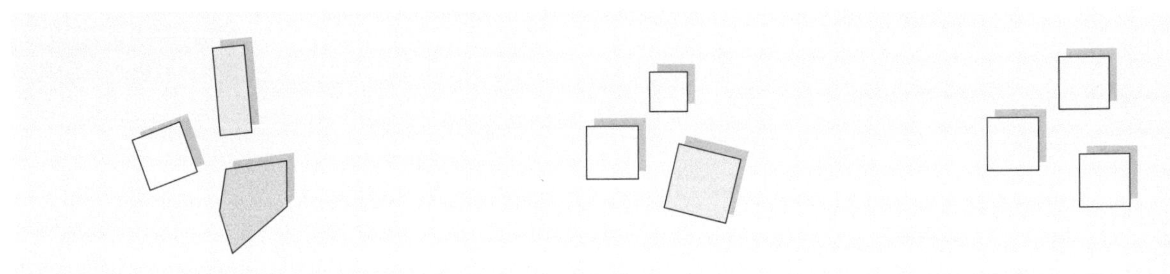

Abb. 2.7

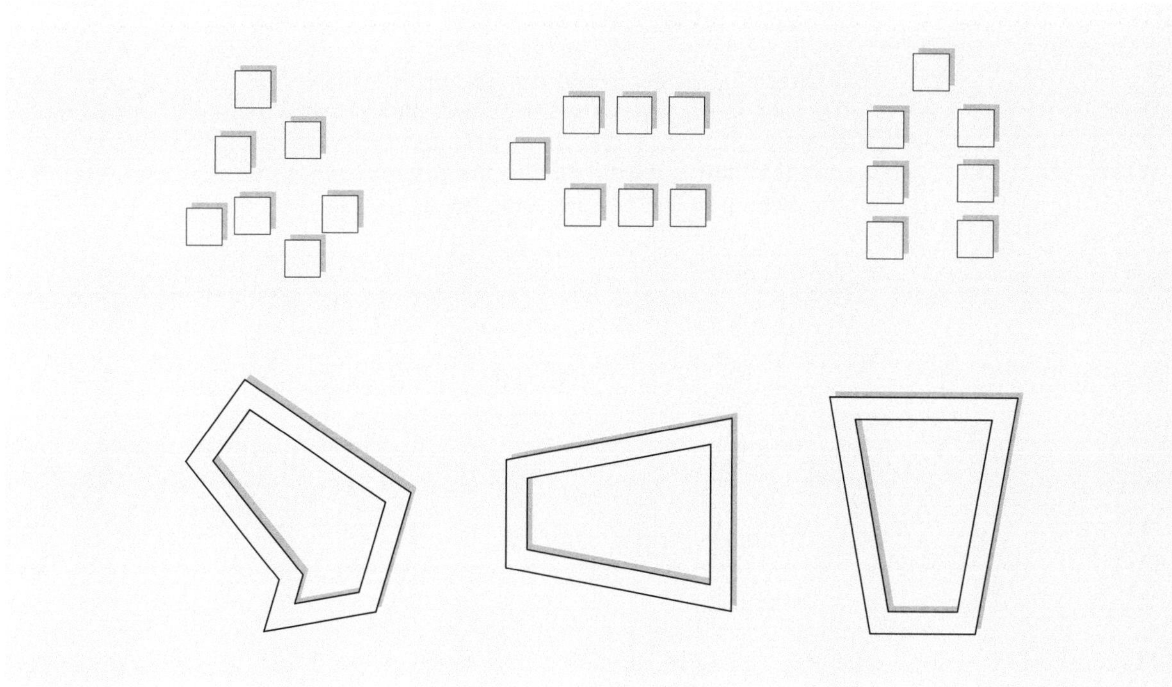

Abb. 2.8

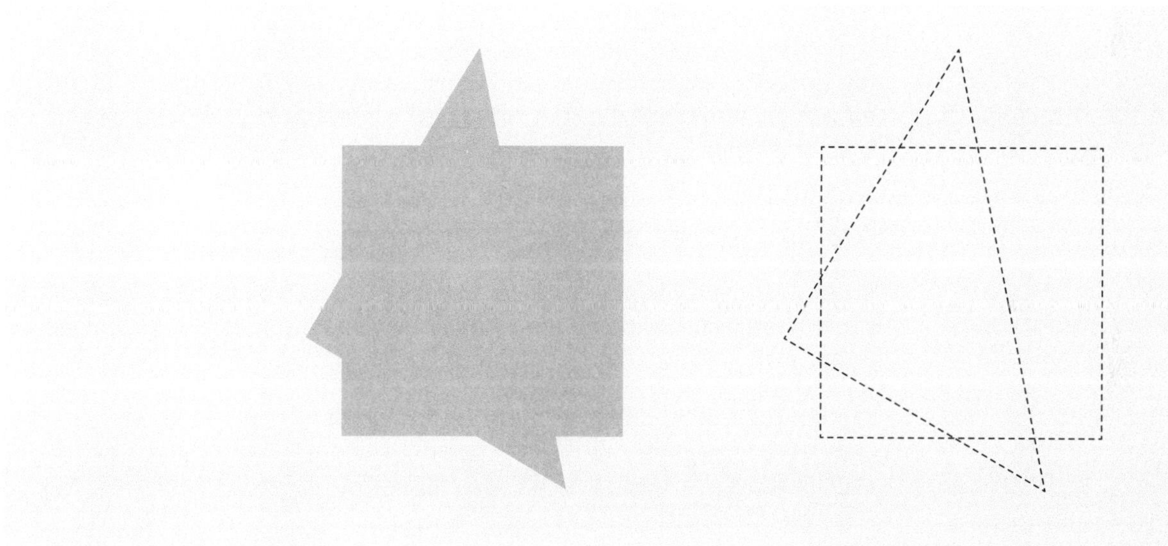

Abb. 2.9

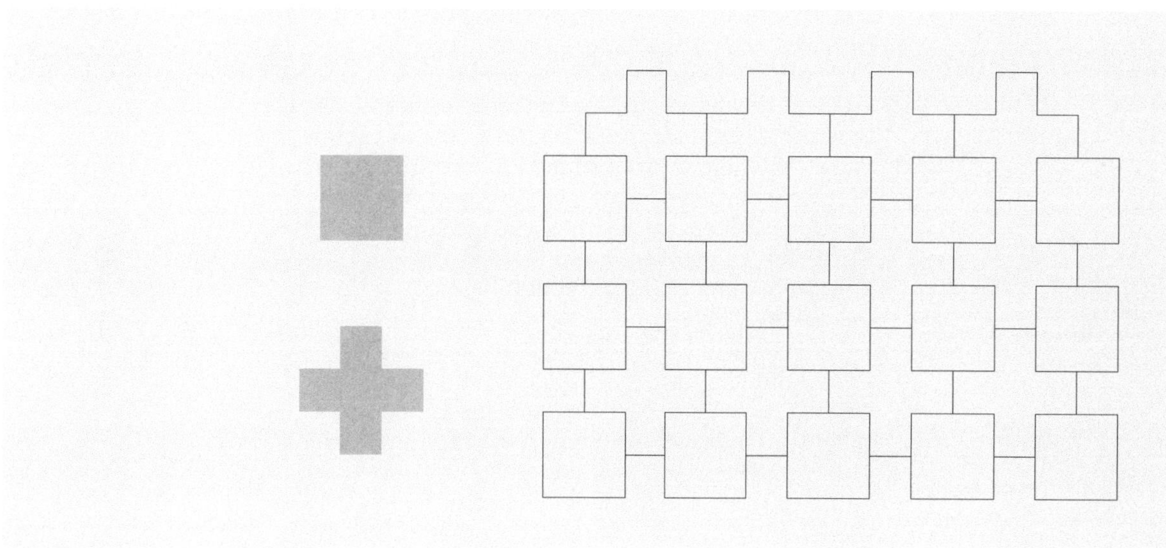

Abb. 2.10

2.2 Gestaltgesetze und Städtebau

Eine Übertragung der Erkenntnisse von Ehrenfels, Metzger und anderen auf Architektur und Städtebau gelang Rudolf Wienands in seiner 1985 erschienenen Entwurfslehre *Grundlagen der Gestaltung zu Bau und Stadtbau*. Wienands beklagt darin den Gestaltverlust in Architektur und Städtebau und macht das Ganzheitsprinzip (Übersummenprinzip), das Figur-Grund-Prinzip und das Prägnanz-Prinzip zu zentralen Themen seiner Entwurfslehre.

Ganzheit und Gestalt
Ganzheit und Gestalt definiert Wienands wie folgt: „Gestalten sind Gebilde, deren Teile vom Ganzen her bestimmt sind, bei denen alle Teile sich gegenseitig tragen und bestimmen; Gebilde, deren wesentliche Eigenschaften nicht durch die Summierung der Eigenschaften ihrer Teile zu erfassen sind.“[16]

Figur-Grund-Prinzip
Wienands lenkt den Blick auf den Hintergrund, den Zwischenraum, den er im Städtebau im Vergleich mit den Baukörpern als gestalterisch gleichwertig sieht: „Je leichter man auch den Hintergrund zwischen den Bauten als gleichwertige, intendierende Figur der Betrachtung sehen kann, d. h. je mehr der Zwischenraum die gleichen Figurqualitäten zeigt, wie die Baumassen selbst, um so mehr bilden Bauten und Zwischenräume eine unlösbare Ganzheit oder (Stadt- oder Quartier-) Gestalt [...]“.[17]

Prägnanz
Prägnanz hat laut Wienands in Anlehnung an Metzger die folgenden Eigenschaften: „Jede Gestaltwahrnehmung unterliegt der Tendenz, in der Erscheinung das Maximum an Regelmäßigkeit, Symmetrie, Geschlossenheit, Einfachheit, Ausgeglichenheit und Knappheit zu finden.“[18] Die Gestaltqualität hängt dabei maßgeblich von den Grenzen ab: „je klarer, straffer und geschlossener die Grenze, die Begrenzung, um so prägnanter ist die Figur oder Gestalt“.[19]

Grenzen können dabei sowohl äußere Grenzen, z.B. der Umriss der Stadtgestalt, wie auch innere Grenzen, z. B. Platzanlagen sein.

Im Umkehrschluss gilt, dass die Entstehung klarer Grenzen, prägnanter Figuren und Gestalten umso schwieriger ist, je lockerer die Teile gestreut sind. Dies wird bei den allermeisten Großwohnsiedlungen der 1960er- und 70er-Jahre als Mangel – und nicht als das von den Planern versprochene Plus an Lebensqualität – wahrgenommen.
→ Projekte 2.1, 2.2

Reichen diese drei Prinzipien, um im Städtebau einprägsame Orte und Lebensräume zu schaffen? Wird ein Zuviel an Ganzheit, an Prägnanz nicht langweilig? Ist eine prägnante Gestaltung nicht zu simpel und berechenbar? Bedarf es nicht eines gewissen Maßes an Störung, damit eine Gestalt spannungsreich wird?

Kontrast-Prinzip
Wienands führt hierzu den Begriff „Kontrast“ ein und verweist auf die Eigenschaft des Menschen, gleichzeitig widerstrebende Bedürfnisse wie Bindung und Freiheit, Ordnung und Chaos, Tradition und Innovation anzustreben.[20] Und in der Tat: Erst das Einfügen von Diagonalen in einen orthogonalen Stadtgrundriss, die Unterbrechung eines zu starren Rasters, das Ausstanzen von Baustrukturen z. B. für Plätze, der spannungsreiche Rhythmus von bebauten und unbebauten Flächen, engen und weiten Raumsituationen, hohen und niedrigen Gebäuden machen einen Entwurf einprägsam und unverwechselbar.
→ Projekt 2.3

16 Rudolf Wienands: *Grundlagen der Gestaltung zu Bau und Stadtbau*, Basel/Boston/Stuttgart 1985, S. 17.

17 Ebd., S. 32.

18 Ebd., S. 47.

19 Ebd.

20 Vgl. ebd., S. 30.

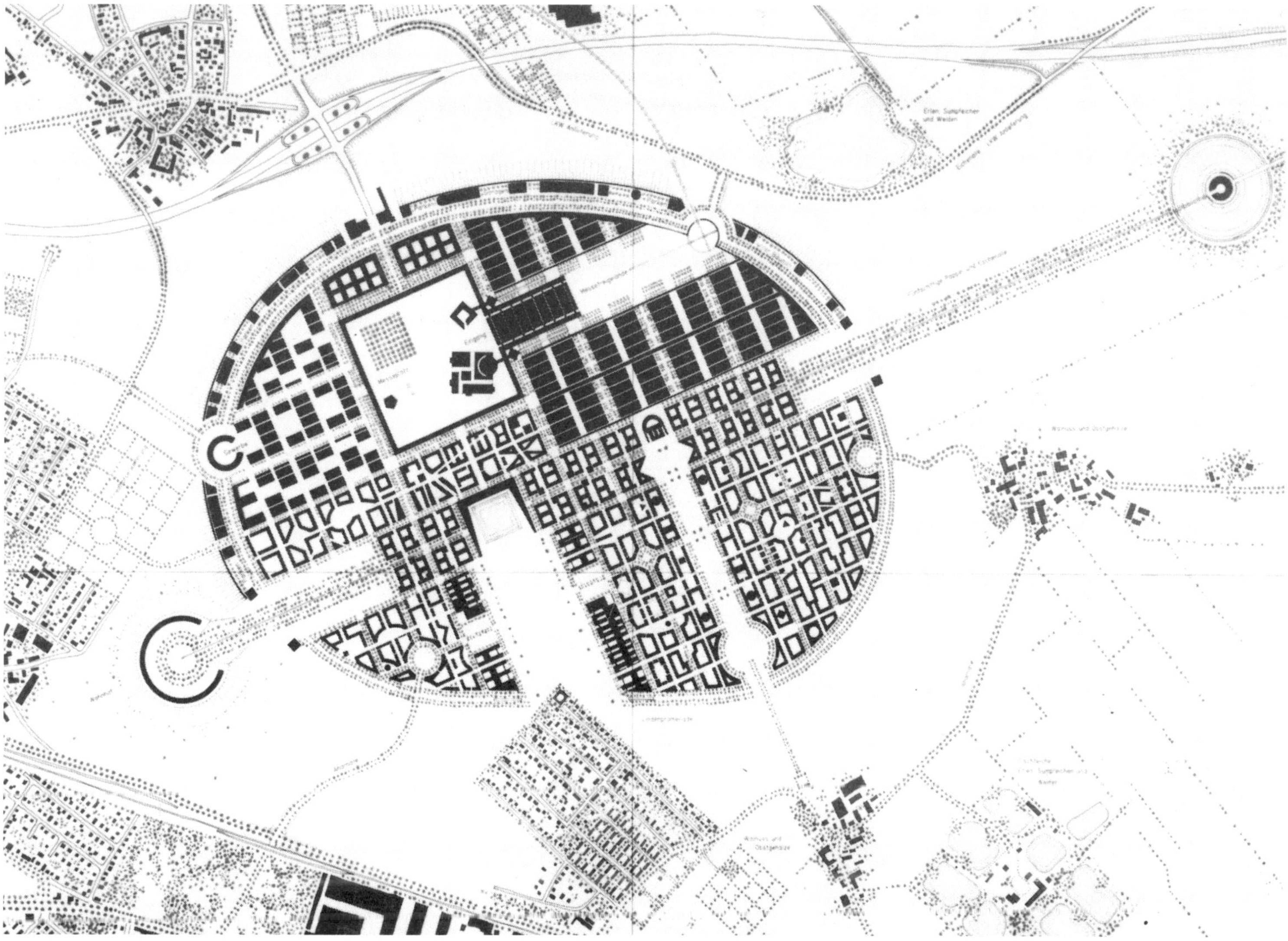

Prägnanz entsteht sowohl durch gestalthafte äußere wie auch innere Grenzen.

Ausschnitt Platzbereich

Projekt 2.1	**Umnutzung Flughafengelände** München-Riem (D) – Wettbewerb
VERFASSER	Andreas Brandt, Rudolf Böttcher, Berlin
AUSZEICHNUNG	Ankauf
JAHR	1991
KATEGORIE	Stadtumbau – Flughafenkonversion – neuer Stadtteil und Messegebiet
THEMA	Ganzheit/Prägnanz (äußere und innere Grenzen)
TAGS	geometrisches Prinzip; divisives Fügen; orthogonales Gitter; Anordnung Stadtbaufelder: Achse, Symmetrie, Hierarchie, Bezugselement; Platzbildung durch Modellieren

Wie die beiden historischen Plätze zeichnet sich auch der neu geplante Platz durch hohe Prägnanz aus.

Projekt 2.2	**Rund um den Ostbahnhof** München (D) – Wettbewerb
VERFASSER	03 Architekten GmbH, München
WEBSITE	www.03arch.de
AUSZEICHNUNG	1. Preis
JAHR	2002
KATEGORIE	Stadtumbau – neues Stadtquartier
THEMA	Prägnanz (innere Grenzen)
TAGS	geometrisches Prinzip; additives Fügen; orthogonales Gitter; Stadtbausteine: geschlossener Baublock, Punkthochhaus, Hybrid; Anordnung Stadtbaufelder: Achse; Platzbildung durch Fügen; baulich gefasster Grünraum

Modell

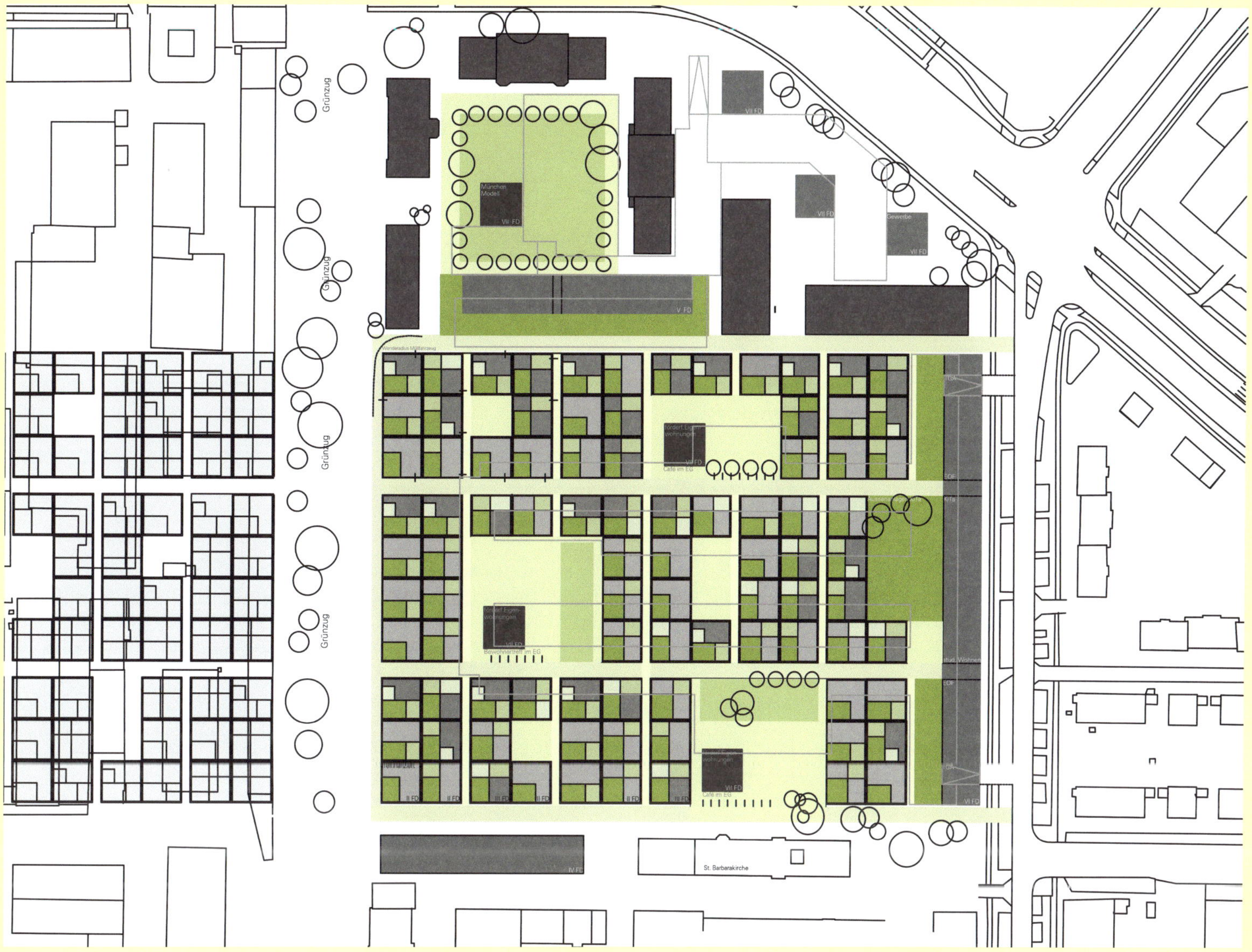

Besonders einprägsam ist der Entwurf durch seinen spannungsreichen Kontrast von bebauten und unbebauten Flächen, engen und weiten Raumsituationen und hohen und niedrigen Gebäuden.

Modell

Projekt 2.3	**Werkbundsiedlung Wiesenfeld** München (D) – Wettbewerb
VERFASSER	Meck Architekten mit Burger Landschaftsarchitekten, München
WEBSITE	www.meck-architekten.de
AUSZEICHNUNG	Preisgruppe Wohnungsbau
JAHR	2006
KATEGORIE	Stadtumbau – Militärkonversion – neues Wohnquartier
THEMA	Kontrast
TAGS	geometrisches Prinzip; additives Fügen; orthogonales Gitter; Stadtbausteine: Punkthochhaus, Teppichbebauung, Solitär; Platzbildung durch Aussparen/Weglassen; Darstellung: Präsentationsmodell

2.3 Weitere Annäherung an qualitative Merkmale

Positive Eigenschaften und Attribute
In einem Wettbewerbsverfahren ist es üblich, dass die Arbeiten der engeren Wahl, der Anerkennungs- und Preisgruppe, in einem Protokoll schriftlich dokumentiert werden. Die folgende Übersicht ordnet positive Eigenschaftsbegriffe aus solchen Juryprotokollen den Kategorien Ganzheit, Mannigfaltigkeit der Teile, Prägnanz und Kontrast zu.
→ **Abb. 2.11**

Gleich mehrere Eigenschaften lassen sich sowohl der Kategorie Ganzheit wie auch der Prägnanz zuordnen, was nicht verwundert, weil Ganzheit als ein Prägnanzmerkmal gesehen werden darf.[21] Eigenschaften wie bedarfsorientiert, funktional, wirtschaftlich, effizient und realisierbar sind dagegen eindeutig der Funktionalität eines Entwurfes zuzuordnen.

An dieser Stelle sollen einige wichtige Begriffe, die in dem bislang diskutierten Kontext nicht vorkamen, näher erläutert werden:

Tiefe
Unter Tiefe eines städtebaulichen Entwurfs kann man den Grad der Durchdringung der gestalterischen Idee in allen seinen Ebenen begreifen: Sowohl der Makro- als auch der Mikrokosmos des Entwurfs ist nach denselben oder verwandten Entwurfsprinzipien aufgebaut. Beispiel: Die Stadt, der neue Stadtteil besteht aus einer bestimmten Gruppierung unterschiedlicher Quartiere; das Quartier ordnet die Baufelder nach demselben Prinzip und die Baukörper sind nach diesem Prinzip auf den Baufeldern geordnet.
→ **2.4**

Fragmentqualität
Unter Fragmentqualität eines städtebaulichen Entwurfes versteht man, dass ein mögliches Fragment der Bebauung bereits über eine eigenständige, hohe räumliche Qualität und Prägnanz verfügt, z. B. ein realisierter erster Bauabschnitt, dem – aus welchen Gründen auch immer – kein weiterer im Sinne des ursprünglichen Entwurfs folgt. Da die Umsetzung eines städtebaulichen Entwurfs oft über einen sehr langen Zeitraum hinweg erfolgt, ist es möglich, dass sich Leitbilder ändern oder dass die ursprünglichen Realisierungsziele aufgrund von politischen oder wirtschaftlichen Entwicklungen nicht weiterverfolgt werden.

Robustheit/Resilienz
Ebenfalls den langen Realisierungszeiträumen geschuldet, muss ein Entwurf ausreichend robust, widerstandsfähig und flexibel sein; so kann er an sich verändernde Anforderungen hinsichtlich des Bedarfs an anderen Bautypologien, Nutzungen etc. angepasst werden, ohne dass die städtebauliche Idee und Qualität verloren gehen.

Da städtebauliches Konzept und architektonische Umsetzung nur selten in einer Hand liegen und die „Übereinstimmung von Plan und Architektur"[22] im Alltagsgeschäft immer weniger eine Rolle spielt, kann Robustheit auch bedeuten, dass der Entwurf unterschiedliche Architektursprachen und vor allem auch Architekturqualitäten aushalten muss. Klaus Humpert sprach in seinen Vorlesungen und Kritiken an der Universität Stuttgart gern davon, dass man Städtebau „architektensicher" machen solle.

21 Vgl. Metzger, 1975, S. 218 ff.

22 Bernhard Kohlenbach (Hg.): *Hendrik Petrus Berlage. Über Architektur und Stil. Aufsätze und Vorträge 1894-1928, Basel/Berlin/Boston 1991,* S. 167.

Ganzheit	Mannigfaltigkeit (der Teile)	Prägnanz	Kontrast	Weitere Merkmale
ausgewogen	abwechslungsreich	ablesbar	dynamisch	angemessen
einheitlich	detailreich	attraktiv	effektvoll	bedarfsorientiert
harmonisch	differenziert	ausgeglichen	komplementär	effizient
homogen	gegliedert	begründet	kontrastreich	folgerichtig
kompakt	spielerisch	eigenständig	spannend	funktional
kultiviert	vielfältig	eindeutig	spannungsreich	hochwertig
maßstäblich		einprägsam		realisierbar
maßvoll		geschickt		robust
ruhig		großzügig		stabil
sensibel		individuell		tief
sinnvoll		klar		wirtschaftlich
sorgfältig		konsequent		zeitgemäß
unaufgeregt		konzeptionell		Fragmentqualität
		kraftvoll		
		prägnant		
		präzise		
		schnörkellos		
		souverän		
		überzeugend		
		unverwechselbar		
		wohlproportioniert		

Abb. 2.11 Positive Eigenschaften und Attribute

Im Stadtbaufeld sind die Baufelder nach dem gleichen Prinzip geordnet wie die Stadtbausteine im Baufeld: Gruppierung um einen gemeinsamen Platz.

Projekt 2.4	**Wohnquartier und Landschaftspark** Erlangen (D) – Wettbewerb
VERFASSER	Franke + Messmer, Emskirchen, mit Rößner und Waldmann, Erlangen, und E. Tautorat, Fürth
WEBSITE	www.architekten-franke-messmer.de
AUSZEICHNUNG	2. Preis
JAHR	2009
KATEGORIE	Stadterweiterung – neue Wohnquartiere
THEMA	Tiefe (Durchdringung der gestalterischen Idee)
TAGS	geometrisches Prinzip; additives Fügen; Anordnung Baufelder: Wiederholung/ Rhythmus, Gruppierung; Stichstraßennetz; Platzbildung durch Fügen; quartiersinterner/wohnungsnaher Grün- und Freiraum, verzahnter Grünraum

2.4 Proportionen

Seit dem Altertum haben sich Menschen Gedanken darüber gemacht, wann – und wann nicht – eine Gestalt, ein Bauwerk, eine Skulptur, eine Form oder ein Bild besonders gut proportioniert, schön und harmonisch erscheint. Publikationen zur Proportionslehre – darüber, „wie ungleiche Größenverhältnisse einzelner Glieder sich zum ganzen Körper verhalten“[23] – gibt es viele, und es soll an dieser Stelle nur kurz auf exemplarische Ordnungssysteme verwiesen werden:

Die mathematische Ordnung
Die pythagoreischen Mathematiker versuchten, die Welt als mathematische Ordnung zu erfassen, und erklärten die Mathematik zum „Prinzip allen Seins“. Wesentlich zu dieser Erkenntnis beigetragen hatte die Entdeckung der Abhängigkeit der Musik von Zahlenverhältnissen, auch harmonikale Proportionen genannt. So klingen schwingende Saiten dann als Intervalle, wenn ihre Längen in einfachen, genau definierten Verhältnissen zueinander stehen: die Oktave als 1:2, die Terz als 4:5, die Quarte als 3:4, die Quinte als 2:3 etc.[24] Komplexe geometrische Erkenntnisse und die Untersuchung von Proportionen des menschlichen Körpers festigten bei den antiken Griechen den Glauben, dass das Universum nach mathematischen Regeln aufgebaut sein müsse und sich Harmonie auch in Zahlenverhältnissen ausdrücken ließe.

Der Maßstab des menschlichen Körpers
Der römische Architekt Vitruv setzt die Gesetzmäßigkeiten der Proportionen der menschlichen Figur in einen direkten Zusammenhang mit der tektonischen Ordnung. Je nach Säulenordnung weisen die Säulen ein Verhältnis von Durchmesser zur Gesamthöhe von 1:6 bis 1:10 auf. Der Säulendurchmesser gibt vervielfacht auch die Abstandsregeln der Säulen vor: Vitruv teilt dazu den menschlichen Körper in Teile: der Fuß beträgt 1/6, das Gesicht 1/10 und die Brustbreite mit ausgestreckten Armen 1/4 der Höhe.[25] Selbst die Grundformen Quadrat und Kreis können nach Vitruv aus dem menschlichen Körper abgeleitet werden. Bekannteste Visualisierung dieser These ist der „vitruvianische Mensch“, eine Zeichnung von Leonardo da Vinci, in der der menschliche Körper stehend mit ausgestreckten Armen sowie mit gespreizten Armen und Beinen in ein Quadrat und in einen Kreis eingefügt ist.
→ **Abb. 2.12**

Der Goldene Schnitt
Kaum eine Proportionsregel ist dauerhaft so aktuell wie der Goldene Schnitt, der ein Teilungs- oder Seitenverhältnis von 1:~1,618 (Minor zu Major) beschreibt. Dieses Teilungsverhältnis wird seit der Antike als Inbegriff von Ästhetik und Harmonie angesehen.[26] In der Bildgestaltung und Fotografie ist der Goldene Schnitt nach wie vor eine wichtige Kompositionsregel. Vereinfacht werden oft die Verhältnisse 3:5 oder 5:8 angewandt.
→ **Abb. 2.13**

Der Goldene Schnitt fasziniert in mehrfacher Hinsicht:

– Er lässt sich sowohl aus den menschlichen Proportionen als auch aus Geometrie und Algebra ableiten. In der Algebra bildet sich der Goldene Schnitt in der Formel a:b = (a+b):a ab. Dann stehen die Längen der beiden Linien a und b genau im Verhältnis des Goldenen Schnitts und a:b entspricht gerundet 1,618.
Auch im menschlichen Körper findet sich der Goldene Schnitt vielfach, z. B. teilt der Nabel den Oberkörper vom Unterkörper (vom Scheitel bis zur Sohle) etwa im Goldenen Schnitt, Ober- und Unterkörper lassen sich nach dem gleichen Prinzip teilen und selbst die Breite des ersten oberen Schneidezahns verhält sich zur Breite des benachbarten zweiten wie Major zu Minor.[27]

– Der Goldene Schnitt scheint eines der wichtigsten Gestaltungsgesetze in der Architektur zu sein und lässt sich an Bauten aller Epochen nachweisen, wobei die Maße selten mathematisch genau sind. Der Goldene Schnitt wurde vermutlich oft unbewusst angewandt.[28] Prominentestes Beispiel aus der Antike ist der im 5. Jahrhundert v. Chr. erbaute Parthenon-Tempel auf der Akropolis in Athen. In der Moderne bediente sich Le Corbusier des Goldenen Schnitts bei der Entwicklung seiner am menschlichen Maßstab orientierten Proportionslehre, des Modulor.

– Mehrfach durchgeführte empirische Studien weisen nach, dass ein Rechteck mit den Seitenverhältnissen des Goldenen Schnitts (auch Goldenes Rechteck genannt) von den meisten Betrachtern aus einer Reihe von unterschiedlich proportionierten Rechtecken als das wohlgefälligste empfunden wird.

– Vitruv bezieht sich mit seinem Begriff der Anordnung (lat. „ordinatio“) auf eine durchgehende Proportionierung der Teile und des Ganzen: „Das Größenverhältnis aber ist der aus den Gliedern des Werkes selbst genommene Maßstab, das entsprechende Ergebnis aus den einzelnen Theilen der Glieder des ganzen Werkes.“[29] Diese Forderung erfüllt der Goldene Schnitt: Ein Goldenes Rechteck lässt sich immer in ein Quadrat und ein kleineres, ebenfalls Goldenes Rechteck zerlegen. Es kann so bis ins Unendliche geteilt und dadurch für eine durchgängige Proportionierung (der Teile im Verhältnis zum Ganzen) verwendet werden.
→ **Abb. 2.14**

23
Roland Knauer: *Entwerfen und Darstellen. Die Zeichnung als Mittel des architektonischen Entwurfs*, Berlin 2002, S. 31.

24
Paul von Naredi-Rainer: *Architektur und Harmonie. Zahl, Maß und Proportion in der abendländischen Baukunst*, Köln 1995 (5. Aufl., zuerst 1982), S. 13.

25
Vgl. Knauer, 2002, S. 34.

26
Vgl. http://de.wikipedia.org/wiki/Goldener_Schnitt#Goldenes_Rechteck_und_Dreieck (Zugriff am 10.11.2011).

27
Vgl. http://www.golden-section.eu/kapitel5.html (Zugriff am 11.11.2011).

28
Vgl. Naredi-Rainer, 1995, S. 196 f.

29
Nach Franz Reber (Hg.): *Des Vitruvius zehn Bücher über Architektur*, Stuttgart 1865, S. 12.

2.5 Proportionen im Städtebau

Auch das städtebauliche Entwerfen wird sich im Allgemeinen an bewährten Proportionsregeln orientieren, z. B. bei der Dimensionierung von Quartieren und Baufeldern, Straßen-, Platz- und Freiräumen, im Grundriss wie im Schnitt oder auch bei der Proportionierung von Straßenabwicklungen oder Baukörpern in Breite, Tiefe und Höhe.

Die Verwendung von harmonischen Proportionen ist beim Entwerfen jedoch kein Erfolgsrezept. Schon Leonardo da Vinci beschreibt den Glauben an eine unreflektierte Anwendung von Regeln: diese „sind nur zu benützen zur Überprüfung der Figuren [...] wenn du die Regeln zum Komponieren verwenden wolltest, kämest du nie zu einem Beginn und brächtest Verwirrung in Deine Werke.“[30]

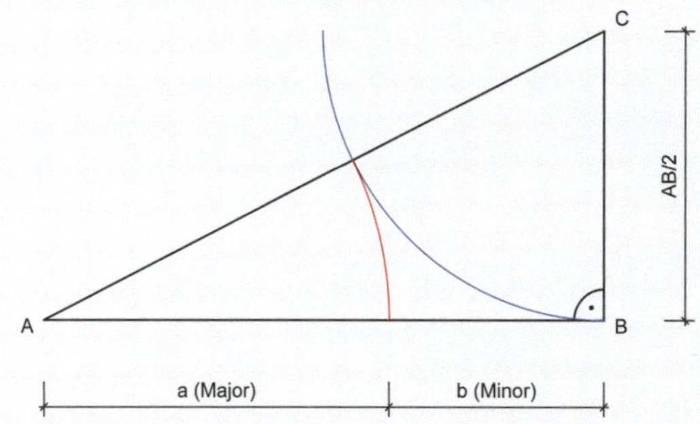

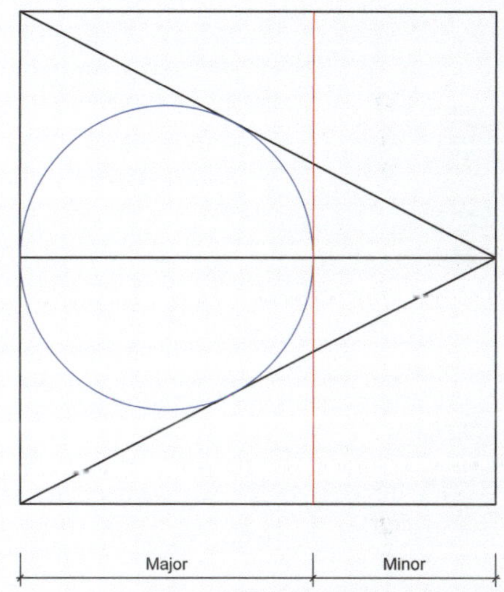

Abb. 2.13 Geometrische Konstruktion des Goldenen Schnitts (o.) und Zusammenhang zwischen Quadrat, Kreis und Dreieck (u.)

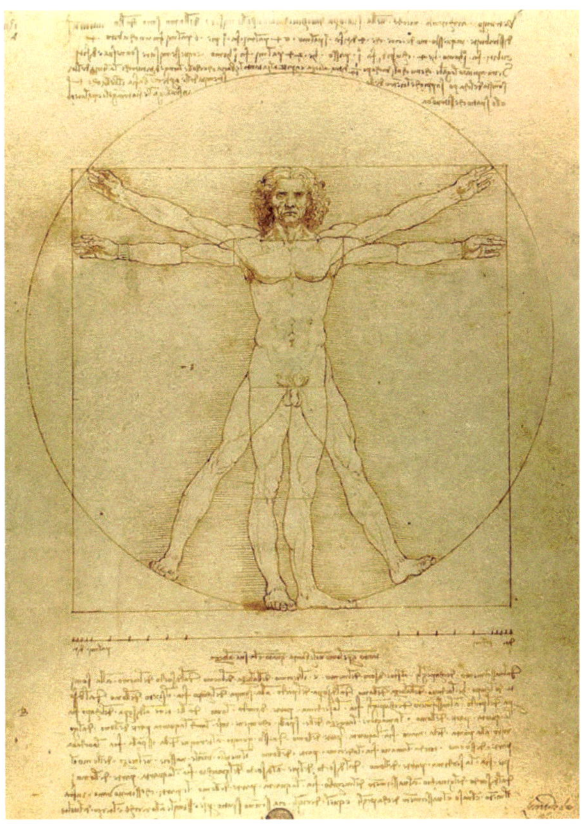

Abb. 2.12 Der vitruvianische Mensch. Proportionsschema der menschlichen Gestalt nach Vitruv, Leonardo da Vinci, Gallerie dell'Accademia, Venedig

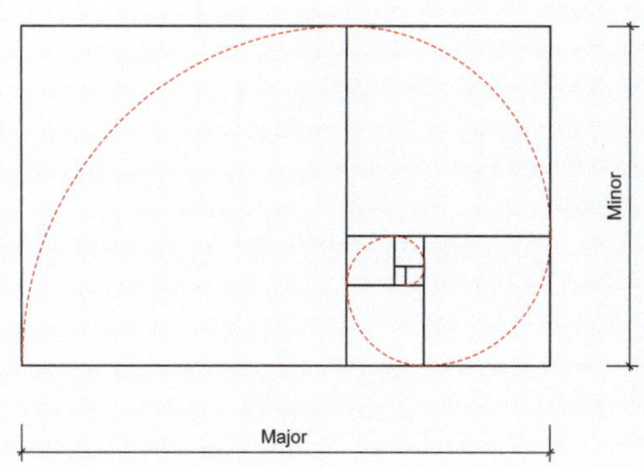

Abb. 2.14 Ein Goldenes Rechteck lässt sich immer in ein Quadrat und ein kleineres, ebenfalls Goldenes Rechteck zerlegen und kann so bis ins Unendliche geteilt werden.

30 Marie Herzfeld: *Leonardo da Vinci, der Denker, Forscher und Poet. Nach den veröffentlichten Handschriften, Jena 1906*, S. 179.

3 Allgemeine Ordnungsprinzipien

3.1 Das nicht-geometrisches Prinzip

3.2 Das geometrische Prinzip

3 Allgemeine Ordnungsprinzipien

Städtebauliche Entwürfe basieren im Wesentlichen auf zwei Ordnungsprinzipien: dem geometrischen und dem nicht-geometrischen Prinzip.

3.1 Das nicht-geometrische Prinzip

Biomorph/organisch

Viele nicht-geometrische Stadtstrukturen – denkt man an malerische, geschwungene mittelalterliche Stadtgrundrisse – erscheinen biomorph. Sie wirken, als seien sie über die Jahrhunderte gewachsen und von den Kräften des natürlichen Lebens geformt. Von einigen dieser Städte, z. B. den Stadtgründungen der Zähringer Herzöge im 12. und 13. Jahrhundert Freiburg im Breisgau, Rottweil, Villingen und dem Schweizer Bern, wissen wir, dass sie nach einem einheitlichen Schema geplant wurden.

→ **Abb. 3.1**

Bei anderen mittelalterlichen Stadtgründungen wird vermutet, dass ebenfalls einheitliche Planungsregeln zum Einsatz kamen.[1] Ungeachtet dessen wird ein gewachsenes, lebendiges, dynamisches oder fließendes Erscheinungsbild umgangssprachlich auch als „organisch"[2] bezeichnet. Damit wird in diesem Zusammenhang der Gegensatz zu einer mathematisch-additiven Ordnung definiert, wie sie z. B. in einem rationalen, rechtwinkligen Straßengitter zu finden ist. Vom 19. Jahrhundert bis etwa zum Ersten Weltkrieg wandten Planer im Villen- und Siedlungsbau einen malerischen, organischen Städtebau ganz bewusst an, um exklusive Vorstädte für die Oberschicht oder auch, wie im Fall der Gartenstadtbewegung, Gegenmodelle zur kompakten, dichten und lebensfeindlichen industrialisierten Stadt zu schaffen. Der Moderne waren dagegen organische Formen im Städtebau weitgehend fremd. Erst die Postmoderne entdeckte in ihrer Ablehnung der Moderne die Anziehungskraft dieses Entwurfsprinzips wieder.

→ **Projekte 3.1–3.6**

Freie künstlerische Kompositionen und Collagen

Eine zweite Gruppe nicht-geometrischer Ordnungsprinzipien findet sich in freien oder künstlerischen Kompositionen und erzählerischen Collagen. Die freie, lockere Anordnung vom Verkehr abgelöster Häusergruppen in einer Parklandschaft (bis hin zu Hochhausketten, wie im Märkischen Viertel in Berlin) ist ein Produkt der Nachkriegsmoderne.[3] Erzählerische Collagen wurden später in der dekonstruktivistischen Architektur der 1990er-Jahre entwickelt. Vereinfacht gesagt, werden im dekonstruktivistischen Städtebau, analog zur Architektur dieser Stilrichtung, die Elemente der Stadtstruktur zerlegt – dekonstruiert – und neu kodiert, d. h. mit neuer Bedeutung versehen wieder zusammengefügt. Beispiele dafür sind Städtebauentwürfe aus jener Zeit von Daniel Libeskind und Zaha Hadid.

Wirken viele dieser Entwürfe hart und provokativ, so zeigen jüngere städtebauliche Masterpläne – insbesondere die von Hadid – eine weichere, fließende, aber nicht weniger dynamische, biomorphe Formensprache. Auch in dieser Gruppe sind die Begriffe wie „frei", „künstlerisch" oder „collagiert" lediglich Hilfsmittel, denn auch diese Entwürfe sind geplant und nicht zufällig oder willkürlich. Die Entwurfskriterien sind indes individuell und nicht übertragbar und teilweise ohne Erläuterung durch die Verfasser kaum nachvollziehbar. Verweist Libeskind auf Dinge und Ereignisse außerhalb von Architektur und Städtebau – ein gutes Beispiel aus der Architektur ist das Jüdische Museum in Berlin –, so beschreibt Hadid ihr Ziel eines neuen Raumverständnisses: „Das Wichtigste ist die Bewegung, der Fluss der Dinge, eine nicht-euklidische Geometrie, in der sich nichts wiederholt: eine Neuordnung des Raumes."[4]

→ **Projekte 3.7–3.10**

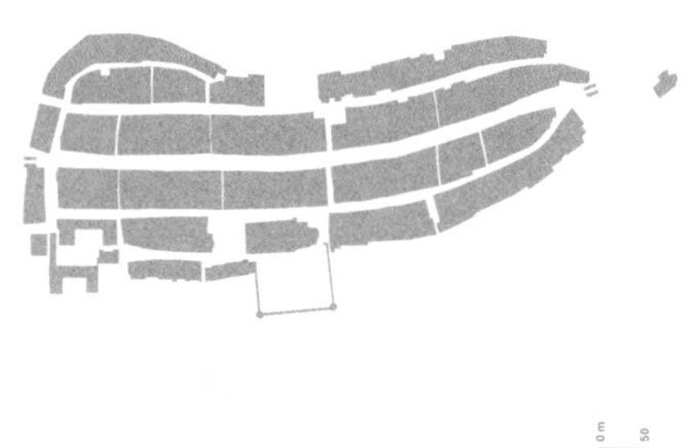

Abb. 3.1 Bern, 1191 (CH)

1 Vgl. Klaus Humpert, Martin Schenk: *Entdeckung der mittelalterlichen Stadtplanung. Das Ende vom Mythos der gewachsenen Stadt*, Stuttgart 2001, S. 378 ff.

2 Organisch ist in diesem Fall nicht zu verwechseln mit „organischer Stadtbaukunst", die Hans Reichow in seinem Buch *Von der Großstadt zur Stadtlandschaft* (1948) dargelegt hat. Sein Leitbild ist die organische Stadt als naturräumlich bestimmte, in Nachbarschaften gegliederte Stadtlandschaft im Gegensatz zur kompakten, historischen Stadt.

3 Vgl. Dietmar Reinborn: *Städtebau im 19. und 20. Jahrhundert*, Stuttgart 1996, S. 244 ff.

4 http://www.mak.at/jart/prj3/mak-resp/main.jart?reserve-mode=active&rel=de&content-id=1461288727172&article_id=243&event_id=1337668286329 (Zugriff am 10.11.2017).

Vom höher gelegenen Zentrum aus entwickelt sich die Siedlungsstruktur seesternförmig zum Meer.

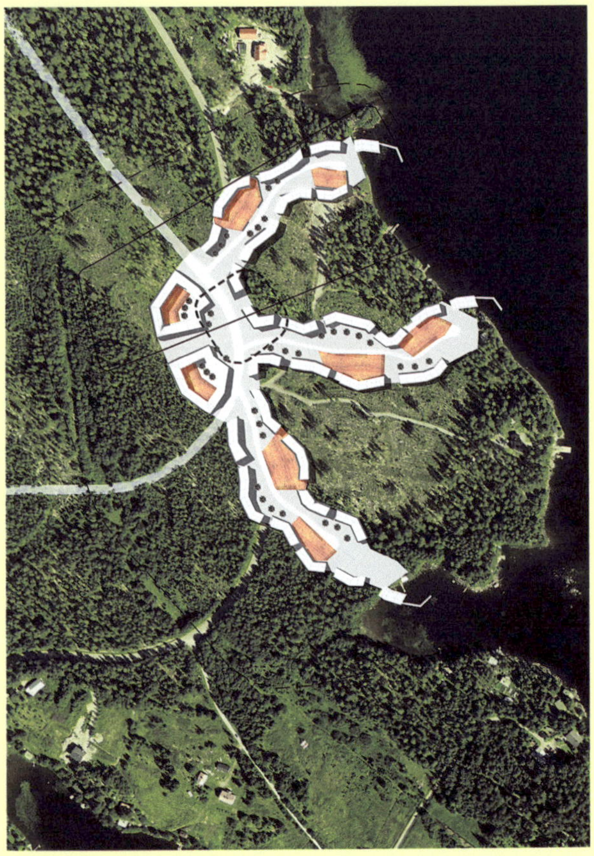

Gestaltungsplan

Projekt 3.1	**Europan 8, Kalakukko** Kupio (FIN) – Wettbewerb
VERFASSER	CITYFÖRSTER architecture + urbanism, Berlin/Hannover/London/Oslo/Rotterdam/Salerno
WEBSITE	www.cityfoerster.net
AUSZEICHNUNG	1. Preisgruppe
JAHR	2006
KATEGORIE	Stadterweiterung – neues Wohnquartier
THEMA	biomorphes/organisches Prinzip
TAGS	Stadtbausteine: geschlossener Baublock, Reihe; Stichstraßennetz; Platzbildung durch Modellieren; aufgeweiteter Straßenraum

Es scheint, als seien die Baukörper von der Natur geformt.

Projekt 3.2	**Europan 7, Hengelo O kwadraat** Hengelo (NL) – Wettbewerb
VERFASSER	architectuurstudio BötgerOudshoorn, Den Haag
WEBSITE	www.botgeroudshoorn.nl
AUSZEICHNUNG	2. Preis
JAHR	2004
KATEGORIE	Innenentwicklung – neues Wohnquartier
THEMA	biomorphes/organisches Prinzip
TAGS	aufgelöster Baublock, Reihe, Zeile, Punkt

Lageplan

Die Bebauung folgt konsequent der natürlichen, bewegten Topografie.

Projekt 3.3	**Mühlpfad/Herrengrund** Schwaigern (D) – Wettbewerb
VERFASSER	Prof. Günter Telian mit P. Valovic, Karlsruhe
WEBSITE	www.competitionline.com/de/bueros/13178
AUSZEICHNUNG	4. Preis
JAHR	2004
KATEGORIE	Stadterweiterung – neues Wohngebiet
THEMA	biomorphes/organisches Prinzip
TAGS	additives Fügen; Stadtbausteine: Reihe, Punkt; Stichstraßennetz; aufgeweiteter Straßenraum; stadtteilbezogener Grün- und Freiraum

Arbeitsmodell

Malerisch angelegte Villengebiete sind einem dichten, urbanen Stadtquartier vorgelagert.

Gestaltungsplan

Projekt 3.4	**Newtown** Dujiangyang (PRC)
VERFASSER	florian krieger – architektur und städtebau, Darmstadt, mit Irene Burkhardt Landschaftsarchitekten Stadtplaner, München
WEBSITE	www.florian-krieger.de
JAHR	2008
KATEGORIE	Stadterweiterung – Wiederaufbauprojekt nach Erdbeben
THEMA	biomorphes/organisches Prinzip (Teilgebiet)
TAGS	additives Fügen; Stadtbausteine: Baublock, Punkt; Anordnung Stadtbaufelder: Gruppierung; Erschließungsbügelnetz; geschwungener Straßenraum; Wohnen am Wasser

Vogelperspektive

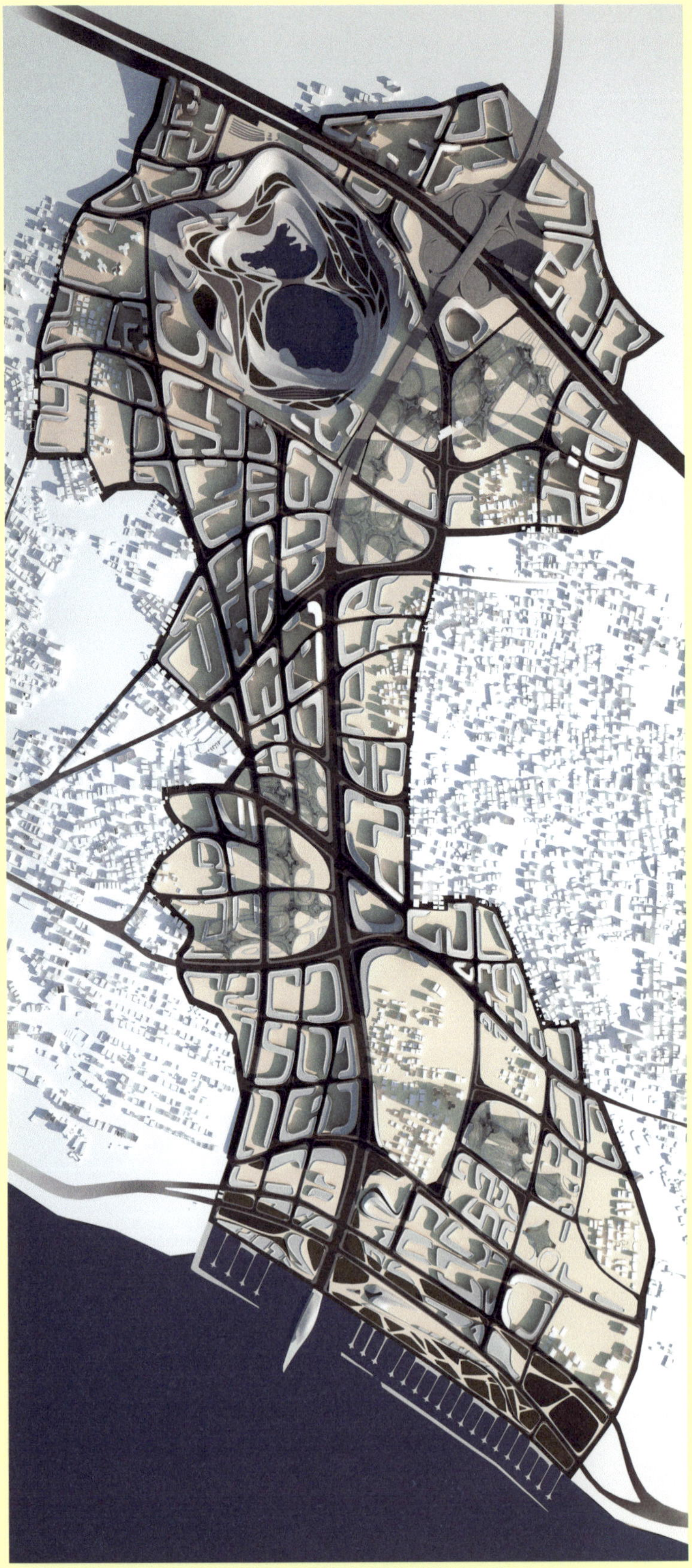

Die spannungsreiche Planfigur weckt Assoziationen mit anatomischen Schnittbildern.

Projekt 3.5	**Kartal Pendik Masterplan** Istanbul (TR) – Wettbewerb
VERFASSER	Zaha Hadid Architects, London
WEBSITE	www.zaha-hadid.com
AUSZEICHNUNG	1. Preis
JAHR	2006
KATEGORIE	Stadtumbau – neues Subzentrum
THEMA	biomorphes/organisches Prinzip
TAGS	gedehntes Gitter; Stadtbausteine: aufgelöster Baublock, Punkthochhaus; geschwungener Straßenraum; Darstellung: Gestaltungsplan

Einige Wohnquartiere sind streng geometrisch gegliedert, andere wirken organisch gewachsen.

Wohnen in dörflicher Atmosphäre

Projekt 3.6	Beckershof Henstedt-Ulzburg (D) – Wettbewerb
VERFASSER	Schellenberg + Bäumler Architekten, Dresden
WEBSITE	www.schellenberg-baeumler.de
AUSZEICHNUNG	1. Preis
JAHR	2004
KATEGORIE	Stadterweiterung – neuer Stadtteil
THEMA	biomorphes/organisches Prinzip (Teilgebiet)
TAGS	additives Fügen; Stadtbausteine: Reihe, Punkt; Anordnung Stadtbaufelder: Wiederholung/Rhythmus, Gruppierung; Stichstraßen-, Erschließungsbügelnetz; geknickter, aufgeweiteter Straßenraum

Funktionsdiagramme

Projekt 3.7	**Europan 9, Urban cocktail** Warschau (PL) – Wettbewerb
VERFASSER	BudCud mit Michal Palej, Artur Michalak, Patrycja Okuljar-Sowa, Krakau
WEBSITE	www.budcud.org
AUSZEICHNUNG	1. Preis
JAHR	2008
KATEGORIE	Stadtumbau – Innenentwicklung – neues Stadtquartier für Kultur, Wohnen und Arbeiten
THEMA	freie künstlerische Komposition/Collage
TAGS	Diagramm, Modell

Die Collage aus unterschiedlichen Stadtbausteinen bietet keinen fertigen Entwurf, sondern zeigt vielfältige Entwicklungsmöglichkeiten auf.

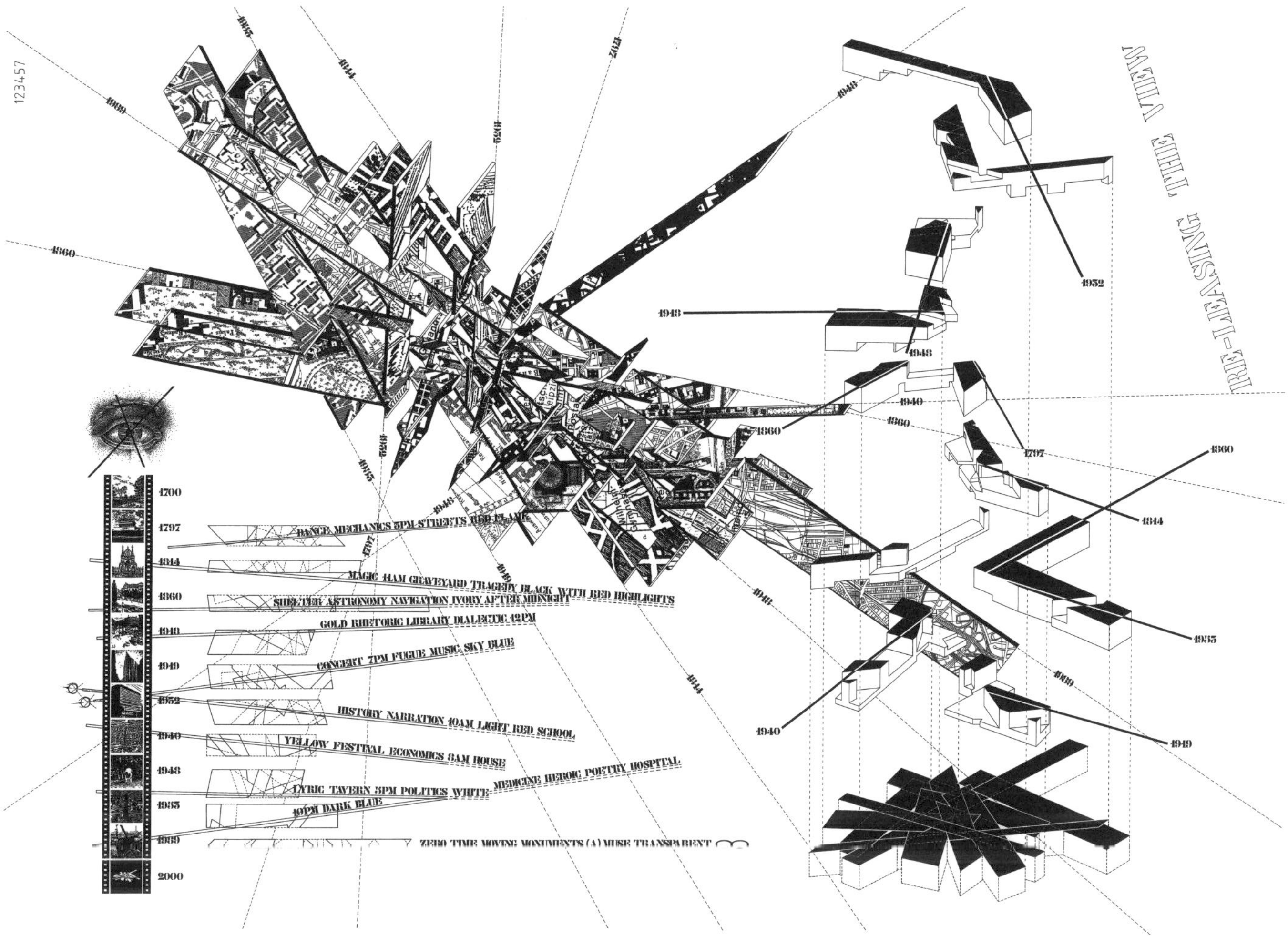

Der Entwurf leitet sich aus „den symbolischen Fragmenten der Erinnerung an den Potsdamer Platz“ ab.

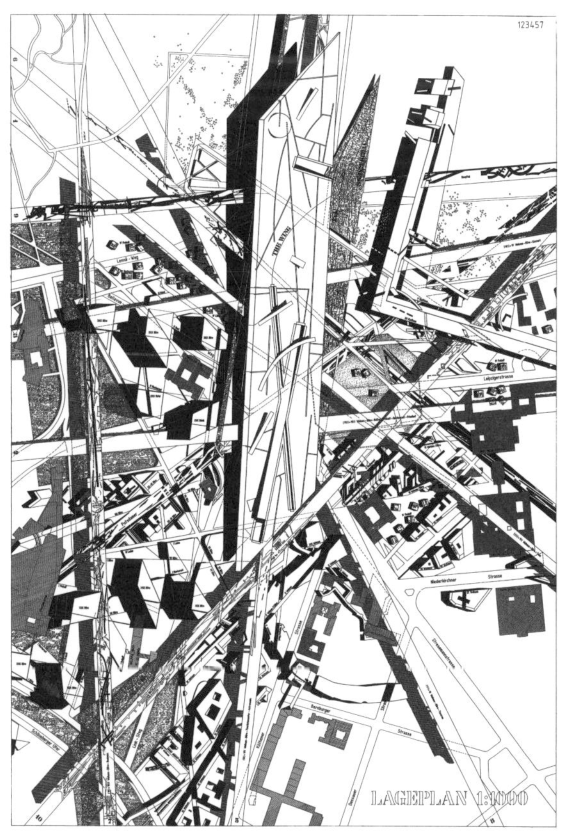

Lageplan

Projekt 3.8	**Potsdamer Platz/Leipziger Platz** Berlin (D) – Wettbewerb
VERFASSER	Studio Daniel Libeskind, New York
WEBSITE	www.libeskind.com
JAHR	1991
KATEGORIE	Stadtreparatur – Wiederherstellung/Neuinterpretation von Quartieren und Plätzen
THEMA	freie künstlerische Komposition/Collage
TAGS	Städtebau als Großform; Stadtbausteine: Zeile/Scheibenhochhaus, Punkt/Punkthochhaus, Hybrid

Erläuterung der Verfasser: Achsen strahlen vom Zentrum spiralförmig in alle Richtungen aus und erzeugen so ein zentrifugales Feld, das die Umrisse der Gebäude und die umliegende Landschaft formt.

Projekt 3.9	**ThyssenKrupp Quartier** Essen (D) – Wettbewerb
VERFASSER	Zaha Hadid Architects, London, mit ST raum a. Landschaftsarchitekten Berlin/München / Stuttgart
WEBSITE	www.zaha-hadid.com
AUSZEICHNUNG	3. Preis
JAHR	2006
KATEGORIE	Stadterneuerung – Weiterentwicklung von Gewerbeflächen – neuer Konzern-Hauptsitz
THEMA	freie künstlerische Komposition/Collage
TAGS	Prägnanz; additives Fügen; Anordnung Stadtbaufelder: Hierarchie, Gruppierung

Visualisierung

In freier Anordnung sind kompakte, aber unterschiedlich bebaute Baufelder in die Parklandschaft eingestreut.

Modell

Projekt 3.10	**Masterplan Chassé Terrein** Breda (NL) – Wettbewerb
VERFASSER	OMA, Rotterdam/Beijing/Hong Kong/New York, mit West 8 Urban Design & Landscape Architecture, Rotterdam/New York
WEBSITE	www.oma.eu
AUSZEICHNUNG	1. Preis
JAHR	1996
KATEGORIE	Stadtumbau – Militärkonversion – neues Stadtquartier
THEMA	freie künstlerische Komposition/Collage
TAGS	Stadtbausteine: aufgelöster Baublock, Hof, Zeile, Punkthochhaus, Raumstruktur; fließender Grünraum

3.2 Das geometrische Prinzip

Das orthogonale Raster
Das orthogonale Raster, auch Gitter, Grid oder Schachbrettstruktur genannt, ist bis heute das am meisten angewandte Ordnungsprinzip im Städtebau. „Es ist geographisch, historisch und kulturell universell."[5] Als Standardschema kann das orthogonale Raster in nahezu jedem Gelände eingesetzt werden; auch ist mit seiner Hilfe die Landaufteilung leicht und effizient zu bewerkstelligen. Innerhalb der Gitterstruktur können Zentren und Hierarchien ausgebildet und Baustrukturen flexibel ausgetauscht werden. Geografische Besonderheiten können durch Aussparungen, Verkippungen, Dehnungen und Kurven umgangen werden. Altwege wie der Broadway in New York können von einem Straßenraster überlagert, Diagonalen wie in Washington D.C. oder Barcelona in das Gitter hineingeschnitten werden, ohne dass die Logik des Systems aufgegeben werden muss. Die im orthogonalen Raster geordneten Baufelder können entwurfsabhängig viele unterschiedliche Bautypologien aufnehmen. Frühe Beispiele für orthogonale Siedlungsstrukturen finden sich bereits im Altertum in Ägypten, z. B. eine Arbeitersiedlung in Reihenhausstruktur in Tell el-Amarna aus dem 14. Jahrhundert v. Chr., oder später ganze, auf einem orthogonalen Raster aufbauende Städte in China.
→ **Abb. 3.2**

Von hier aus spannt sich dann ein weiter Bogen bis in die heutige Zeit. Rasterstädte sind in der Geschichte der Stadt in ganz unterschiedlichem gesellschaftlichen und kulturellen Kontext zu finden – über die griechischen und römischen Kolonialstädte, mittelalterliche Stadtgründungen, Idealstadtkonzepte der Renaissance, Planstädte der Neuzeit, Stadterweiterungen des 19. Jahrhunderts bis hin zu aktuellen neuen Stadtprojekten wie das luxemburgische „Belval" (ab 2001) auf dem Gelände einer ehemaligen Stahlhütte oder die „Qingdao Science and Technology City" in China (ab 2011).
→ **Projekte 3.11 – 3.15**

Weitere geometrische Prinzipien
Das orthogonale Raster ist dank seiner hohen Flexibilität und Funktionalität das erfolgreichste Organisationsprinzip im Städtebau. Daneben gibt es aber zahlreiche Experimente mit nicht-orthogonalen Geometrien, die aufgrund geometrischer Zwänge seltener zum Erfolg führten.

Kreisfiguren
1552 erdachte der Schriftsteller Antonio Francesco Doni eine kreisförmige Modellstadt mit Radialstraßen, die zu einem im Zentrum liegenden Rundtempel führten.[6] Das Modell wurde im Städtebau aber nicht aufgegriffen: Die Baublöcke in den einzelnen Kreissegmenten wären, der geometrischen Ordnung folgend, immer schmaler und enger geworden, je näher man dem Mittelpunkt gekommen wäre.
→ **Abb. 3.3**

Beim Stadtgrundriss von Karlsruhe, der ab 1715 als absolutistische Residenzstadt nach dem Vorbild von Versailles gegründeten Planstadt, wurde dagegen dieses Problem vermieden: Das im kreisförmigen Zentrum der fächer- und strahlenförmigen Stadtanlage liegende Schloss spannt einen übergroßen Ehrenhof und Vorplatz zur Stadt auf, sodass bereits die gegenüberliegenden Baublöcke sinnvolle Proportionen und Größen haben. Es ergab sich indes das umgekehrte Problem, denn je weiter man sich vom Schloss entfernt, desto tiefer werden die Kreissektoren und desto größer die Baublöcke. Mithilfe einer Tangente, der Kriegsstraße, die um 1799 ursprünglich als Umgehungsstraße für militärische Zwecke außerhalb der damaligen Stadttore gebaut wurde, konnten spätere Stadterweiterungen die radiale Geometrie auflösen und nahezu orthogonal an die Tangente anschließen.
→ **Abb. 3.4**

Seit 2003 geplant und realisiert, basiert auch Lingang New City, eine von mehreren Entlastungsstädten für Shanghai, auf einem Radialsystem. Im Inneren der Kreisfigur haben die Planer von Gerkan, Marg und Partner einen See mit über zwei Kilometern Durchmesser positioniert, um den sich ein rund 400 Meter tiefer, dicht bebauter Innenstadtring legt. Aufgrund der Entfernung des Rings vom Mittelpunkt sind die einzelnen Baufelder nur leicht trapezförmig geschnitten. Der daran anschließende zweite Ring besteht aus einer Parklandschaft, die von einer äußeren Schnellstraße begrenzt wird. Über diese Schnellstraße, wie auch über Radialen, die vom inneren Ring nach außen führen, werden die quadratischen, rund 750 x 750 Meter großen Wohnquartiere erschlossen, die sich wie Satelliten um die Kreisfigur legen. Die Gliederung der Quartiere erfolgt dann in einem orthogonalen Straßenraster, wodurch auch hier die Zwänge der Kreisgeometrie aufgelöst wären.[7]
→ **Projekte 3.16. 3.17**

5
Spiro Kostof: *Das Gesicht der Stadt. Geschichte städtischer Vielfalt*, Frankfurt a. M./New York 1992, S. 95.

6
Vgl. Virgilio Vercelloni: *Europäische Stadtutopien. Ein historischer Atlas*, München 1994, Tafel 59.

7
Vergleicht man den Entwurf mit der Realisierung auf Satellitenbildern, so fällt auf, dass die quadratischen Wohnquartiere teilweise diagonal mit Zeilen bebaut sind. Im chinesischen Städtebau ist die Nord-Süd-Ausrichtung von Wohnungen nahezu obligatorisch.

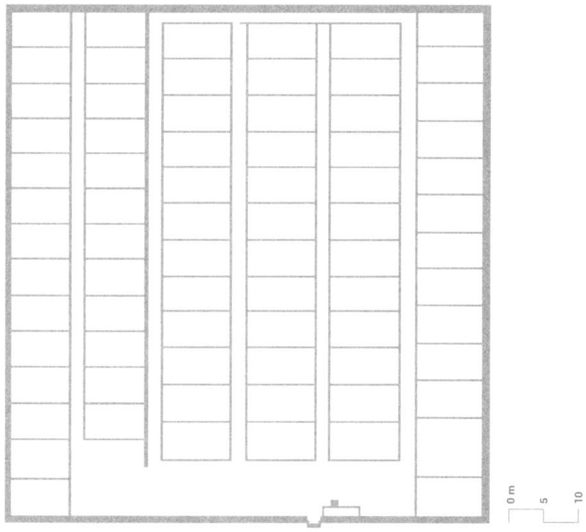

Abb. 3.2 Arbeitersiedlung in Tell el-Amarna, 1350 v. Chr. (ET)

Abb. 3.4 Karlsruhe, Idealkonzept von 1715 mit klassizistischer und gründerzeitlicher Erweiterung (D)

Abb. 3.3 Idealstadt „Gran Città", Antonio Francesco Doni, 1552

Sechseck-, Stern- und Wabenstrukturen

Schon früh gab es in den USA Versuche, das orthogonale „national grid", das die Bodenaufteilung von Stadt und Land regelte,[8] zu durchbrechen. So wurde beispielsweise um 1807 in Detroit mit einem hexagonalen Gitter experimentiert, innerhalb dessen wie beim radialen System jeweils Straßen zum Mittelpunkt laufen, die sehr unterschiedliche Baublockgrößen und -zuschnitte erzeugen. Fragmente der bereits 1820 wieder aufgegebenen Planung sind noch heute im Zentrum der Stadt zu erkennen.

Auch weitere nicht-hierarchische Sechseckstrukturen, wie solche, in denen die Sechsecke über dazwischen eingefügte gleichschenklige Dreiecke sternförmig ineinandergreifen und so ein Übermaß an dreieckigen Restflächen erzeugen oder auch sechseckige Baublöcke nach dem Vorbild einer Bienenwabe, haben sich als übergreifendes Ordnungsprinzip im Städtebau nicht bewährt. So bezeichnet bereits 1890 der Stadtplaner Josef Stübben in seinem Buch *Der Städtebau* an einem Beispiel aus den USA die nach dem letztgenannten Prinzip gestalteten Stadtteile, denen durchgehende Verkehrsstraßen fehlen, als „Torheit".[9]

→ **Abb. 3.5**

8 Vgl. Gerhard Fehl: „Stadt im ‚National Grid': Zu einigen historischen Grundlagen US-amerikanischer Stadtproduktion", in: Ursula von Petz (Hg.): *Going West? Stadtplanung in den USA – gestern und heute*, Dortmund 2004, S. 46.

9 Josef Stübben: *Der Städtebau*, Stuttgart 1907 (= Handbuch der Architektur, IV. Teil, 9. Halbband), S. 62.

Abb. 3.5 Plan der Innenstadt von Detroit, Augustus B. Woodward, 1807 (US)

Innerhalb des orthogonalen Rasters werden verschiedene Kombinationen aus Gebäuden und Grün angeboten.

Modellausschnitt

Projekt 3.11	**Europan 7, Suburban Frames** Neu-Ulm (D) – Wettbewerb
VERFASSER	florian krieger – architektur und städtebau, Darmstadt
WEBSITE	www.florian-krieger.de
AUSZEICHNUNG	1. Preis
JAHR	2004
KATEGORIE	Stadtumbau – Militärkonversion – neues Wohnquartier
THEMA	geometrisches Prinzip
TAGS	Robustheit; additives Fügen; orthogonales Gitter; Stadtbausteine: geschlossener Baublock, Punkt, Solitär; vollständiges Erschließungsnetz

Die Diagonale stört die strenge Rastergeometrie, ohne dass dabei die Logik des Systems aufgegeben wird.

Projekt 3.12	**Vatnsmyri International Urban Planning Competition** Reykjavik (IS) – Wettbewerb
VERFASSER	Graeme Massie Architects, Edinburgh
WEBSITE	www.graememassie.com
AUSZEICHNUNG	1. Preis
JAHR	2008
KATEGORIE	Stadterneuerung – Flugplatzkonversion – neuer Stadtteil
THEMA	geometrisches Prinzip
TAGS	additives, überlagerndes Fügen; orthogonales, überlagertes Gitter; Stadtbausteine: geschlossener Baublock; vollständiges Erschließungsnetz; Platzbildung durch Aussparen/Weglassen und Fügen

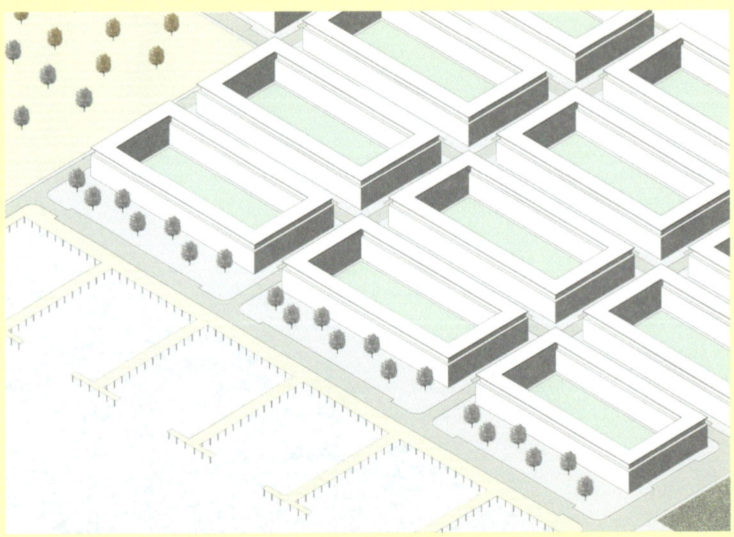

Axonometrie Baublöcke an der Waterfront

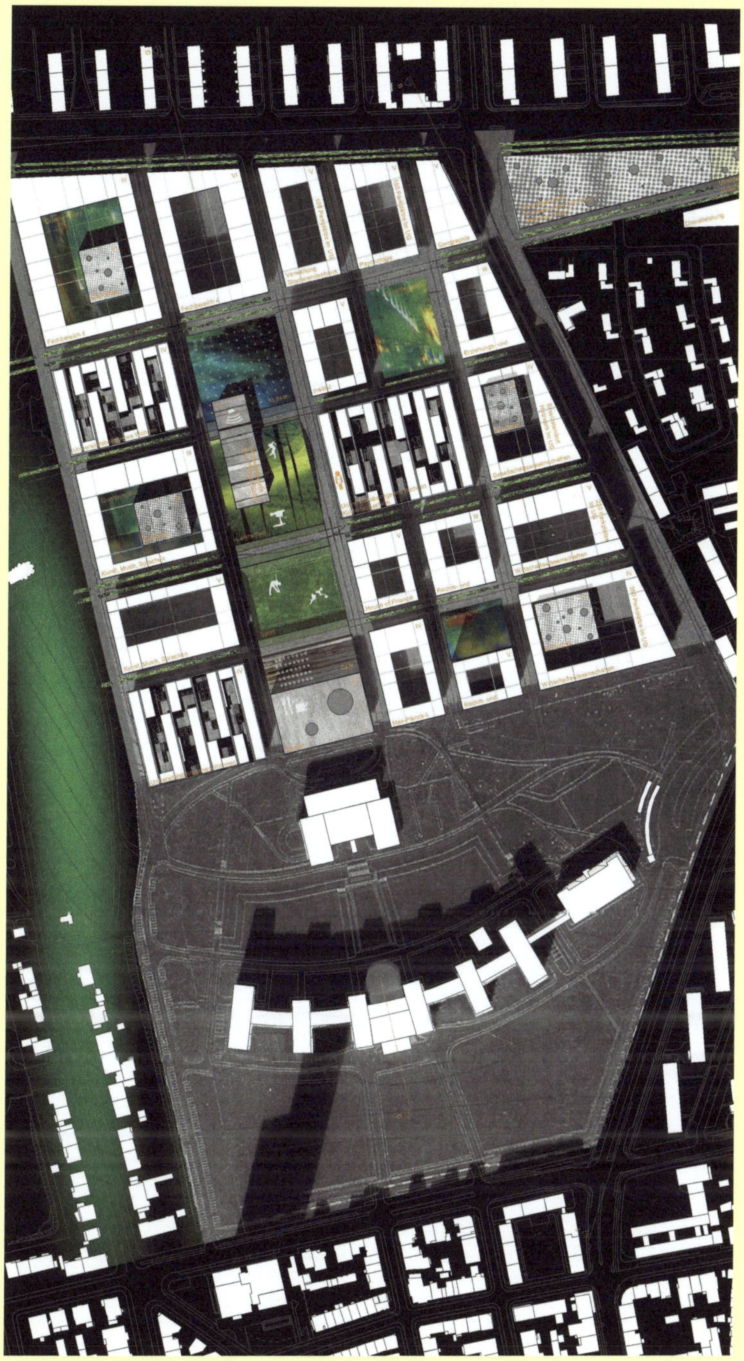

Variierende Rastermaße und Inhalte schaffen abwechslungsreiche Stadträume.

Projekt 3.13	**Campus Westend der Goethe-Universität** Frankfurt a. M. (D) – Wettbewerb
VERFASSER	Rolf-Harald Erz für SIAT GmbH mit Dieter Heigl, München, und EGL GmbH, Landshut
WEBSITE	www.erz-architekten.de
AUSZEICHNUNG	2. Preis
JAHR	2003
KATEGORIE	Stadtumbau – Militärkonversion – neuer Hochschulcampus
THEMA	geometrisches Prinzip
TAGS	Prägnanz; divisives Fügen; orthogonales Gitter; Stadtbausteine: geschlossener Baublock, Raumstruktur; Anordnung Stadtbaufelder: Bezugselement; Platzbildung durch Aussparen/Weglassen; baulich gefasster Grünraum

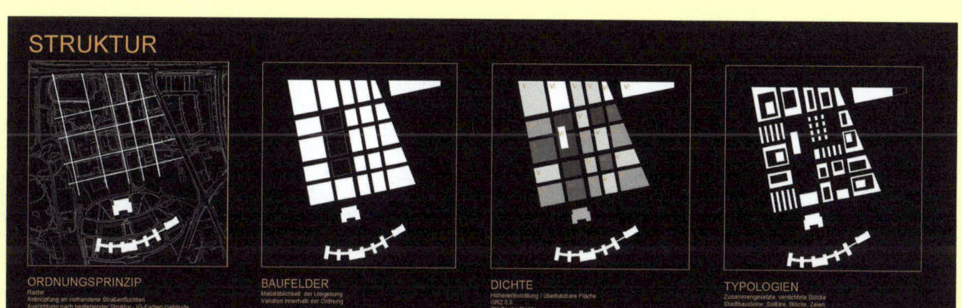

Entwurfsdiagramme

Das orthogonale Raster ist als universelles Ordnungsprinzip im urbanen wie suburbanen Kontext geeignet.

Ausschnitt mit unterschiedlichen Stadtbausteinen

Projekt 3.14	**Konversion des Kasernenareals** Karlsruhe-Knielingen (D) – Wettbewerb
VERFASSER	Jutta Rump, Roetgen
WEBSITE	www.competitionline.com/de/bueros/10372
AUSZEICHNUNG	2. Preis
JAHR	2003
KATEGORIE	Stadtumbau – Militärkonversion – neues Wohnquartier und Gewerbegebiet
THEMA	geometrisches Prinzip
TAGS	additives Fügen; orthogonales Gitter; Stadtbausteine: aufgelöster Baublock, Reihe, Punkt, Raumstruktur; Platzbildung durch Aussparen/Weglassen und Fügen; quartiersinterner/wohnungsnaher Grün- und Freiraum

Kleine, ausgesparte Plätze lockern das strenge Zeilenraster auf.

Projekt 3.15	**MOB-Gelände** Greven (D) – Wettbewerb
VERFASSER	LK | Architekten, Köln
WEBSITE	www.lkarchitekten.de
AUSZEICHNUNG	1. Preis
JAHR	1999
KATEGORIE	Stadtumbau – Militärkonversion – neues Wohnquartier
THEMA	geometrisches Prinzip
TAGS	additives Fügen; Stadtbausteine: Zeile; Platzbildung durch Aussparen/Weglassen

Modell

Der Quartiersgrundriss ist durch weit schwingende Kreisbögen geprägt, die die Zuschnitte der Einzelparzellen nur unwesentlich beeinträchtigen.

Die geplanten Straßenzüge auf dem ehemaligen Trabrennbahngelände greifen die geometrischen Formen des denkmalgeschützten Altonaer Volksparks und der Rennbahn auf.

Projekt 3.16	**Wohnen am Volkspark** Hamburg (D) – Wettbewerb
VERFASSER	03 Architekten GmbH, München, mit grabner huber lipp landschaftsarchitekten und stadtplaner partnerschaft mbb, Freising
WEBSITE	www.03arch.de
AUSZEICHNUNG	3. Preis
JAHR	2016
KATEGORIE	Sportflächen-Konversion – Siedlungserweiterung – neues Wohnquartier
THEMA	geometrisches Prinzip, Kreisfiguren
TAGS	divisives Fügen; gedehntes Gitter; Stadtbausteine: aufgelöster Baublock, Reihe; Platzbildung durch Modellieren; geschwungener Straßenraum; baulich gefasster Grünraum; Darstellung: Gestaltungsplan

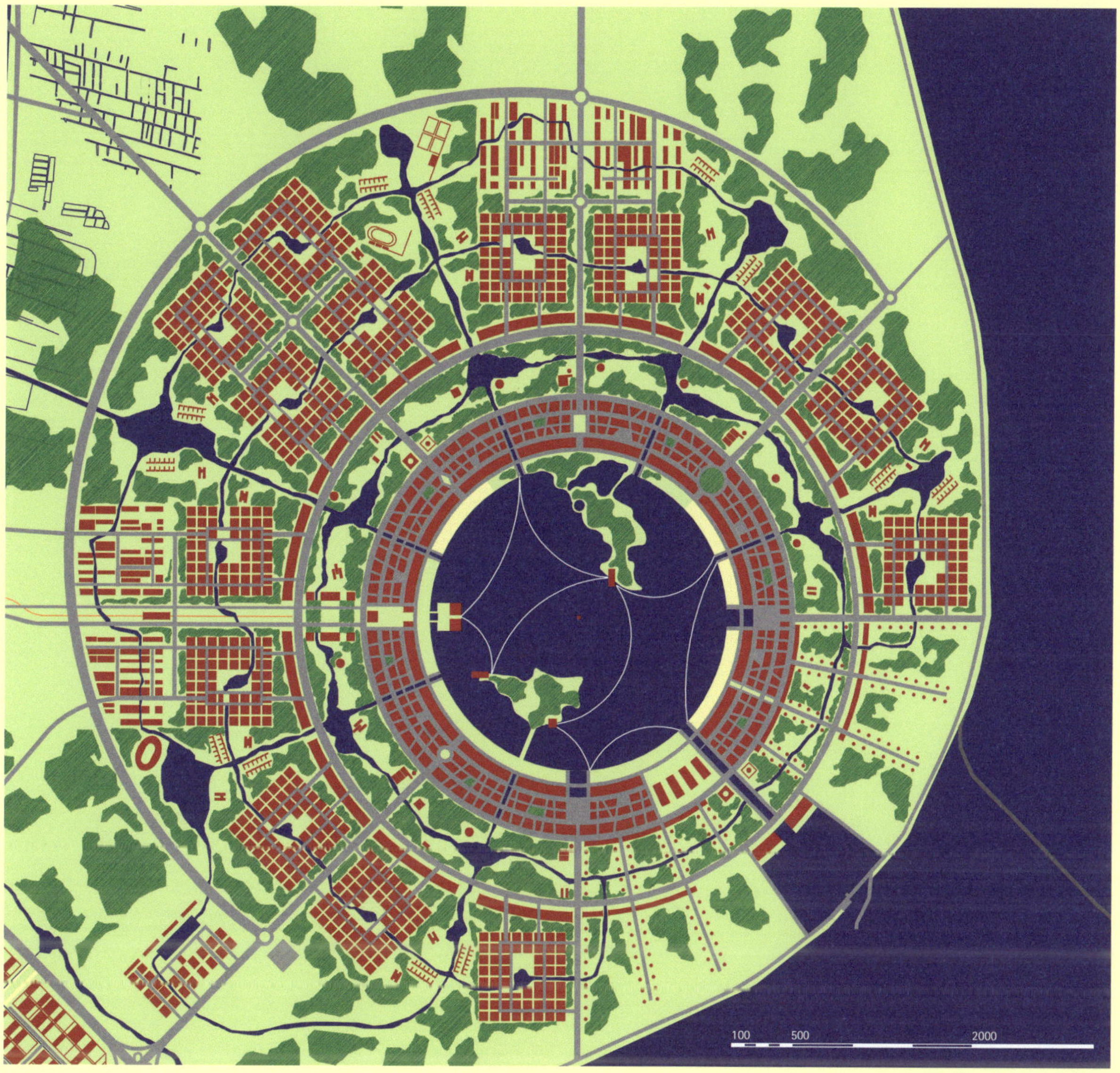

Der Entwurf umgeht geschickt die geometrischen Zwänge der Kreisfigur.

Modell

Projekt 3.17	**Lingang New City** Shanghai (PRC) – Wettbewerb
VERFASSER	gmp Architekten von Gerkan, Marg und Partner, Hamburg
WEBSITE	www.gmp-architekten.de
AUSZEICHNUNG	1. Preis
JAHR	2003
KATEGORIE	neue Stadt
THEMA	geometrisches Prinzip, Kreisfiguren
TAGS	Prägnanz; geometrisches Prinzip, Darstellung: Präsentationsmodell

4 Die Beziehung der Teile zum Ganzen

4.1 Additives Fügen

4.2 Divisives Fügen

4.3 Überlagerndes Fügen

4.4 Städtebau aus einem Stück (Großform)

4 Die Beziehung der Teile zum Ganzen

Die allermeisten städtebaulichen Entwürfe kann man als Fügen gleicher, ähnlicher oder variierender Teile zu einem Ganzen beschreiben. Dabei geht es immer um die Beziehung der Teile zum Ganzen und umgekehrt.
Rudolf Wienands nennt in seiner Entwurfslehre *Grundlagen der Gestaltung zu Bau und Stadtbau* drei grundlegende Handlungsmöglichkeiten beim Gestalten:[1] das additive, das divisive (teilende) und das überlagernde Fügen. Meist sind in einem Entwurf gleich mehrere Prinzipien des Fügens erkennbar, in der Regel dominiert eines davon.

4.1 Additives Fügen

Beim additiven Fügen sind die Teile vorab genau definiert; das Ergebnis ist die Summe der gefügten Teile. Die Teile können dabei je nach Maßstab, Aufgabe, Detaillierung und Entwurfsabsicht ganze Stadtquartiere, einzelne Baufelder oder auch, im Maßstab des Baufelds, Stadtbausteine sein. Die Gesamtfigur bleibt offen für Veränderung, Ergänzung und Erweiterung oder ist beschränkt, beispielsweise durch topografische Gegebenheiten.

Ein frühes historisches Beispiel für orthogonales, additives Fügen ist der Stadtplan der griechischen Kolonialstadt Milet in der heutigen Türkei. Beim Wiederaufbau der kriegszerstörten Stadt im 4. Jahrhundert v. Chr. kam das nach Hippodamos von Milet benannte „Hippodamische System" zum Einsatz. Die durch mehrere Buchten gegliederte Halbinsel von Milet besitzt eine unregelmäßige Form. Die Agora, das politische, religiöse und kulturelle Zentrum, ist an der breitesten Stelle in der Mitte der Halbinsel querliegend angeordnet. Oberhalb und unterhalb fügen sich in einer Rasterstruktur gleich große Baufelder für den Wohnungsbau aneinander. Die Form der Halbinsel gibt dabei die maximale Ausdehnung der Wohnquartiere vor; der inneren Homogenität steht ein mehr oder weniger ausgefranster äußerer Rand gegenüber.

Eine additive Fügung zeigt auch die US-amerikanische Stadt Savannah, die 1733 als Hafenstadt durch den englischen Adligen, General und Gouverneur der britischen Kolonie Georgia, James Oglethorpe, gegründet wurde. Kleine Nachbarschaften aus streifenförmigen Baufeldern, die jeweils einen Platz oder Park in der Mitte aussparen, wurden additiv gefügt. Waren 1734 erst vier dieser Nachbarschaften vermessen und nur teilweise mit einfachsten Holzhäusern bebaut, so existierten um 1800 rund 15 aneinandergefügte Quartiere, die nach einheitlichem Grundriss aufgebaut und in der Breite leicht variiert waren. Bemerkenswert ist, dass noch bis weit in das 19. Jahrhundert hinein das Muster des ursprünglichen Grundmoduls bei den Erweiterungen angewandt wurde und erst dann durch ein einfaches Blockraster abgelöst wurde. Insgesamt kann man noch heute 23 dieser Quartiere und Plätze im Stadtgrundriss finden.

Additives Fügen muss nicht zwangsläufig im Raster erfolgen. Teile lassen sich auch in freier, vom Raster ungebundener Anordnung additiv fügen, was z. B. in vielen dörflichen Siedlungsstrukturen zu finden ist.
→ Abb. 4.1, 4.2
→ Projekte 4.1 – 4.4

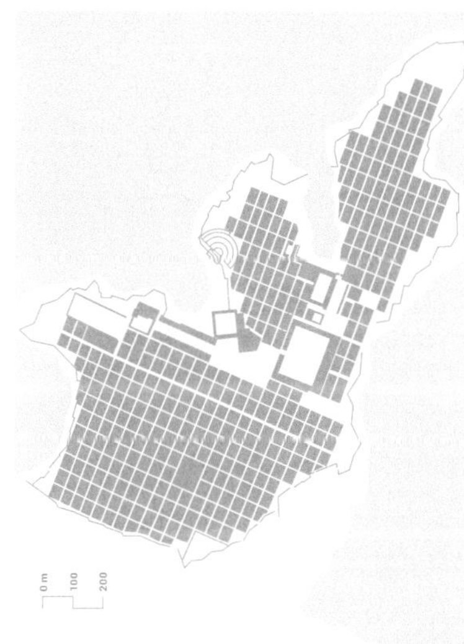

Abb. 4.1 Milet, Hippodamos von Milet, 479 v. Chr (TR)

Abb. 4.2 Savannah, James Oglethorpe, 1733 (USA)

1
Wienands, 1985, S. 135 ff.

Die Gesamtfigur bleibt offen für Veränderung, Ergänzung und Erweiterung.

Projekt 4.1	**Stadtteil Layenhof/Münchwald** Mainz (D) – Wettbewerb
VERFASSER	Ackermann+Raff mit Alexander Lange, Stuttgart/Tübingen
WEBSITE	www.ackermann-raff.de
AUSZEICHNUNG	1. Preis
JAHR	1996
KATEGORIE	Militärkonversion – neuer Stadtteil
THEMA	additives Fügen
TAGS	orthogonales Gitter, regelmäßiges Gitter; Anordnung Stadtbaufelder: Achse, Symmetrie, Hierarchie, Bezugselement, Wiederholung/Rhythmus, Gruppierung; Platzbildung durch Fügen; geradliniger Straßenraum

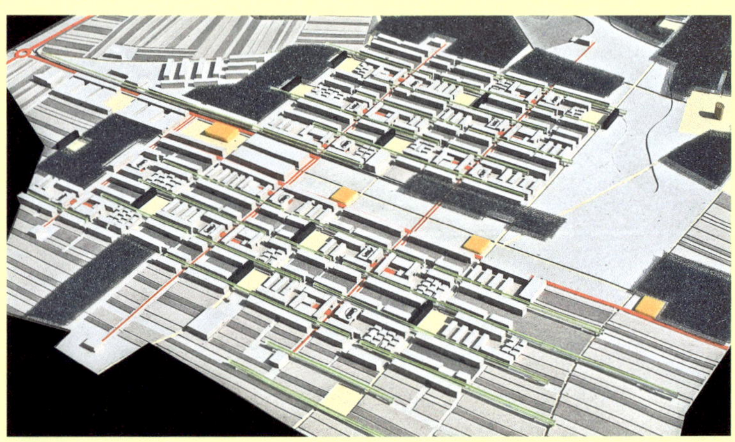

Modell

Additives Fügen von ähnlichen, unterschiedlich großen Baublöcken

Projekt 4.2	**Messestadt Riem, Schwerpunkt Wohnen** München (D) – Wettbewerb
VERFASSER	ASTOC Architects and Planners, Köln, mit lohrer.hochrein landschaftsarchitekten, München
WEBSITE	www.astoc.de
AUSZEICHNUNG	1. Preis
JAHR	2008
KATEGORIE	Stadtumbau – Flughafenkonversion – neuer Stadtteil
THEMA	additives Fügen
TAGS	orthogonales, unregelmäßiges Gitter; Stadtbausteine: aufgelöster Baublock; Anordnung Stadtbaufelder: Bezugselement, Gruppierung; Platzbildung durch Fügen; wohnungsnaher Grün- und Freiraum

Perspektive

Gereihtes additives Fügen von variierenden Baublöcken

Baumassenplan (Schwarzplan)

Projekt 4.3	**Innerer Westen** Regensburg (D) – Wettbewerb
VERFASSER	03 Architekten GmbH mit Keller Damm Roser Landschaftsarchitekten Stadtplaner GmbH, München
WEBSITE	www.03arch.de
AUSZEICHNUNG	3. Preis
JAHR	2011
KATEGORIE	Stadtumbau – Bahnkonversion – neues Wohnquartier
THEMA	additives Fügen
TAGS	Stadtbausteine: geschlossener Baublock; Anordnung Stadtbaufelder: Reihung/Wiederholung; aufgeweiteter Straßenraum

Gereihtes additives Fügen von ähnlichen, variierenden Stadtbaufeldern/Quartieren

Projekt 4.4	**Wohnbauentwicklung Nordsteimke/ Hehlingen** Wolfsburg (D) – Wettbewerb
VERFASSER	Thomas Schüler Architekten und Stadtplaner, Düsseldorf/Stuttgart, mit faktorgrün Landschaftsarchitekten, Freiburg i. Br./ Rottweil/Heidelberg/Stuttgart
AUSZEICHNUNG	1. Preis
JAHR	2015
WEBSITE	www.schueler-architekten.de
KATEGORIE	Siedlungserweiterung – neuer Stadtteil
THEMA	additives Fügen
TAGS	geometrisches Prinzip; Stadtbausteine: aufgelöster Baublock, Reihe, Zeile, Punkt; Anordnung Stadtbaufelder: Symmetrie, Wiederholung/Rhythmus, Gruppierung; Anordnung Stadtbausteine im Baufeld: Symmetrie, Wiederholung/Reihung/Rhythmus, Gruppierung; Platzbildung durch Aussparen/ Weglassen und Fügen; Darstellung: Gestaltungsplan, Diagramme

Freiflächendiagramm mit Regenwasserkonzept

4.2 Divisives Fügen

Beim teilenden Fügen ist zu Beginn die Gesamtform definiert. Die Teile ergeben sich durch die Division des Ganzen nach bestimmten Regeln, die je nach Aufgabe definiert werden oder im kulturellen Kontext begründet sind. Sowohl die chinesische Idealstadt als auch die römische Kolonialstadt basieren völlig unabhängig voneinander auf der Form des Quadrats. Die chinesische Herrscherstadt war das Abbild des Kosmos. Nach der chinesischen Kosmologie war die Erde ein Würfel und die Erdoberfläche quadratisch. Im Zentrum des Reiches lag die nach allen vier Himmelsrichtungen ausgerichtete Hauptstadt. Im Zentrum der Stadt (Chengzhou, Peking) lag der Palast; die Nord-Süd-Achse war als Abbild des Meridians[2] ausschließlich dem Herrscher vorbehalten. Die Wohnquartiere mit den dazugehörigen Märkten lagen links und rechts der Hauptachse.
→ Abb. 4.3

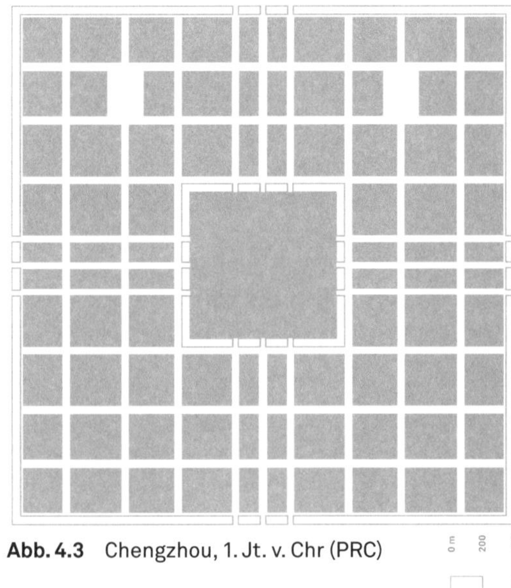

Abb. 4.3 Chengzhou, 1. Jt. v. Chr (PRC)

Die römische Kolonialstadt dagegen entwickelte sich aus dem Castrum, einer standardisierten Militäranlage. Zwei Hauptachsen, die Nord-Süd-Achse („cardo") und die Ost-West-Achse („decumanus") teilten Lager und Stadt in vier Quadranten. Im Schnittpunkt lag beim Militärlager das Stabsgebäude („principia"), analog dazu in der Stadt das Forum, das wie die griechische Agora das kulturelle, religiöse, ökonomische und politische Zentrum bildete. Alle weiteren Straßen verliefen parallel zu den Hauptachsen und teilten die Stadt in orthogonale Wohnbaufelder, die „insulae".

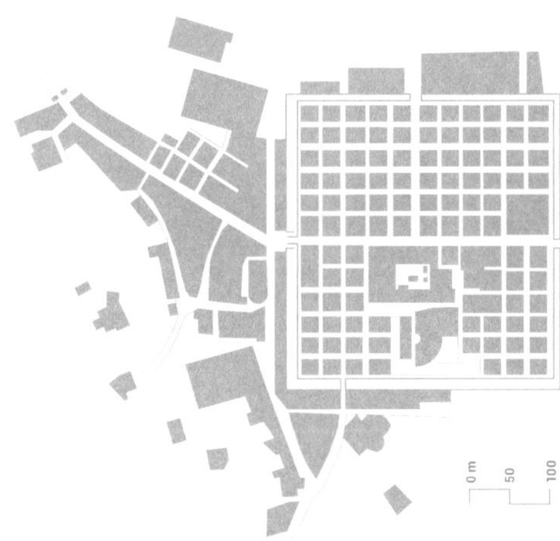

Abb. 4.4 Timgad, 100 n. Chr. (DZ)

In der Stadtbaugeschichte gibt es unzählige weitere Beispiele für divisives Fügen, z. B. die Idealstadtkonzepte der Renaissance und des Barocks – im Grunde überall dort, wo die Form der Stadt entweder repräsentativen Zwecken dienen sollte oder, wie bei Festungsstädten, wo sie militärisch-funktional begründet war.

Als vorteilhaft erweist sich beim divisiven Fügen die Optimierungsmöglichkeit von Erscheinung, Aussehen und Gestaltqualitäten; allerdings leiden Veränderungsfähigkeit und Erweiterbarkeit darunter, dass durch die Bindung der Teile an das Ganze nicht beliebig Teile hinzugefügt oder weggenommen werden können. Einen Ausweg bietet das additive Fügen oder das Gruppieren von markanten divisiv gefügten Quartieren.
→ Abb. 4.4, 4.5
→ Projekte 4.5 – 4.7

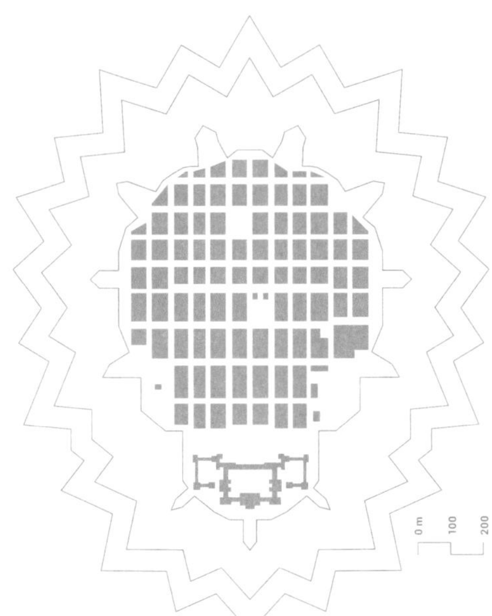

Abb. 4.5 Mannheim, 1720 (D)

2 Vgl. Kostof, 1992, S. 174.

Beim divisiven Fügen steht die Gesamtform fest, die Elemente ergeben sich durch Teilung des Ganzen.

Fotomontage

Projekt 4.5	**Rosensteinviertel** Stuttgart (D) – Wettbewerb
VERFASSER	Prof. Dr. Helmut Bott, Darmstadt, und Dr. Michael Hecker, Köln, mit Dr. Frank Roser Landschaftsarchitekt, Stuttgart
WEBSITE	www.hmw-architekten.de
AUSZEICHNUNG	2. Preis
JAHR	2005
KATEGORIE	Stadtumbau – Bahnkonversion – neuer Stadtteil
THEMA	divisives Fügen
TAGS	Prägnanz; orthogonales Gitter; Stadtbausteine: geschlossener, aufgelöster Baublock, Reihe, Zeile; Platzbildung durch Fügen

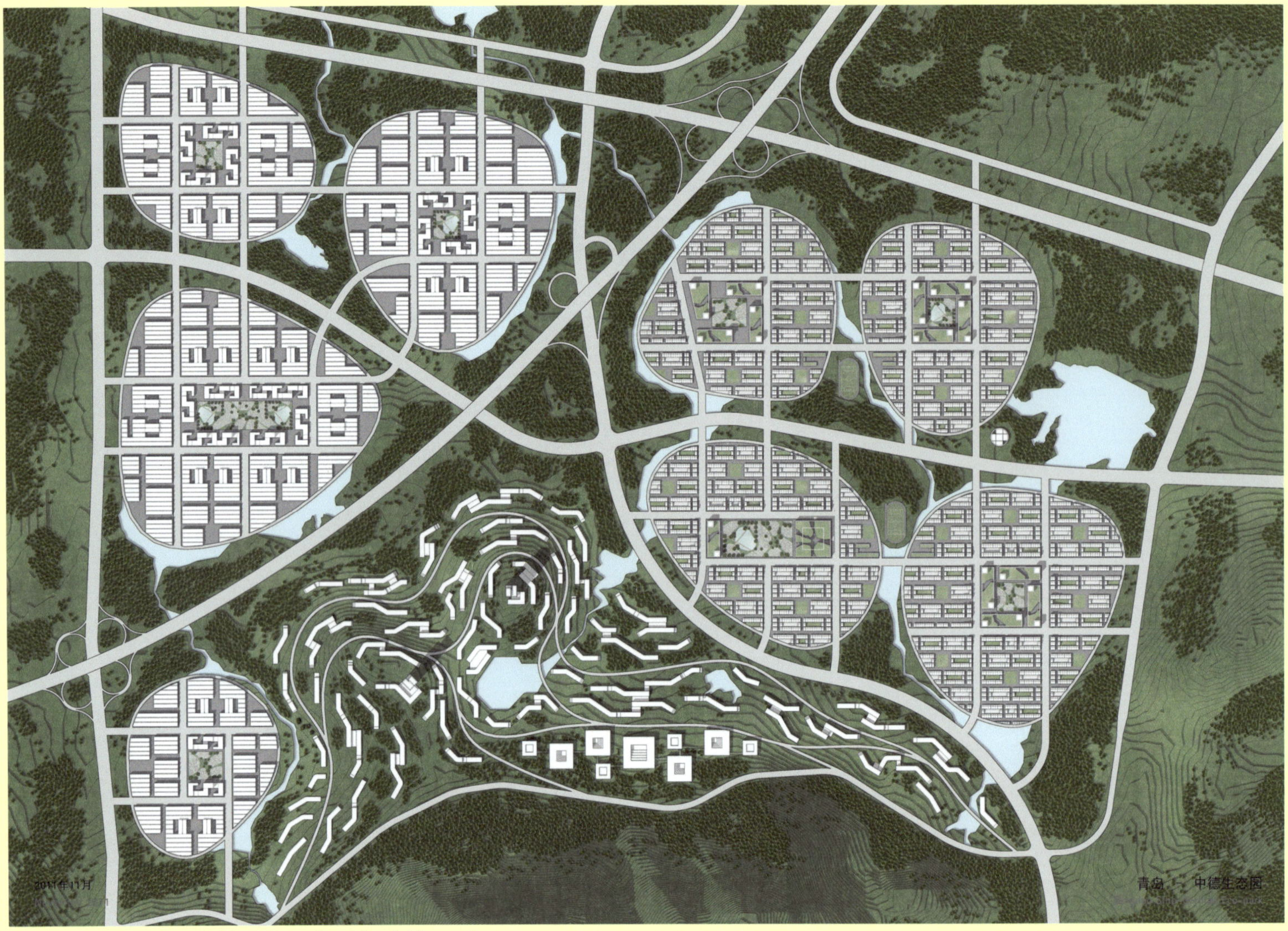

Der Entwurf gruppiert divisiv gefügte Stadtbaufelder und bleibt dadurch flexibel.

Projekt 4.6	**Ökologiepark** Qingdao (PRC) – Wettbewerb
VERFASSER	gmp Architekten von Gerkan, Marg und Partner, Hamburg
WEBSITE	www.gmp-architekten.de
AUSZEICHNUNG	1. Preis
JAHR	2011
KATEGORIE	Stadterweiterung – neuer nachhaltiger Stadtteil
THEMA	divisives Fügen
TAGS	Prägnanz; orthogonales Gitter; Stadtbausteine: Baublock, Cityblock, geknickte Zeile, Punkthochhaus, Hybrid; Anordnung Stadtbaufelder: Hierarchie, Wiederholung, Gruppierung; Platzbildung durch Fügen

Perspektive

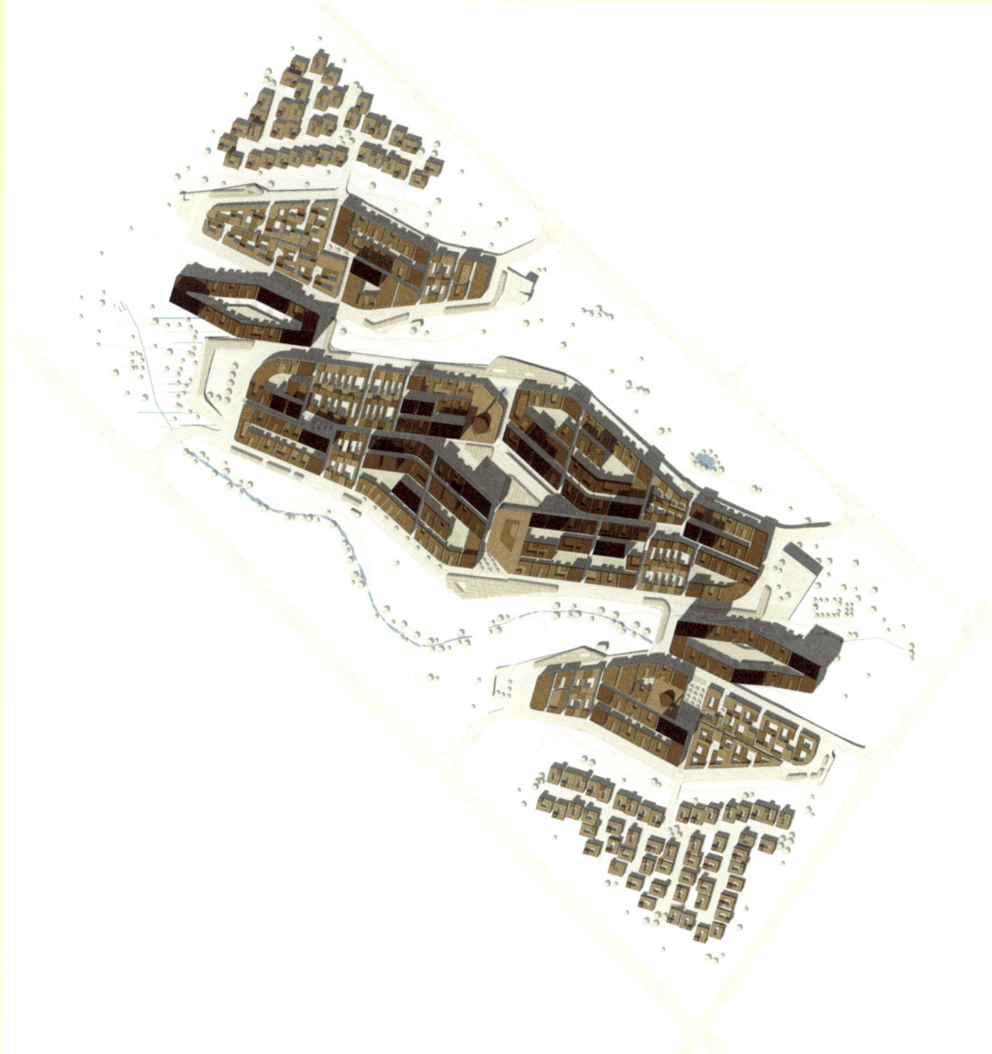

Die Teilungsregeln variieren je nach Quartier.

Projekt 4.7	**Masterplan Paramount/Xeritown** Dubai (UAE)
VERFASSER	SMAQ – architecture urbanism research, Berlin: Sabine Müller und Andreas Quednau mit Joachim Schultz, mit X-Architects, Dubai, Johannes Grothaus Landschaftsarchitekten, Potsdam, reflexion, Zürich, und Buro Happold, London
WEBSITE	www.smaq.net
JAHR	2008
KATEGORIE	Stadterweiterung – neue, nachhaltige Stadtquartiere
THEMA	divisives Fügen
TAGS	Prägnanz; Stadtbausteine: Baublock, Reihe, Raumstruktur, Hochhaus; Anordnung Stadtbaufelder: Gruppierung; Platzbildung durch Fügen und Modellieren

Perspektive

4.3 Überlagerndes Fügen

Beim überlagernden Fügen entsteht der Stadtgrundriss durch die Überlagerung zweier oder mehrerer Ordnungssysteme. Besteht beim additiven Fügen die Gefahr von Monotonie, so kann das divisive Fügen ebenfalls negative Effekte haben, z. B. geometrische Zwänge, die die Teile funktional beeinträchtigen können. Überlagerndes Fügen schafft dagegen Mehrdeutigkeit und bereichert das Raumerlebnis. Ein historisches Beispiel hierfür ist der Stadtplan für Washington D.C. von Pierre Charles L'Enfant aus dem Jahr 1792, bei dem eine Rasterstruktur aus Baublöcken von Diagonalen überlagert ist, die sich auf das Kapitol oder das Weiße Haus beziehen sowie Stadtteile untereinander verbinden.

Auch der 1859 von Ildefons Cerdà vorgelegte Stadtplan für eine Erweiterung von Barcelona weist ähnliche Überlagerungen von Diagonalstraßen auf einem gleichmäßigen Orthogonalsystem auf. In beiden Entwürfen dienen die Diagonalen als übergeordnete, repräsentative Boulevards.

Damit die Logik im Entwurf nachvollziehbar wird, benötigt das überlagernde Fügen eine Mindestgröße des Planungsareals. Dabei muss es sich nicht um ganze Städte handeln, sondern das Entwurfsprinzip ist auch auf Quartiersebene anwendbar. Der zeitgenössische Entwurf für die Konversion der Röttiger-Kaserne in Hamburg von MVRDV arbeitet beispielsweise mit der Überlagerung von Grün- mit Baustrukturen: Ein engmaschiges Orthogonalnetz aus individuell bebaubaren Einfamilienhausparzellen überlagert Bestandsgebäude und -bäume so, dass das Raster, sobald es auf Erhaltenswertes stößt, diese Elemente umfließt.

→ **Abb. 4.6, 4.7**
→ **Projekte 4.8 – 4.10**

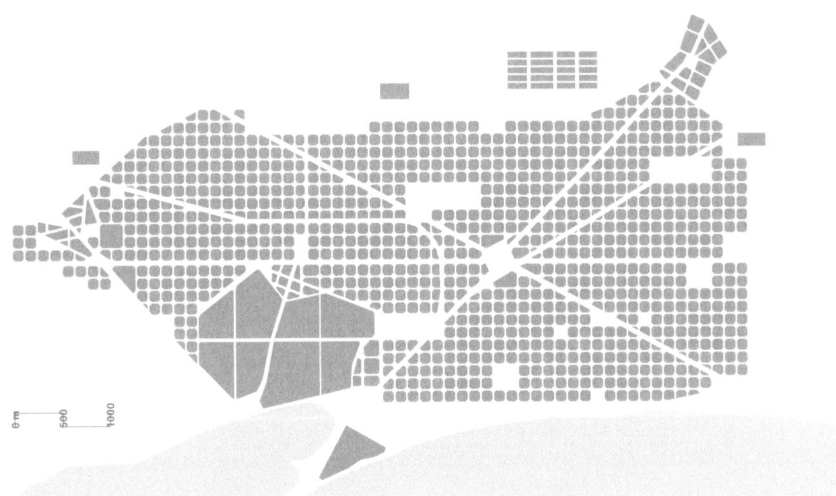

Abb. 4.6 Barcelona, Stadterweiterung, Ildefons Cerdà, 1859 (E)

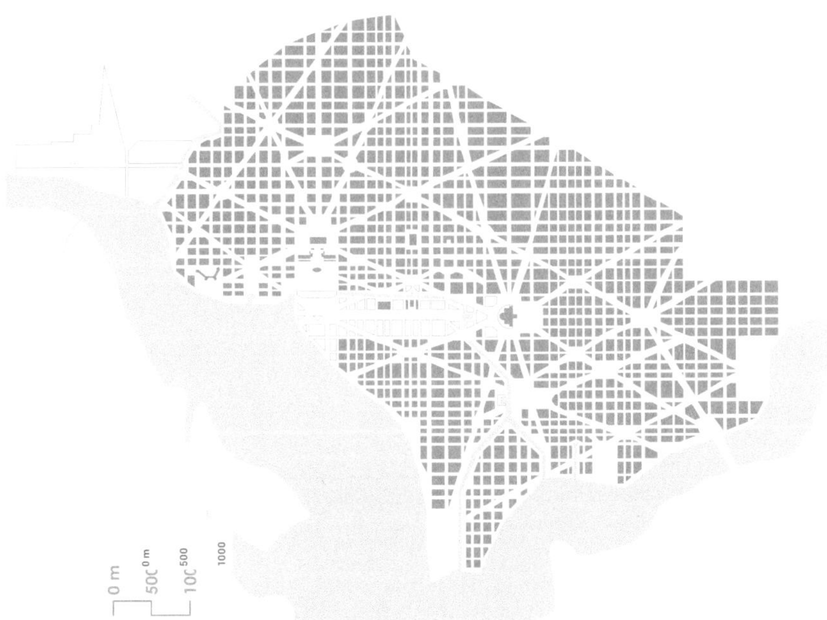

Abb. 4.7 Washington D.C., Pierre Charles L'Enfant, 1792 (USA)

Ein engmaschiges Orthogonalnetz überlagert Bestandsgebäude und -bäume.

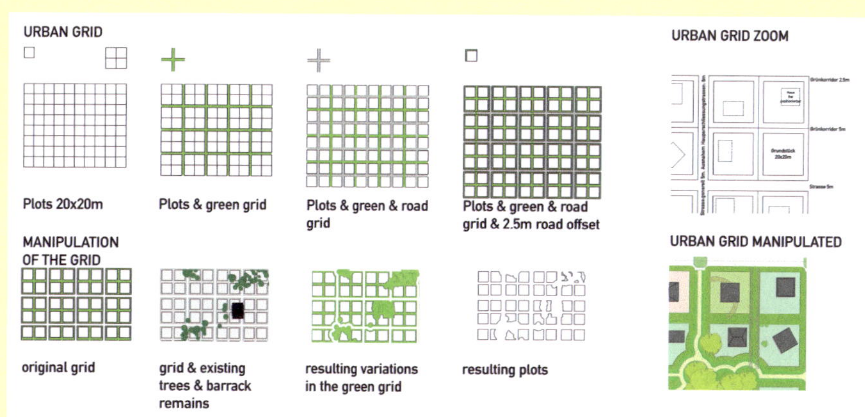

Diagramme erläutern den Entwurfsprozess.

Projekt 4.8	**Architektur-Olympiade Hamburg 2006, Röttiger-Kaserne** Hamburg (D) – Wettbewerb
VERFASSER	MVRDV, Rotterdam
WEBSITE	www.mvrdv.nl
AUSZEICHNUNG	Goldmedaille Städtebau
JAHR	2006
KATEGORIE	Stadtumbau – Militärkonversion – neues Wohnquartier
THEMA	überlagerndes Fügen
TAGS	orthogonales, unvollständiges Gitter; Stadtbausteine: Punkt; unvollständiges Erschließungsnetz; Darstellung: Diagramme

Durchgangsstraße und Grünzüge überlagern die Siedlungsstruktur.

Perspektive Fußgängerzone

Projekt 4.9	**Masdar Development** Abu Dhabi (UAE)
VERFASSER	Foster + Partners, London, mit Cyril Sweett Limited, W.S.P Transsolar, ETA, Gustafson Porter, E.T.A., Energy, Ernst and Young, Flack + Kurtz, Systematica, Transsolar
WEBSITE	www.fosterandpartners.com
JAHR	2007
KATEGORIE	Stadterweiterung – neuer, emissionsfreier Stadtteil
THEMA	überlagerndes Fügen
TAGS	Ganzheit, Prägnanz; divisives Fügen; Stadtbausteine: Baublock, Hof, Reihe, Zeile, Raumstruktur; unvollständiges Erschließungsnetz; stadtteilbezogener Grün- und Freiraum; Darstellung: Perspektive

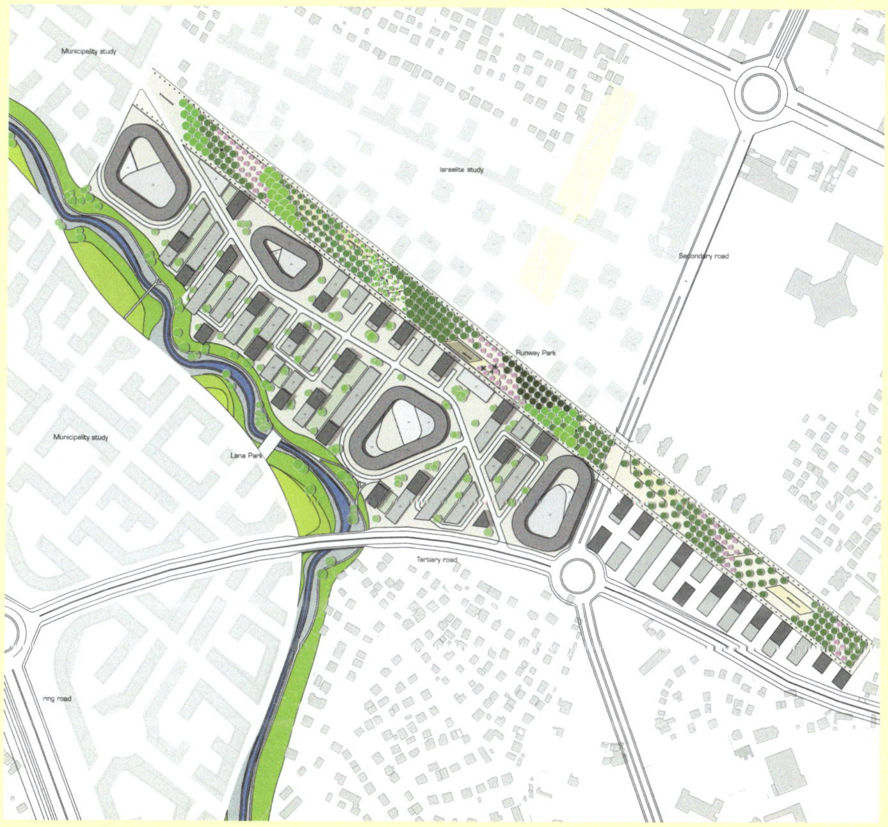

Durch die Überlagerung von mehreren Siedlungsmustern entsteht ein abwechslungsreiches Siedlungsbild.

Projekt 4.10	Park City Tirana (AL) – Wettbewerb
VERFASSER	CITYFÖRSTER architecture + urbanism, Berlin/Hannover/London/Oslo/Rotterdam/Salerno, mit Ulrike Centmayer Landschaftsarchitektin, Rotterdam
WEBSITE	www.cityfoerster.net
AUSZEICHNUNG	1. Preis
JAHR	2008
KATEGORIE	Stadtumbau – Flughafenkonversion – neues Stadtquartier
THEMA	überlagerndes Fügen
TAGS	Kontrast; Stadtbausteine: geschlossener Baublock, Reihe, Zeile/Scheibenhochhaus, Hybrid; Stichstraßen-, Erschließungsbügelnetz; Darstellung: Diagramme

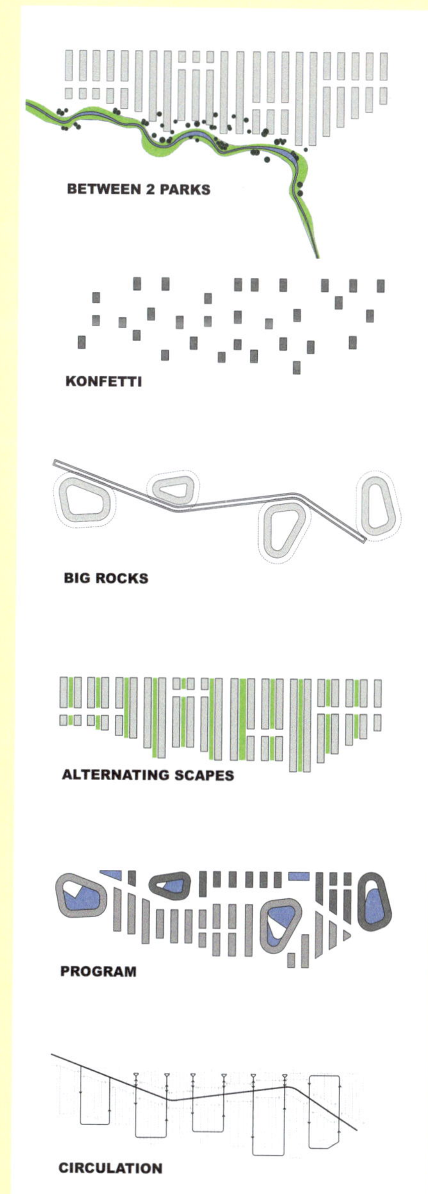

Diagramme erläutern den Entwurfsprozess.

4.4 Städtebau aus einem Stück (Großform)

Neben den bereits genannten Arten des Fügens gibt es den städtebaulichen Entwurf aus einem Stück, bei dem die einzelnen Teile zu einer Großform verschmolzen sind. Die Figur kann dabei geometrisch, organisch/biomorph oder frei gestaltet, die Teile können fugenlos additiv oder, ausgehend von einer Form, fugenlos divisiv gegliedert sein.

Natürlich lassen sich derartige Objekte nicht beliebig auf jedes Planungsareal ausdehnen. Meist ist ein solcher Entwurf auf ein Stadtquartier von der Größe mehrerer Baufelder beschränkt. Wenn städtebauliche Figur und Architektur eine gestalterische Einheit bilden, scheidet allerdings die Realisierung durch Dritte weitgehend aus: Der Architekt übernimmt dann den Part des Stadtplaners oder umgekehrt.

Abb. 4.8 Sandleitenhof in Wien, Emil Hoppe u. a., 1924 (A)

Beispiele aus dem Wohnungsbau sind die in den 1920er-Jahren im Rahmen eines sozialen Wohnungsbauprogramms erbauten Wiener Wohnhöfe. Die größte dieser Anlagen ist der Sandleitenhof, der aus der Addition unregelmäßiger Blockrandbebauungen besteht und über 1 500 Wohnungen birgt. Etwas weniger Bewohner hat der wohl bekannteste Wohnhof, der Karl-Marx-Hof, dessen Doppelhofanlage mit dazwischenliegendem Ehrenhof sich aus L-förmigen Winkeln, Reihen und Zeilen zusammensetzt. Beiden Anlagen liegt die Idee einer Gemeinschaft der dort wohnenden Arbeiterfamilien zugrunde. Während sie sich nach außen geschlossen geben, bilden sie jeweils eine Art Stadt in der Stadt. Da der Hof für die Idee der Gemeinschaft steht, sind die Wohnungen folgerichtig über die gemeinsamen Innenhöfe erschlossen.

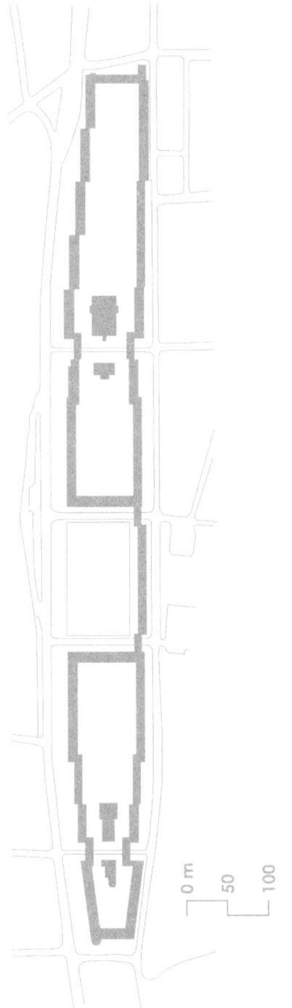

Abb. 4.9 Karl-Marx-Hof in Wien, Karl Ehn, 1927 (A)

Aktuelle Beispiele für städtebauliche Großformen sind ein Entwurf für die Werkbundsiedlung Wiesenfeld in München von Allmann Sattler Wappner Architekten oder die Nymphenburger Höfe, eine Neubebauung auf einem ehemaligen Brauereigelände in München von Steidle Architekten. Während beim erstgenannten Entwurf die Großform eine Gemeinschaft von vielfältigen, individualisierten Wohnhäusern widerspiegelt, ist es beim zweiten Beispiel der auf allen Seiten vorhandene erhebliche Verkehrslärm, der zu der Gliederung des Entwurfs in eine Sequenz introvertierter Höfe geführt hat.

→ **Abb. 4.8, 4.9**
→ **Projekte 4.11 – 4.13**

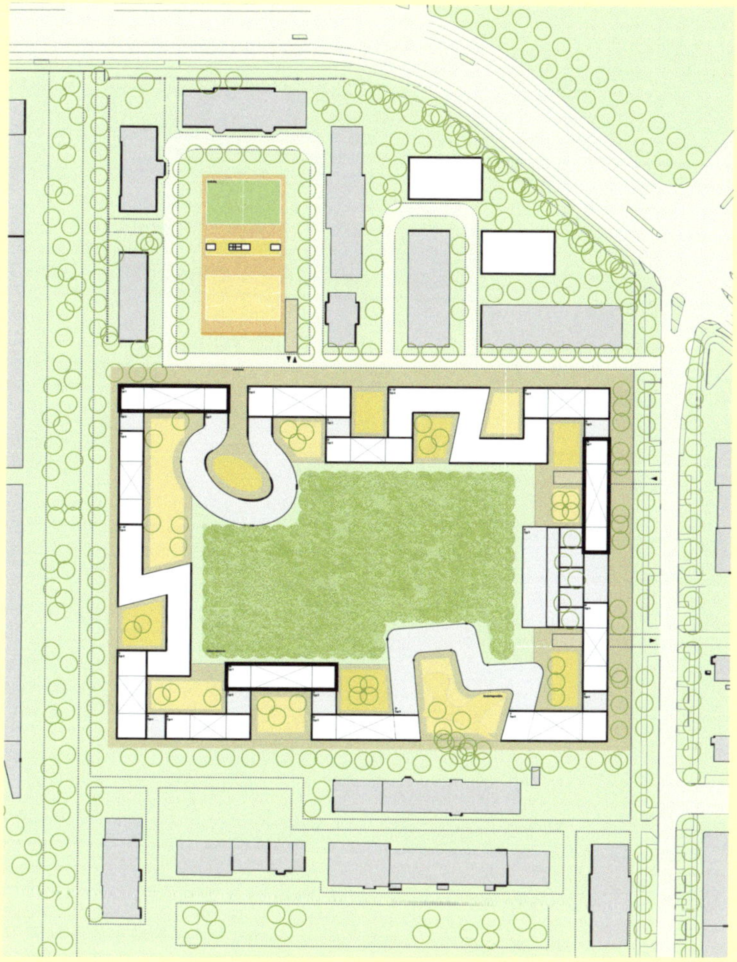

Die Großform steht für eine Gemeinschaft aus vielfältigen, individualisierten Wohnhäusern.

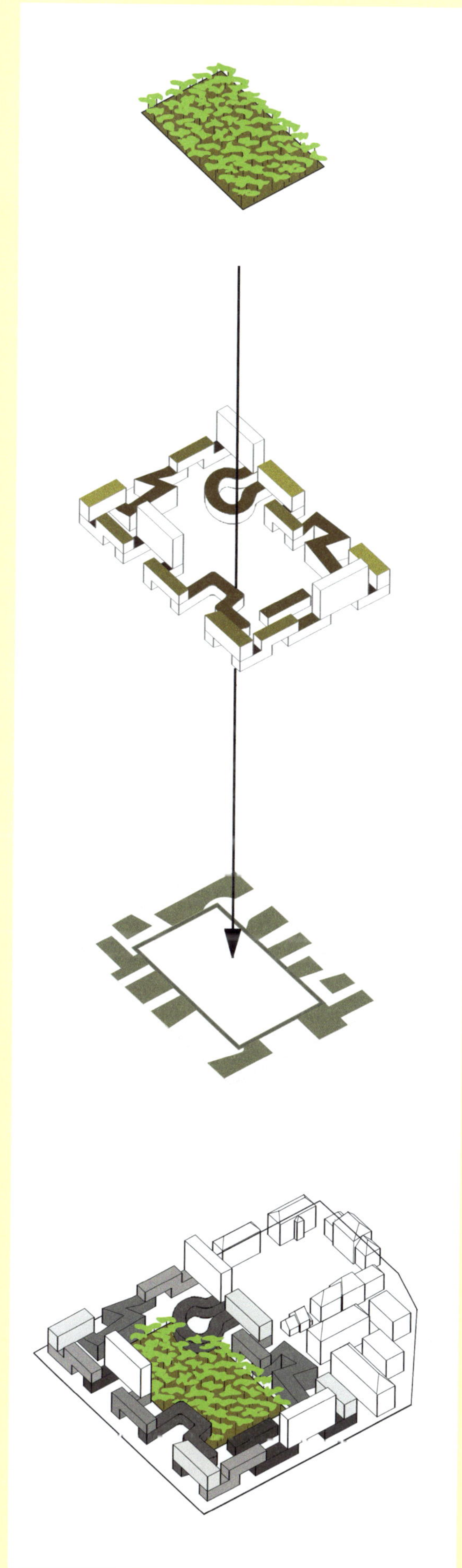

Entwurfskonzept

Projekt 4.11	**Werkbundsiedlung Wiesenfeld** München (D) – Wettbewerb
VERFASSER	Allmann Sattler Wappner Architekten GmbH, München, mit Valentien + Valentien & Partner Landschaftsarchitekten und Stadtplaner, Weßling
WEBSITE	www.allmannsattlerwappner.de
AUSZEICHNUNG	Preisgruppe Städtebau
JAHR	2006
KATEGORIE	Stadtumbau – Militärkonversion – neues Wohnquartier
THEMA	Städtebau am Stück/Großform
TAGS	Stadtbausteine: aufgelöster Baublock, Hof, Mäander, Hybrid; Platzbildung durch Modellieren; quartiersinterner Grün- und Freiraum, verzahnter Grünraum; Bäume im Flächenmuster

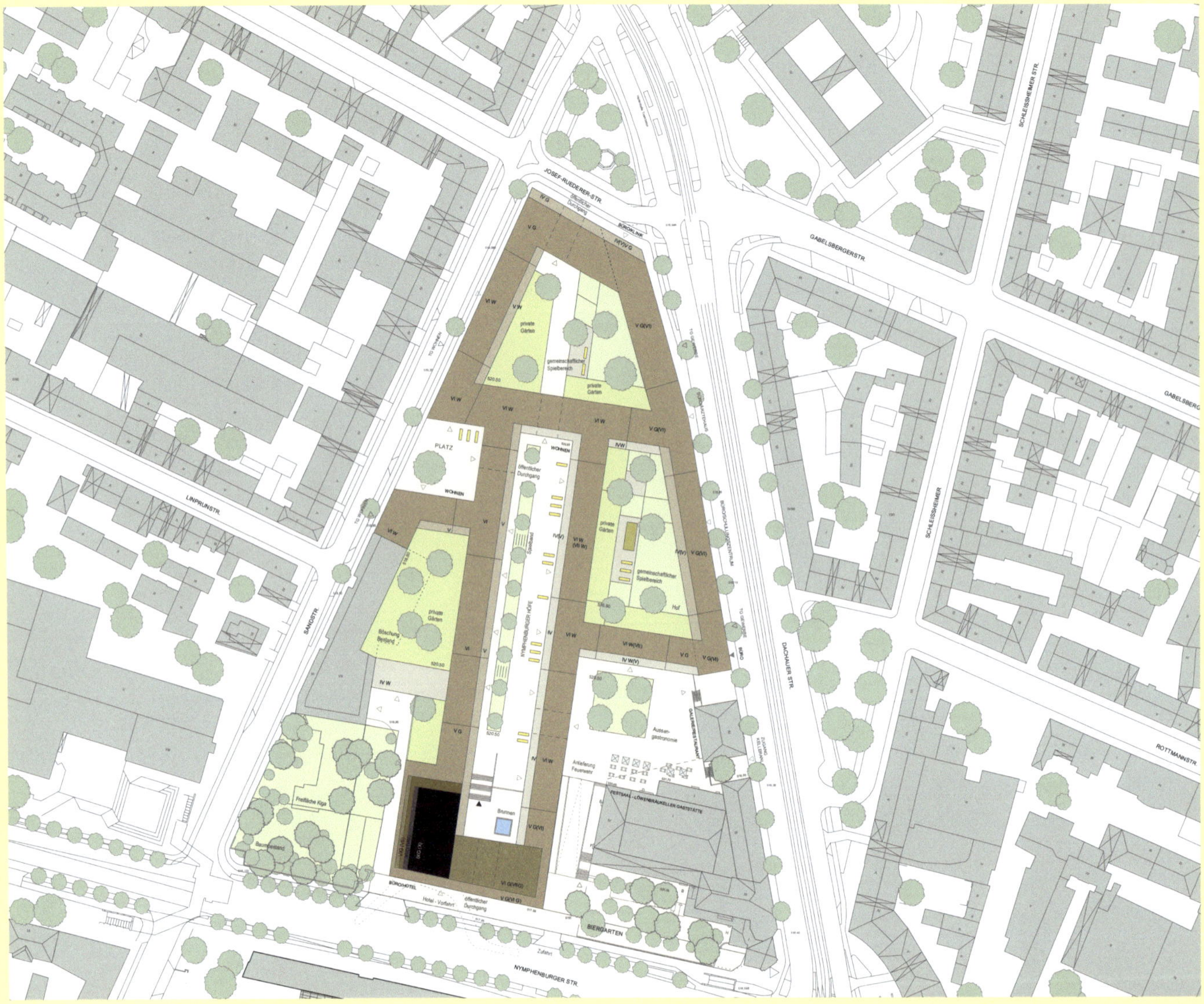

Der Entwurf zeigt eine Sequenz introvertierter Höfe.

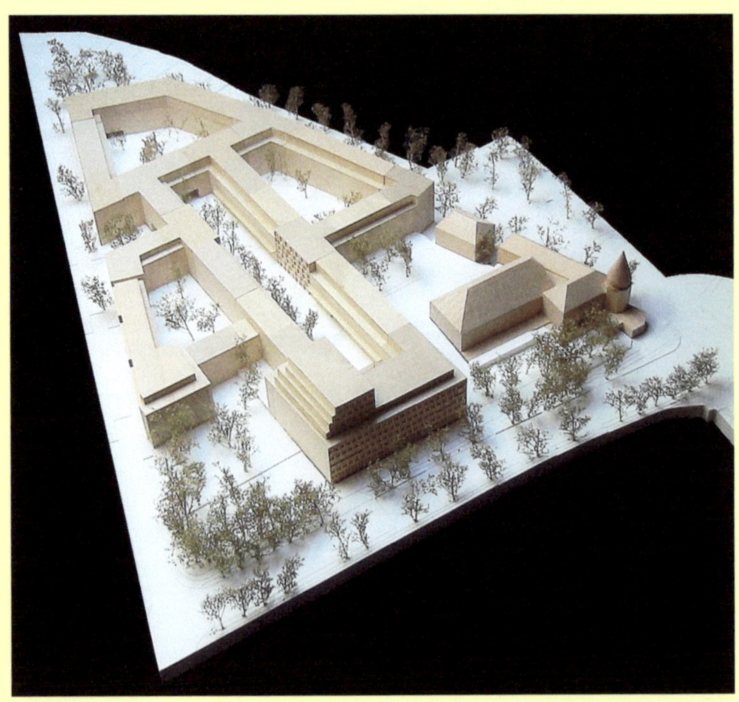
Modell

Projekt 4.12	**Nymphenburger Höfe** München (D) – Wettbewerb
VERFASSER	Steidle + Partner Architekten mit realgrün Landschaftsarchitekten, München
WEBSITE	www.steidle-architekten.de
AUSZEICHNUNG	1. Preis
JAHR	2003
KATEGORIE	Stadtumbau – Gewerbekonversion – neues innerstädtisches Stadtquartier
THEMA	Städtebau am Stück/Großform
TAGS	Stadtbausteine: geschlossener Baublock, Hof, Hybrid; Platzbildung durch Modellieren; quartiersinterner Grün- und Freiraum

Die bewegte Dachlandschaft bringt die Vielfalt der in den Gebäuden untergebrachten Nutzungen zum Ausdruck.

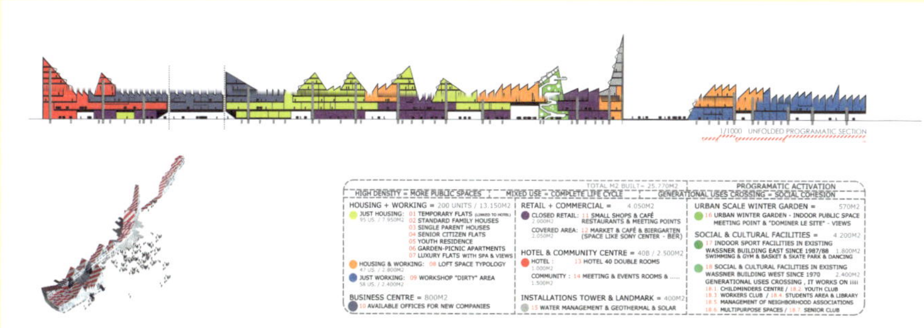

Nutzungsdiagramm

Projekt 4.13	**Europan 10, Eine urbane Schnittstelle neu denken** Forchheim (D) – Wettbewerb
VERFASSER	gutiérrez-delafuente arquitectos, Madrid
WEBSITE	www.gutierrez-delafuente.com
AUSZEICHNUNG	Ankauf
JAHR	2010
KATEGORIE	Stadtumbau – Industriekonversion – neues Wohnquartier
THEMA	Städtebau am Stück/Großform
TAGS	Stadtbausteine: Reihe, Zeile, Mäander, Hybrid; Platzbildung durch Modellieren; Darstellung: Schnitt, Modell

5 Entwurfsprinzip „Gitter“

Das regelmäßige Gitter
Das unregelmäßige Gitter
Das verkippte Gitter
Das gedehnte Gitter
Das transformierte Gitter
Das überlagerte Gitter

5 Entwurfsprinzip „Gitter“

In der langen Geschichte der Stadt haben sich Gitterstrukturen als allgemeingültiges Ordnungsprinzip bewährt. Ein Vorteil ist, dass diese systembedingt leistungsfähige Verkehrsnetze ausbilden können, in denen alle Nutzungen quasi automatisch an die Gesamtstruktur angeschlossen und mit einem Minimum an Richtungsänderungen untereinander verlinkt sind. Auch sind spätere Erweiterungen problemlos möglich.

Das regelmäßige Gitter

Der Idealtypus des regelmäßigen Gitters ist das Quadrat oder Rechteckgitter. Die meisten Bereiche des städtischen Lebens lassen sich in einer Orthogonalstruktur einfach und funktional organisieren. Darüber hinaus lassen sich Siedlungsflächen im orthogonalen System rational teilen, ohne dass Restflächen übrig bleiben.[1] Der Nachteil eines regelmäßigen Gitters ist, dass mit den zahlreichen Wiederholungen auch die monotonen Eigenschaften zunehmen. Hier können eine Hierarchisierung von Teilbereichen und Straßen, die Gruppierung von Baufeldern innerhalb von größeren Rasterfeldern, überlagerndes Fügen und/oder das Einfügen von Plätzen und Freiflächen Abhilfe schaffen.

→ Projekt 5.1

Das unregelmäßige Gitter

Unregelmäßig gegliederte Gitterstrukturen besitzen Eigenschaften, die sowohl positiv als auch negativ gedeutet werden können. In dem Maß, in dem die Unregelmäßigkeiten zunehmen, unterscheiden sich die Baufelder stärker hinsichtlich Größe und Form. Die Durchlässigkeit kann durch Unregelmäßigkeiten gehemmt, der Stadtraum dagegen abwechslungsreicher sein. Gängig sind unregelmäßige Gitter, die in eine Richtung eher regelmäßig geteilt sind und senkrecht dazu unregelmäßig. Diese finden dann Verwendung, wenn eine Richtung bevorzugt behandelt werden soll, z. B. um einen reibungslosen Verkehrsfluss zu gewährleisten oder um Blickbeziehungen frei zu halten – und im umgekehrten Fall, um den Verkehrsfluss zu bremsen oder Straßenräume räumlich abzuschließen anstatt ins Leere laufen zu lassen.

→ Projekte 5.2 – 5.4

Das verkippte Gitter

Je nach Topografie, Ausrichtung oder Notwendigkeit des Anbindens an bestehende Stadt- oder Erschließungsstrukturen kann es hilfreich sein, gleichförmig angelegte Gitter zu brechen und Gitterteile gegeneinander zu verkippen. Die dabei entstehenden Bruchstellen und Restflächen können als besondere Situationen thematisiert, betont oder bewusst ignoriert und einfach nur aufgefüllt werden, so beispielsweise mit Sondernutzungen, Sonderbaukörpern oder Grün- und Freiflächen.

→ Projekte 5.5 – 5.7

Das gedehnte Gitter

Gitter müssen nicht zwangsläufig orthogonal strukturiert sein. Auch gedehnte oder geschwungen verlaufende Gitter gehören zum städtebaulichen Repertoire. Gründe für die Dehnung können topografische Gegebenheiten, die Einbindung von übergeordneten Grünzügen oder auch die spezifische Form des zur Verfügung stehenden Planungsareals sein. Gebogene Straßen sind darüber hinaus ein probates Mittel zur Vermeidung von Monotonie. Der Blick in eine gebogene Straße führt nicht ins Leere oder zu einem weit entfernten Horizont, sondern wird immer auf Fassaden von straßenbegleitenden Häusern gelenkt.

→ Projekte 5.8, 5.9

Das transformierte Gitter

Transformation (lat. Umformung) bezeichnet allgemein die Veränderung der Gestalt, Form oder Struktur. Im transformierten Gitter löst sich die gleichmäßige Gitterstruktur zum Rand oder zur Mitte hin auf. Der Transformationsprozess kann dabei sichtbar schrittweise oder kaum merklich fließend sein. Aus einem vollständigen Gitter kann so ein unvollständiges Gitter, z. B. ein Stichstraßennetz, aus einer rationalen, geometrischen Struktur ein gewachsenes, organisch erscheinendes Siedlungsbild entstehen. Die aus der Gitterstruktur resultierenden Straßen werden entweder aufgenommen oder beispielsweise mittels Randstraßen untereinander verbunden und so zu einem Abschluss gebracht.

→ Projekte 5.10 – 5.12

Das überlagerte Gitter

Das überlagerte Gitter entsteht durch überlagerndes Fügen[2] von Ordnungssystemen. Meist bleibt ein Ordnungssystem dominant, während das hinzugefügte Ordnungssystem zusätzliche Qualitäten schafft. Die Überlagerung von zu vielen Systemen führt dagegen zu Chaos, wodurch die Orientierungsmöglichkeit des Nutzers im Stadtgrundriss bis hin zur Orientierungslosigkeit gestört wird. Hier gilt die Regel: Weniger ist mehr.

→ Projekte 5.13, 5.14

1
Vgl. Gerhard Curdes: *Stadtstruktur und Stadtgestalt*, Stuttgart/Berlin/Köln 1997, S. 45.

2
Siehe auch Überlagerndes Fügen S. 66 ff.

Das Variieren von Stadtbausteinen und das Einfügen von Freiflächen kann in einem regelmäßigen Gitter Monotonie verhindern.

Funktionsdiagramme

Projekt 5.1	Wohnquartier am Lettenwald Ulm (D) – Wettbewerb
VERFASSER	jan foerster teamwerk-architekten mit ergebnisgrün, Büro für Landschaftsarchitektur, München
WEBSITE	www.teamwerk-architekten.de
AUSZEICHNUNG	1. Preis
JAHR	2008
KATEGORIE	Stadterweiterung – neues Wohnquartier
THEMA	regelmäßiges Gitter
TAGS	orthogonales Gitter; Anordnung Stadtbausteine: Wiederholung/Reihung/Rhythmus; vollständiges Erschließungsnetz; Platzbildung durch Aussparen/Weglassen; stadtteilbezogener/quartiersinterner/wohnungsnaher Grün- und Freiraum

Das Gitter ist in eine Richtung gleichmäßig und in die andere Richtung unregelmäßig geteilt.

Projekt 5.2	**Europan 6, 3x2 Elemente für die Stadtlandschaft** Mönchengladbach (D) – Wettbewerb
VERFASSER	florian krieger – architektur und städtebau mit Ariana Sarabia, Urs Löffelhardt, Benjamin Künzel, Darmstadt
WEBSITE	www.florian-krieger.de
AUSZEICHNUNG	1. Preis
JAHR	2002
KATEGORIE	Stadtumbau – Militärkonversion – neues Wohnquartier
THEMA	unregelmäßiges Gitter
TAGS	Kontrast, Robustheit; additives Fügen; Stadtbausteine: Reihe, Zeile/Scheibenhochhaus; Platzbildung durch Aussparen/Weglassen; gereihte Bäume, Bäume im Flächenmuster

Modellausschnitt

Durch die unregelmäßige Gitterteilung entstehen kleine und große Baufelder sowie abwechslungsreiche Stadträume.

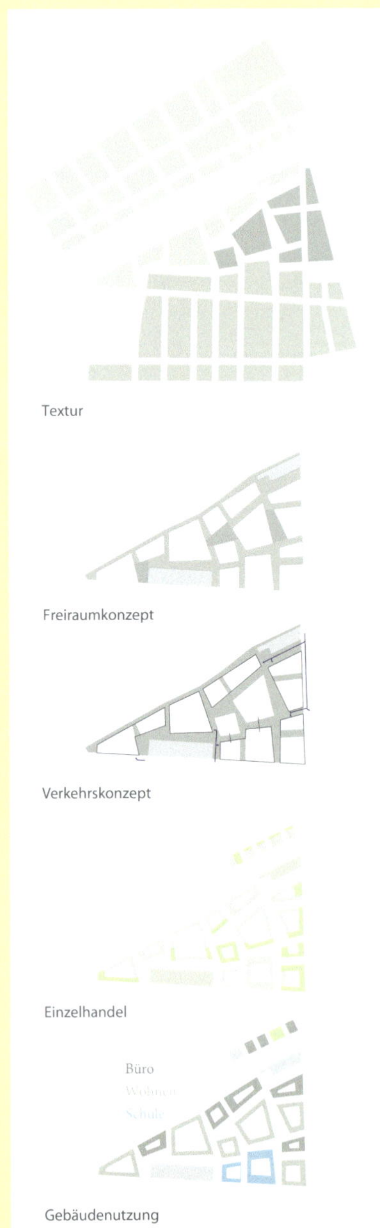

Funktionsdiagramme

Projekt 5.3	**Entwicklungsgebiet D der ÖBB-Immobilien** Wien (A) – Wettbewerb
VERFASSER	Wessendorf Architektur Städtebau mit Atelier Loidl, Berlin
WEBSITE	www.studio-wessendorf.de, www.atelier-loidl.de
AUSZEICHNUNG	1. Preis
JAHR	2010
KATEGORIE	Stadtumbau – Bahnkonversion – neues Stadtquartier
THEMA	unregelmäßiges Gitter
TAGS	additives Fügen; Stadtbausteine: geschlossener Baublock, Cityblock, Hybrid; Anordnung Stadtbaufelder: Gruppierung; Platzbildung durch Fügen; geknickter, aufgeweiteter Straßenraum

Die Variationen der unregelmäßigen Gitterstruktur schaffen differenzierte Grünräume und Quartiersidentitäten.

Projekt 5.4	**Freiham Nord, Schwerpunkt Wohnen und Quartierszentrum** München (D) – Wettbewerb
VERFASSER	florian krieger – architektur und städtebau, Darmstadt, mit lohrberg stadtlandschaftsarchitektur, Stuttgart
WEBSITE	www.florian-krieger.de
AUSZEICHNUNG	2. Preis
JAHR	2011
KATEGORIE	Stadterweiterung – neues Wohnquartier und Quartierszentrum
THEMA	unregelmäßiges Gitter
TAGS	additives Fügen; Stadtbausteine: aufgelöster Baublock, Reihe, Punkt, Punkthochhaus; Anordnung Stadtbaufelder: Wiederholung/Variation/Rhythmus; kombiniertes Erschließungsnetz; Platzbildung durch Fügen

Vogelperspektive

Gestaltungsplan

Die im verkippten Gitter entstehenden Bruchstellen werden als besondere Situationen stadträumlich genutzt.

Projekt 5.5	**Masterplan Wasserstadt Berlin-Oberhavel** Berlin (D)
VERFASSER	Arbeitsgemeinschaft Kollhoff, Timmermann, Langhof, Nottmeyer, Zillich, Berlin
WEBSITE	www.kollhoff.de
JAHR	1996
KATEGORIE	Stadtumbau – Gewerbekonversion – neue Stadtquartiere
THEMA	verkipptes Gitter
TAGS	additives Fügen; Stadtbausteine: geschlossener Baublock, aufgelöster Baublock, Punkt; Platzbildung durch Fügen; geradliniger Straßenraum, geknickter Straßenraum; Wohnen am Wasser

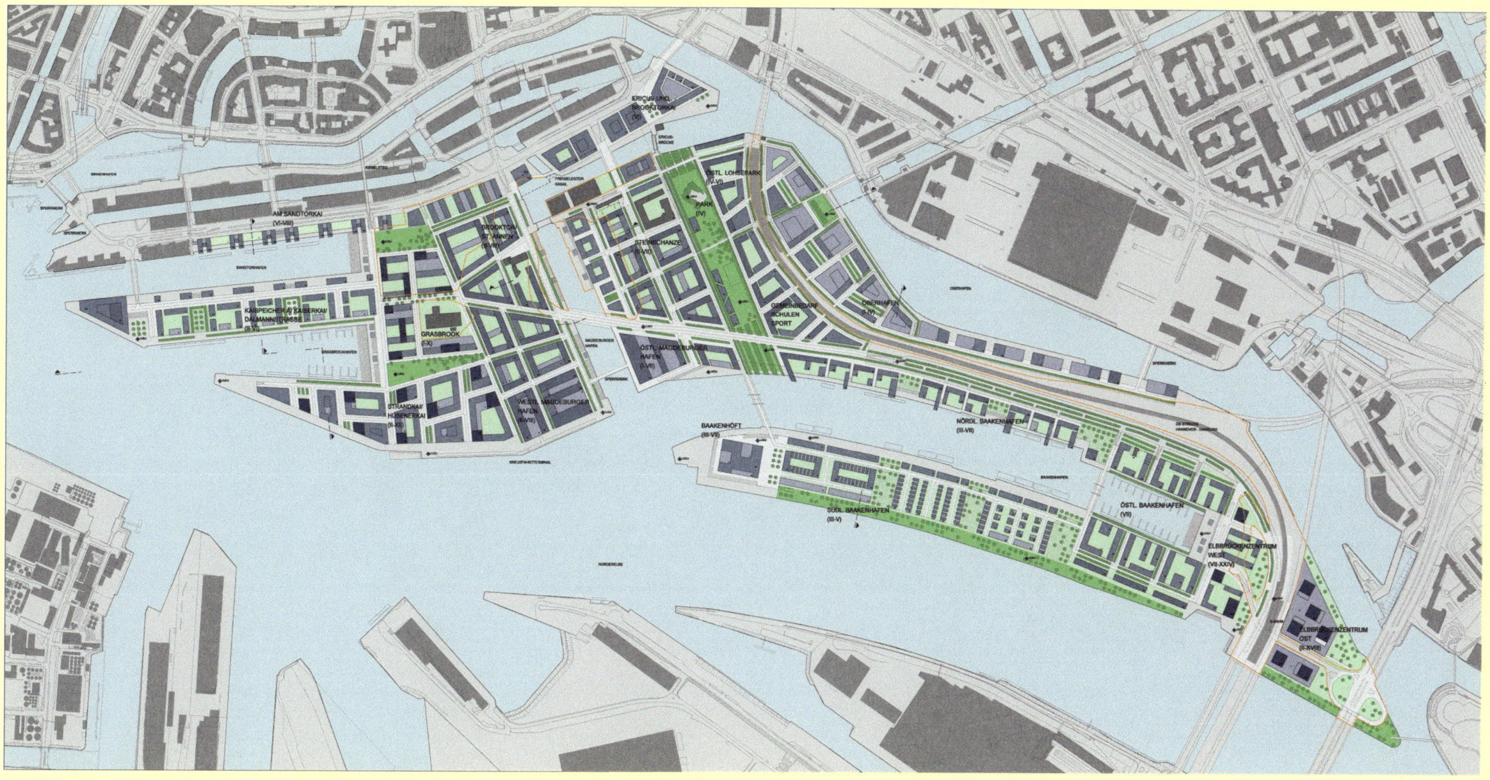

Der Zuschnitt der Pieranlagen war maßgeblich für die Ausrichtung der Gitterstrukturen.

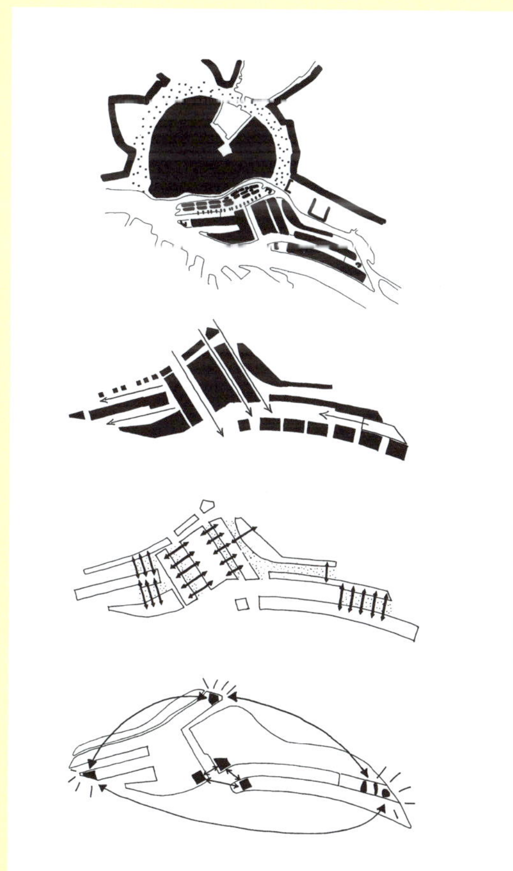

Entwurfsdiagramme

Projekt 5.6	**HafenCity Hamburg** Hamburg (D) – Wettbewerb
VERFASSER	ASTOC Architects and Planners, Köln, mit KCAP Architects&Planners, Rotterdam/Zürich/Shanghai
WEBSITE	www.astoc.de, www.kcap.eu
AUSZEICHNUNG	1. Preis
JAHR	1999
KATEGORIE	Stadtumbau – Hafenkonversion – neuer Stadtteil
THEMA	verkipptes Gitter
TAGS	additives und überlagerndes Fügen; Stadtbausteine: geschlossener, aufgelöster Baublock, Cityblock, Reihe, Punkt, Hybrid; Anordnung Stadtbaufelder: Achse, Bezugselement, Reihung/Wiederholung/Rhythmus, Gruppierung; Wohnen am Wasser

Die Bruchstellen im Gitter werden für einen quartiers-internen Park genutzt.

Ausschnitt in größerem Maßstab

Projekt 5.7	**Auf der Freiheit** Schleswig (D) – Wettbewerb
VERFASSER	studioinges Architektur und Städtebau, Berlin
WEBSITE	www.studioinges.de
AUSZEICHNUNG	1. Ankauf
JAHR	2006
KATEGORIE	Stadtumbau – Militärkonversion – neues Wohnquartier
THEMA	verkipptes Gitter
TAGS	additives Fügen; Anordnung Stadtbausteine im Baufeld: Hierarchie, Wiederholung/Reihung/Rhythmus, Gruppierung; baulich gefasster/verzahnter Grünraum; Darstellung: Gestaltungsplan

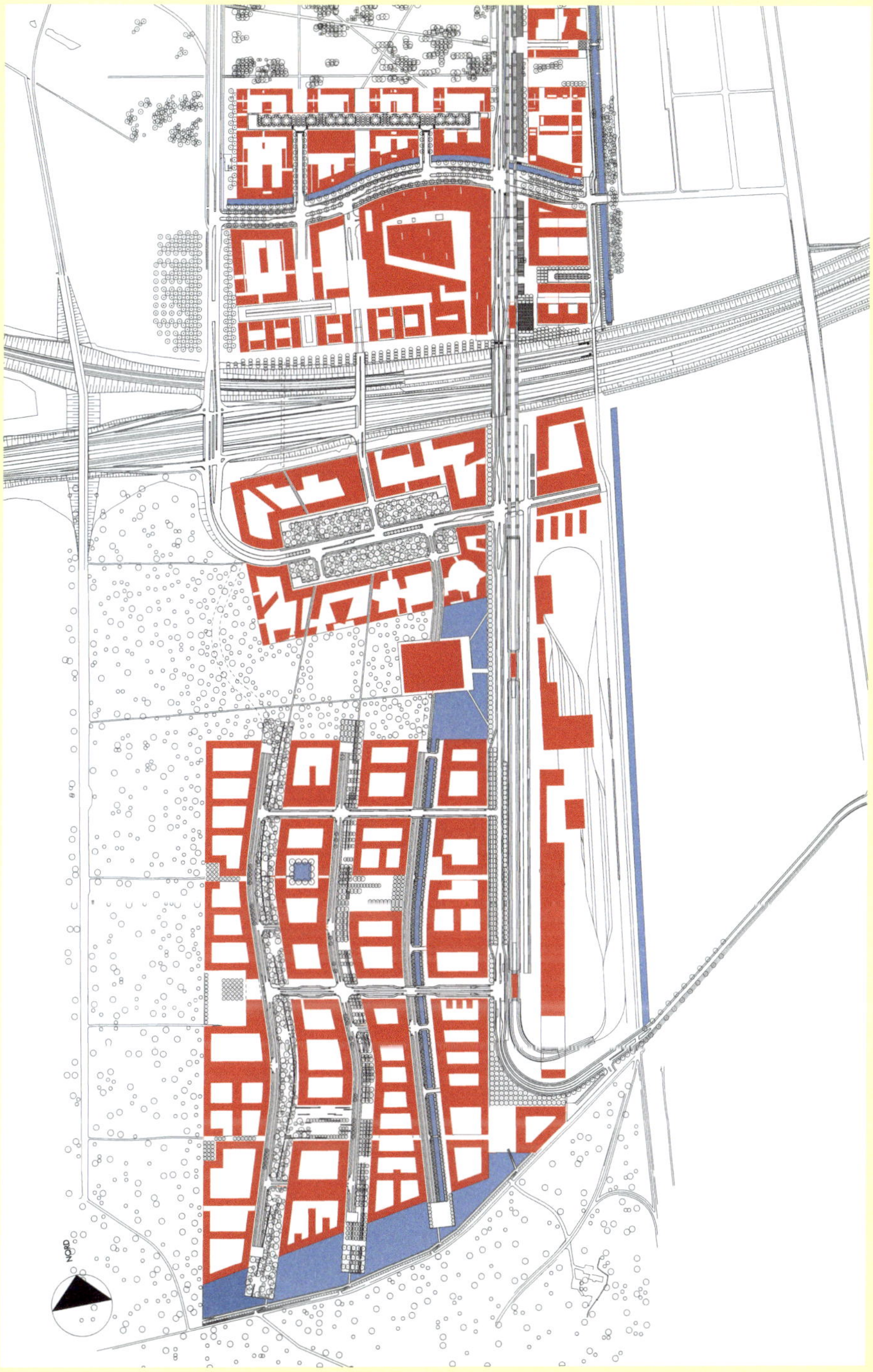

Aus der Dehnung des Gitters resultieren spannungsreiche Straßenräume.

Projekt 5.8	**Ørestad Masterplan** Kopenhagen (DK) – Wettbewerb
VERFASSER	ARKKI ApS. (KHR arkitekter, Kopenhagen, mit APRT, Helsinki)
WEBSITE	www.khr.dk
AUSZEICHNUNG	1. Preis
JAHR	1995
KATEGORIE	Stadterweiterung – neuer Stadtteil
THEMA	gedehntes Gitter
TAGS	Stadtbausteine: Baublock, Hof, Hybrid; Platzbildung durch Fügen; geschwungener Straßenraum

Perspektive Straßenraum mit Kanal

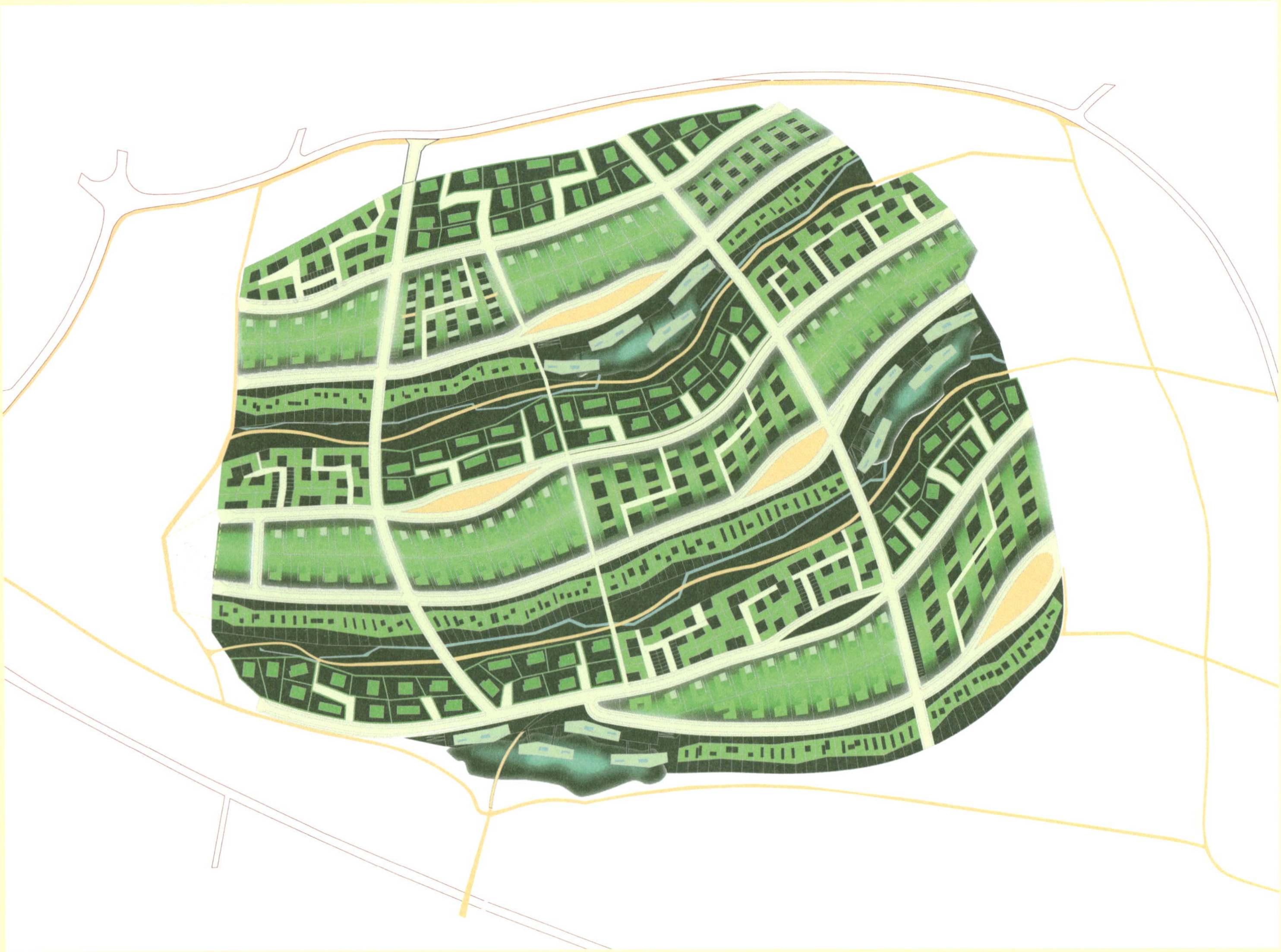

Das gedehnte Gitter umgibt die begrünten Wohnlandschaften mit weichen Kanten und gibt Raum für Aufweitungen des Straßenraums.

Projekt 5.9	**Wohngebiet Herzo Base** Herzogenaurach (D) – Wettbewerb
VERFASSER	netzwerkarchitekten, Darmstadt
WEBSITE	www.netzwerkarchitekten.de
AUSZEICHNUNG	2. Preis
JAHR	2002
KATEGORIE	Stadtumbau – Militärkonversion – neues Wohnquartier
THEMA	gedehntes Gitter
TAGS	Stadtbausteine: Reihe, Zeile, Punkt, Raumstruktur; geschwungener/geknickter Straßenraum, aufgeweiteter Straßenraum; quartiersinterner, wohnungsnaher Grün- und Freiraum; verzahnter Grünraum

Modellausschnitt

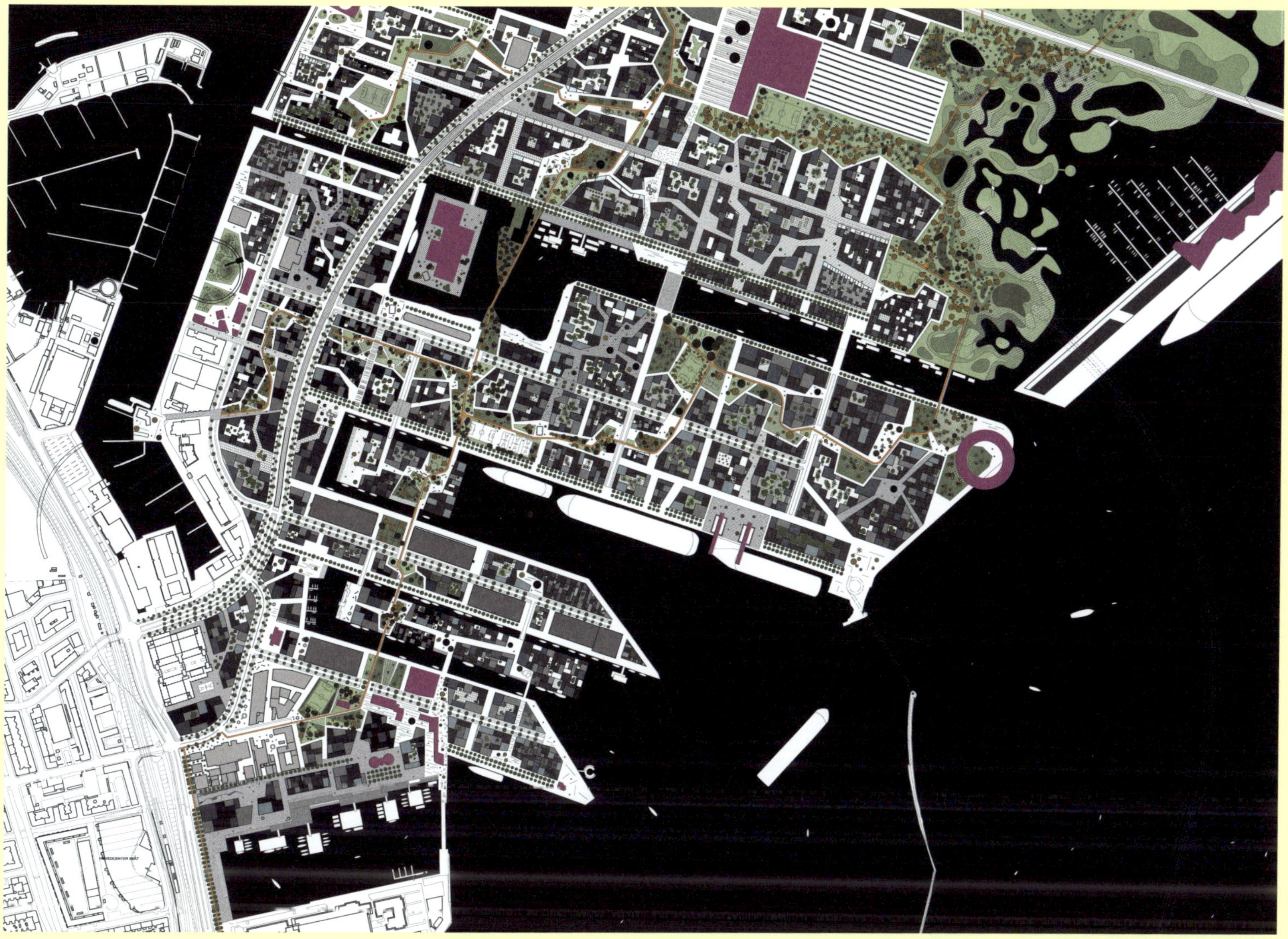

Die Grobgliederung der Stadtbaufelder findet im orthogonalen System statt, die Feingliederung in unregelmäßigen Gitterstrukturen.

Entwurfsidee

Projekt 5.10	**Copenhagen Northern Harbour: The sustainable city of the future** Kopenhagen (DK) – Wettbewerb
VERFASSER	POLYFORM ARKITEKTER APS, Kopenhagen, mit Cenergia Energy Consultants, COWI, Deloitte, Oluf Jørgensen a/s
WEBSITE	www.polyformarkitekter.dk
AUSZEICHNUNG	1. Preisgruppe
JAHR	2008
KATEGORIE	Stadtumbau/Stadterweiterung – Hafenkonversion – neuer Stadtteil
THEMA	transformiertes Gitter
TAGS	additives/überlagerndes Fügen; unregelmäßiges Gitter; Platzbildung durch Modellieren; geradliniger, geschwungener/geknickter, aufgeweiteter, amorpher Straßenraum; Darstellung: Gestaltungsplan, Diagramme

Perspektive

Das aus dem Bestand abgeleitete Gitter löst sich im Park auf.

Projekt 5.11	**Rosensteinviertel** Stuttgart (D) – Wettbewerb
VERFASSER	KSV Krüger Schuberth Vandreike, Berlin
WEBSITE	www.ksv-network.de
AUSZEICHNUNG	Ankauf
JAHR	2005
KATEGORIE	Stadtumbau – Bahnkonversion – neuer Stadtteil
THEMA	transformiertes Gitter
TAGS	Stadtbausteine: geschlossener, aufgelöster Baublock, Reihe, Punkt; Platzbildung durch Aussparen/Weglassen; geradliniger, geknickter Straßenraum; verzahnter Grünraum

Schrittweise wird das geometrische Gitter in eine organisch wirkende Siedlungsstruktur transformiert.

Vogelperspektive

Projekt 5.12	**Technologiepark für Automobilzuliefererindustrie mit Wohnstadt** Beijing (PRC) – Wettbewerb
VERFASSER	GABRYSCH+PARTNER Architekten Stadtplaner Ingenieure, Bielefeld, mit LandschaftsArchitekturEhrig, Sennestadt und Büro Liren, Beijing
WEBSITE	www.gp-architekten.de
AUSZEICHNUNG	3. Preis
JAHR	2004
KATEGORIE	Stadterweiterung – Industrie-/Technologiepark und neue Wohnstadt
THEMA	transformiertes Gitter
TAGS	Kontrast; geometrisches, biomorphes/organisches Prinzip; additives Fügen; Anordnung Stadtbaufelder: Bezugselement, Reihung/Wiederholung/Rhythmus, Gruppierung

Grünzüge und Grünbereiche überlagern das Orthogonalgitter.

Projekt 5.13	**A101 Urban Block Competition, 100% BLOCK CITY** Moskau (RUS) – Wettbewerb
VERFASSER	KCAP Architects&Planners, Rotterdam/Zürich/Shanghai, mit NEXT Architects, Amsterdam
WEBSITE	www.kcap.eu
AUSZEICHNUNG	2nd Phase
JAHR	2010
KATEGORIE	neue Stadt – neuer Stadtteil
THEMA	überlagertes Gitter
TAGS	überlagerndes Fügen; orthogonales, unregelmäßiges Gitter; Stadtbausteine: geschlossener, aufgelöster Baublock, Hybrid; verzahnter Grünraum; gereihte Bäume, Bäume im Flächenmuster, frei gruppierte Bäume

Visualisierung

Baulich gefasste Grünbereiche dringen tief in das strenge Quadratraster ein.

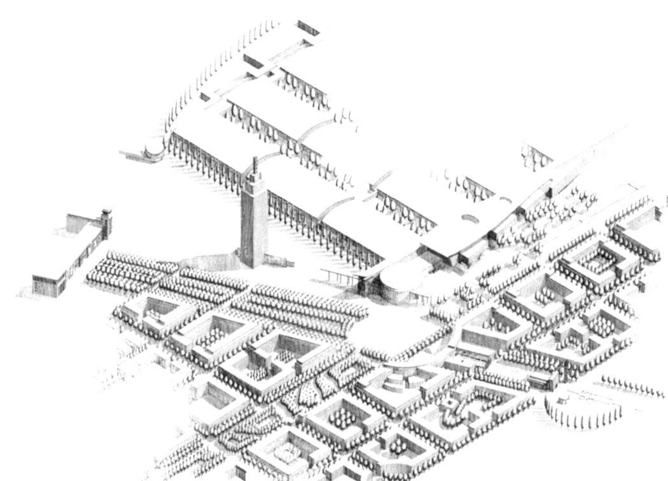

Schnittstelle zwischen Stadtquartier und Messe in der Perspektive

Projekt 5.14	**Umnutzung Flughafengelände München-Riem** München (D) – Wettbewerb
VERFASSER	Frauenfeld Architekten, Frankfurt a. M., mit Baer + Müller Landschaftsarchitekten, Dortmund
WEBSITE	www.frauenfeld-architekten.de
AUSZEICHNUNG	1. Preis
JAHR	1991
KATEGORIE	Stadtumbau – Flughafenkonversion – neuer Stadtteil und Messegebiet
THEMA	überlagertes Gitter
TAGS	Prägnanz; überlagerndes Fügen; unvollständiges Gitter; Stadtbausteine: geschlossener, aufgelöster Baublock; Platzbildung durch Modellieren; Darstellung: Perspektive

6 Stadtbausteine

6.1 Typisierung von Stadtbausteinen
6.2 Normalbausteine

6 Stadtbausteine

Eine Stadt basiert auf einer räumlichen Struktur, die im Wesentlichen durch bauliche Elemente erlebbar wird. Dabei bieten sich dem Bewohner unterschiedliche Eindrücke: dörfliche, suburbane oder urbane Situationen, offene oder kompakte Siedlungsbilder, niedrige oder hohe Baudichten und Freiflächen, die sich in öffentliche, gemeinschaftliche oder privat genutzte Bereiche differenzieren lassen. Einen wesentlichen Anteil daran haben die städtebaulichen Gebäudetypologien (Stadtbautypologien), die sogenannten Stadtbausteine. Stadtbausteine sind das Halbzeug des städtebaulichen Entwurfs. So wie aus Tonfolgen immer wieder neue Musikstücke komponiert werden, so lassen sich auch Stadtbausteine zu Gebäudegruppen, Quartieren oder ganzen Städten neu zusammenfügen beziehungsweise zur Reparatur oder Nachverdichtung vorhandener Stadtstrukturen verwenden.

Die unterschiedlichen Stadtbausteine, die uns im zeitgenössischen Städtebau zur Verfügung stehen, haben sich über einen sehr langen Zeitraum, manche über Tausende von Jahren, wie z.B. die unterschiedlichen Formen des Baublocks, andere erst in den letzten hundert Jahren entwickelt, wie z.B. die Zeile.

Grundsätzlich unterscheiden sich Stadtbausteine in ihrer Baustruktur, im Erschließungssystem, der Freiraumzuordnung, in ihrer inneren Nutzungsstruktur – und in ihrer Fähigkeit Stadträume zu bilden. Meistens, aber nicht immer, kann man Gebäudestrukturen eindeutig einer Stadtbausteintypologie zuordnen. Gelegentlich gibt es Mischformen und Hybride, die die jeweiligen Eigenschaften kombinieren. Angesichts der erlebten Vielfalt einer Stadt gibt es erstaunlich wenige Grundformen an Stadtbausteinen.

Die Kenntnis der Funktionsweise, Dimensionierung, kulturellen Bedeutung, der Vor- und Nachteile und ihrer städtebaulichen, gestalterischen Einsatzmöglichkeiten gehört zum Basiswissen sowohl des Architekten als auch des Stadtplaners.

6.1 Typisierung von Stadtbausteinen

Stadtbausteine lassen sich in Normal-, Groß- und Kleinbausteine unterscheiden.[1]

Normalbausteine

Normalbausteine sind diejenigen Stadtbausteine, aus denen Städte, Stadtfelder, Stadtquartiere oder Siedlungen zum überwiegenden Teil bestehen und die die Siedlungsmorphologie, die Form und Gestalt eines Siedlungskörpers, maßgeblich bestimmen. Zu den Normalbaukörpern gehören z. B. Baublöcke, Reihen, Zeilen und Punkte.[2]
→ Projekt 6.1

Großbausteine

Großbausteine sind Bausteine, die sich aufgrund ihrer Größe, Funktion oder Einmaligkeit deutlich von den Normalbausteinen unterscheiden. Diese Stadtbausteine haben in der Regel einen markanten Auftritt im Stadtbild und können sich positiv oder auch negativ auf die Identifikation der Menschen mit ihrer Stadt auswirken. Großbausteine können vergrößerte Normalbausteine sein, wie Rathäuser, Verwaltungskomplexe, Schulen und Hochschulen, aber auch Hallen, z. B. Veranstaltungshallen, Sportstadien, Kinos, Kirchen, Bahnhöfe, Produktions- und Lagerhallen sowie Einkaufspassagen und Malls. Auch vertikale Baukörper, z. B. Kirchtürme, Minarette, Hochhäuser, Funk- und Fernsehtürme, und schließlich historische und moderne Infrastrukturbauten wie Stadtbefestigungen, Brücken, Gaskessel, Hochleistungsstraßen, Gleiskörper und Kraftwerke gehören zu den Großbausteinen. Großbaukörper können in spezialisierten Stadtgebieten auch zu Normalbausteinen werden, z. B. in vertikal verdichteten Stadtzentren, Hochhaussiedlungen oder Gewerbegebieten.

Kleinbausteine

Zu den Kleinbausteinen zählen untergeordnete Bauten wie Garagen und Gartenhäuschen, Kioske, „Erinnerungs- und Verschönerungsbauten" wie Denkmäler, Skulpturen und Kunstobjekte, Kleinbauten der technischen Infrastruktur wie Brunnen, Trafostationen und Wartehäuschen, aber auch temporäre Bauten wie Markt- oder Werbestände.[3]

Sonderbausteine

Eine eingangs nicht erwähnte Kategorie sind kontextbezogene Sonderbausteine. Als Sonderbaustein kann man einen von der überwiegend vorkommenden Baustruktur abweichenden Baukörper bezeichnen. Dies ist der Fall, wenn innerhalb einer ansonsten homogenen Baustruktur ein abweichender Stadtbaustein, gegebenenfalls mit einer besonderer Nutzung, als Kontrapunkt[4] gesetzt wird, beispielsweise ein Wohnhochhaus im Einfamilienhausgebiet oder eine größere Altenwohnanlage im Wohngebiet. Sonderbausteine können sowohl Normalbausteine als auch Großbausteine sein.

1
Vgl. Thomas Herrmann, Klaus Humpert: „Typologie der Stadtbausteine", in: Städtebau-Institut Universität Stuttgart (Hg.): *Lehrbausteine Städtebau*, Stuttgart 2003, S. 234.

2
Eine mit Planmaterial und Luftfotos illustrierte Übersicht von städtebaulichen Strukturen, Siedlungen und Quartieren findet sich ebd., S. 249 ff.

3
Vgl. ebd., S. 242 f.

4
S. a. Kontrast-Prinzip, S. 22.

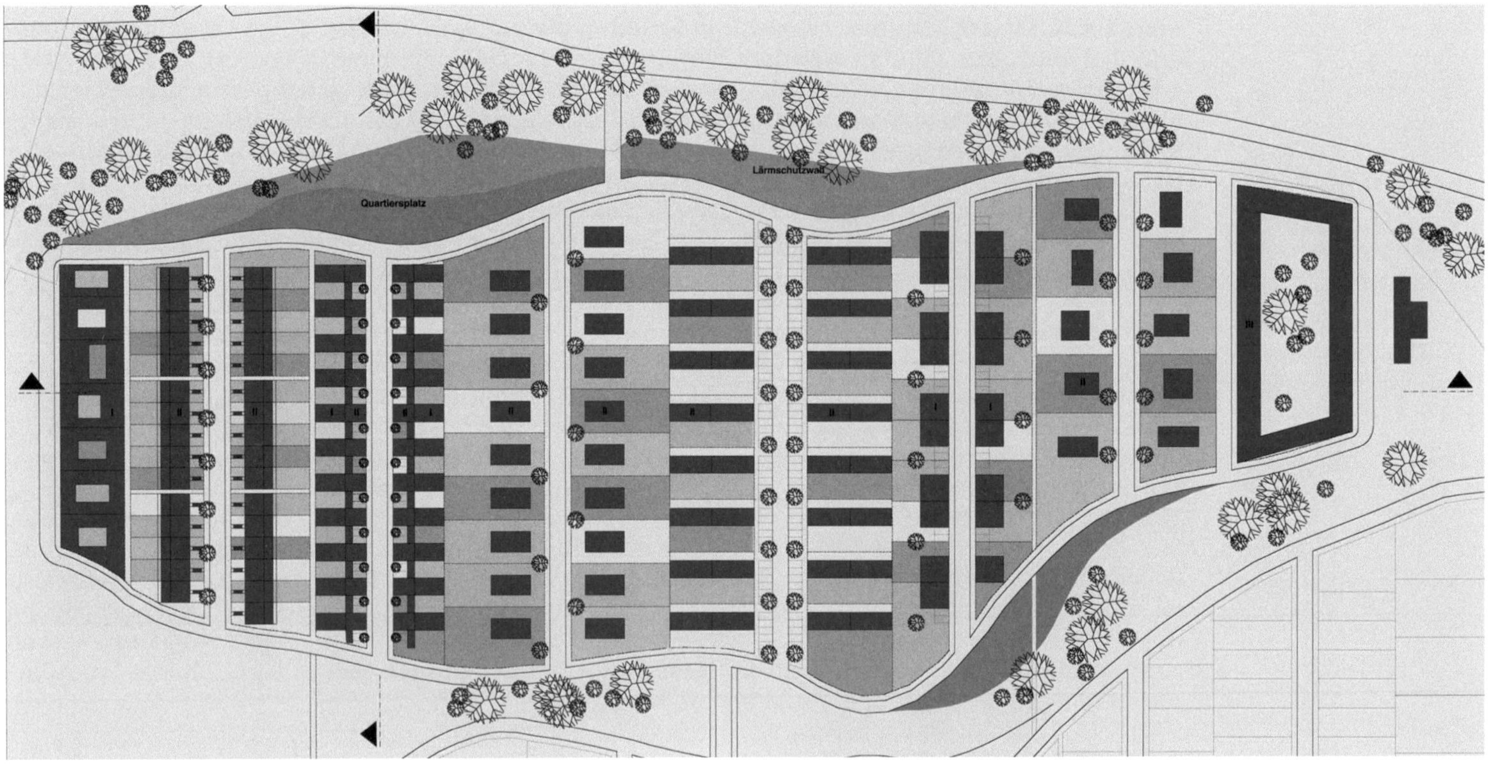

Stadtbausteine auf dem Präsentierteller: Der Entwurf zeigt die wichtigsten Normalbausteine wie Raumstruktur, Reihe, Punkt, Zeile und Baublock.

Gestaltungsplan

Projekt 6.1	**Wohngebiet Herzo Base** Herzogenaurach (D) – Wettbewerb
VERFASSER	ENS Architekten BDA mit Regina Poly, Berlin
WEBSITE	www.eckertnegwersuselbeek.de
AUSZEICHNUNG	1. Preis
JAHR	2002
KATEGORIE	Stadtumbau – Militärkonversion – neues Wohnquartier
THEMA	Stadtbausteine
TAGS	Robustheit; überlagerndes Fügen; Anordnung Baufelder: Reihung/Wiederholung; wohnungsnaher Grün- und Freiraum; gereihte Bäume, frei gruppierte Bäume

6.2 Normalbausteine

Blockförmige Bebauung
Der Baublock zählt zu den ältesten Bauformen in der Stadt.[5] Regelmäßige Baublöcke aus eingeschossigen Hofhäusern, die von einem geplanten, orthogonalen Straßenraster umgeben waren, hatten bereits chinesische Städte im 1. Jahrtausend v. Chr. Ähnliche Häuserblocks finden sich in anderem kulturellen Kontext wieder: bei den Wohnquartieren der antiken griechischen Städte, die nach dem Hippodamischen System in einem strengen Orthogonalraster geplant waren. Durch Ausgrabungen in den römischen Städten Pompeji und Herculaneum sind luxuriöse, zu Baublöcken gruppierte Atriumhäuser von 800 bis 1000 Quadratmetern Größe bekannt. Viele dieser Häuser hatten zum öffentlichen Raum hin eine äußere Schicht von Gewerberäumen, die – abgesehen von den zusätzlichen Einnahmen des Hausbesitzers – den öffentlichen Raum belebten und zugleich die Privatheit im Inneren des Hauses abschirmten. Weniger luxuriös dagegen waren die römischen „insulae", blockgroße, drei- bis siebengeschossige Mietshäuser, die nach dem Vorbild der Atriumhäuser einen Innenhof besaßen, der allerdings weniger zu Repräsentationszwecken als zur Belichtung und Belüftung diente. Das Erdgeschoss war gewerblich genutzt, darüber befanden sich die komfortableren Wohnungen. Mit aufsteigenden Geschossen wurden die Wohnungen billiger und einfacher.

Waren die Baublöcke der mittelalterlichen Stadt von gereihten Bürger- und Handwerkerhäusern auf schmalen, tiefen Parzellen geprägt, so stammt der von uns heute noch verwendete Baublock aus dem Barock. Die Bebauung ist mehrgeschossig, um die Ecke gezogen und um einen großen, mehr oder weniger bebauten Innenhof gruppiert.
→ Abb. 6.1, 6.2

In Verruf kam der Baublock Ende des 19. Jahrhunderts, als im Zuge des explosionsartigen Städtewachstums in Europa sogenannte Mietskasernen mit teils mehreren engen, hintereinandergeschalteten Hinterhöfen als spekulativer Wohnungsbau errichtet wurden. Die Größe der Hinterhöfe, die lediglich auf den Drehradius der Feuerspritze abgestimmt war, erwies sich als kaum für eine ausreichende Belichtung und Belüftung geeignet. Teilweise wurden die Höfe auch für produzierendes, industrielles Gewerbe genutzt – mit verheerenden Folgen für die Gesundheit der Bewohner. Der Berliner Künstler und Satiriker Heinrich Zille äußerte seinerzeit vor diesem Hintergrund, dass man einen Menschen mit einer Wohnung genauso töten könne wie mit einer Axt.

Sein bis heute andauerndes Comeback feierte der Baublock nach der Energiekrise 1973 und der etwa zeitgleich beginnenden Postmoderne, in der die Leere und Gesichtslosigkeit moderner Städte angeprangert wurde. Durch einen Rückgriff auf traditionelle Bauformen sollte dem entgegengewirkt werden.

Der geschlossene Baublock
Der Baublock mit umlaufender Blockrandbebauung ist im zeitgenössischen Städtebau ein wichtiger Stadtbaustein: Er definiert eindeutig den öffentlichen Raum wie auch den privaten Freiraum im Inneren, der heute primär als wohnraumnahe Erholungsfläche verstanden wird. Die Erschließung erfolgt von außen über den öffentlichen Raum, wodurch der innere Freiraum ungestört bleibt. Der geschlossene Baublock wirkt durch die straßenbegleitende Bebauung und die Eckausbildung stadtraumbildend. Er eignet sich für gewerbliche Zwecke wie für reine Wohnnutzung und kann auch unterschiedliche Formen der Mischung von Wohnen und Arbeiten aufnehmen. Die Blockrandbebauung kann sowohl aus einem Stück als auch parzelliert erstellt werden. Problematisch ist die Nordostecke, die aufgrund der eingeschränkten Belichtungs- und Besonnungssituation für Wohnzwecke eher ungeeignet ist.
→ Projekte 6.2, 6.3

Der Cityblock
Einen Sonderfall stellt der verdichtete, innerstädtische Cityblock dar. Die Erdgeschossfläche ist teils vollflächig für Gewerbezwecke reserviert, der Innenhof ist aufgrund der hohen Ausnutzung minimiert, und nur in den obersten Geschossen sind Wohnnutzungen nach heutigen Anforderungen möglich.
→ Projekt 6.4, 6.5

Der aufgelöste Baublock
Bei dieser Variante löst sich der Blockrand in Reihen-, Einzelhäuser oder Geschosswohnungsbau auf, wobei der Block räumlich dennoch klar ablesbar ist. Die Durchbrüche ermöglichen Einblicke in den Innenhof oder vom Innenhof in den öffentlichen Raum. Der aufgelöste Baublock kommt der Forderung nach einer besseren Belüftung und Belichtung entgegen und die problematische Nordostecke lässt sich durch die aufgelöste Ecksituation vermeiden. Allerdings ist das Blockinnere im Gegensatz zum geschlossenen Baublock anfälliger gegen Störeinflüsse wie Verkehrslärm. Eine Variante des aufgelösten Baublocks sind U-Strukturen. Die Ausrichtung wird dabei vom Kontext bestimmt, z. B. geschlossen zum Straßenraum, geöffnet zum Landschaftsraum, zum Wasser, zur Grünfuge etc.
→ Projekte 6.6 – 6.9

Der Hof
Der Hof ist bildlich gesprochen ein von innen nach außen gewendeter Baublock. Die Erschließung erfolgt über das Blockinnere, den Hof, der dadurch einen gemeinschaftlichen oder öffent-

5
Umfangreiches Planmaterial aus allen Epochen findet sich in: Leonardo Benevolo: *Die Geschichte der Stadt*, Frankfurt a. M./New York 1991 (zuerst 1975).

lichen Charakter erhält. Idealerweise liegen die Gärten und privaten Freiflächen auf der vom Hof abgewandten Seite der Bebauung. Diese Freiflächen sollen nicht unmittelbar am Straßenraum liegen, was durch geschicktes Positionieren von weiteren Baukörpern vermieden wird. In den Wiener Wohnhöfen der Zwischenkriegszeit (s. Kap. 4) wurde auf private Freiräume bewusst verzichtet, was den gemeinschaftlichen Aspekt eines Arbeiterhofs stärken sollte.
→ Projekte 6.10 – 6.12

Gerichtete Bebauung: Reihen und Zeilen

Die Reihe
Die Reihe gehört wie der Block zu den ältesten Bauformen. Ausgrabungen im ägyptischen Tell el-Amarna weisen bereits im 14. Jahrhundert v. Chr. eine Arbeitersiedlung in Reihenhausstruktur nach. In Europa hat die Reihe ihren Ursprung in Straßendörfern, bei denen die Gehöfte beidseitig an der Dorfstraße stehen und im Rückbereich über den zugehörigen Ackerstreifen verfügen. Mittelalterliche Städte sind von der Reihung von Bürgerhäusern geprägt, die sich zu geschlossenen Baublöcken zusammenfügen. Aus dem 18. Jahrhundert stammen Reihenhäuser, die sich zu repräsentativen Großformen zusammenschließen, wie der Royal Crescent, der von John Wood d. J. ab 1767 im englischen Kurort Bath erbaut wurde.
→ Abb. 6.3

Reihen können mit freistehenden oder ein-/zweiseitig angebauten Haustypen – Ein- oder Mehrfamilienhäusern – gleicher oder unterschiedlicher Höhen gebildet werden. Wie beim Block erfolgt die Erschließung der Reihe über eine gerade oder geschwungen verlaufende Straße parallel zum Baukörper, je nach Haustyp zusätzlich auch über eine befestigte Vorzone mit Parkmöglichkeit oder einen kleinen Vorgarten als Distanzfläche. Der private Freiraum liegt in der Regel hinter dem Haus, sodass die Reihe ebenfalls klar Öffentlichkeit von Privatheit trennt. Insbesondere in einer geschlossenen Bauweise erscheint die Reihe als raumbildendes Element im Stadtraum. Prinzipiell ist sie endlos fortsetzbar; um Baufelder sinnvoll zu vernetzen ist aber eine Längenlimitierung notwendig.

Da gereihte Einfamilienhaustypen wie z. B. Reihenhäuser naturgemäß über einen eigenen Garten verfügen sollten, ist die Ausrichtung der Reihen entscheidend. Während Reihenhäuser mit Süd- oder Westgarten gut vermarktet werden können, sind Ostgärten, außer in sehr nachgefragten Ballungsräumen, nicht sehr begehrt.

Innerstädtische Reihenhäuser werden auch als Stadthäuser bezeichnet. Diese lassen sich problemlos in eine parzellierte Blockrandbebauung einfügen. Vor allem wenn sich ergänzende Nutzungen (Gewerbe, Parken etc.) in den Erdgeschossen befinden, spielt die Ausrichtung eine geringere Rolle als beim suburbanen Typ. Die Wohnungen können hier als Durchwohntypen im ersten Obergeschoss und darüber zu beiden Seiten hin ausgerichtet werden.
→ Projekte 6.13, 6.14

Die Zeile
Als Gegenentwurf der Moderne zu Block und Reihe entstand – als Weiterentwicklung der Reihe – die Zeile. Indem sich die Zeile von der Erschließungsstraße löst, werden die Ausrichtung nach dem Motto der Moderne „Licht, Luft und Sonne für alle“ optimiert und der motorisierte Verkehr vom Fußgängerverkehr getrennt.

Hinsichtlich der Wohnformen sind Zeilen – wie auch Block und Reihe – flexibel und können aus Reihenhäusern, Maisonette und Geschosswohnungsbau (Spänner- oder Laubengangtypen) aufgebaut sein. Auch die Formen der Baukörper sind vielfältig und reichen von zwei und mehr Geschossen über lineare und geknickte Baukörper bis hin zu Scheibenhochhäusern.

Historische Beispiele des „Neuen Bauens“ aus den späten 1920er-Jahren sind die Siedlung Dammerstock in Karlsruhe von Walter Gropius oder die etwas später realisierte Siedlung Westhausen in Frankfurt von Ernst May. Beiden Siedlungen eigen ist die rigide Wiederholung gleich ausgerichteter Reihenhaus- und Geschosswohnungsbauzeilen, die jeweils senkrecht zur Straße stehen. Hat Dammerstock noch eine traditionelle, gespiegelte Erschließung, so zeigt Westhausen eine serielle Erschließung, bei der jedes Gebäude an der Rückseite einen eigenen Fußweg besitzt.
→ Abb. 6.5, 6.6

Kaum ein anderer Stadtbaustein ist so umstritten wie die Zeile. Kritiker werfen der Zeile vor, den Stadtraum zu negieren, indem der Baukörper frei im Raum steht oder lediglich die Zeilenköpfe auf den Straßenraum ausgerichtet sind. Auch kann die Wohnnutzung unter der schwachen Differenzierung zwischen öffentlichem und privatem Freiraum leiden, denn durch die meist serielle Anordnung liegt der Erschließungsweg der einen Zeile vor dem Freiraum der benachbarten Zeile und umgekehrt. Befürworter stellen als positiv heraus, dass bei einer Zeilenbebauung alle Wohnungen optimal ausgerichtet und autofreie Quartiere geschaffen werden können. Nach wie vor hat die Zeile einen festen Platz im Repertoire des Städtebauers, Dogmatismus und Radikalität der Moderne sind weitgehend verschwunden. Zeilen werden heute sowohl im Bürobau als auch im Wohnungsbau eingesetzt, manchmal in Kombination mit anderen Stadtbausteinen wie beispielsweise punktförmigen Baukörpern.
→ Projekte 6.15 – 6.17

Die punktförmige Bebauung

Punkte
Punkte haben ihren Ursprung in dörflichen Siedlungsstrukturen. Die Gehöfte, meist zwei oder drei freistehende Gebäude, sind in Haufendörfern eher planlos gruppiert, in Straßendörfern dagegen entlang der Straße aufgereiht.

Der Prototyp eines zeitgenössischen punktartigen Wohngebäudes ist die großbürgerliche Villa. Daraus leitet sich das freistehende Einfamilienhaus ab, das auch häufig in seiner sparsameren Form als Doppelhaus eingesetzt wird. Im Geschosswohnungsbau haben sogenannte Stadtvillen starke Verbreitung gefunden. Darunter versteht man einen kompakten und markanten, drei- bis fünfgeschossigen Baukörper, der als Zwei- oder Dreispänner organisiert ist und gegebenenfalls auch gewerblich genutzt werden kann. Vorteile einer punktförmigen Bebauung sind die eindeutige Adressbildung, die überschaubare Anzahl der enthaltenen Wohneinheiten und die sehr gute Belichtungsmöglichkeit aller Wohneinheiten.

Punkte sind flexible Stadtbausteine: Sie lassen sich addieren, reihen oder zu Gruppen fügen und darüber hinaus unabhängig von der Erschließungsrichtung ausrichten.

Bei Punktbebauungen ist die Dimensionierung ein wichtiges Indiz für Wirtschaftlichkeit, da der Anteil an Erschließungsflächen in einem angemessenen Verhältnis zur Nutzfläche stehen muss. Stadtvillen sind z. B. erst ab einer Größe von ca. 15 x 15 Metern wirtschaftlich zu erstellen. Vertikal geprägte Punkte wie Hochhäuser benötigen eine deutlich größere Grundfläche.
→ **Projekte 6.18**

Vertikale Punkte/Punkthochhäuser
Ein Sonderfall innerhalb der Gruppe der Punkte sind Punkthochhäuser. Von einem Hochhaus spricht man bei Gebäuden ab ca. acht Geschossen. Punkthochhäuser können Wohn-, Gewerbe- oder Mischnutzungen beinhalten. Das Wohnhochhaus gilt aufgrund der Vielzahl an Wohneinheiten als eine anonyme Wohnform, die sich weniger für Familien, dafür aber für Singles und Paare, für serviceorientiertes, auch luxuriöses Wohnen oder für beruflich bedingte Kurzzeitbewohner oder Hotelnutzungen eignet.

Während das Wohnhochhaus in Europa nach zahlreichen Projektierungen in den 1950er- bis 1970er-Jahren eher die Ausnahme darstellt, ist es in den Megacities Asiens, begünstigt durch die steil stehende Sonne in Äquatornähe, mittlerweile ein Regelbaustein. In den meisten anderen Regionen hat das Wohnhochaus, allein schon aufgrund der benötigten Abstandsflächen, einen solitären Charakter.
→ **Projekt 6.19**

Raumstrukturen

Im Gegensatz zu den blockartigen, linear oder punktförmig aufgebauten Regelbausteinen greifen Raumstrukturen stärker in Fläche und Raum aus. Zu den Raumstrukturen gehören Teppichstrukturen aus Winkelbungalows oder Atriumhäusern, Cluster und mehrfach geknickte Zeilen wie z. B. Molekülstrukturen oder Mäander.

Teppichbebauung
Von Teppichbebauung spricht man, wenn die Anordnung der Baukörper einer gewobenen, textilen Struktur gleicht. Teppichstrukturen haben ihren Ursprung im mediterranen Raum, wo enge Straßen und Gassen für die notwendige Verschattung sorgen und introvertierte Wohnformen klimatisch und oft auch kulturell begründet sind. Aber auch in gemäßigteren Regionen erfreuen sich Hofhäuser einer großen Beliebtheit: Sie ermöglichen eine geschützte Privatheit bei großzügigem Wohnen auf ein bis zwei Ebenen sowie eine hohe bauliche Dichte bei geringer Höhenentwicklung. Die Erschließung erfolgt meist fußläufig über ein Gassensystem; gemeinschaftliche Freiräume können in der Planung bei Bedarf aus der Fläche herausgestanzt werden. Problematisch sind die fehlende Adressbildung, insbesondere bei Häusern in zweiter oder dritter Reihe, und der ruhende Verkehr, der teils im Haus untergebracht werden kann, teils aber auf Sammelparkplätze ausweichen muss. Beispielhafte Siedlungen mit Atriumhäusern sind die Gartenstadt Puchenau (Oberösterreich) aus den 1960er-Jahren oder die 1992 fertiggestellte Wohnbebauung Tamariskengasse in Wien von Roland Rainer.
→ **Projekte 6.20, 6.21**

Cluster
Als Cluster (englisch: Anhäufung, Bündel, Traube, Gruppe) bezeichnet man im Städtebau eine Ballung und Anhäufung von Bauköpern auf engstem Raum. Historische Wohncluster sind beispielsweise die Pueblos, die Terrassensiedlungen der Pueblo-Indianer im Grenzbereich zwischen den USA und Mexiko.

Moderne, geplante Clusterstrukturen entstanden vornehmlich in den 1960er- bis in die 1970er-Jahre hinein. Sie sind als Neuprojektierungen heute eher selten anzutreffen, was durch zahlreiche Nachteile begründbar ist. Eines der bekanntesten Beispiele ist die Wohnbebauung „Habitat 67“, die von dem Architekten Moshe Safdie anlässlich der Weltausstellung 1967 in Montreal errichtet wurde und aus 148 hügelartig gestapelten, bis zu zehn Geschossen hohen, kubischen Wohneinheiten besteht.[6] Die Wohnqualität ist einerseits aufgrund der sich zahlreich ergebenden Dachterrassen und vielfältigen Aussichtsmöglichkeiten sehr hoch, andererseits ist die Adressbildung der einzelnen Wohn- oder Hauseinheiten schwach und die Erschließungswege innerhalb des Komplexes sind unübersichtlich und oft überlang;

6
Zu „Habitat 67“ von Moshe Safdie s. http://www.habitat67.com.

darüber hinaus gibt es unterhalb der Terrassierung stark verschattete Bereiche und zahlreiche unattraktive Untersichten. Nicht zuletzt ist die Energieeffizienz bei Clusterstrukturen durch das systembedingte ungünstige A/V-Verhältnis (Oberfläche-zu-Volumen-Verhältnis) erheblich vorbelastet.
→ **Projekte 6.22, 6.23**

Molekülstrukturen und Mäander
In der Nachkriegsmoderne wurden reine Zeilenstrukturen bald als zu monoton und langweilig kritisiert. Das zwischen 1950 und 1960 geltende Leitbild der „durchgrünten und aufgelockerten Stadt" wurde ab 1960 und bis zur Energiekrise 1973 vom Leitbild „Urbanität durch Dichte" abgelöst. Als eine Hauptursache für fehlende Urbanität identifizierten die Protagonisten eine zu geringe Wohndichte. Auf traditionelle Bauformen wie den Baublock zurückzugreifen, lag den Planern aus ideologischen Gründen fern. Als Lösung schlugen sie stattdessen vom Straßenraum unabhängige, verräumlichte, geknickte oder mäandrierende Zeilen vor. Beispiele dafür finden sich in Form von Hochhausketten und molekülartig verzweigten Wohnbauten im Märkischen Viertel in Berlin oder in der Niederländischen Großwohnsiedlung Bijlmermeer, die aus wabenförmigen elfgeschossigen Zeilen besteht, die sich durch den Grünraum schlängeln.
→ **Abb. 6.4**

Heute ist unbestritten, dass neben Vielfalt, Dichte und Mischung der Funktionen auch der baulich definierte öffentliche Raum eine wesentliche Rolle bei der Entstehung von Urbanität spielt. Mäanderstrukturen können dazu einen Beitrag liefern, wenn der Mäander gezielt unterschiedliche Räume definiert. So können durch einen Mäander sowohl straßenbegleitende Bebauung als auch öffentliche Plätze, halböffentliche Höfe und rückwärtige Gartenbereiche ausgebildet werden.
→ **Projekte 6.24 – 6.26**

Solitäre
Unter Solitär, abgeleitet aus dem lateinischen Wort „solitarius" (alleinstehend, einsam), versteht man in Architektur und Städtebau ein allein stehendes, kompaktes und raumbeherrschendes Gebäude, das sich deutlich von der Umgebung abhebt. Historische Beispiele dafür sind Tempel- und Burganlagen, Kirchen und Rathäuser.

Ein Solitär strahlt nach mehreren Seiten aus und wirkt als städtebauliches Merkzeichen.[7] Entsprechend wichtig sind die Proportionierung des Baukörpers und eine sorgfältige Fassadenbehandlung. Abhängig vom städtebaulichen Kontext können neben den oben genannten historischen Großbausteinen auch Normalbausteine einen solitären Charakter entwickeln: verdichtete Blöcke als skulpturale Baukörper, vertikale Punkte in Form von Wohn- oder Verwaltungshochhäusern oder auch Zeilen in Form von Scheibenhochhäusern.
→ **Projekt 6.27**

Hybride
Hybride nehmen in der Gruppe der Normalbausteine eine Sonderstellung ein. Von Hybriden spricht man, wenn die Eigenschaften des einen Stadtbausteins mit denen von mindestens einem anderen zu einem neuen Gebäudekomplex kombiniert werden. Die Verknüpfung erfolgt dabei meistens horizontal, vertikal oder durch Transformation des Baukörpers.

Beispiele für horizontal kombinierte Hybride
Kombination von Block und Zeile zu einer Kammstruktur: Der Kammrand wird über die Straße als Blockrand von außen erschlossen, die innenliegenden Kämme als Zeilen über die Innenhöfe. Auch das umgekehrte Prinzip ist möglich: Hierbei öffnet sich der Kamm zur Straße und wird über die Höfe erschlossen.

Auch Mäanderstrukturen können als Hybrid aus Block, Hof, Reihe oder Zeile verstanden werden.
→ **Projekte 6.28, 6.29**

Beispiele für vertikal kombinierte Hybride
Kombination eines Baublocks mit einem Hochhaus: Das Hochhaus entwickelt sich aus dem Blockrand heraus oder wird auf den Blockrand aufgesetzt.

Kombination eines Baublocks mit Punkten oder Zeilen: Die ersten Geschosse einer geschlossenen Blockbebauung dienen einer voll- oder großflächigen gewerblichen Nutzung. Darauf sind Zeilen in Form von Reihenhäusern oder Punkte in Form von Stadtvillen oder Einfamilienhäusern platziert.
→ **Projekte 6.30 – 6.33**

Beispiele für Transformation
Obwohl die aufgeführten Stadtbautypologien eine nahezu zeitlose Beständigkeit besitzen, kann ein transformatorischer Prozess zu einer neuen Variante eines bekannten Stadtbausteins oder im Idealfall gar zu einem neuen Stadtbaustein führen.

Die Transformation entsteht meist dann, wenn der Stadtbaustein in seiner Logik gestört und eine für ihn untypische Setzung oder Raumzonierung erfährt: Zeilen können beispielsweise geknickt, zerlegt oder mit verbreiterten Köpfen – gegebenenfalls in Kombination mit weiteren Vor- und Rücksprüngen im Baukörper – dann Erschließungs- oder Gartenhöfe aufspannen. Blockränder können in den von ihnen eigentlich klar definierten privaten Innenhofbereich oder den öffentlichen Raum ein- bzw. ausgreifen und so ungewöhnliche Raumsituationen erzeugen.
→ **Projekte 6.34 – 6.37**

7
Vgl. Kevin Lynch: *Das Bild der Stadt*, Basel/Boston/Berlin 2001 (zuerst 1965), S. 96 ff.

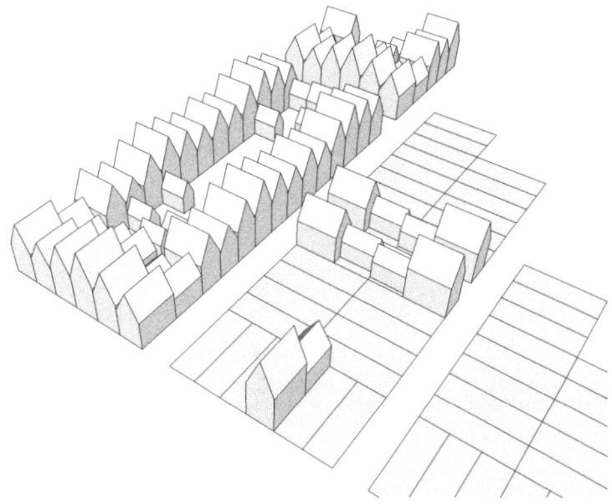

Abb. 6.1 Die Baublöcke der mittelalterlichen Stadt setzen sich aus giebelständigen, gereihten Bürger- und Handwerkerhäusern auf schmalen, tiefen Parzellen zusammen (nach Gruber).

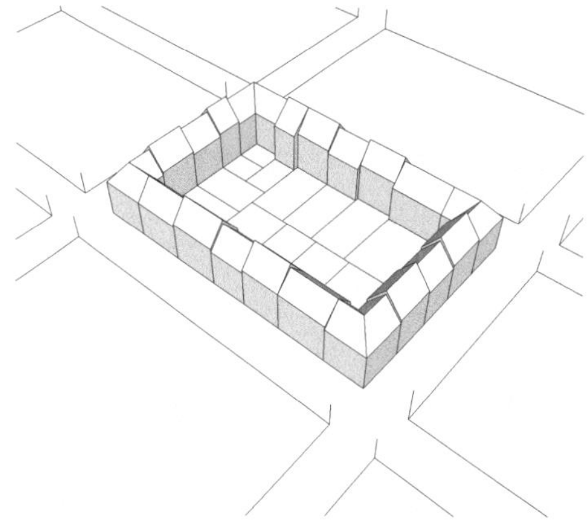

Abb. 6.2 Der barocke Baublock ist traufständig, mehrgeschossig und um die Ecke gezogen und hat einen Innenhof (nach Gruber).

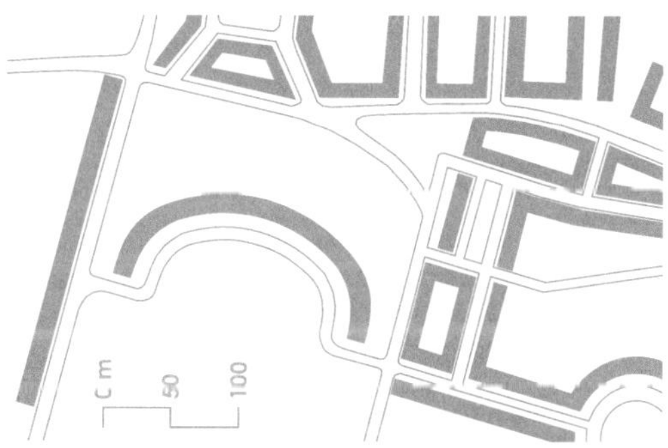

Abb. 6.3 Royal Crescent in Bath, John Wood d. J., 1767 (GB)

Abb. 6.4 Märkisches Viertel in Berlin, Werner Düttmann u. a., 1963 (D)

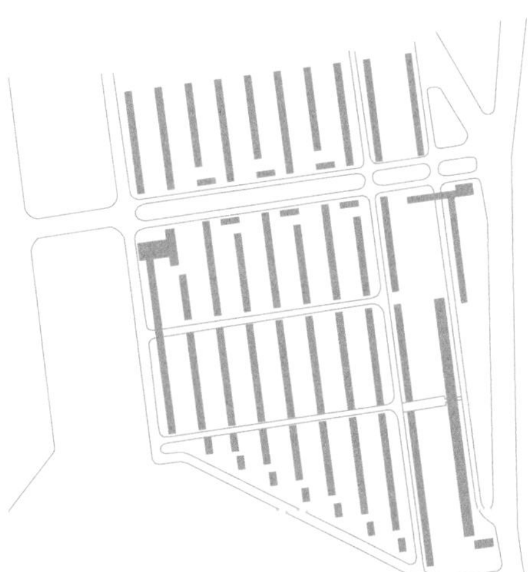

Abb. 6.5 Siedlung Dammerstock in Karlsruhe, Walter Gropius, 1928 (D)

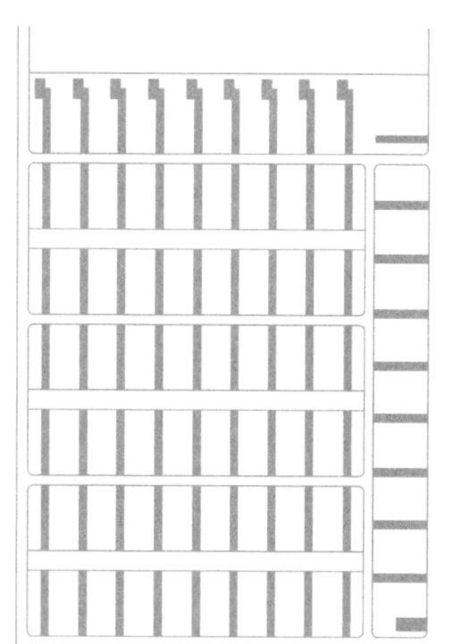

Abb. 6.6 Siedlung Westhausen in Frankfurt a. M., Ernst May, 1929 (D)

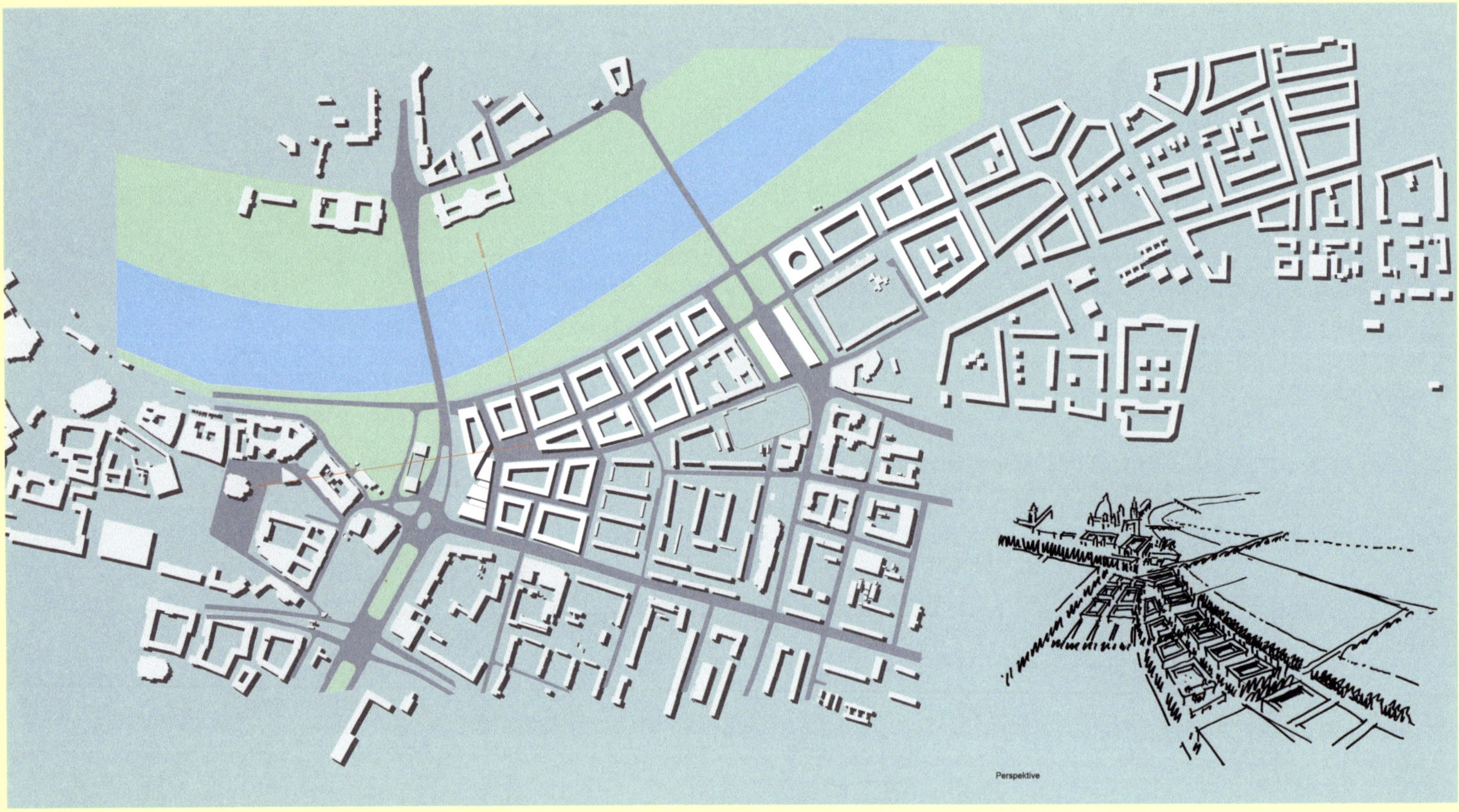

Die Verfasser schlagen zur Wiederherstellung der städtischen Strukturen den geschlossenen Baublock als Normalbaustein vor.

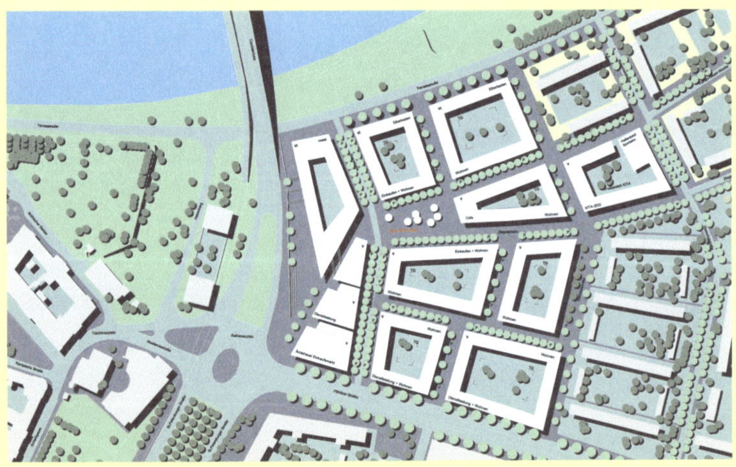

Ausschnitt Stadtteilzentrum

Projekt 6.2	**Teilbereich der Pirnaischen Vorstadt am Terrassenufer** Dresden (D) – Wettbewerb
VERFASSER	Prof. Günter Telian, Karlsruhe
WEBSITE	www.competitionline.com/de/bueros/13178
AUSZEICHNUNG	3. Preis
JAHR	2001
KATEGORIE	Stadterneuerung – neues Stadtteilzentrum und Wohnquartiere
THEMA	geschlossener Baublock
TAGS	additives Fügen; Anordnung Baufelder: Hierarchie, Bezugselement, Reihung/Wiederholung; Platzbildung durch Fügen; geschwungener Straßenraum

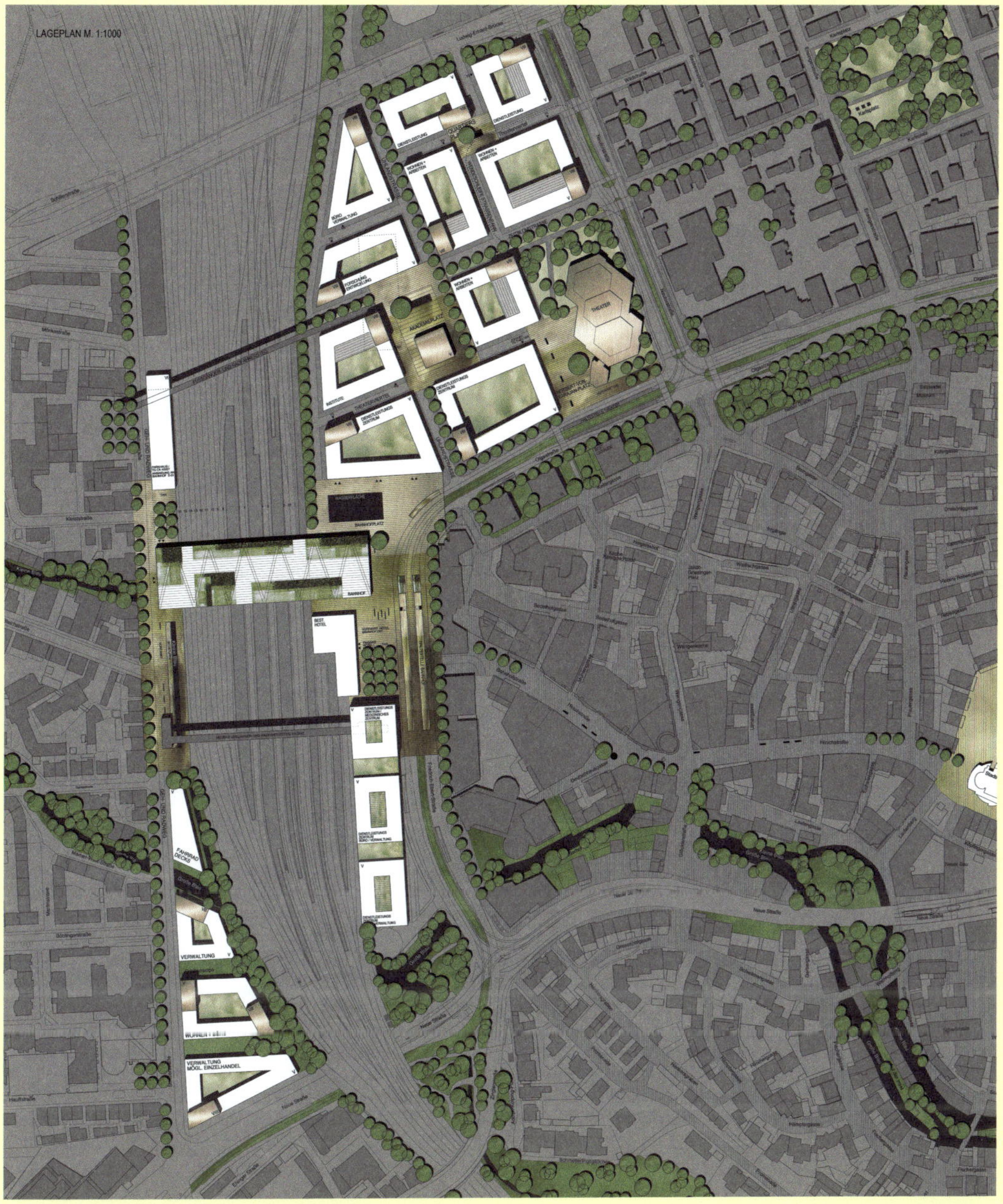

Der geschlossene Baublock definiert eindeutig den öffentlichen und den privaten Freiraum.

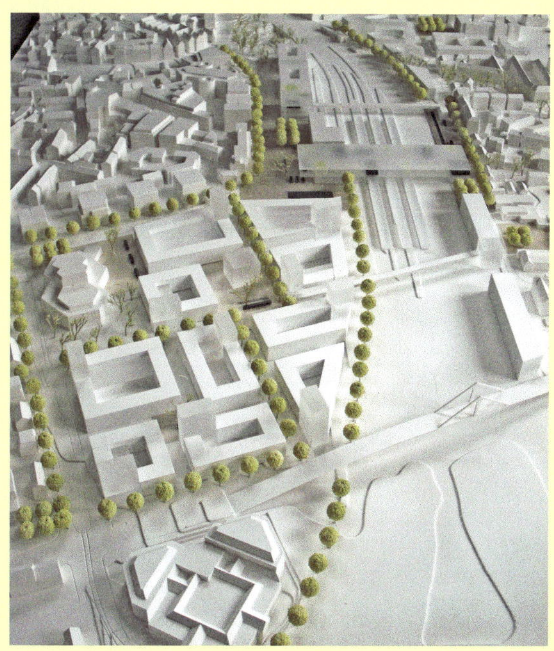

Modell

Projekt 6.3	**City-Bahnhof** Ulm (D) – Wettbewerb
VERFASSER	HÄHNIG|GEMMEKE Freie Architekten BDA, Tübingen
WEBSITE	www.haehnig-gemmeke.de
AUSZEICHNUNG	Preisgruppe
JAHR	2011
KATEGORIE	Stadtumbau – Bahnkonversion – neuer Bahnhof und Erneuerung eines angrenzenden Stadtquartiers
THEMA	geschlossener Baublock
TAGS	Prägnanz; geometrisches Prinzip; additives Fügen; orthogonales Gitter; Anordnung Baufelder: Gruppierung; Platzbildung durch Fügen; Darstellung: Gestaltungsplan, Präsentationsmodell

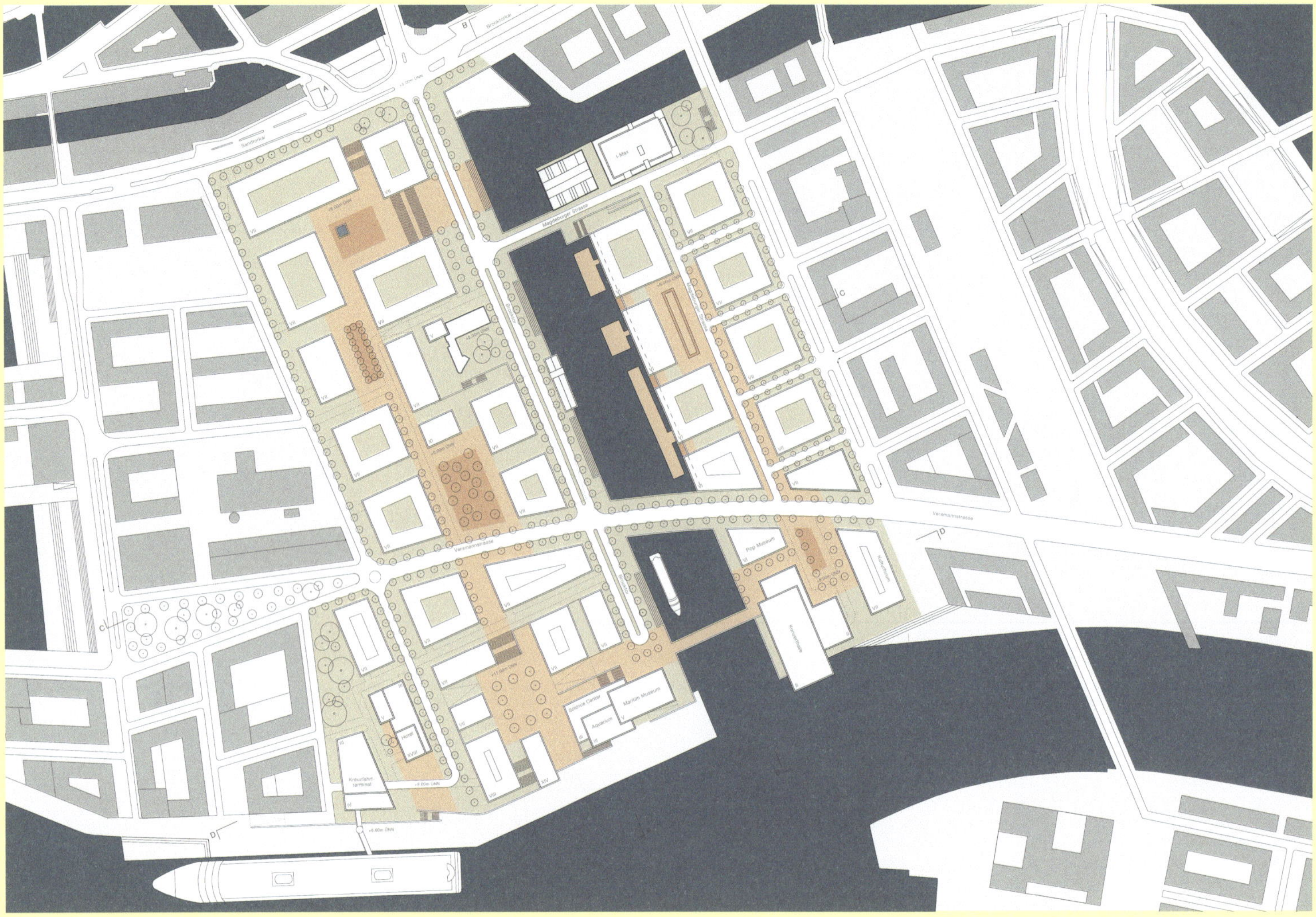

Im kompakten innerstädtischen Cityblock ist Wohnen nur in den obersten Geschossen möglich.

Projekt 6.4	**Magdeburger Hafen/Überseequartier, HafenCity** Hamburg (D) – Wettbewerb
VERFASSER	David Chipperfield Architects, Berlin, mit Wirtz International Landscape Architects, Schoten
WEBSITE	www.davidchipperfield.com
AUSZEICHNUNG	4. Preis
JAHR	2003
KATEGORIE	Stadtumbau – Hafenkonversion – neues Stadtquartier
THEMA	geschlossener Baublock/Cityblock
TAGS	additives und überlagerndes Fügen; orthogonales Gitter; Anordnung Baufelder: Gruppierung; Platzbildung durch Fügen; Bauen am Wasser

Digitales Modell

In dem neuen Quartier sind auf engstem Raum vielfältige Gewerbe- und Wohnnutzungen untergebracht.

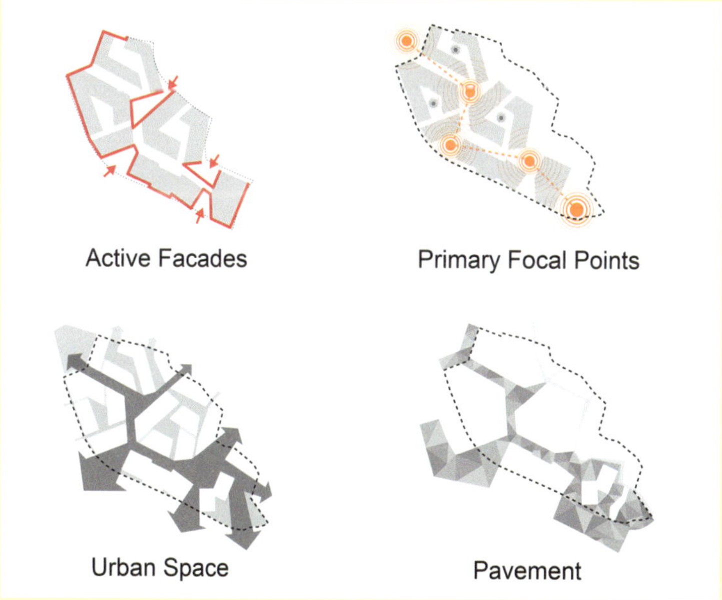

Entwurfsdiagramme öffentlicher Raum

Projekt 6.5	**Eureka Kvarteret – major new urban development** Oslo (NO) – Wettbewerb
VERFASSER	Schmidt Hammer Lassen Architects, Århus
AUSZEICHNUNG	1. Preis
JAHR	2015
WEBSITE	www.shl.dk
KATEGORIE	Stadtumbau
THEMA	Cityblock
TAGS	additives Fügen; unregelmäßiges Gitter; Stadtbausteine: aufgelöster Baublock, Reihe, Solitär; Anordnung Baufelder im Stadtbaufeld: Gruppierung; Platzbildung durch Fügen; Geknickter und amorpher Straßenraum; Darstellung: Diagramme, Perspektive

Nachtperspektive

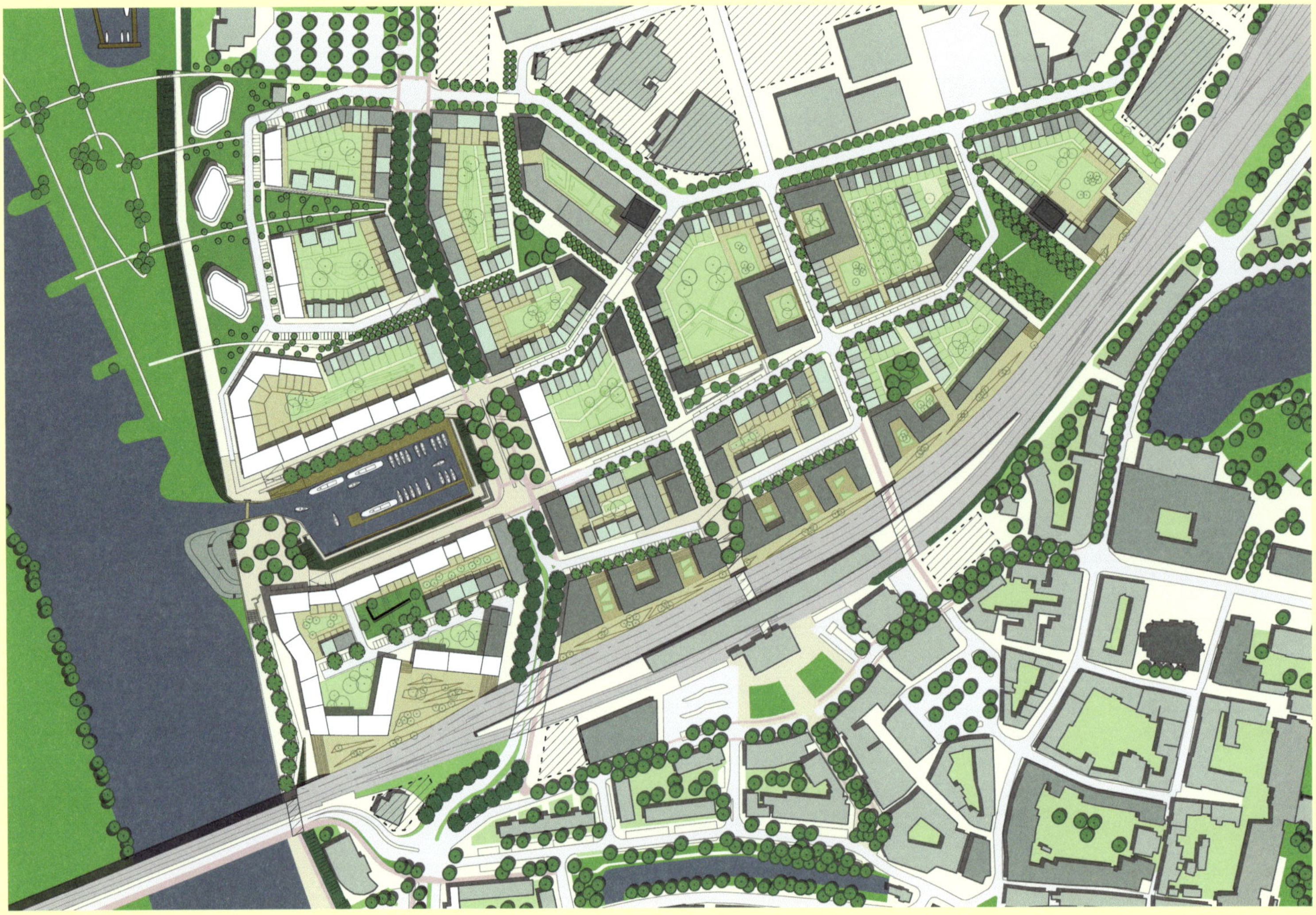

Der aufgelöste Baublock begünstigt Belüftung und Belichtung.

Projekt 6.6	**Noorderhaven** Zutphen (NL)
VERFASSER	KCAP Architects&Planners, Rotterdam/ Zürich/Shanghai
WEBSITE	www.kcap.eu
JAHR	2007
KATEGORIE	Stadtumbau – Hafenkonversion – neues Stadtquartier
THEMA	aufgelöster Baublock
TAGS	biomorphes/organisches Prinzip; additives Fügen; Platzbildung durch Fügen und Modellieren; geknickter, aufgeweiteter Straßenraum; quartiersinterner/wohnungsnaher Grün- und Freiraum

Vogelperspektive

Auch die wasserabgewandten Gebäude bieten Sichtbezüge zum Fluss.

Projekt 6.7	**Masterplan Neckarvorstadt** Heilbronn (D) – Wettbewerb
VERFASSER	Steidle Architekten mit t17 Landschaftsarchitekten, München
WEBSITE	www.steidle-architekten.de
AUSZEICHNUNG	1. Preis
JAHR	2009
KATEGORIE	Stadtumbau – Bahn-/Gewerbekonversion – neuer Stadtteil
THEMA	aufgelöster Baublock
TAGS	geometrisches Prinzip; additives Fügen; Anordnung Baufelder: Hierarchie, Bezugselement; stadtteilbezogener/quartiersinterner/wohnungsnaher Grün- und Freiraum, verzahnter Grünraum, Wohnen am Wasser

Wohnen am Wasser

Die raumprägende Wirkung der Baublöcke bleibt trotz der Durchbrüche erhalten.

Modell

Projekt 6.8	**Wohnquartier im Europaviertel** Frankfurt a. M. (D) – Wettbewerb
VERFASSER	rohdecan architekten mit Till Rehwaldt, Dresden
WEBSITE	www.rohdecan.de
AUSZEICHNUNG	3. Preis
JAHR	2002
KATEGORIE	Stadtumbau – Bahnkonversion – neues Stadtquartier
THEMA	aufgelöster Baublock
TAGS	Prägnanz, Kontrast, Robustheit; geometrisches Prinzip; additives Fügen; orthogonales Gitter, Anordnung Baufelder: Achse, (Teil-) Symmetrie, Hierarchie, Bezugselement, Reihung/Wiederholung

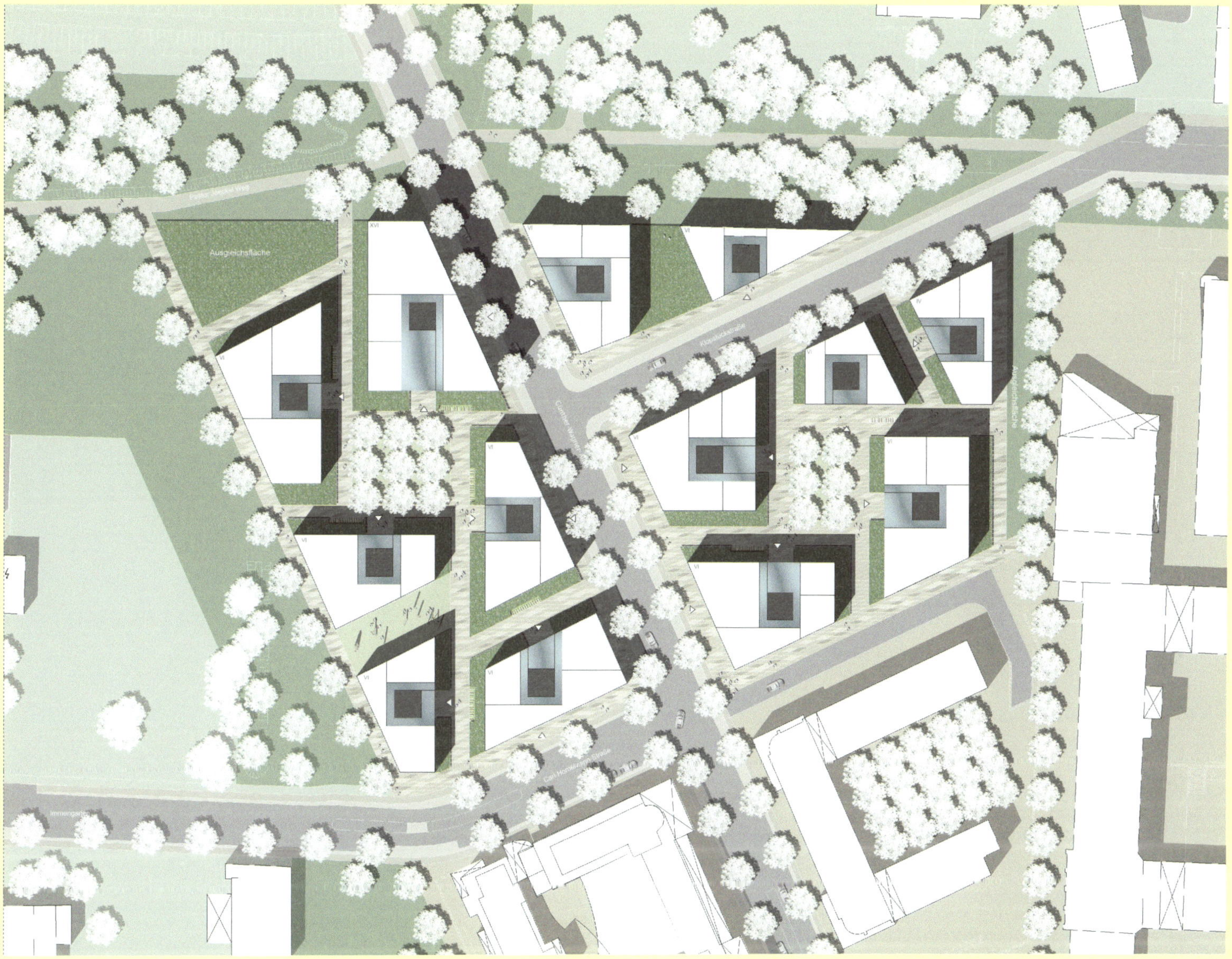

Der Baublock ist in skulpturale Punkte aufgelöst, die äußere Bauflucht bleibt jedoch erhalten.

Projekt 6.9	**Neubebauung Pelikan-Viertel** Hannover (D) – Wettbewerb
VERFASSER	pfp architekten, Hamburg
WEBSITE	www.pfp-architekten.de
AUSZEICHNUNG	Teilnehmer 2. Stufe
JAHR	2009
KATEGORIE	Stadtumbau – Gewerbekonversion – neues Stadtquartier
THEMA	aufgelöster Baublock
TAGS	divisives Fügen; Anordnung Stadtbaufelder: Gruppierung; Platzbildung durch Fügen; Darstellung: Gestaltungsplan, Perspektive

Perspektive Quartiersplatz

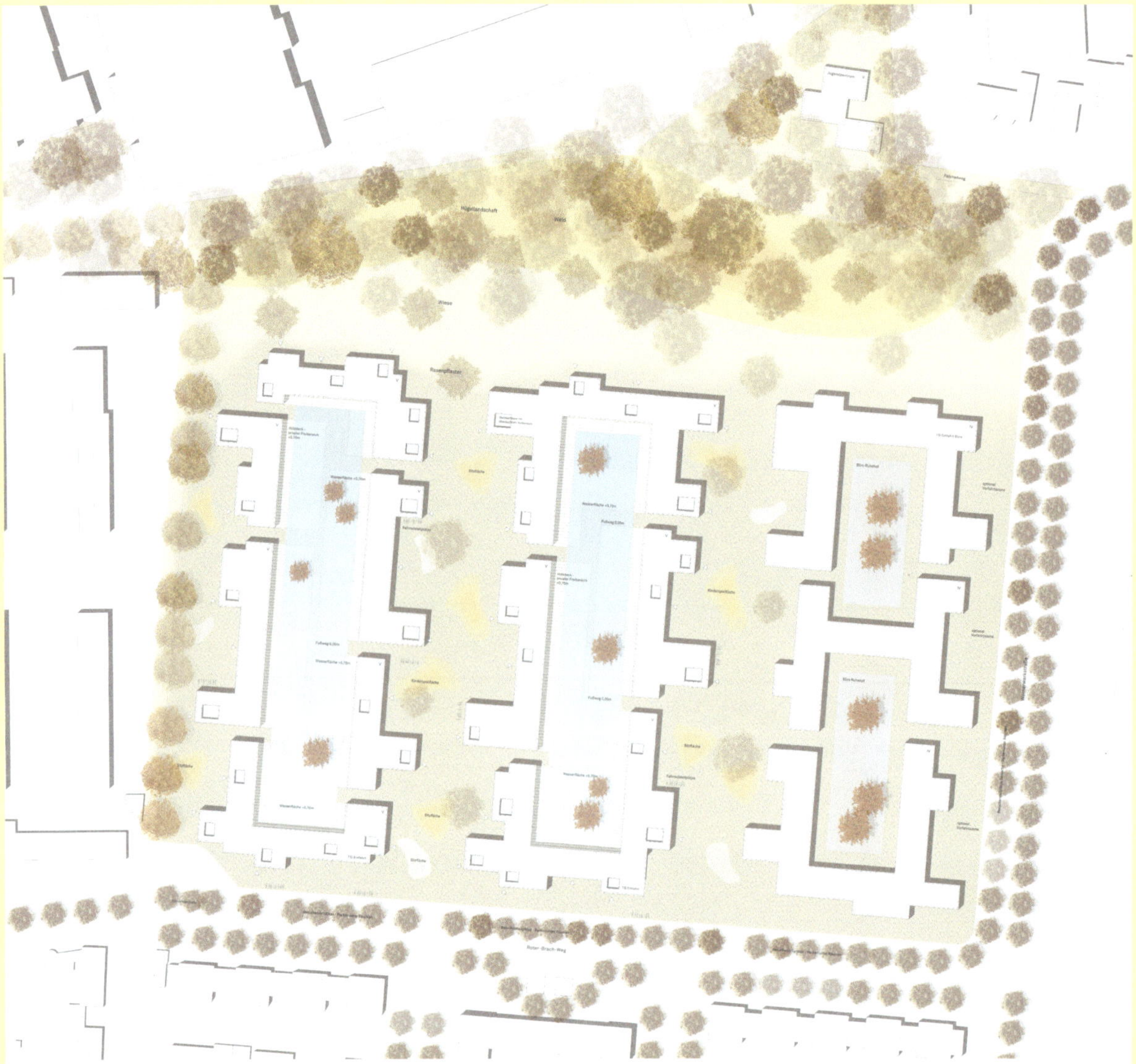

Der Hof ist bildlich gesprochen ein von innen nach außen gewendeter Baublock.

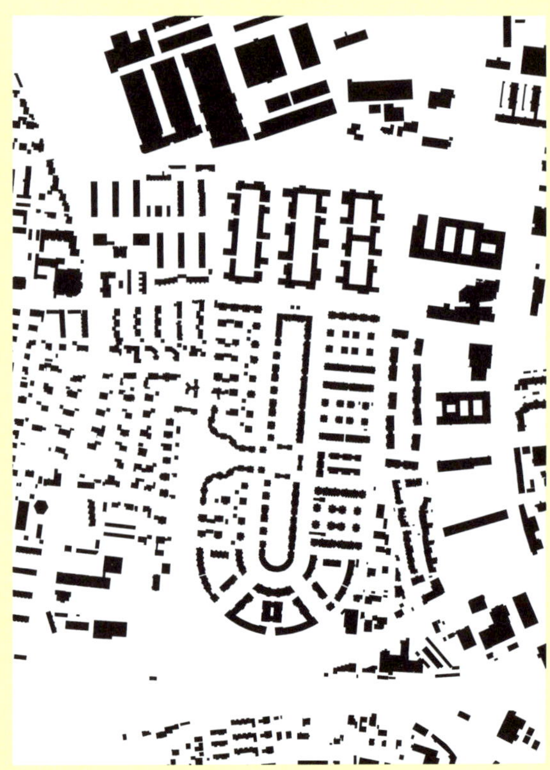

Baumassenplan (Schwarzplan)

Projekt 6.10	**Baugebiet Rennplatz-Nord** Regensburg (D) – Wettbewerb
VERFASSER	03 Architekten GmbH mit Keller Damm Roser Landschaftsarchitekten Stadtplaner GmbH, München
WEBSITE	www.03arch.de
AUSZEICHNUNG	3. Preis
JAHR	2010
KATEGORIE	Stadtumbau – neue Wohnquartiere
THEMA	Hof
TAGS	Prägnanz (innerer Grenzen); additives Fügen; quartiersinterner Grün- und Freiraum; Einzelbäume; Darstellung: Baumassenplan

Die kompakten Wohnhöfe bilden Inseln in der Parklandschaft.

Projekt 6.11	**Stadtquartier Gutleutmatten** Freiburg i. Br. (D) – Wettbewerb
VERFASSER	ASTOC Architects and Planners mit urbane gestalt, Johannes Böttger Landschaftsarchitekten, Köln
WEBSITE	www.astoc.de
AUSZEICHNUNG	2. Preis
JAHR	2010
KATEGORIE	Stadterweiterung – neues Stadtquartier
THEMA	Hof
TAGS	geometrisches Prinzip; additives Fügen; Anordnung Stadtbaufelder: Wiederholung/Rhythmus; Stichstraßennetz; stadtteilbezogener Grün- und Freiraum, fließender Grünraum; Darstellung: Diagramme

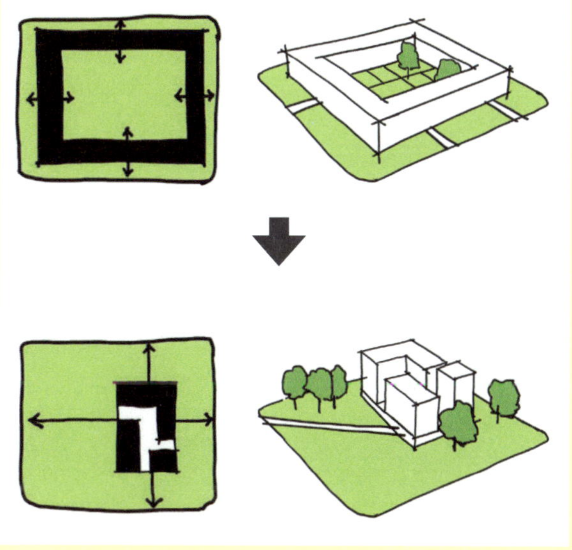

Diagramm Entwurfsidee

Der Erschließungshof ist zugleich Wohnhof mit kleinen privaten Gärten.

Visualisierung Wohnhof und Grünzug

Projekt 6.12	**Wohnbebauung Isoldenstraße** München (D) – Wettbewerb
VERFASSER	LÉON WOHLHAGE WERNIK mit J. Menzer, H. J. Lankes und ST raum a. Landschaftsarchitekten, Berlin
WEBSITE	www.leonwohlhage.de
AUSZEICHNUNG	1. Preis
JAHR	2003
KATEGORIE	Stadtumbau – Gewerbekonversion – neues Wohnquartier
THEMA	Hof
TAGS	additives Fügen; Anordnung Stadtbaufelder: Reihung/Wiederholung/Rhythmus; stadtteilbezogener/quartiersinterner/wohnungsnaher Grün- und Freiraum

Die Entwurfsidee ist von der ortstypischen Siedlungsstruktur des bestehenden Straßendorfs inspiriert.

Projekt 6.13	**Bebauung und Neugestaltung des westlichen Ortsrandes** Köln-Roggendorf/Thenhoven (D) – Wettbewerb
VERFASSER	Dr. Michael Hecker, Architekt+Stadtplaner mit urbane gestalt, Johannes Böttger Landschaftsarchitekten, Köln
WEBSITE	www.hmw-architekten.de
AUSZEICHNUNG	1. Preis
JAHR	2011
KATEGORIE	Stadterweiterung – neue Wohnquartiere
THEMA	Reihe
TAGS	Kontrast; additives Fügen; Anordnung Stadtbaufelder: Reihung/Wiederholung/Rhythmus; geknickter, aufgeweiteter Straßenraum

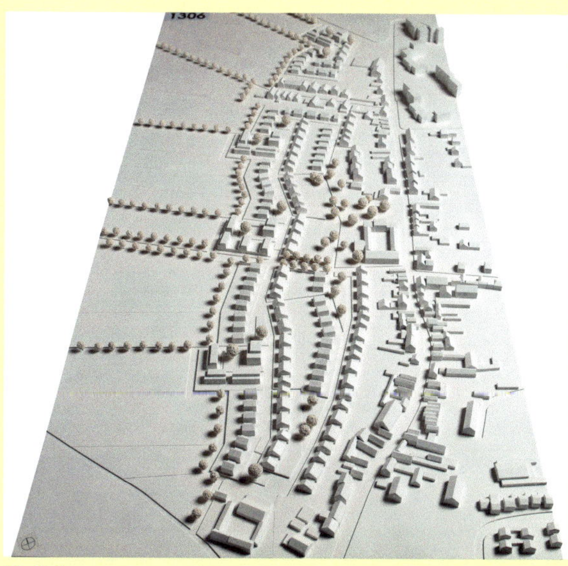

Modell

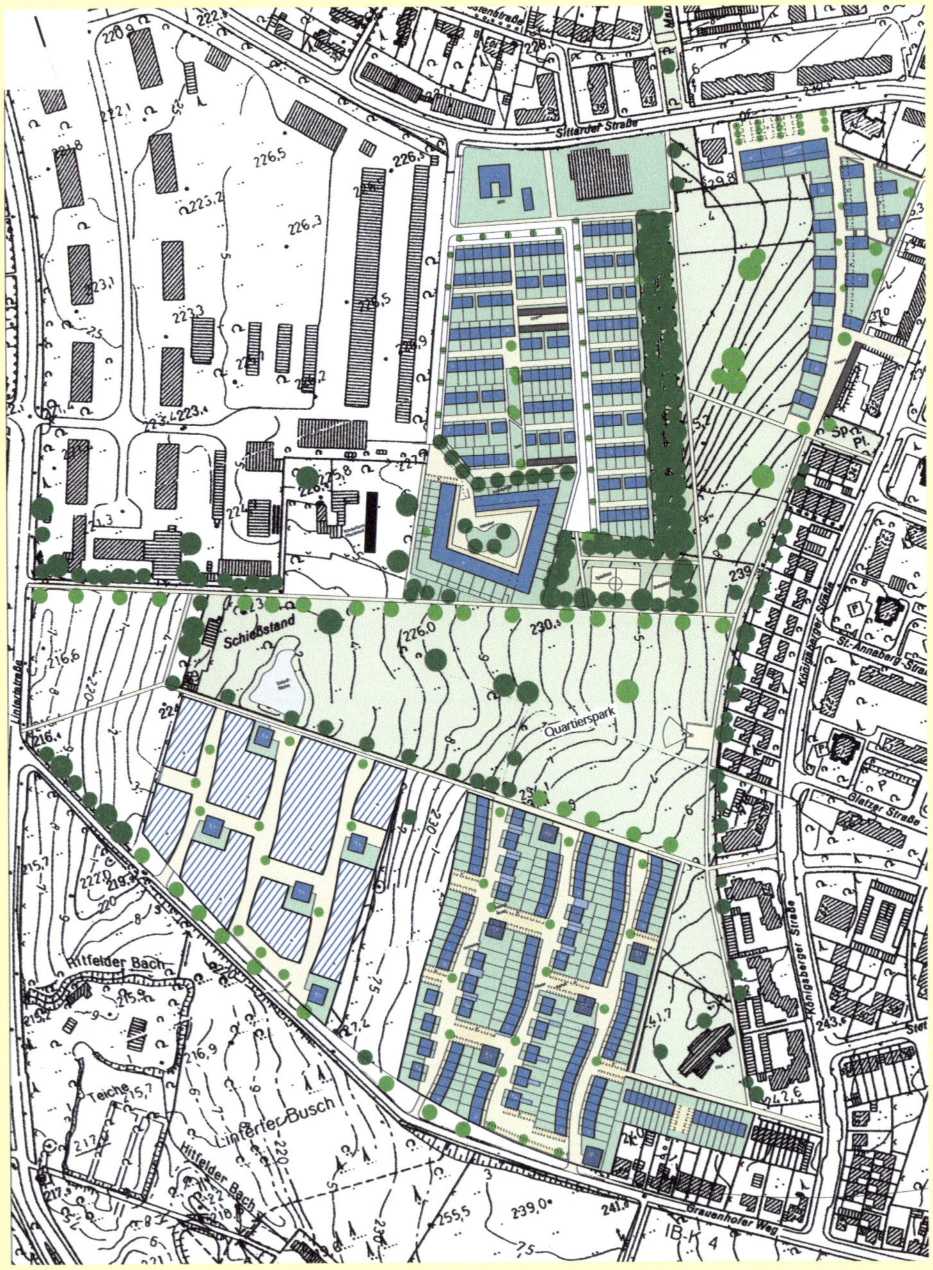

Reihen sind im Gegensatz zu Zeilen raumbildend, wie der Vergleich der beiden Wohngebiete zeigt. Anders als bei den Reihen sind die Gärten der Zeilen optimal nach Süden ausgerichtet.

Projekt 6.14	**Grauenhofer Weg** Aachen-Forst (D) – Wettbewerb
VERFASSER	Baufrösche Architekten und Stadtplaner mit Planungsgemeinschaft Landschaft + Freiraum, Kassel
WEBSITE	www.baufroesche.de
AUSZEICHNUNG	1. Preis
JAHR	1999
KATEGORIE	Stadterweiterung – neue Wohnquartiere
THEMA	Reihe
TAGS	additives Fügen; unregelmäßiges Gitter; weitere Stadtbausteine: Zeile (Nordteil), geöffneter Baublock; Platzbildung durch Aussparen/Weglassen; geradliniger/geschwungener, aufgeweiteter Straßenraum

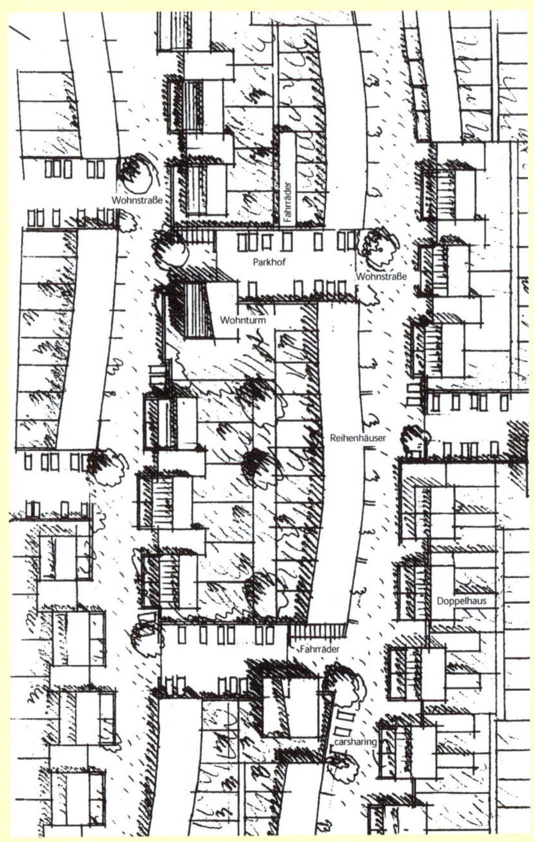

Detaillierung der privaten und öffentlichen Freiräume

Die kleine, autofreie Siedlung besteht aus Doppel- und Reihenhauszeilen, die senkrecht zum Quartiersplatz stehen.

Westansicht mit Gemeinschaftshaus (r.)

Projekt 6.15	**Das bezahlbare eigene Haus** Bamberg (D) – Wettbewerb
VERFASSER	Melchior, Eckey, Rommel, Stuttgart
WEBSITE	www.marcus-rommel-architekten.de
AUSZEICHNUNG	1. Preis
JAHR	1997
KATEGORIE	Innenentwicklung – autofreies Wohnquartier
THEMA	Zeile
TAGS	additives Fügen; Anordnung Stadtbaufelder: Bezugselement, Wiederholung/Rhythmus, Gruppierung; Anordnung Stadtbausteine im Baufeld: Bezugselement, Reihung; Platzbildung durch Fügen

Durch die spielerische Anordnung der geknickten Zeilen entstehen abwechslungsreiche, differenzierte Raumsituationen.

Projekt 6.16	**Siedlung Buchheimer Weg** Köln (D) – Mehrfachbeauftragung
VERFASSER	ASTOC Architects and Planners mit urbane gestalt, Johannes Böttger Landschaftsarchitekten, Köln
AUSZEICHNUNG	1. Preis
JAHR	2005
WEBSITE	www.astoc.de
KATEGORIE	Stadtumbau – Neubebauung eines Wohnquartiers
THEMA	Zeile, geknickt
TAGS	biomorphes/organisches Prinzip; additives Fügen; Anordnung Stadtbausteine im Baufeld: Wiederholung/Reihung/Rhythmus, Gruppierung; Erschließungsring; Platzbildung durch Fügen und Definieren; quartiersinterner/wohnungsnaher Grün- und Freiraum

Präsentationsmodell, Ausschnitt

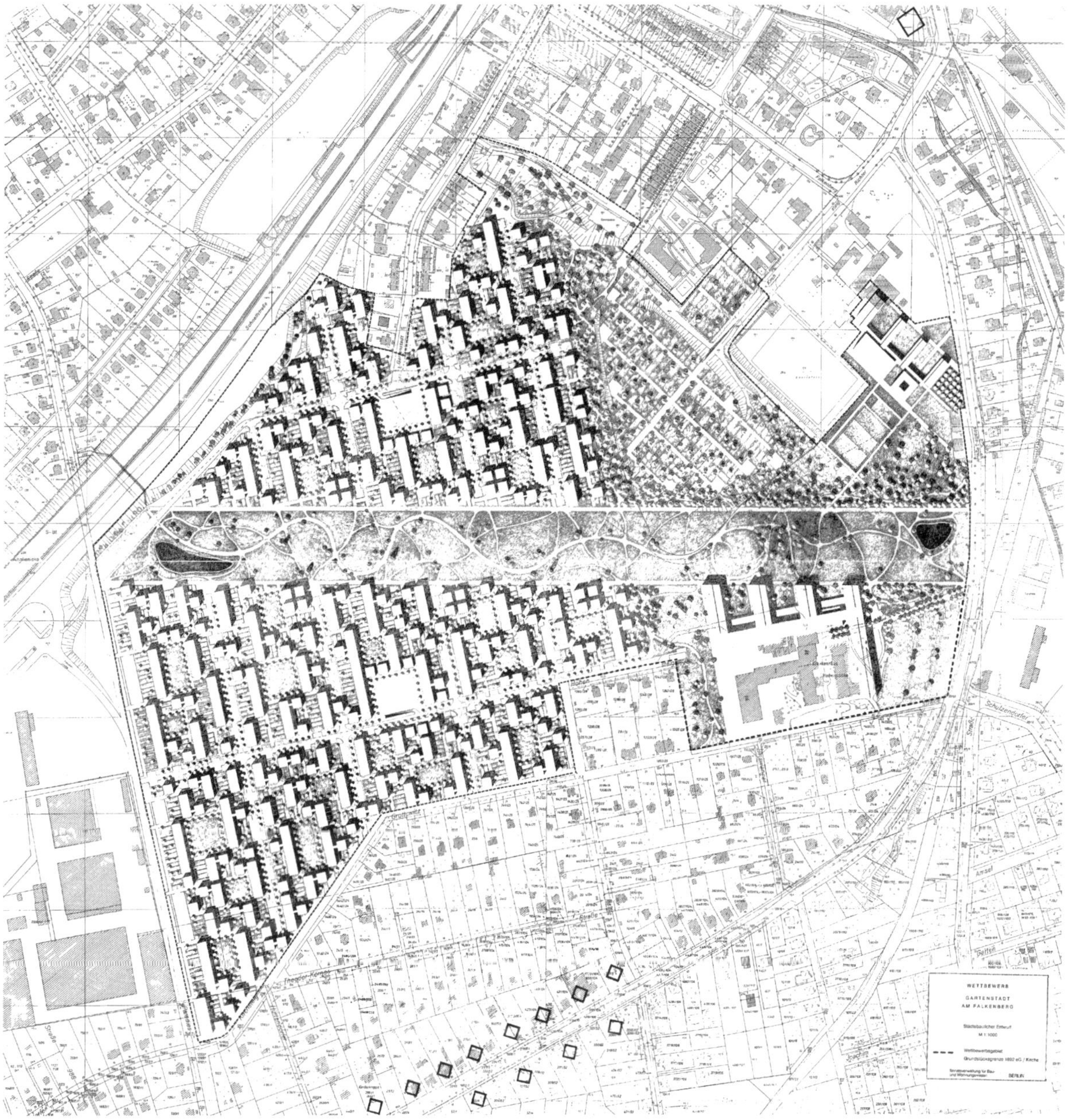

Mit der bloßen Kombination aus Zeile und Punkt, die teilweise auch baulich miteinander verbunden sind, gelingt den Planern eine große Vielfalt an öffentlichen und privaten Freiräumen.

Projekt 6.17	**Gartenstadt Falkenberg** Berlin (D) – Wettbewerb
VERFASSER	Architekten BDA Quick Bäckmann Quick & Partner, Berlin
WEBSITE	www.qbq-architekten.de
AUSZEICHNUNG	1. Preis
JAHR	1992
KATEGORIE	Stadterweiterung – Erweiterung der 1913 von Bruno Taut gebauten Gartenstadt Falkenberg
THEMA	Zeile
TAGS	additives Fügen; weitere Stadtbausteine: Reihe, Punkt, Kombination aus Zeile und Punkt; Stichstraßennetz; Platzbildung durch Aussparen/Weglassen; verzahnter Grünraum; Darstellung: Gestaltungsplan; Perspektive

Blick in den zentralen Grünzug

Das vorherrschende Siedlungsmuster sind Punkte, freistehende Einfamilien- und Doppelhäuser in gereihter oder gruppierter Anordnung.

Projekt 6.18	**Wohnbauflächenentwicklung Knollstraße** Osnabrück (D) – Wettbewerb
VERFASSER	ASTOC Architects and Planners, Köln, mit Lützow 7, Berlin
WEBSITE	www.astoc.de
AUSZEICHNUNG	1. Preis
JAHR	2006
KATEGORIE	Siedlungserweiterung – neues Wohnquartier
THEMA	Punkt
TAGS	additives Fügen; Anordnung Stadtbaufelder: Bezugselement, Gruppierung; Anordnung Stadtbausteine im Baufeld: Wiederholung/ Reihung, Gruppierung; Erschließungsring

Diagramme

In einem fließenden, flexibel nutzbaren Freiraum stehen Punkthäuser unterschiedlicher Höhe.

Modell

Projekt 6.19	**Werkbundsiedlung Wiesenfeld** München (D) – Wettbewerb
VERFASSER	Kazunari Sakamoto mit Ove Arup, Tokio
WEBSITE	www.de.wikipedia.org/wiki/Kazunari_Sakamoto
AUSZEICHNUNG	Preisgruppe Städtebau, 1. Preis nach Überarbeitung
JAHR	2006
KATEGORIE	Stadtumbau – Militärkonversion – neues Wohnquartier
THEMA	Punkt, Punkthochhaus
TAGS	additives Fügen; orthogonales Gitter; fließender Grünraum

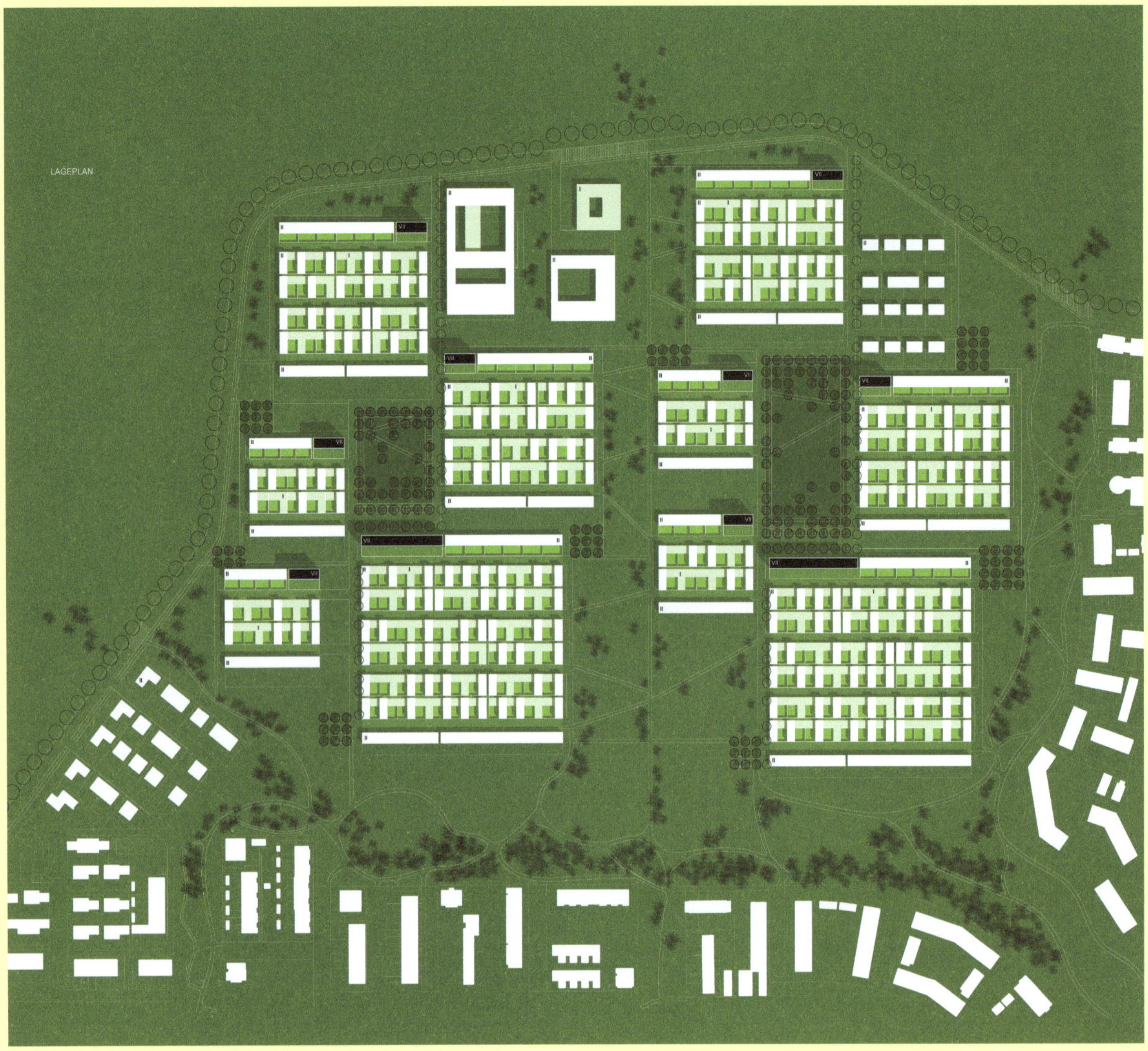

Die Anordnung der Baukörper gleicht einer gewebten, textilen Struktur.

Projekt 6.20	**Wohngebiet Am Bergfeld** Poing bei München (D) – Wettbewerb
VERFASSER	keiner balda architekten, Fürstenfeldbruck, mit Johann Berger, Freising
WEBSITE	www.keiner-balda.de
AUSZEICHNUNG	4. Preis
JAHR	2007
KATEGORIE	Stadterweiterung – neue Wohnquartiere
THEMA	Raumstruktur/Teppichbebauung
TAGS	Prägnanz, Kontrast; geometrisches Prinzip; additives Fügen; weitere Stadtbausteine: Reihe, Zeile/Scheibenhochhaus, Punkt; Platzbildung durch Fügen; Bäume im Flächenmuster

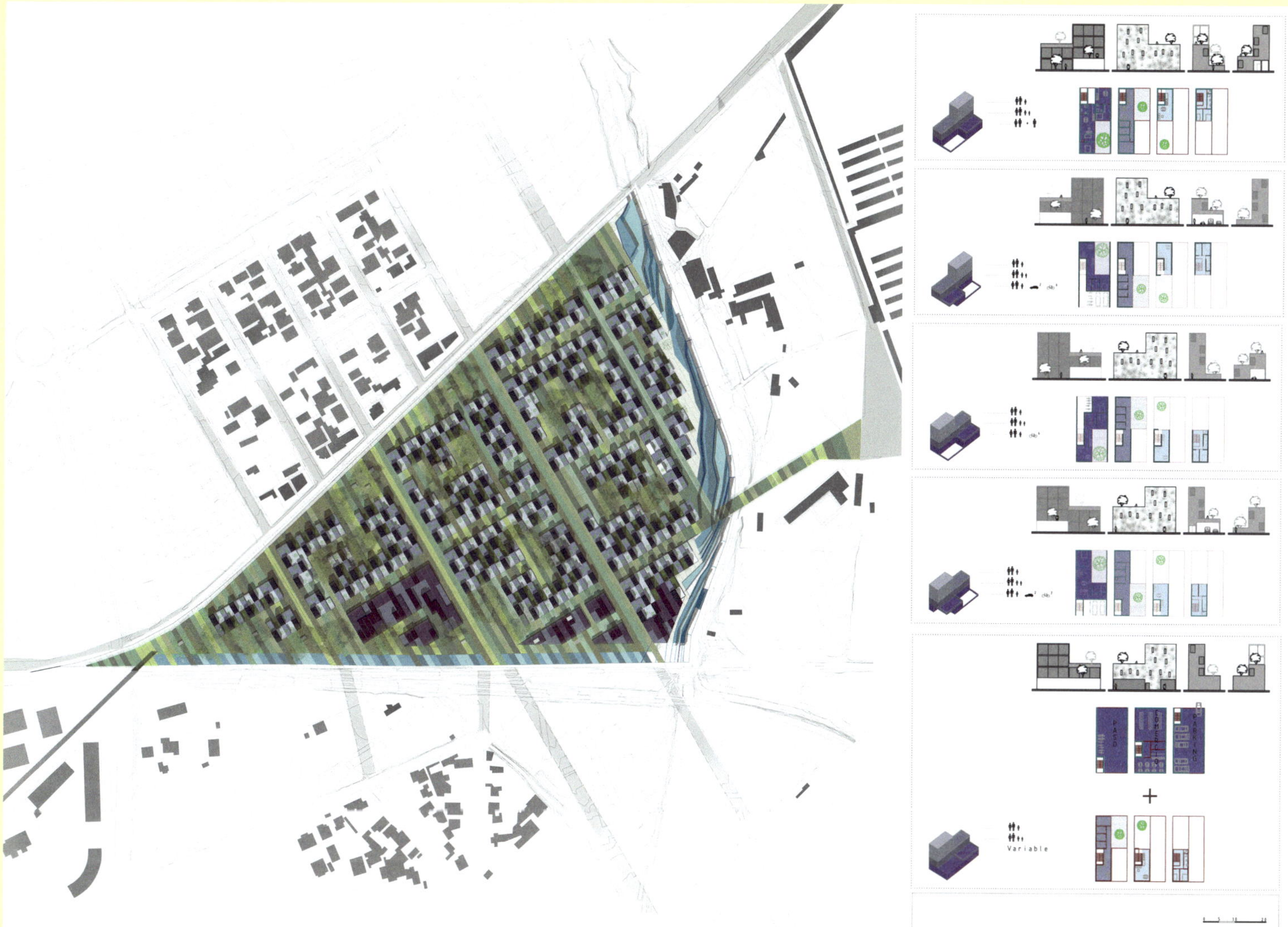

Das traditionelle Hofhaus wird hier zum Mehrfamilienhaus.

Projekt 6.21	**Europan 10, PIXELES URBANOS (URBAN PIXELS)** Reus (ES) – Wettbewerb
VERFASSER	Florian Ingmar Bartholome, Ludwig Jahn, José Ulloa Davet, Barcelona
WEBSITE	www.jud-arq.blogspot.de
AUSZEICHNUNG	Anerkennung
JAHR	2010
KATEGORIE	Stadterweiterung – neues Wohnquartier
THEMA	Raumstruktur/Teppichbebauung
TAGS	additives Fügen; orthogonales Gitter; verzahnter Grünraum

Perspektive

Im Städtebau versteht man unter „Cluster“ die Ballung und Anhäufung von Bauköpern auf engstem Raum.

Projekt 6.22	**Ehemaliges Stückgutgelände München-** Pasing (D) – Studie
VERFASSER	Daniel Ott und Robin Schraml, Berlin
JAHR	2010
KATEGORIE	Stadtumbau – Bahnkonversion – neues Stadtquartier
THEMA	Raumstruktur/Cluster
TAGS	additives Fügen; weitere Stadtbausteine: Reihe, Punkt, Kombination aus Reihe und Punkt; Anordnung Stadtbaufelder: Bezugselement, Wiederholung/Rhythmus, Gruppierung; Platzbildung durch Aussparen/Weglassen; Darstellung: Schnitt

Gestaltungsplan

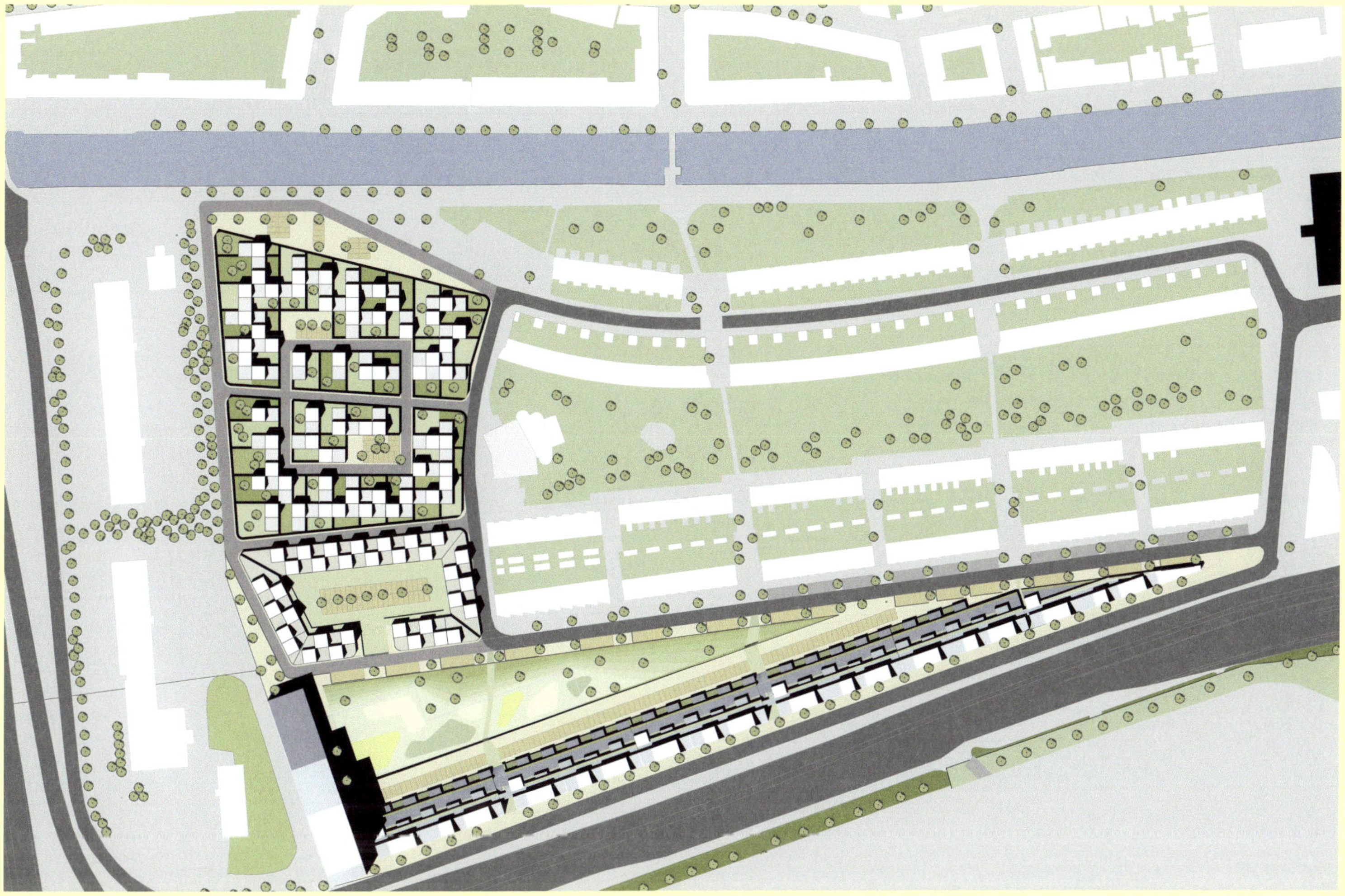

Wie bei einem indianischen Pueblo führt die Erschließung der oberen Terrassenwohnungen über die Dachflächen der darunterliegenden Wohnungen.

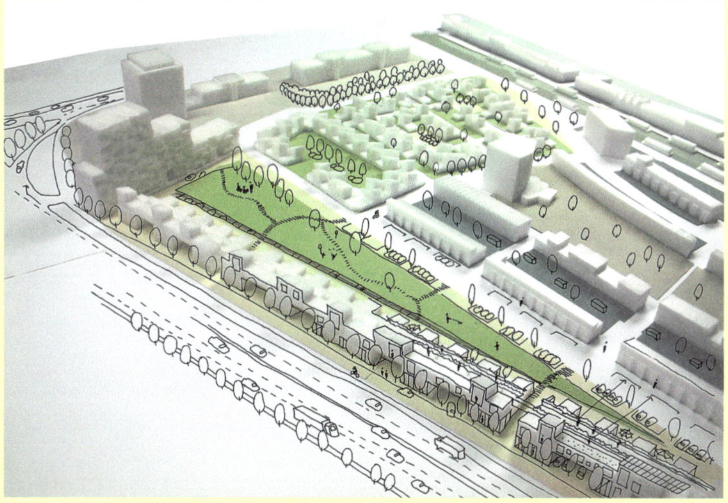

Zeichnerisch ergänztes Arbeitsmodell

Projekt 6.23	**Intense Laagbouw De Meeuwen** Groningen (NL) – Gutachten
VERFASSER	DeZwarteHond, Groningen/Rotterdam
WEBSITE	www.dezwartehond.nl
JAHR	2009
KATEGORIE	Stadtumbau – Innenentwicklung – neues Wohnquartier und Bürogebäude
THEMA	Raumstruktur/Cluster
TAGS	additives Fügen; weitere Stadtbausteine: Teppichbebauung, Hochhaus; Platzbildung durch Aussparen/Weglassen; Darstellung: Arbeitsmodell

Mäanderstrukturen können durch straßenbegleitende Bebauung entstehen und auch öffentliche Plätze, halböffentliche Höfe und rückwärtige Grünbereiche umfassen.

Projekt 6.24	**Stadtquartier Gutleutmatten** Freiburg i. Br. (D) – Wettbewerb
VERFASSER	03 Architekten GmbH, München, mit Lex Kerfers Landschaftsarchitekten, Bockhorn
WEBSITE	www.03arch.de
AUSZEICHNUNG	Anerkennung
JAHR	2010
KATEGORIE	Innenentwicklung – neues Wohnquartier
THEMA	Raumstruktur/Mäander
TAGS	Städtebau am Stück/Großform; Platzbildung durch Modellieren; unterbrochener, aufgeweiteter Straßenraum; verzahnter Grünraum, frei gruppierte Bäume; Darstellung: Baumassenplan

Baumassenplan (Schwarzplan)

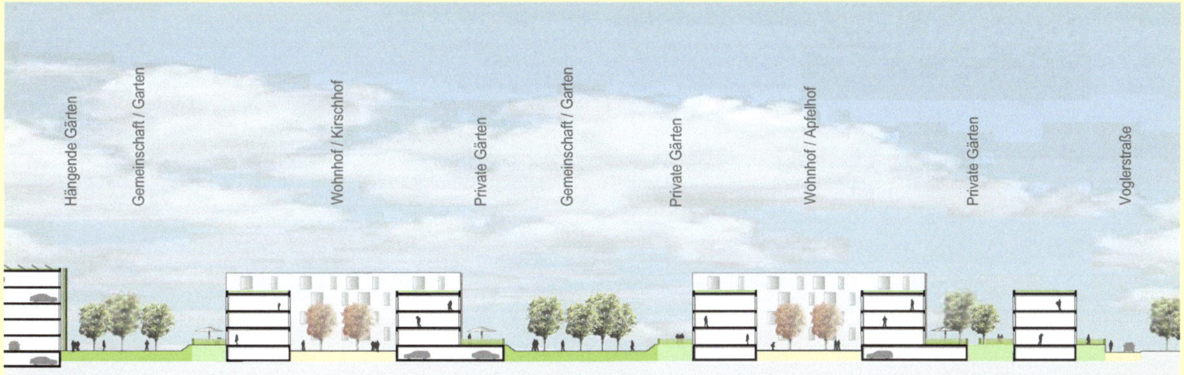

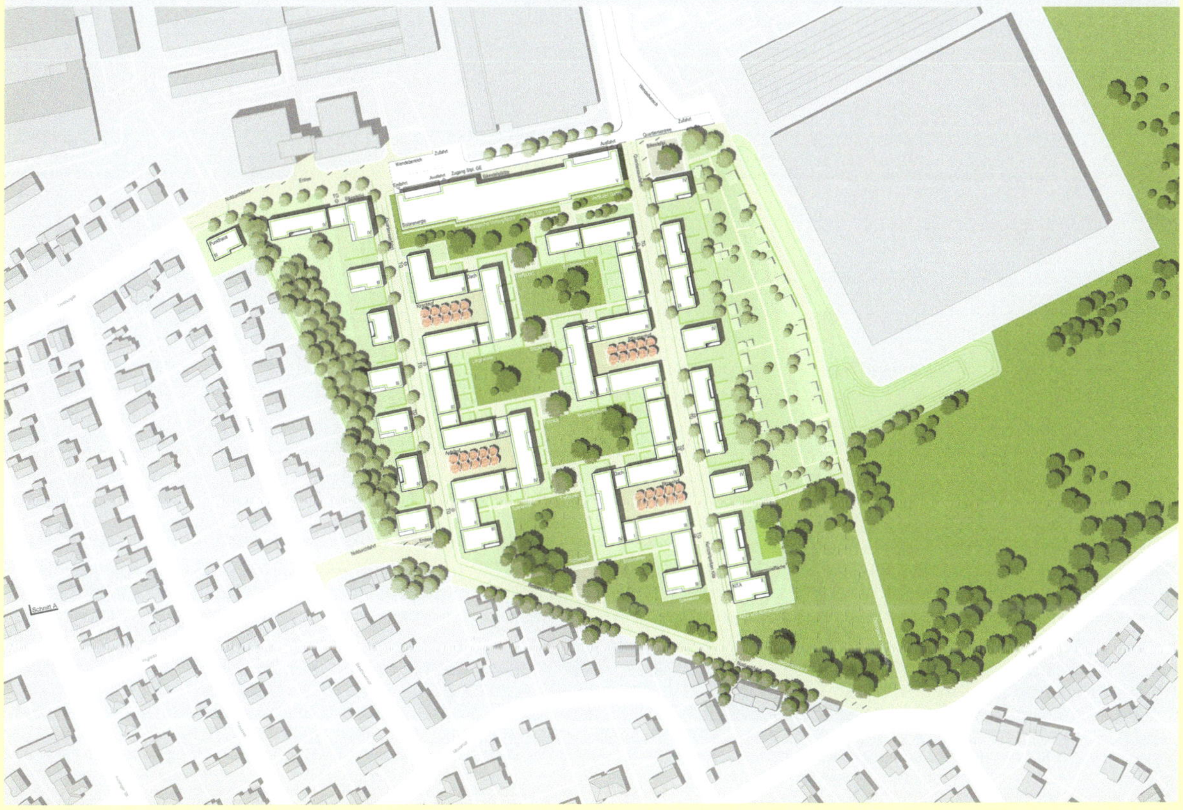

Die beiden, jeweils um ein Modul zueinander versetzten Mäander spannen großzügige, privat und gemeinschaftlich genutzte Gartenhöfe auf.

Projekt 6.25	**Ehemaliges Dornier-Gelände Süd** München (D) – Wettbewerb
VERFASSER	pp a|s pesch partner architekten stadtplaner GmbH, Dortmund/Stuttgart
AUSZEICHNUNG	2. Preis
JAHR	2014
WEBSITE	www.pesch-partner.de
KATEGORIE	Gewerbekonversion – neues Wohnquartier
THEMA	Raumstruktur/Mäander
TAGS	Prägnanz; geometrisches Prinzip; additives Fügen; Stadtbausteine: Hof, Reihe, Zeile, Punkt; Anordnung Stadtbausteine im Baufeld: Wiederholung/Reihung/Rhythmus; quartiersinterner/wohnungsnaher Grün- und Freiraum; Darstellung: Gestaltungsplan, Schnitt, Präsentationsmodell

Modellausschnitt

Die mäandrierende Grundrissfigur kombiniert Baublock und Hof.

Projekt 6.26	Wohnbebauung Isoldenstraße München (D) – Wettbewerb
VERFASSER	Georg Scheel Wetzel Architekten, Berlin, mit Dr. Bernhard Korte, Grevenbroich
WEBSITE	www.georgscheelwetzel.com
AUSZEICHNUNG	3. Preis
JAHR	2003
KATEGORIE	Stadtumbau – Gewerbekonversion – neues Wohnquartier
THEMA	Raumstruktur/Mäander
TAGS	additives Fügen; Anordnung Baufelder: Reihung/Rhythmus; verzahnter Grünraum

Modell

Solitäre besetzen Anfang und Ende des lang gestreckten Grünraums.

Vogelperspektive

Projekt 6.27	**Siemens-Areal Isar-Süd** München (D) – Wettbewerb
VERFASSER	JSWD Architekten mit Lill + Sparla, Köln
WEBSITE	www.jswd-architekten.de
AUSZEICHNUNG	1. Preis
JAHR	2002
KATEGORIE	Stadtumbau – Weiterentwicklung eines Gewerbestandorts – neues Stadtquartier
THEMA	Solitär
TAGS	additives Fügen; orthogonales Gitter; weitere Stadtbausteine: geschlossener, aufgelöster Baublock, Reihe; Anordnung Baufelder: Gruppierung; baulich gefasster Grünraum

Der aus Baublock und Hof kombinierte Stadtbaustein öffnet sich platzartig zum öffentlichen Raum.

Projekt 6.28	**Siemens-Areal Isar-Süd** München (D) – Wettbewerb
VERFASSER	pp a|s pesch partner architekten stadtplaner, Dortmund/Stuttgart
WEBSITE	www.pesch-partner.de
AUSZEICHNUNG	2. Preis
JAHR	2002
KATEGORIE	Stadtumbau – Weiterentwicklung eines Gewerbestandorts – neues Stadtquartier
THEMA	Hybrid aus Baublock und Hof
TAGS	additives und überlagerndes Fügen; weitere Stadtbausteine: geschlossener, aufgelöster Baublock, Zeile, Punkt, Solitär; Platzbildung durch Fügen; baulich gefasster Grünraum

Gestaltungsplan

Die Kammstrukturen haben einen räumlichen Abschluss, der je nach Situation verglaste Brücke, transparenter Schallschutz oder optische Einfassung sein kann.

Projekt 6.29	**Ehemaliges Flughafengelände** Böblingen/Sindelfingen (D) – Wettbewerb
VERFASSER	ap'plan . mory osterwalder vielmo architekten und ingenieurgesellschaft mbh mit Kienle Planungsgesellschaft Freiraum und Städtebau mbH, Stuttgart
WEBSITE	www.applan.de
AUSZEICHNUNG	1. Preis
JAHR	2000
KATEGORIE	Stadtumbau – Flughafenkonversion – neuer Stadtteil und Gewerbegebiet
THEMA	Hybrid, Kammstrukturen
TAGS	Kontrast; additives Fügen; weitere Stadtbausteine: Großbaustein, geschlossener, aufgelöster Baublock, Solitär; Platzbildung durch Fügen; Bauen am Wasser

Gestaltungsplan

Der Hybrid aus Baublock und Punkt vermittelt zwischen Hauptverkehrsstraße und Punktbebauung.

Projekt 6.30	**Funkkaserne Nord** München (D) – Wettbewerb
VERFASSER	LÉON WOHLHAGE WERNIK mit Atelier Loidl, Berlin
WEBSITE	www.leonwohlhage.de
AUSZEICHNUNG	1. Preis
JAHR	2012
KATEGORIE	Stadtumbau – Militärkonversion – neues Wohnquartier
THEMA	Hybrid aus Baublock und Punkt
TAGS	additives Fügen; Anordnung Stadtbaufelder: Achse, Reihung/Wiederholung/Rhythmus; Darstellung: Perspektive

Blick auf die punktförmigen Köpfe des Blockrands

Gestaltungsplan

Blockrand und Scheibenhochhaus verschmelzen zu dynamisch modellierten Großformen

Projekt 6.31	Gangnam District Seoul (KR) – Wettbewerb
VERFASSER	de Architekten Cie, Frits van Dongen, Amsterdam, mit Transsolar Klima-Engineering, Stuttgart
AUSZEICHNUNG	1. Preis
JAHR	2010
WEBSITE	www.cie.nl
KATEGORIE	Siedlungserweiterung – sozialer Wohnungsbau
THEMA	Hybrid aus Baublock und Scheibenhochaus
TAGS	biomorphes/organisches Prinzip; additives Fügen; unregelmäßiges Gitter; Anordnung Baufelder im Stadtbaufeld: Gruppierung; Stichstraßennetz; Platzbildung durch Fügen und Modellieren; geknickter und aufgeweiteter Straßenraum; Darstellung: Perspektive

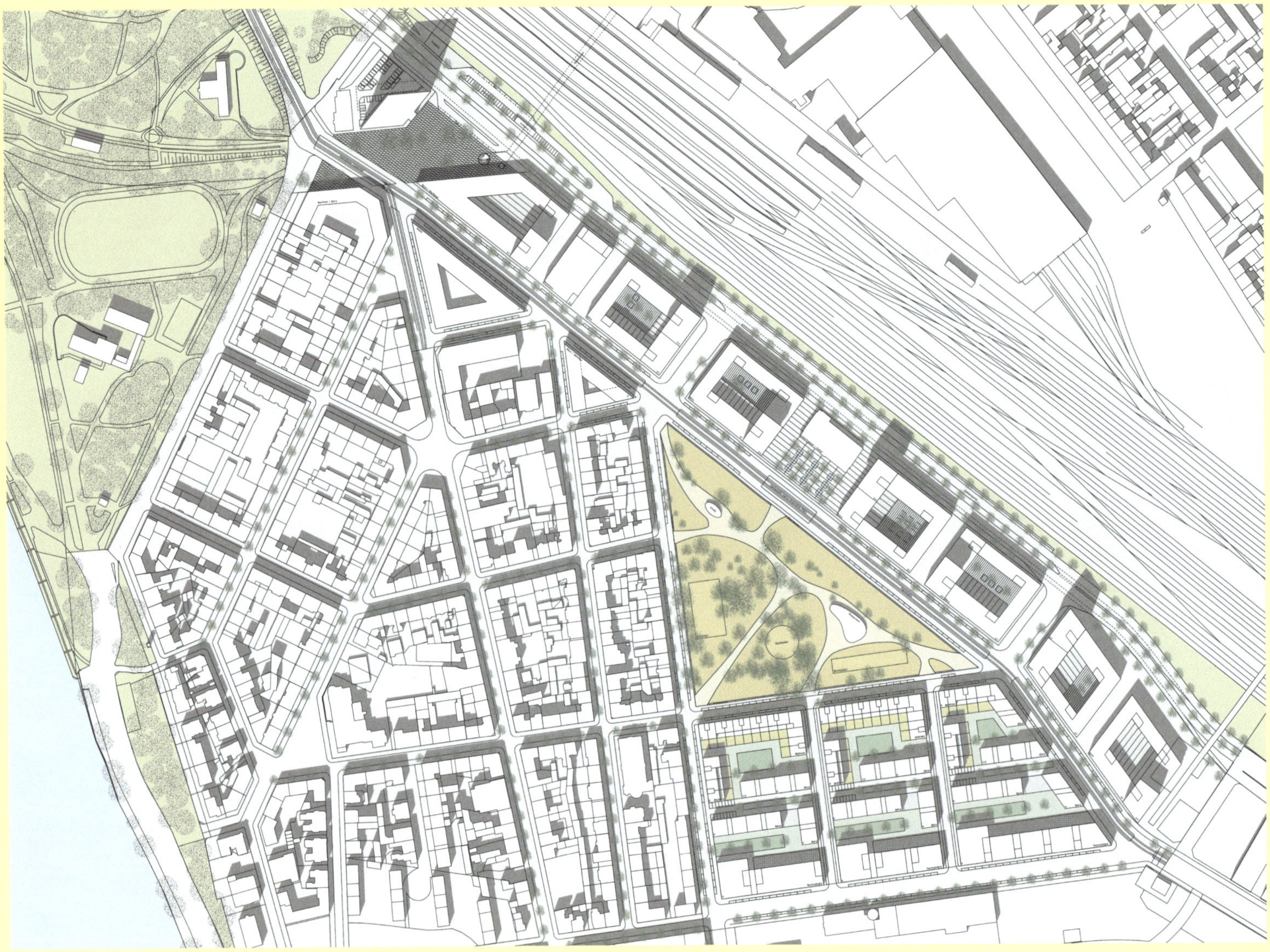

Die Kombination aus Punkthochhaus und Baublock setzt bauliche Akzente und schließt den Stadtraum zur Bahn hin ab.

Projekt 6.32	**Neues Stadtquartier am Hauptbahnhof/ Mannheim 21** Mannheim (D) – Wettbewerb
VERFASSER	ASTOC Architects and Planners, Köln, mit WES & Partner Landschaftsarchitekten, Hamburg
WEBSITE	www.astoc.de
AUSZEICHNUNG	1. Preis
JAHR	2002
KATEGORIE	Stadtumbau – Bahnkonversion – neues Stadtquartier
THEMA	Hybrid aus Baublock und Punkthochhaus
TAGS	additives Fügen; weitere Stadtbausteine: aufgelöster Baublock, Cityblock; baulich gefasster Grünraum

Modellausschnitt

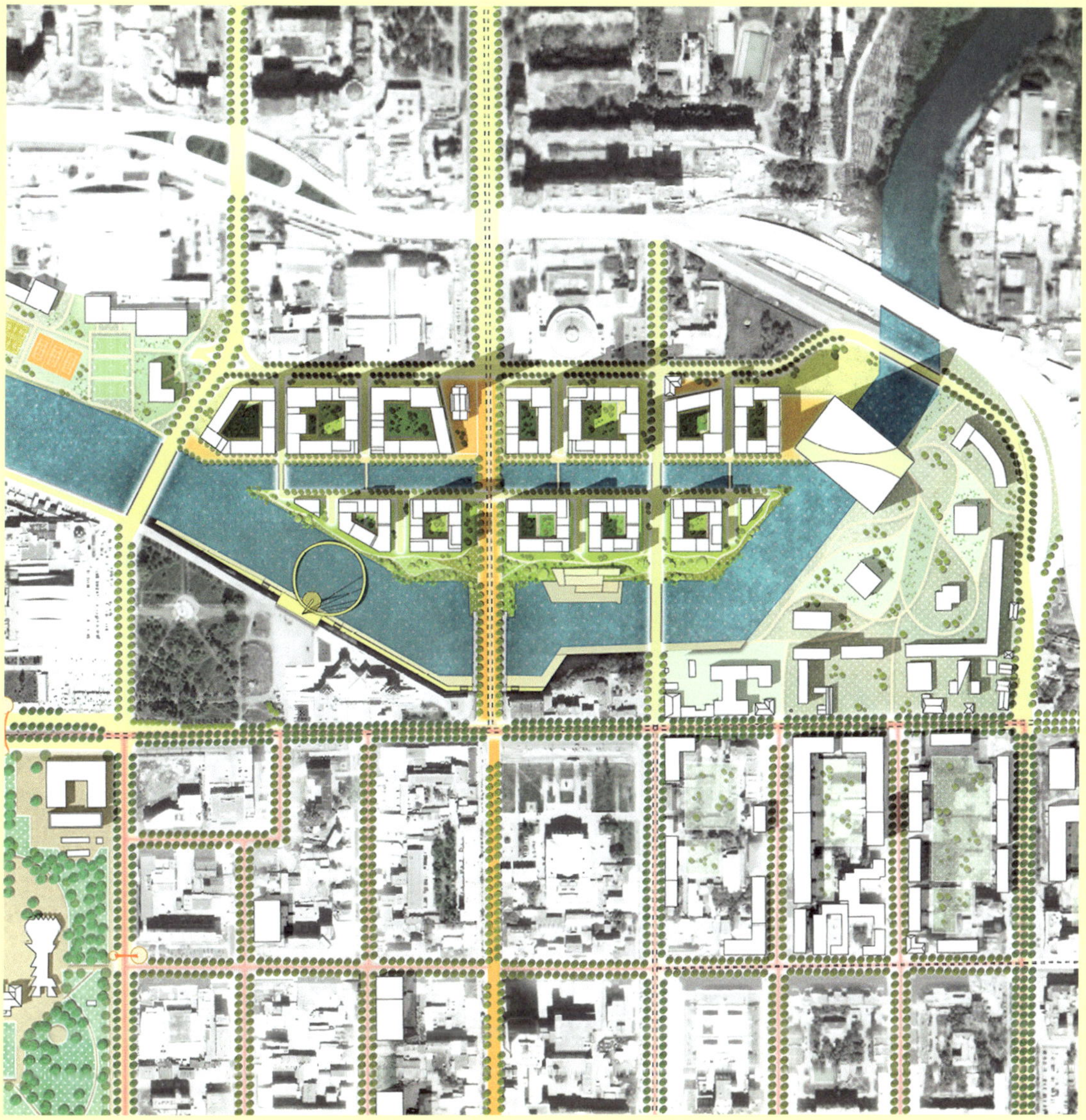

Die im Gestaltungsplan zunächst klassisch anmutende Blockrandbebauung wird aus der Ferne betrachtet zur Skyline.

Vogelperspektive

Projekt 6.33	**Masterplan of the historical city center** Tscheljabinsk (RU) – Wettbewerb
VERFASSER	de Architekten Cie, Pero Puljiz, Amsterdam, mit felixx, Rotterdam
AUSZEICHNUNG	1. Preis
JAHR	2017
WEBSITE	www.cie.nl
KATEGORIE	Stadtumbau Stadtzentrum
THEMA	Hybrid aus Baublock und Punkthochhaus
TAGS	geometrisches Prinzip; additives Fügen; Anordnung Baufelder im Stadtbaufeld: Bezugselement, Reihung/Wiederholung/Rhythmus; Platzbildung durch Fügen; baulich gefasster Grünraum, Bauen/Wohnen am Wasser; Darstellung: Diagramme, Perspektive

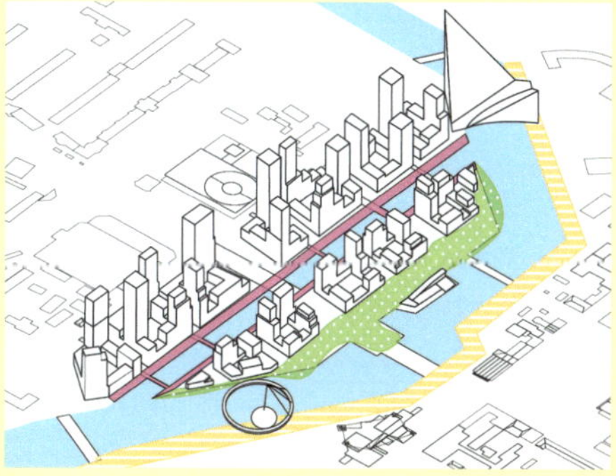

Axonometrie

Kleine Ursache – große Wirkung: Durch gegeneinander verschobene und baulich verbundene Zeilen gelingt es, differenzierte Stadträume zu bilden.

Perspektive und Stapelschema der Wohneinheiten

Projekt 6.34	**Marchtaler Straße** Ulm (D) – Wettbewerb
VERFASSER	studioinges Architektur und Städtebau mit H. J. Lankes, Berlin
WEBSITE	www.studioinges.de
AUSZEICHNUNG	1. Preis
JAHR	2005
KATEGORIE	Stadtumbau – Gewerbekonversion – neues Wohnquartier
THEMA	transformierte Zeile
TAGS	additives Fügen; Platzbildung durch Fügen; quartiersinterner/wohnungsnaher Grün- und Freiraum

Durch die korrespondierenden Vor- und Rücksprünge entstehen differenzierte Zwischenräume.

Projekt 6.35	**Westufer Hauptbahnhof** Darmstadt (D) – Wettbewerb
VERFASSER	Atelier COOPERATION Architekten & Ingenieure, Frankfurt a. M.
WEBSITE	www.atelier-cooperation.de
AUSZEICHNUNG	Ankauf
JAHR	1996
KATEGORIE	Stadtumbau – Gewerbekonversion – neues Wohnquartier
THEMA	transformierte Zeile
TAGS	additives Fügen; Stichstraßen-, Erschießungsbügelnetz; fließender Grünraum

Blick in einen der Zwischenräume

Im Rand verschmelzen die im Binnenraum gesetzten, polygonalen Bausteine mit der Blockrandbebauung, so dass Rand und Füllung – trotz unterschiedlicher Zielgruppen und Wertigkeiten – miteinander korrespondieren.

Projekt 6.36	**Neubau einer Wohnsiedlung an der Ludlstraße** München (D) – Wettbewerb
VERFASSER	LORBER PAUL Architekten GmbH mit club L94 Landschaftsarchitekten, Köln
AUSZEICHNUNG	1. Preis
JAHR	2013
WEBSITE	www.lorberpaul.de
KATEGORIE	Stadtumbau – Neubebauung eines Wohnquartiers
THEMA	transformierter Blockrand
TAGS	biomorphes/organisches Prinzip; Stadtbausteine: Punkt; Anordnung Baufelder im Stadtbaufeld: Wiederholung/Rhythmus; Platzbildung durch Definieren; quartiersinterner/wohnungsnaher Grün- und Freiraum; fließender Grünraum; frei gruppierte Bäume; Darstellung: Gestaltungsplan, Präsentationsmodell

Modellausschnitt

Veränderung der inneren Logik eines Stadtbausteins: Durch das Herausklappen von Teilen des Dockrands in den öffentlichen Raum öffnen sich die Baublöcke einerseits zum Hafenbecken und schließen andererseits zur Erschließungsstraße platzartig ab.

Projekt 6.37	**Neugestaltung des Quartiers Elbbrücken** HafenCity Hamburg (D) – Wettbewerb
VERFASSER	Hosoya Schaefer Architects AG, Zürich
AUSZEICHNUNG	1. Preis
JAHR	2015
WEBSITE	www.hosoyaschaefer.com
KATEGORIE	Hafenkonversion – neuer Stadtteil
THEMA	transformierter Baublock
TAGS	geometrisches Prinzip; additives und divisives Fügen; Anordnung Baufelder im Stadtbaufeld: Achse, Reihung/Wiederholung/Rhythmus; Platzbildung durch Modellieren; unterbrochener Straßenraum; Bauen/Wohnen am Wasser; Darstellung: Präsentationsmodell

Präsentationsmodell

7 Anordnung von Stadtbaufeldern, Baufeldern und Stadtbausteinen

7.1 Prinzipien zur Anordnung von Stadtbaufeldern zu einem größeren Stadtgebiet und Baufeldern zu einem Stadtbaufeld

7.2 Ordnungsprinzipien von Stadtbausteinen im Baufeld

7 Anordnung von Stadtbaufeldern, Baufeldern und Stadtbausteinen

Beim städtebaulichen Entwerfen ist es sinnvoll, nicht mit dem Fügen der kleinsten Teile – der Gebäude – zu beginnen, sondern eine Ebene darüber mit den Baufeldern und bei größeren Entwürfen mit Quartieren und Stadtbaufeldern.[1] Dies erleichtert den Entwurfsprozess und spielt darüber hinaus auch im gesamten Lebenszyklus einer Stadt eine bedeutende Rolle, schließlich ist der Stadtgrundriss erheblich langlebiger als die Gebäude in den Baufeldern.

7.1 Prinzipien zur Anordnung von Stadtbaufeldern zu einem größeren Stadtgebiet und Baufeldern zu einem Stadtbaufeld

Baufeld
Ein Baufeld ist eine Baufläche, auf der „eine räumliche und funktional zusammenhängende, in sich abgeschlossene Gebäudegruppe und Erschließungseinheit konzipiert werden kann".[2]

Stadtbaufeld
In einem Stadtbaufeld ist eine Gruppe von mehreren Baufeldern zusammengefasst, die in einem gestalterischen oder funktionalen Zusammenhang stehen. Ein in sich abgeschlossenes Stadtbaufeld kann auch als (Bau-)Quartier oder Nachbarschaft bezeichnet werden.

Die Anordnung, Lage, Form und Größe der Baufelder bzw. Stadtbaufelder wird vom Kontext, der Topografie, den Anknüpfungsmöglichkeiten zu Bestand oder Landschaftsraum, den gewählten Bautypologien und von den Entwurfszielen bestimmt. Die Bebauung kann anschließend, abhängig von den jeweiligen Randbedingungen, auf den Baufeldern positioniert werden.

Mit den allgemeinen Ordnungsprinzipien und den Fügearten wurden bereits wichtige Entwurfsstrategien – bezogen auf den Gesamtentwurf – vertieft. Darüber hinaus gibt es weitere, speziellere Ordnungsprinzipien, auf die der Planer im städtebaulichen Entwurf zurückgreifen kann. Hilfreich sind diese Prinzipien auf allen Maßstabsebenen der städtebaulichen Komposition. Zunächst sollen sie für die Anordnung von Stadtbaufeldern zu einem größeren Stadtgebiet und – eine Ebene darunter – für die Anordnung von Baufeldern zu einem Stadtbaufeld, Quartier oder einer Nachbarschaft vorgestellt werden. Anschließend werden diese Prinzipien auf die Anordnung von Stadtbausteinen auf Baufeldern übertragen.

Achse

Eine Achse ist eine Gerade, die zwischen zwei Punkten verläuft und an der Baukörper, Plätze, Freiräume, Quartiere oder Baufelder angeordnet werden können. Der Anfangs- und der Endpunkt, A und B, sind sinnvollerweise mit einer übergeordneten Nutzung zu belegen, sodass die Achse einen selbstverständlichen Weg zwischen A und B aufspannt.

In zahlreichen Idealstadtkonzepten sind monumentale, repräsentative Straßenzüge durch achsensymmetrisch angelagerte Elemente und Bausteine angegeben. In der Praxis ist die Anordnung jedoch weniger streng. Grundsätzlich gilt, dass die Anordnung der Elemente auf der Gesamtstrecke insgesamt ausgewogen sein sollte und dass die Achse umso stärker räumlich zur Geltung kommt, je deutlicher deren räumliche Fassung ist und je dominanter Anfangs- und Endpunkt ausgeprägt sind.[3]
→ **Projekte 7.1 – 7.4**

Symmetrie

Der Ursprung des Begriffs Symmetrie liegt in dem altgriechischen Wort „symmetría" (Ebenmaß; zu „sýn"/zusammen und „métron"/Maß).[4] Symmetrie steht demnach für eine ausgewogene, gleichwertige Anordnung von Teilen in einem Ganzen. Es lassen sich zwei Arten von Symmetrie unterscheiden:

– Bei der Axialsymmetrie werden Objekte an einer Achse gespiegelt. Figur und Spiegelung sind dabei deckungsgleich, aber spiegelbildlich zueinander abgebildet. Im Städtebau kommt es bei diesem Ordnungsprinzip zu einer Abfolge von gleichmäßig begleitenden Bauvolumen und/oder sich links und rechts der Achse öffnenden Räumen (Straßenachse, Platzachse etc.).

– Die Punktsymmetrie, auch Kreissymmetrie genannt, bildet ein Objekt durch Drehung um einen zentralen Punkt in einem bestimmten Winkel ab. Sind die Elemente selbst symmetrisch und ist deren Symmetrieachse auf den Drehpunkt ausgerichtet, so entstehen bei der Punktspiegelung weitere radiale Symmetrieachsen zwischen den Elementen, die sich ebenfalls im zentralen Punkt schneiden. Ein Beispiel aus dem Städtebau ist ein Kreisplatz mit gleichmäßig verteilten radialen Zufahrtsstraßen und gleich geschnittenen Baublöcken, die den Platzraum bilden.

Im zeitgenössischen Städtebau sind rein symmetrisch angelegte Kompositionen eher selten zu finden, zumal sie für viele – historisch bedingt – stellvertretend für eine herrschaftsorientierte, absolutistische oder totalitäre Ordnung und weniger für eine pluralistische, offene, demokratische Gesellschaft stehen.

Wie bereits erläutert, haben symmetrische Figuren grundsätzlich eine hohe Prägnanz, die schnell unsere Aufmerksamkeit erregt; diese kann aber

1
Vgl. Helmut Bott: „Stadtraum und Gebäudetypologie im Entwurf", in: ders., Johann Jessen, Franz Pesch (Hg.): *Lehrbausteine Städtebau. Basiswissen für Entwurf und Planung*, Stuttgart 2010 (6. Aufl.), S. 150 ff.

2
Ebd., S. 150.

3
Vgl. Francis D. K. Ching: *Die Kunst der Architekturgestaltung als Zusammenklang von Form, Raum und Ordnung*, Wiesbaden/Berlin 1986 (zuerst 1979), S. 316.

4
Vgl. http://www.duden.de/rechtschreibung/Symmetrie (Zugriff am 24.11.2012).

möglicherweise ebenso rasch wieder verfliegen, wenn die Form zu einfach ist. Der Aufmerksamkeitseffekt lässt sich jedoch nutzen, wenn Teilsymmetrien in einer ansonsten freien Komposition verwendet werden. Teilsymmetrien können ordnende Effekte bei gleichzeitiger Freiheit der Gesamtkomposition erzielen. Die Komposition wird dadurch insgesamt abwechslungsreicher und spannender.[5]
→ Abb. 7.1, 7.2
→ Projekte 7.5, 7.6

Hierarchie

In der Regel gibt es in einem städtebaulichen Entwurf Bereiche, die anderen hierarchisch übergeordnet sind. Oft sind funktionale Gründe dafür ausschlaggebend: Diese Bereiche enthalten beispielsweise wichtige Einrichtungen oder liegen an einem zentralen Platz. Daneben können auch formale, repräsentative und symbolische Unterschiede der Grund für eine Hierarchisierung sein. Hierarchisch höher gestellte Bereiche heben sich dabei in Lage, Umriss, Anordnung, Dichte oder Form von weitgehend normierten Regelbereichen ab.[6]

Größe/Dichte

Ein in Größe und Dichte deutlich nach oben abweichendes Quartier oder Baufeld wirkt beherrschend auf die übrigen kleineren oder weniger dichten Quartiere oder Baufelder. Umgekehrt kann auch ein kleineres oder weniger dichtes Quartier oder Baufeld eine exponierte Stellung im Gesamtentwurf einnehmen.
→ Projekt 7.7

Umriss/Form

Bereiche können auch dann dominant erscheinen, wenn sich ihre Form oder der Umriss des Stadtbaufelds, des Quartiers, klar von den übrigen flächenmäßig gleich großen Elementen der Komposition unterscheiden. Um Beliebigkeit vorzubeugen, sollte die abweichende Form allerdings funktional und inhaltlich begründet sein.
→ Projekt 7.8

Anordnung

Hierarchisch übergeordnete Bereiche können auch aufgrund ihrer Lage und Anordnung betont sein, z. B. am Anfang oder am Ende einer Achse, im Zentrum eines Stadtbaufelds/Quartiers oder als eigenständiger angrenzender Bereich.
→ Projekte 7.9, 7.10

Bezugselement

Zum Ordnen und Zusammenhalten von mehr oder weniger heterogenen Formen, Elementen, Baufeldern oder Quartieren eignen sich lineare, gebogene oder flächige Bezugselemente. Im Städtebau bewährt ist die Achse als lineares Bezugselement. Entlang einer Achse lassen sich ein- oder beidseitig höchst unterschiedliche Elemente aufreihen. Wichtig ist, dass die Achse ausreichend optische Kontinuität aufweist.

Ist die Achse einseitig streng gefasst, so wird diese Seite zu einem Rückgrat, an dem sich andere Elemente aufreihen können. Verstärkt wird dieser Effekt, wenn eine solche Achse sich aus einer gerichteten Fläche entwickelt, die z. B. aus regelmäßig dicht bebauten Baufeldern besteht. Auch Plätze, um die herum sich Baufelder oder Gebäude organisieren, können ein flächiges Bezugselement sein. Generell gilt: „Ist ein Bezugselement flächig [...], braucht es genügend Größe, Kompaktheit und Regelmäßigkeit, um die Elemente seines Bereichs sichtlich zu organisieren, zu umschließen oder um sich zu sammeln.“[7]

Ein historisches Beispiel für das Thema Bezugselement ist das 1883 von dem Verkehrsplaner Arturo Soria y Mata entwickelte Bandstadtmodell, das die Satellitenstädte um Madrid untereinander verbinden sollte. In der „Ciudad Lineal“ sind Siedlungsflächen beidseitig an einem Bezugselement, einer breiten Straße mit integrierter Straßenbahntrasse, angeordnet.
→ Abb. 7.3
→ Projekte 7.11 – 7.13

Wiederholung/Rhythmus

Städtebau kann auch als eine Kunst der Wiederholung und Variation beschrieben werden. Wie in der Musik wird auch im Städtebau ein Thema erst durch Wiederholung erlebbar. Dadurch entsteht ein Rhythmus, der das Stadtgebiet gliedert – ohne dass dabei der Eindruck von Eintönigkeit entsteht. Hier greift das Gesetz der Gleichartigkeit oder der Ähnlichkeit, denn gleiche oder im Aufbau ähnliche Elemente werden eher als zusammengehörig erlebt als einander unähnliche. Auch das Kontrastprinzip kann zur Verstärkung des jeweiligen Themas herangezogen werden, nimmt man beispielsweise die Wiederholung zweier konträrer Elemente wie Bebauung (Stadtbaufeld/Baufeld) und Freiraum (Grünflächen, Plätze, Wasserflächen etc.). Die Wiederholungen sollten aber zahlenmäßig begrenzt oder durch weitere Elemente ergänzt, überlagert oder gestört sein, da ansonsten ein monotones Ergebnis entstehen würde. Günstig sind zahlenmäßig ungerade Wiederholungen: So hat ein Dreier-, Fünfer- oder Siebener-Rhythmus durch seine mittige Symmetrieachse eine ordnende Wirkung; eine Zweier-, Vierer- oder Sechser-Teilung wirkt dagegen meist unausgewogen.[8]
→ Projekte 7.14 – 7.18

Gruppierung

Durch Nähe, Gleichartigkeit oder auch durch einen gemeinsamen Bezug (z. B. einen Platz) schließen sich benachbarte Elemente zu Gruppen zusammen. Gruppen können auch als Sonderfall der Wiederholung betrachtet werden. So kann die Anordnung der Elemente sowohl innerhalb der Gruppe als auch die Wiederholung von ganzen Gruppen einen markanten Rhythmus erzeugen.
→ Projekte 7.19 – 7.22

5
Vgl. Wienands, 1985, S. 106.

6
Hier und im Folgenden vgl. Ching, 1986, S. 332.

7
Ebd., S. 340.

8
Vgl. Wienands, 1985, S. 116–118.

Abb. 7.1 Place de l'Étoile in Paris, Georges-Eugène Haussmann, 1860 (F)

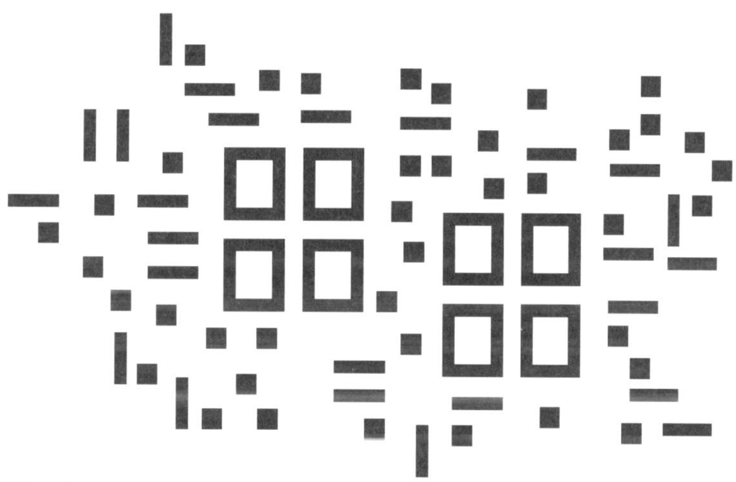

Abb. 7.2 Durch Teilsymmetrien entsteht Ordnung bei gleichzeitiger Freiheit der Gesamtkomposition.

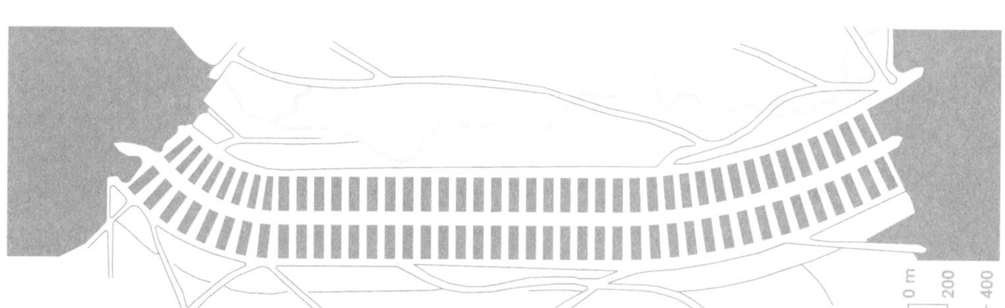

Abb. 7.3 Ciudad lineal, Madrid, Arturo Soria y Mata, 1883 (E)

Die neuen Stadtquartiere reihen sich entlang der axialen U-Bahntrasse auf.

Grünachsen führen in die freie Landschaft

Projekt 7.1	**Europan 10, Tiefes Feld – U-Bahn schafft Stadt** Nürnberg (D) – Wettbewerb
VERFASSER	.spf I Arbeitsgemeinschaft Schönle.Piehler.Finkenberger, Stuttgart/Köln
WEBSITE	www.arge-spf.net, www.hp4.org
AUSZEICHNUNG	Ankauf
JAHR	2010
KATEGORIE	Stadterweiterung – neue Stadtquartiere
THEMA	Anordnung Stadtbaufelder: Achse
TAGS	additives Fügen; Stadtbausteine: Baublock, Zeile, Reihe; Stichstraßen-, Erschließungsbügelnetz; verzahnter Grünraum

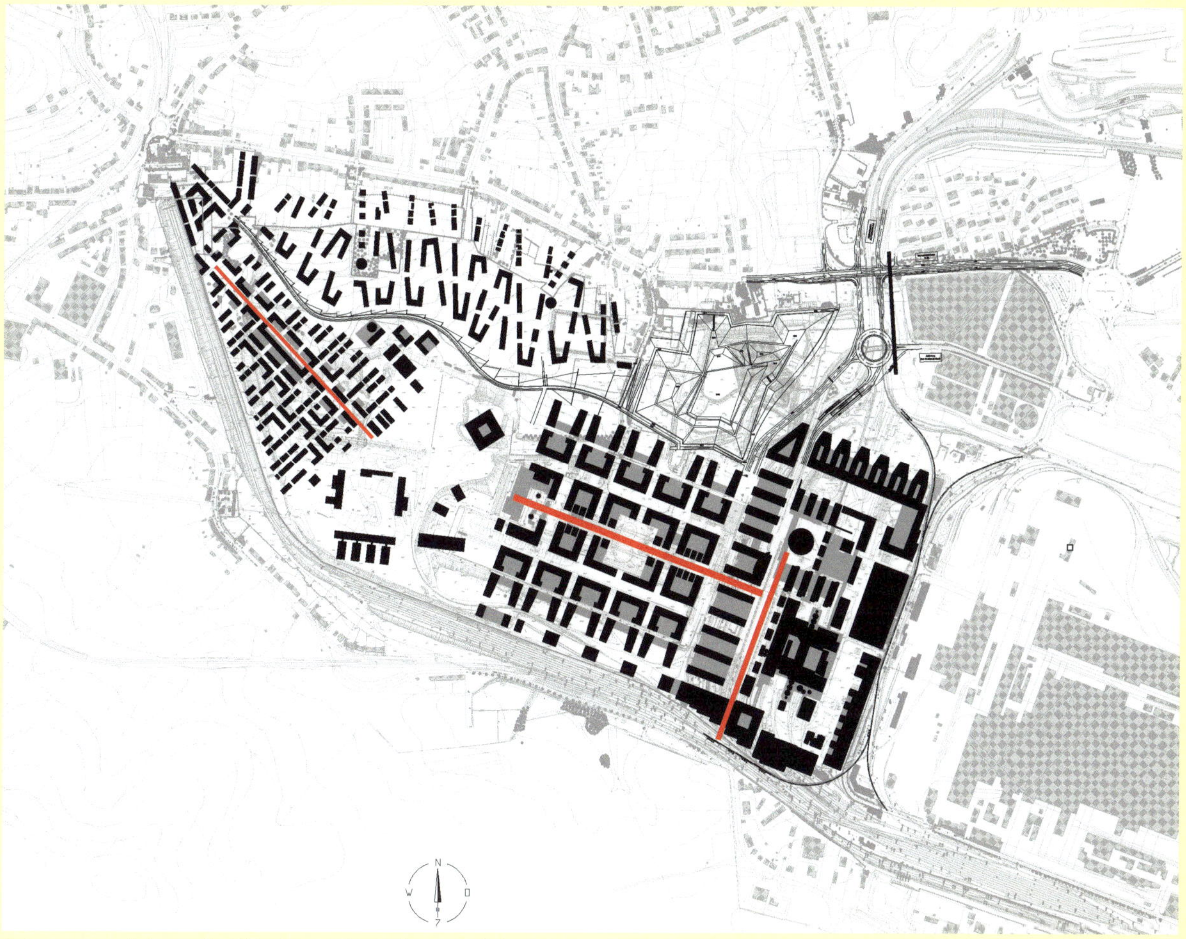

Achsen organisieren drei Stadtquartiere: das westliche Wohnquartier, die Anbindung der „Hochofenterrasse“ an den neuen Bahnhof und die quadratische „Square Mile“, das zentrale Wohn- und Geschäftsviertel.

Gestaltungsplan

Projekt 7.2	**Belval-Quest** Esch-sur-Alzette (L) – Wettbewerb
VERFASSER	Jo Coenen Architects & Urbanists, Rolo Fütterer, Maastricht, mit Buro Lubbers, ’s-Hertogenbosch
WEBSITE	www.jocoenen.com, www.mars-group.eu
AUSZEICHNUNG	1. Preis
JAHR	2002
KATEGORIE	Stadtumbau – Industriekonversion – neuer Stadtteil
THEMA	Anordnung Baufelder: Achse, Symmetrie
TAGS	Prägnanz, Kontrast; Stadtbausteine: geschlossener, aufgelöster Baublock, Reihe, Punkt; Platzbildung durch Fügen und Modellieren; geradliniger, geschwungener Straßenraum

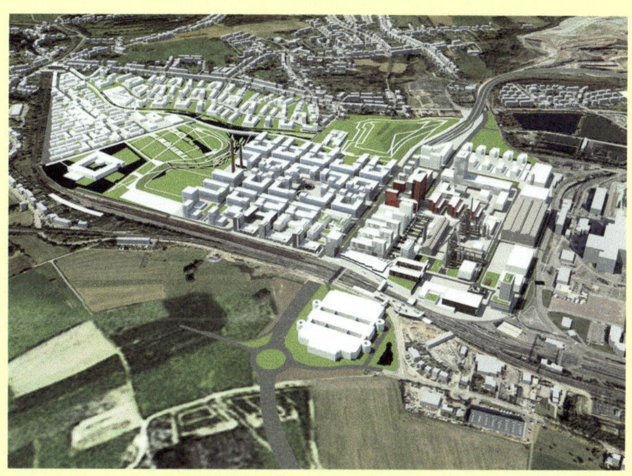

Vogelperspektive

Die publikumsintensiven Bereiche liegen an der Fußgängerachse zwischen Stadt und Fluss.

Blick von der Rachel Carson Bridge

Vogelperspektive

Projekt 7.3	**RiverParc Development** Pittsburgh (US) – Wettbewerb
VERFASSER	Behnisch Architekten, Stuttgart, mit architectsAlliance, Toronto, Gehl Architects, Kopenhagen, WTW architects, Pittsburgh
WEBSITE	www.behnisch.com
AUSZEICHNUNG	1. Preis
JAHR	2006
KATEGORIE	Stadtumbau – Gewerbekonversion – neues Stadtquartier
THEMA	Anordnung Baufelder: Achse
TAGS	additives Fügen; orthogonales, unregelmäßiges Gitter; Darstellung: Perspektive

Perspektive

Der Stadtraum wird in alternierender Anordnung entlang der Bahnachse aufgefädelt, die neuen Randbebauungen leiten sich aus dem Bestand ab.

Projekt 7.4	**Stadtraum Bayerischer Bahnhof** Leipzig (D) – Wettbewerb
VERFASSER	Wessendorf Architektur Städtebau mit Atelier Loidl, Berlin
WEBSITE	www.studio-wessendorf.de, www.atelier-loidl.de
AUSZEICHNUNG	1. Preis
JAHR	2011
KATEGORIE	Stadtumbau – Bahnkonversion – Arrondierung von Stadtquartieren
THEMA	Anordnung Stadtbaufelder: Achse
TAGS	additives Fügen; Stadtbausteine: geschlossener Baublock, Cityblock, Zeile, Punkt; Platzbildung durch Fügen; Darstellung: Perspektive

Kompositorisch betrachtet basiert die ungewöhnliche Form des lang gestreckten Parks auf der Punktspiegelung der Stadtbaufelder um 180 Grad.

Projekt 7.5	**Qingdao Science and Technology City** Quingdao (PRC) – Wettbewerb
VERFASSER	KSP Jürgen Engel Architekten, Berlin/ Braunschweig/Köln/Frankfurt a. M./ München/Peking
WEBSITE	www.ksp-architekten.de
AUSZEICHNUNG	1. Preis
JAHR	2011
KATEGORIE	Stadterweiterung – neue Stadt
THEMA	Anordnung Stadtbaufelder: Symmetrie – Punktsymmetrie
TAGS	Prägnanz; orthogonales Gitter; Stadtbausteine: geschlossener, aufgelöster Baublock, Cityblock, Hof, Zeile, Punkt, Punkthochhaus, Raumstruktur, Mäander, Hybrid; stadtteilbezogener Grün- und Freiraum

Vogelperspektive

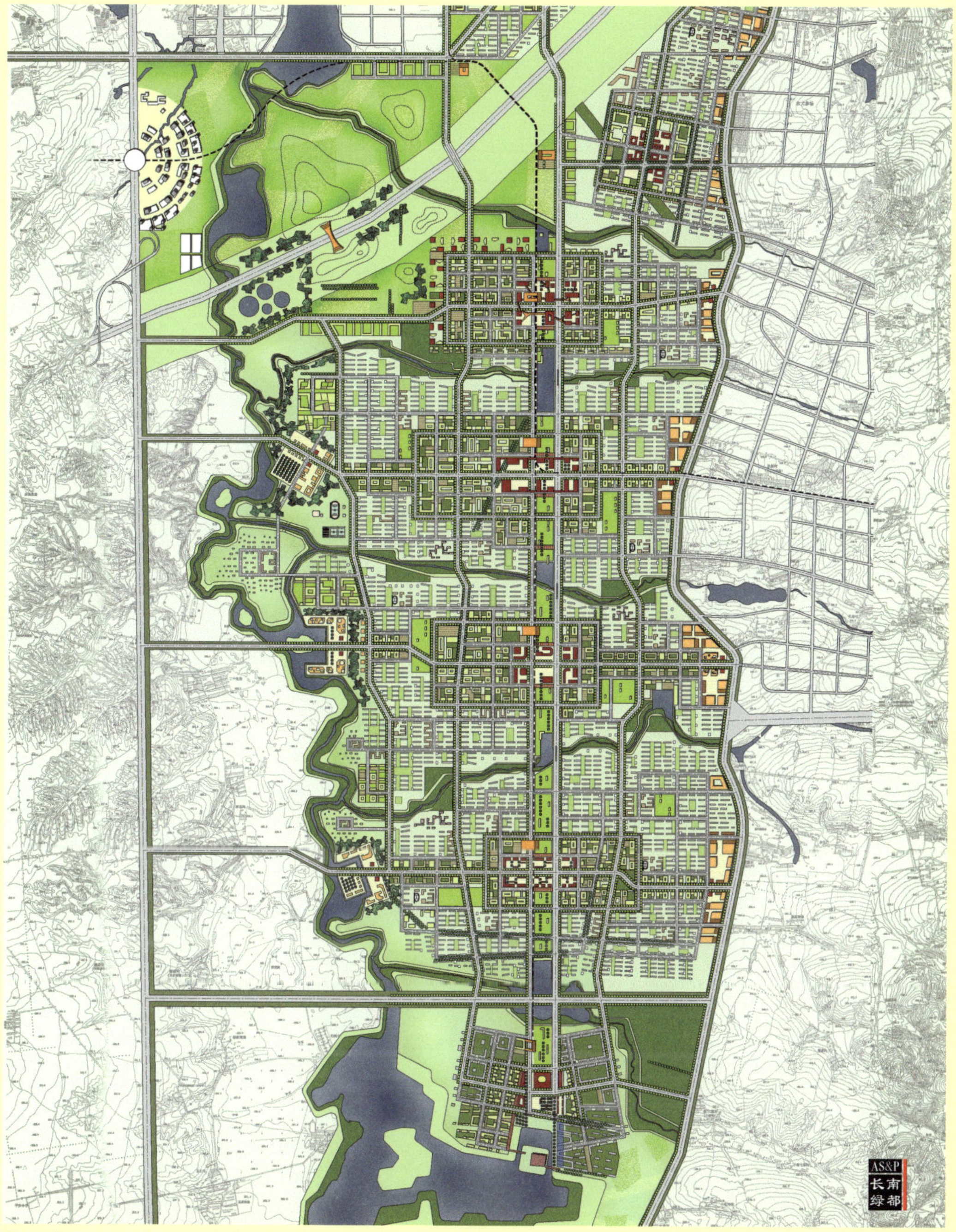

Die prägnanten, in etwa achsensymmetrischen Subzentren ordnen das Gesamtgebiet.

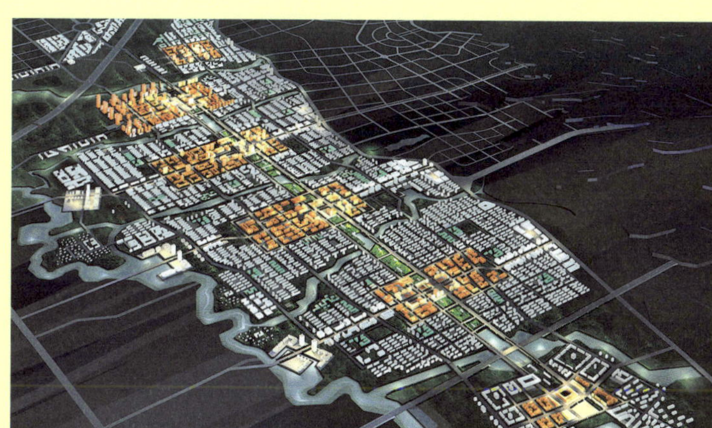

Vogelperspektive

Projekt 7.6	**Changchun JingYue, Ecological City** Changchun (PRC) – Wettbewerb
VERFASSER	AS&P – Albert Speer & Partner, Frankfurt a. M./Shanghai
WEBSITE	www.as-p.de
AUSZEICHNUNG	1. Preis
JAHR	2007
KATEGORIE	Stadterweiterung – neue Stadt
THEMA	Anordnung Stadtbaufelder: Symmetrie – Teilsymmetrie
TAGS	additives und überlagerndes Fügen; Anordnung Stadtbaufelder: Achse, Hierarchie, Bezugselement, Wiederholung/Rhythmus

Der als Auftakt am Grünzug liegende Hochschulkomplex wirkt durch seine Größe und Dichte beherrschend in Bezug auf die übrigen Baufelder.

Projekt 7.7	**Hochschulcampus Lange Lage** Bielefeld (D) – Wettbewerb
VERFASSER	pp a|s pesch partner architekten stadtplaner, Dortmund/Stuttgart, mit Agence Ter, Karlsruhe/Paris
WEBSITE	www.pesch-partner.de
AUSZEICHNUNG	Anerkennung
JAHR	2007
KATEGORIE	Stadterweiterung – neuer Hochschulcampus
THEMA	Anordnung Baufelder: Hierarchie – Größe, Dichte, Anordnung
TAGS	überlagerndes Fügen; baulich gefasster Grünraum

Die hierarchisch höhergestellten Bereiche an den beiden Plätzen heben sich in Größe, Dichte, Umriss und Form von den Regelbereichen ab.

Modell

Projekt 7.8	**Potsdamer Platz/Leipziger Platz** Berlin (D) – Wettbewerb
VERFASSER	HILMER & SATTLER und ALBRECHT, Berlin/München, mit G. und A. Hansjakob, Berlin
WEBSITE	www.h-s-a.de
AUSZEICHNUNG	1. Preis
JAHR	1991
KATEGORIE	Stadtreparatur – Wiederherstellung von Quartieren und Plätzen
THEMA	Anordnung Baufelder: Hierarchie – Größe, Dichte, Form
TAGS	geometrisches Prinzip; Stadtbausteine: Cityblock, Punkthochhaus, Hybrid; Platzbildung durch Fügen und Modellieren

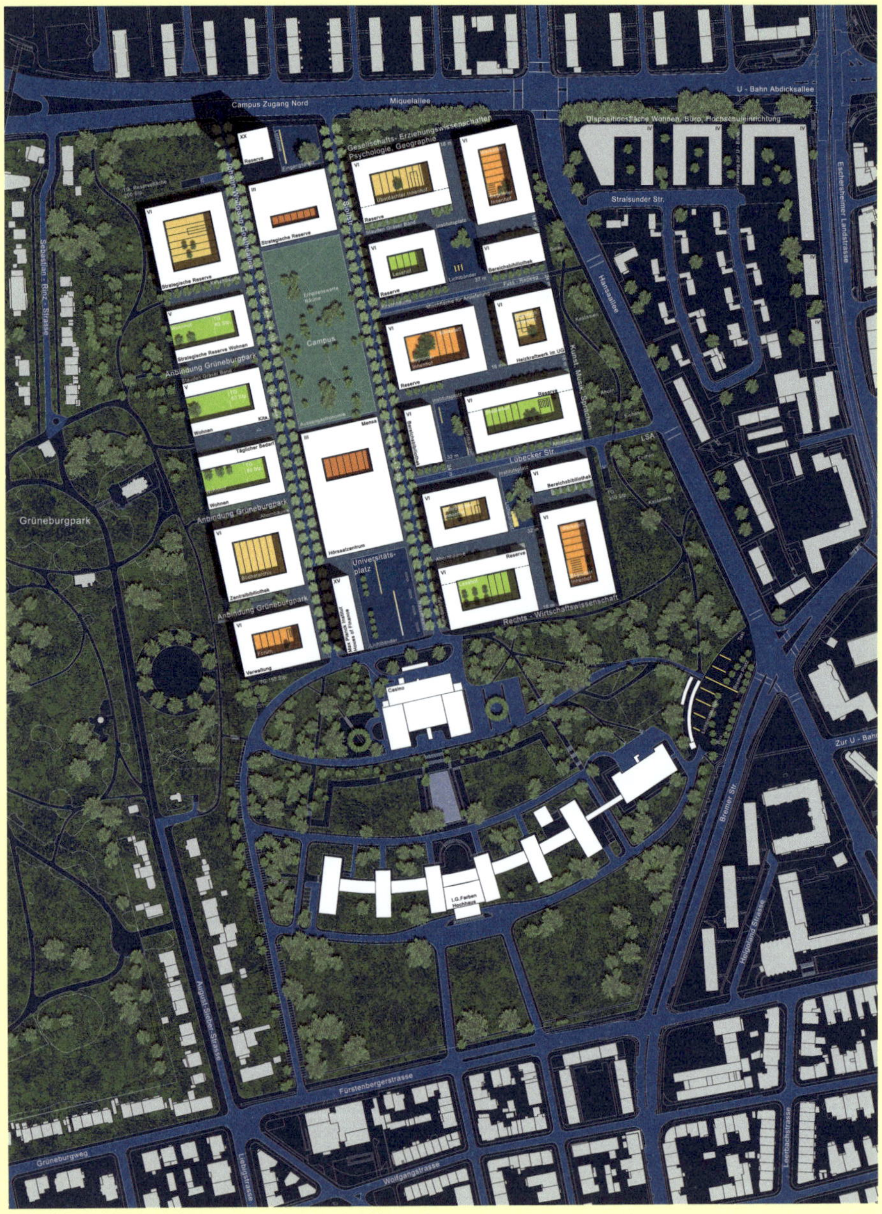

Von der Anordnung kann man auf die hierarchische Stellung der Gebäude schließen.

Projekt 7.9	**Campus Westend der Goethe-Universität** Frankfurt a. M. (D) – Wettbewerb
VERFASSER	JSWD Architekten, Köln, mit KLA – Kiparlandschaftsarchitekten, Duisburg
WEBSITE	www.jswd-architekten.de
AUSZEICHNUNG	Ankauf
JAHR	2003
KATEGORIE	Stadtumbau – Militärkonversion – neuer Hochschulcampus
THEMA	Anordnung Baufelder: Hierarchie – Anordnung
TAGS	Prägnanz; geometrisches Prinzip; divisives Fügen; Stadtbausteine: geschlossener, aufgelöster Baublock, Punkthochhaus; Platzbildung durch Aussparen/Weglassen und Fügen; baulich gefasster/verzahnter Grünraum

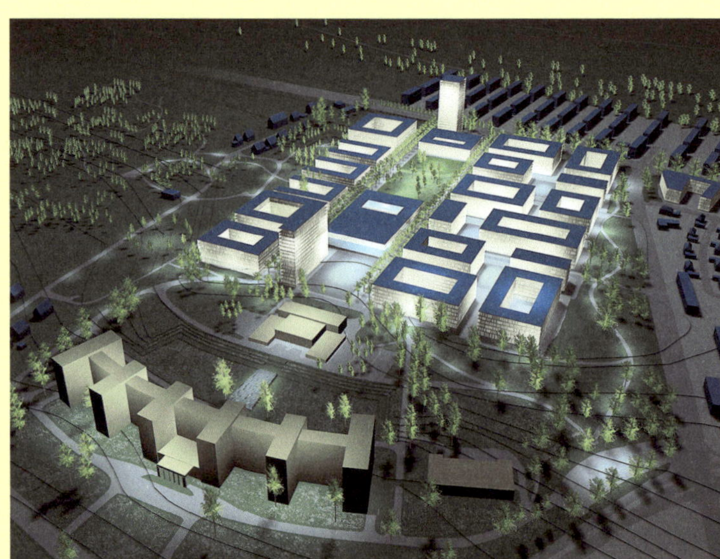

Nachtperspektive

Die hierarchisch übergeordneten Bereiche liegen am Anfang, in der Mitte und am Ende der Achse.

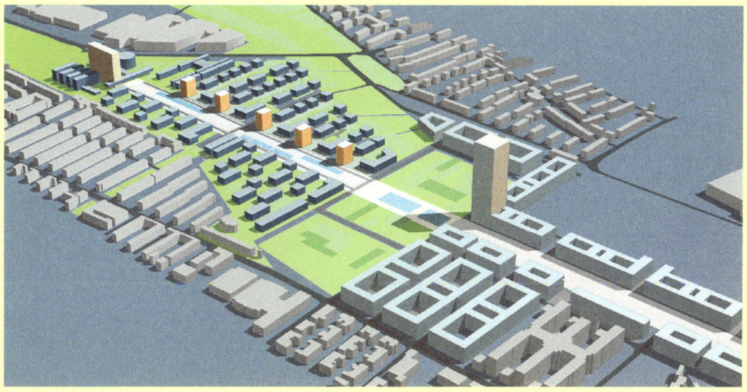

Illustrationen

Projekt 7.10	**Wohnquartier im Europaviertel** Frankfurt a. M. (D) – Wettbewerb
VERFASSER	h4a Gessert + Randecker Architekten mit Glück Landschaftsarchitektur, Stuttgart
WEBSITE	www.h4a-architekten.de
AUSZEICHNUNG	1. Preis
JAHR	2002
KATEGORIE	Stadtumbau – Bahnkonversion – neues Stadtquartier
THEMA	Anordnung Baufelder: Hierarchie – Anordnung
TAGS	additives Fügen; Stadtbausteine: aufgelöster Baublock, Reihe, Zeile/Scheibenhochhaus, Punkt, Punkthochhaus; Anordnung Stadtbaufelder: Achse; verzahnter Grünraum; Darstellung: Perspektive

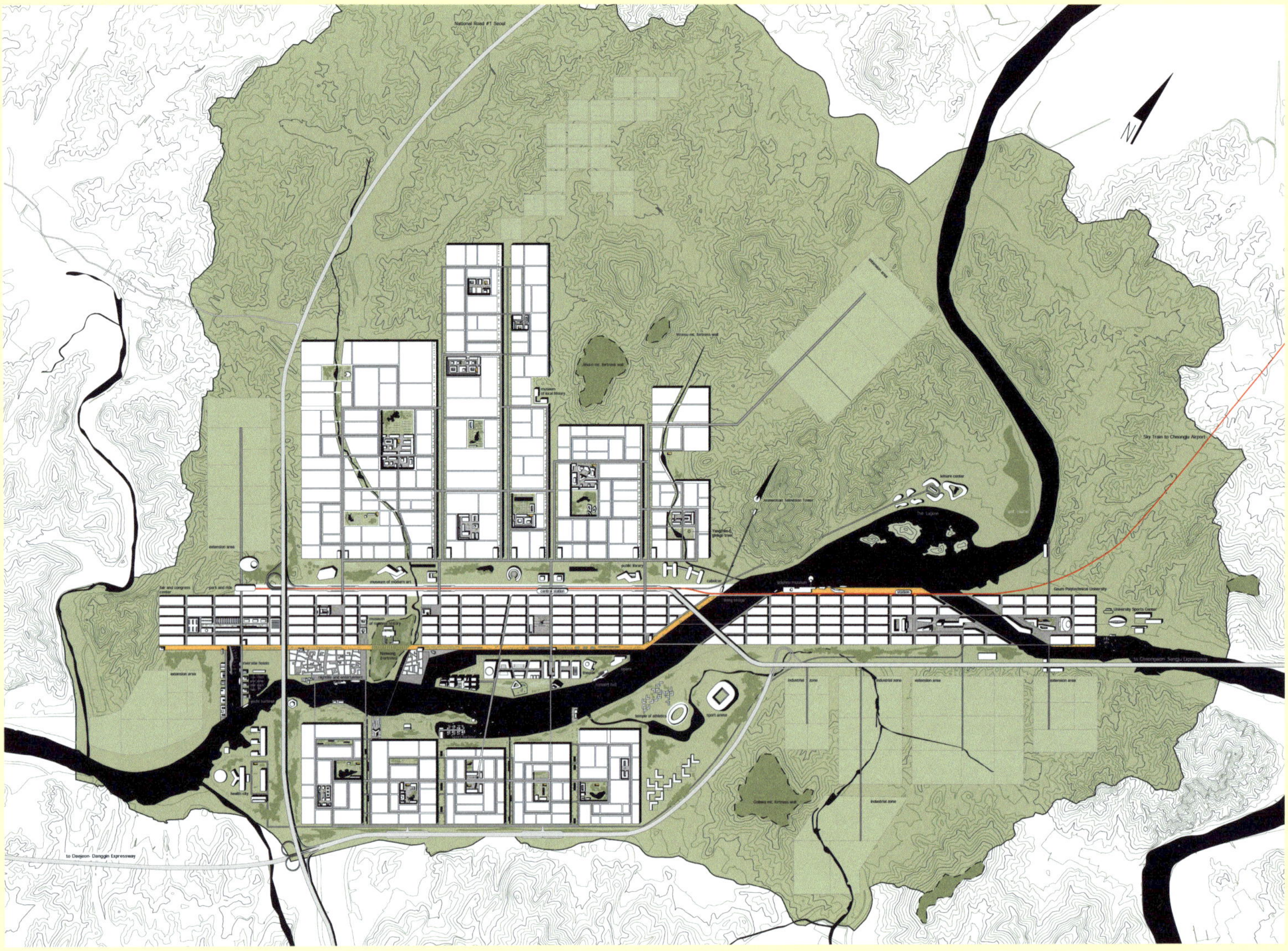

Das bandförmige Stadtgebiet ordnet die außen liegenden Wohngebiete als Bezugselement.

Projekt 7.11	**New Multi-functional Administrative City** Republic of Corea (ROC) – Wettbewerb
VERFASSER	LEHEN drei Architekten Stadtplaner – Feketics, Schenk, Schuster, Stuttgart, mit C. Flury, F. Müller, S. Witulski, Konstanz
WEBSITE	www.lehendrei.de
AUSZEICHNUNG	engere Wahl
JAHR	2005
KATEGORIE	Neue Stadt – neue Entlastungsstadt für Seoul
THEMA	Anordnung Stadtbaufelder: Bezugselement
TAGS	Prägnanz; additives, überlagerndes Fügen; orthogonales Gitter; Anordnung Stadtbaufelder: Bezugselement, Reihung/Rhythmus; Darstellung: Gestaltungsplan

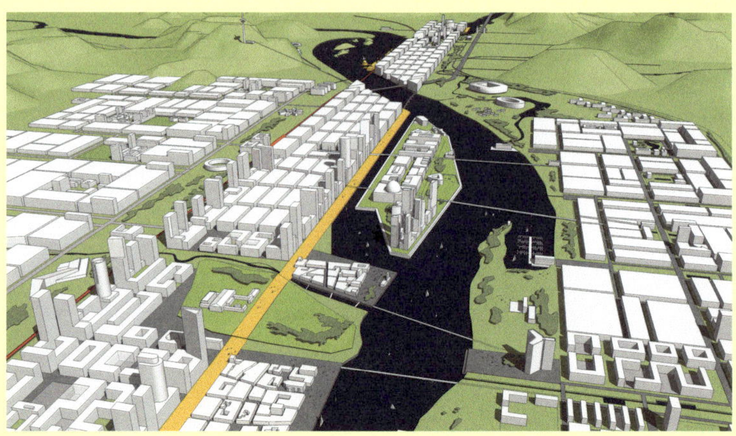

Perspektive

Das entlang der Hauptverkehrsachse streng gefasste Stadtbaufeld bildet ein Rückgrat, an dem sich weitere Stadtbaufelder aufreihen.

Projekt 7.12	**Europacity** Berlin (D) – Wettbewerb
VERFASSER	ASTOC Architects and Planners, Köln, mit KCAP Architects&Planners, Rotterdam/Zürich/Shanghai, und Studio UC, Berlin
WEBSITE	www.astoc.de, www.kcap.eu
AUSZEICHNUNG	1. Preis
JAHR	2008
KATEGORIE	Stadtumbau – Innenentwicklung – neues Stadtquartier für Wohnen und Arbeiten
THEMA	Anordnung Stadtbaufelder: Bezugselement
TAGS	additives Fügen; Stadtbausteine: geschlossener, aufgelöster Baublock, Reihe, Zeile, Hybrid; Erschließungsbügelnetz; Platzbildung durch Fügen und Modellieren; Wohnen am Wasser

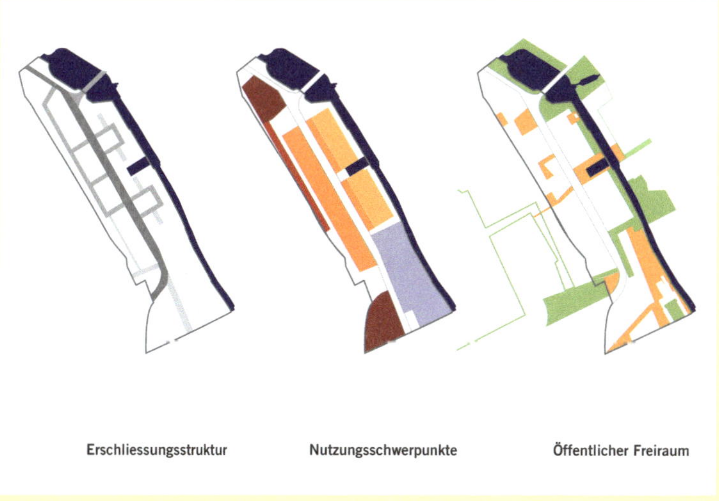

Funktionsdiagamme

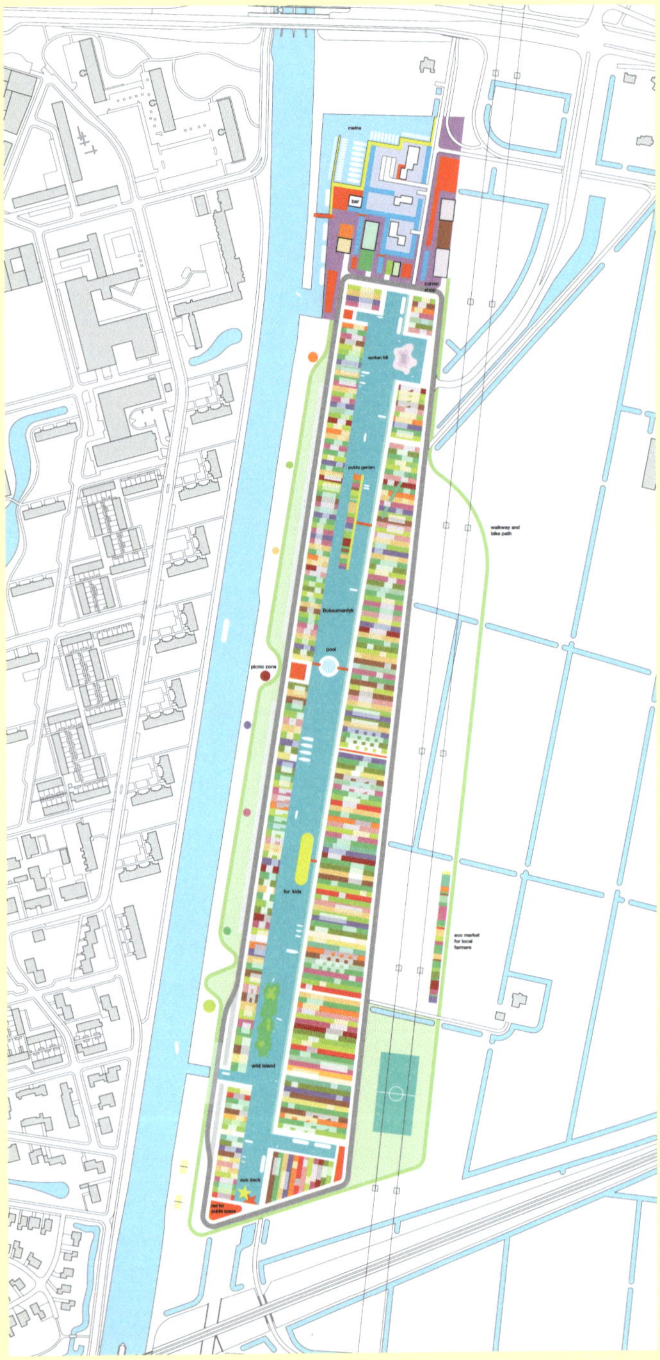

Bezugselement für die individuell bebauten Baufelder ist der neue Kanal neben dem eigentlichen Kanal.

Projekt 7.13	**Europan 11, Central Lake, Kanaalzone** Leeuwarden (NL) – Wettbewerb
VERFASSER	BudCud, Krakau
WEBSITE	www.budcud.org
AUSZEICHNUNG	Anerkennung
JAHR	2012
KATEGORIE	Stadterweiterung – neues Wohnquartier
THEMA	Anordnung Baufelder: Bezugselement
TAGS	additives Fügen; Stadtbausteine: Reihe, Zeile, Punkt, Raumstruktur; quartiersinterner/wohnungsnaher Grün- und Freiraum, Wohnen am Wasser; Darstellung: Diagramme

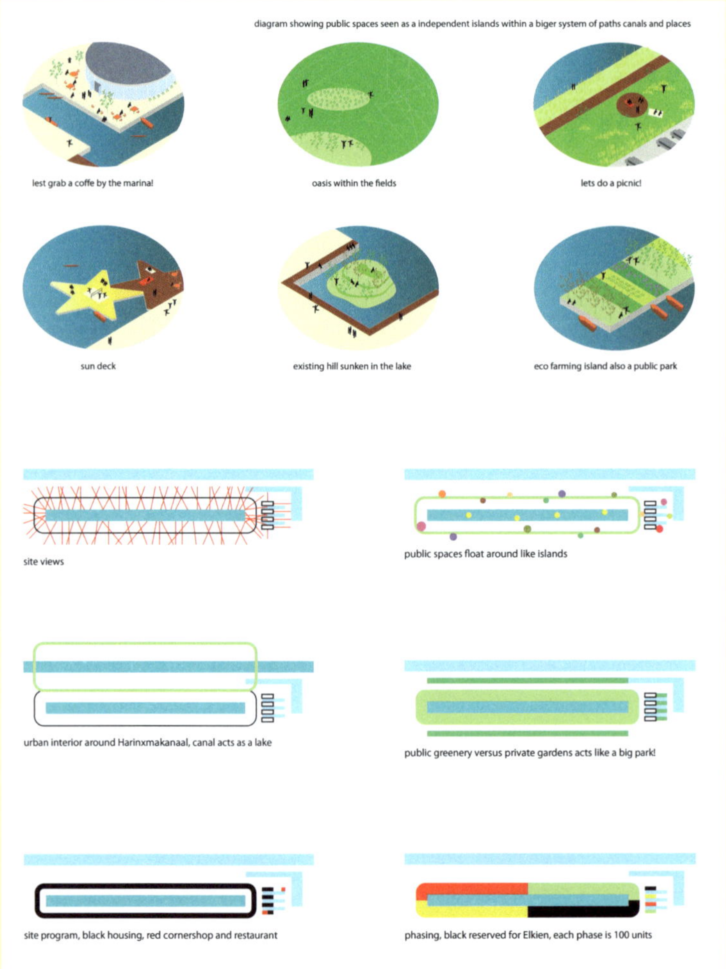

Entwurfsdiagramme

Wie passgenaue Formstücke greifen die nach einheitlichem Prinzip aufgebauten Quartiere an den Grünfügen ineinander.

Modell

Projekt 7.14	**Innerer Westen** Regensburg (D) – Wettbewerb
VERFASSER	Ammann Albers StadtWerke mit Schweingruber Zulauf Landschaftsarchitekten BSLA, Zürich
WEBSITE	www.stadtwerke.ch
AUSZEICHNUNG	1. Preis
JAHR	2011
KATEGORIE	Bahnkonversion – neue Wohnquartiere
THEMA	Anordnung Stadtbaufelder: Wiederholung/Variation/Rhythmus
TAGS	Prägnanz; additives Fügen; Stadtbausteine: aufgelöster Baublock, Zeile, Punkt; Erschließungsbügelnetz; verzahnter Grünraum

Der Rhythmus Stadtbaufeld – Grünfuge – Stadtbaufeld wird durch die Wiederholung von weiteren Gestaltungselementen wie Wassertreppen und Wohntürme verstärkt.

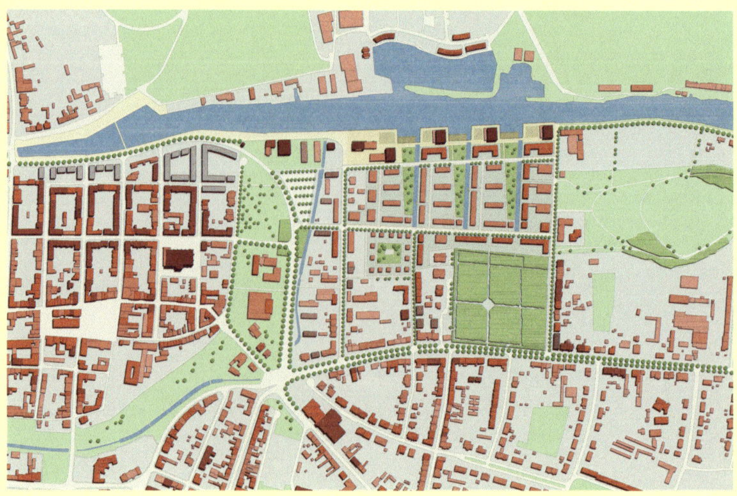

Lageplan

Projekt 7.15	**Neues Wohnen am Ryck** Greifswald (D) – Wettbewerb
VERFASSER	Machleidt GmbH Büro für Städtebau, Berlin
WEBSITE	www.machleidt.de
AUSZEICHNUNG	2. Preis
JAHR	2006
KATEGORIE	Stadterneuerung – Gewerbekonversion – neue Wohnquartiere
THEMA	Anordnung Stadtbaufelder: Wiederholung/ Variation/Rhythmus
TAGS	additives Fügen; Stadtbausteine: aufgelöster Baublock, Reihe, Punkt, Solitär; Platzbildung durch Fügen; Wohnen am Wasser

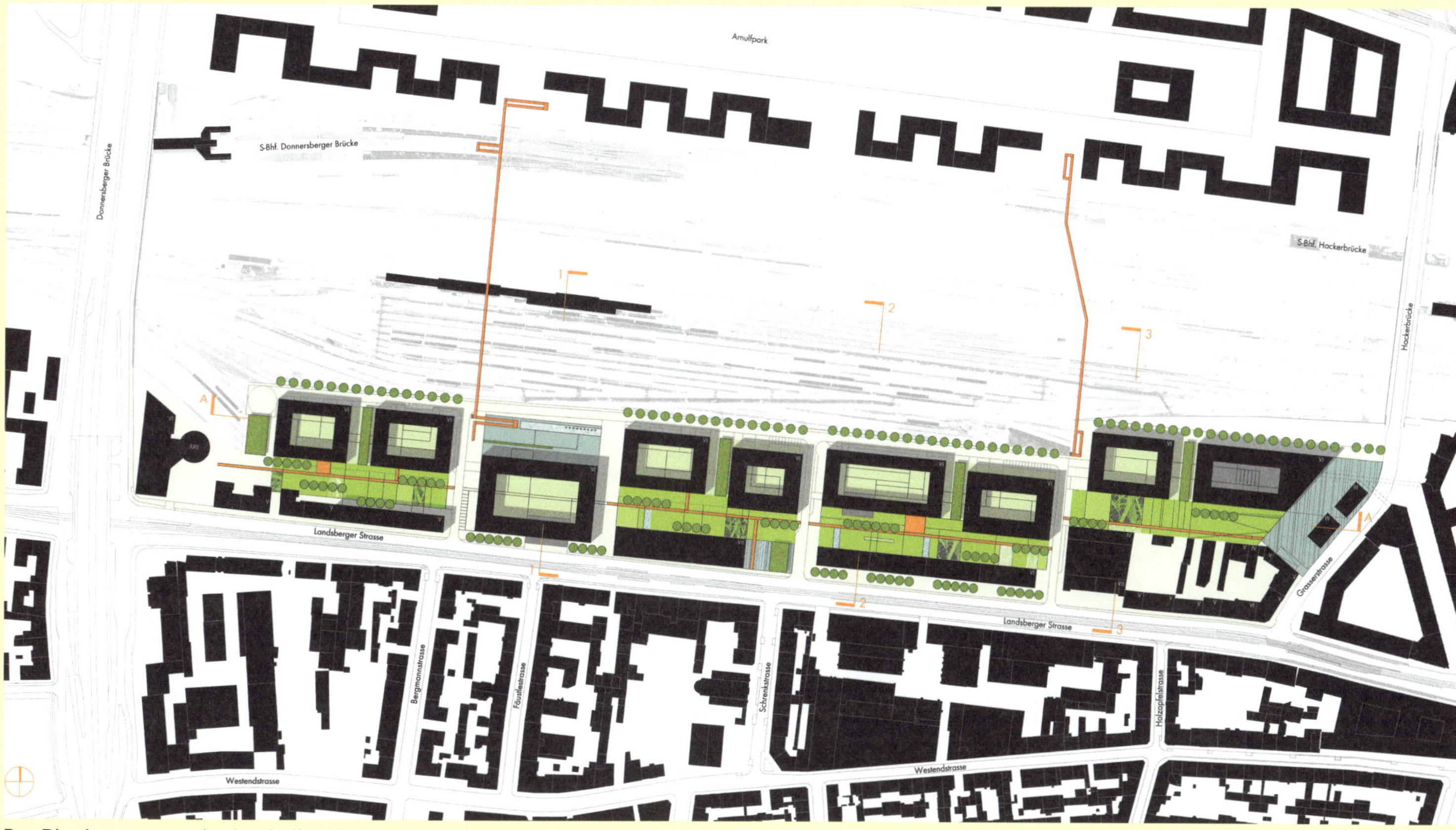

Der Rhythmus entsteht durch die Wiederholung der ähnlich aufgebauten Quartiere, aber auch durch die in der Reihe leicht verspringenden Einzelelemente.

Modell

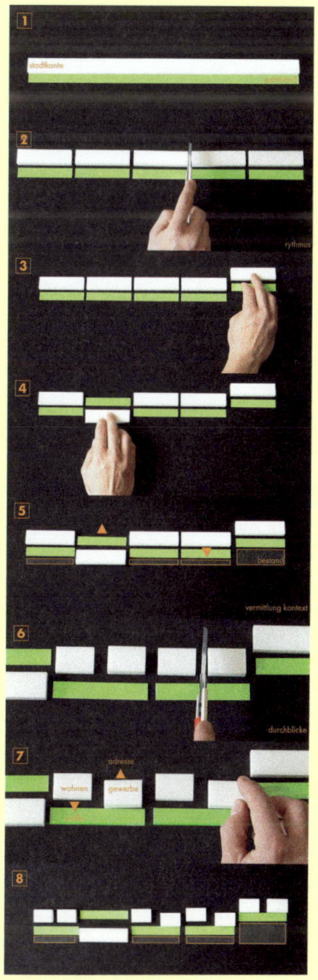

Entwurfsschritte

Projekt 7.16	**Landsberger Straße – Bahnachse Süd** München (D) – Wettbewerb
VERFASSER	Rolf-Harald Erz für SIAT GmbH mit Bartosch Puszkarczyk, München, und EGL GmbH, Landshut
WEBSITE	www.erz-architekten.de
AUSZEICHNUNG	1. Preis
JAHR	2003
KATEGORIE	Stadtumbau – Bahnkonversion – neues Quartier für Wohnen und Arbeiten
THEMA	Anordnung Stadtbaufelder: Wiederholung/ Variation/Rhythmus
TAGS	additives Fügen; Stadtbausteine: geschlossener Baublock, Reihe; Platzbildung durch Fügen; quartiersinterner Grün- und Freiraum; Darstellung: Diagramme

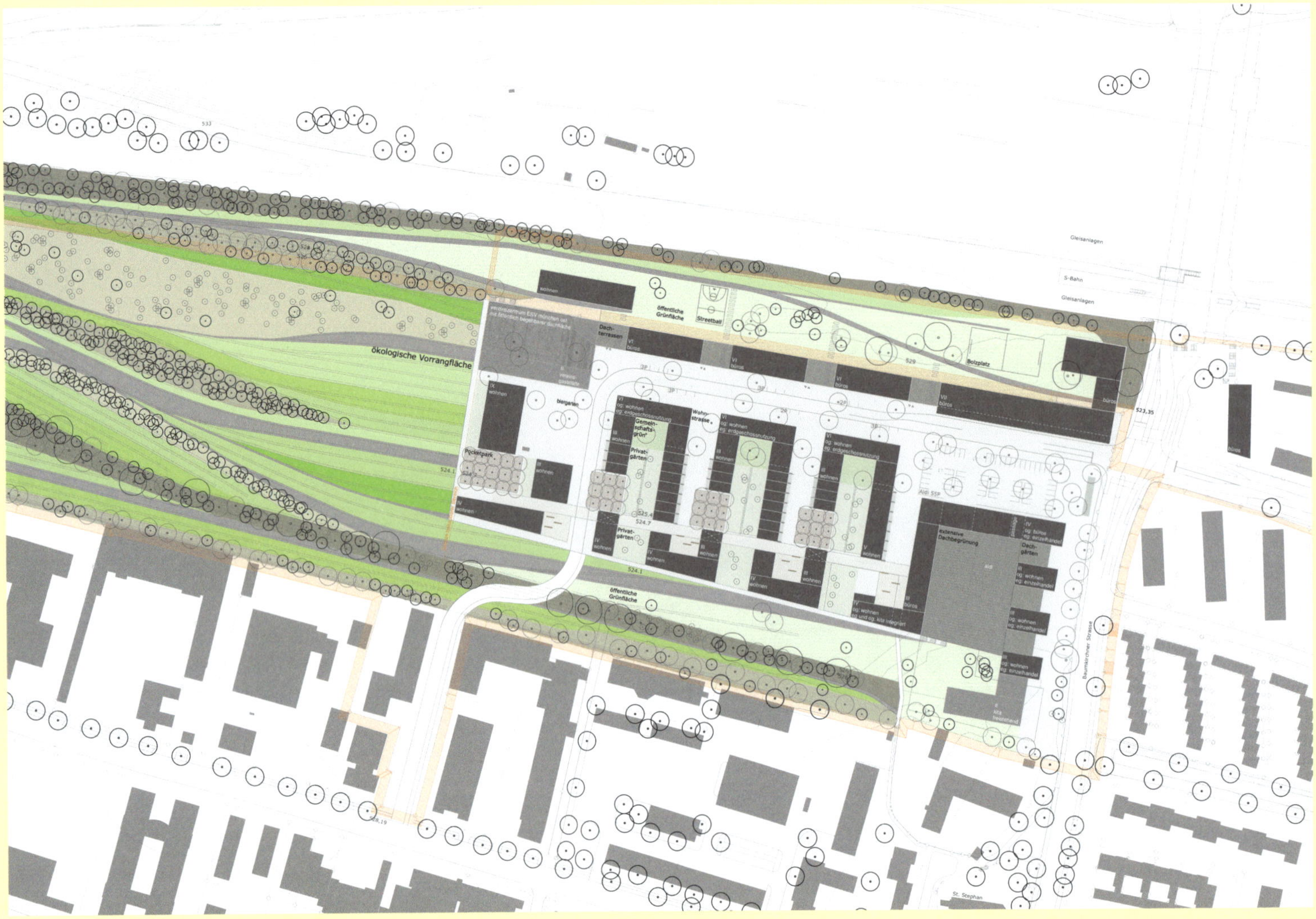

Rhythmus entsteht durch die Wiederholung eines einprägsamen Themas: hier der Raumsequenz aus Erschließungs- und Gartenhof.

Projekt 7.17	**Leben in urbaner Natur** München (D) – Wettbewerb
VERFASSER	Ammann Albers StadtWerke mit Schweingruber Zulauf Landschaftsarchitekten BSLA, Zürich
WEBSITE	www.stadtwerke.ch
AUSZEICHNUNG	1. Preis
JAHR	2010
KATEGORIE	Bahnkonversion – neues Stadtquartier
THEMA	Anordnung Baufelder: Reihung/Wiederholung
TAGS	additives Fügen; Stadtbausteine: aufgelöster Baublock, Hof, Reihe, Hochhaus, Mäander; Platzbildung durch Fügen; wohnungsnaher Grün- und Freiraum

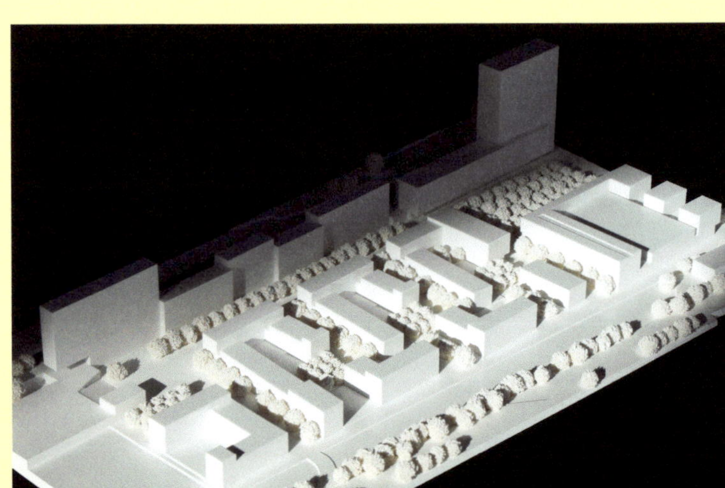

Modell

Die Wiederholung der Quartierparks rhythmisiert die Fläche.

Freiflächendiagramm

Projekt 7.18	**Freiham Nord – Schwerpunkt Stadtteilzentrum** München (D) – Wettbewerb
VERFASSER	MORPHO-LOGIC Architektur und Stadtplanung mit t17 Landschaftsarchitekten, München
WEBSITE	www.morpho-logic.de
AUSZEICHNUNG	3. Preis
JAHR	2011
KATEGORIE	Stadterweiterung – neues Stadtteilzentrum
THEMA	Anordnung Baufelder: Wiederholung/ Rhythmus
TAGS	additives Fügen; Stadtbausteine: geschlossener, aufgelöster Baublock, Punkt/Punkthochhaus, Hybrid; Platzbildung durch Fügen; quartiersinterner Grün- und Freiraum

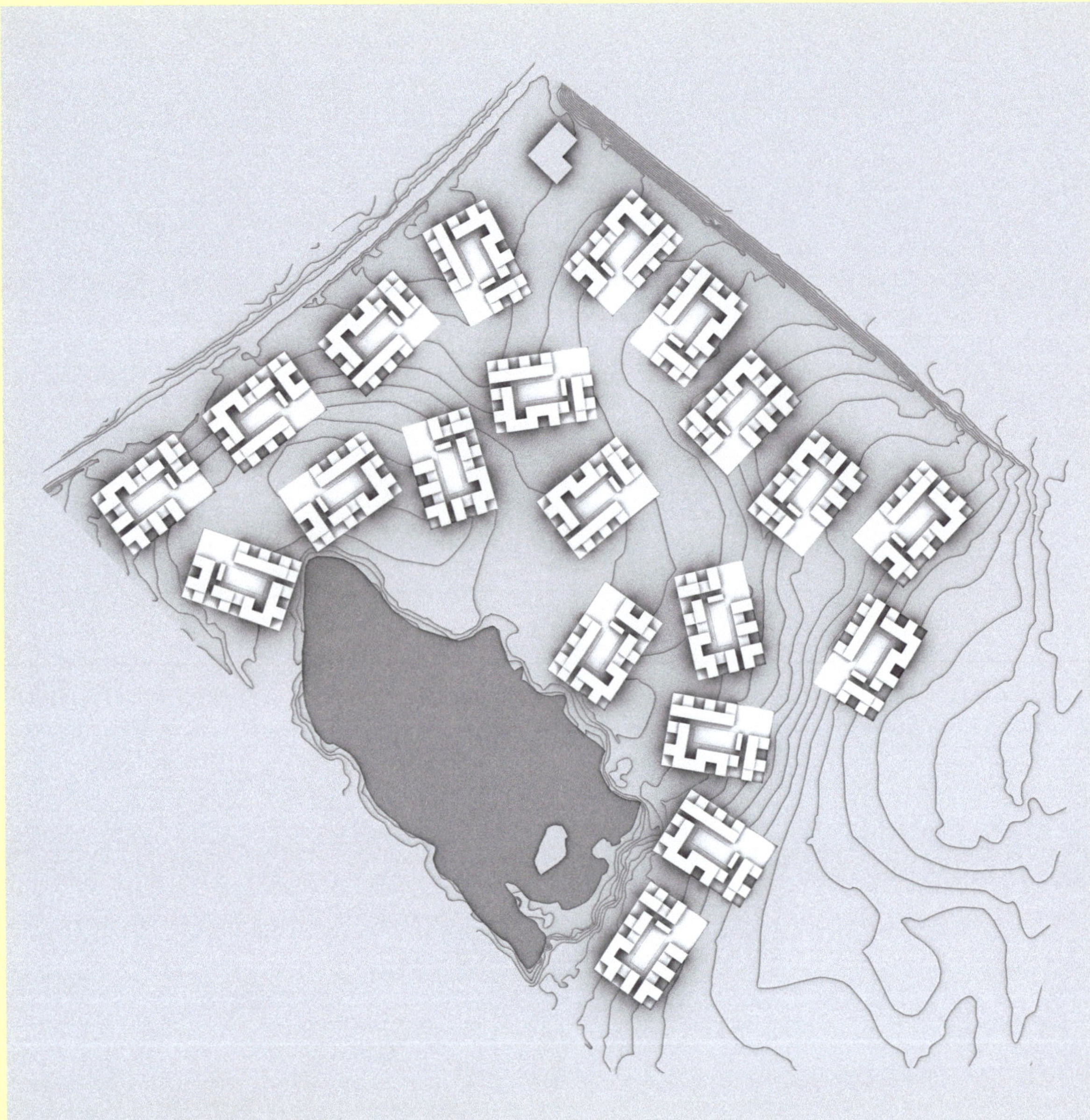

Gleichartige Elemente ergeben einheitlichere Gruppen als ungleichartige.

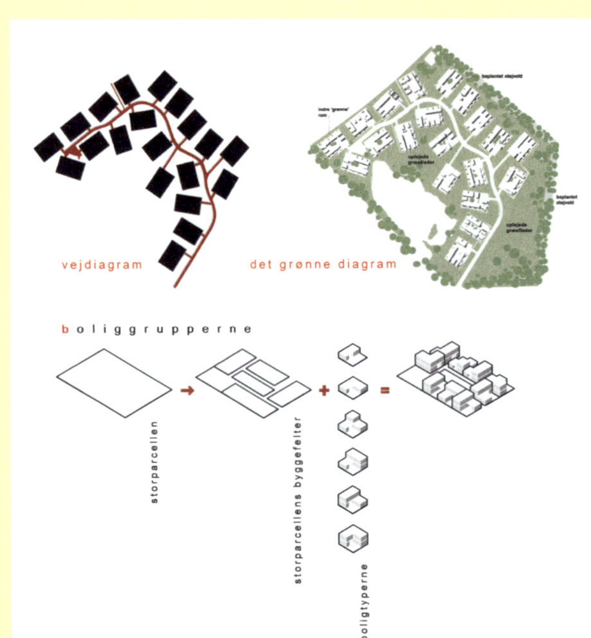

Diagramme

Projekt 7.19	**Kostengünstige Wohnsiedlung** Helsingør-Kvistgård (DK) – Wettbewerb
VERFASSER	Tegnestuen Vandkunsten, Kopenhagen
WEBSITE	www.vandkunsten.com
AUSZEICHNUNG	1. Preis
JAHR	2004
KATEGORIE	Stadterweiterung – neues Wohnquartier
THEMA	Anordnung Baufelder: Gruppierung
TAGS	additives Fügen; Stadtbausteine: Hof, Reihe, Raumstruktur; Stichstraßennetz; fließender Grünraum

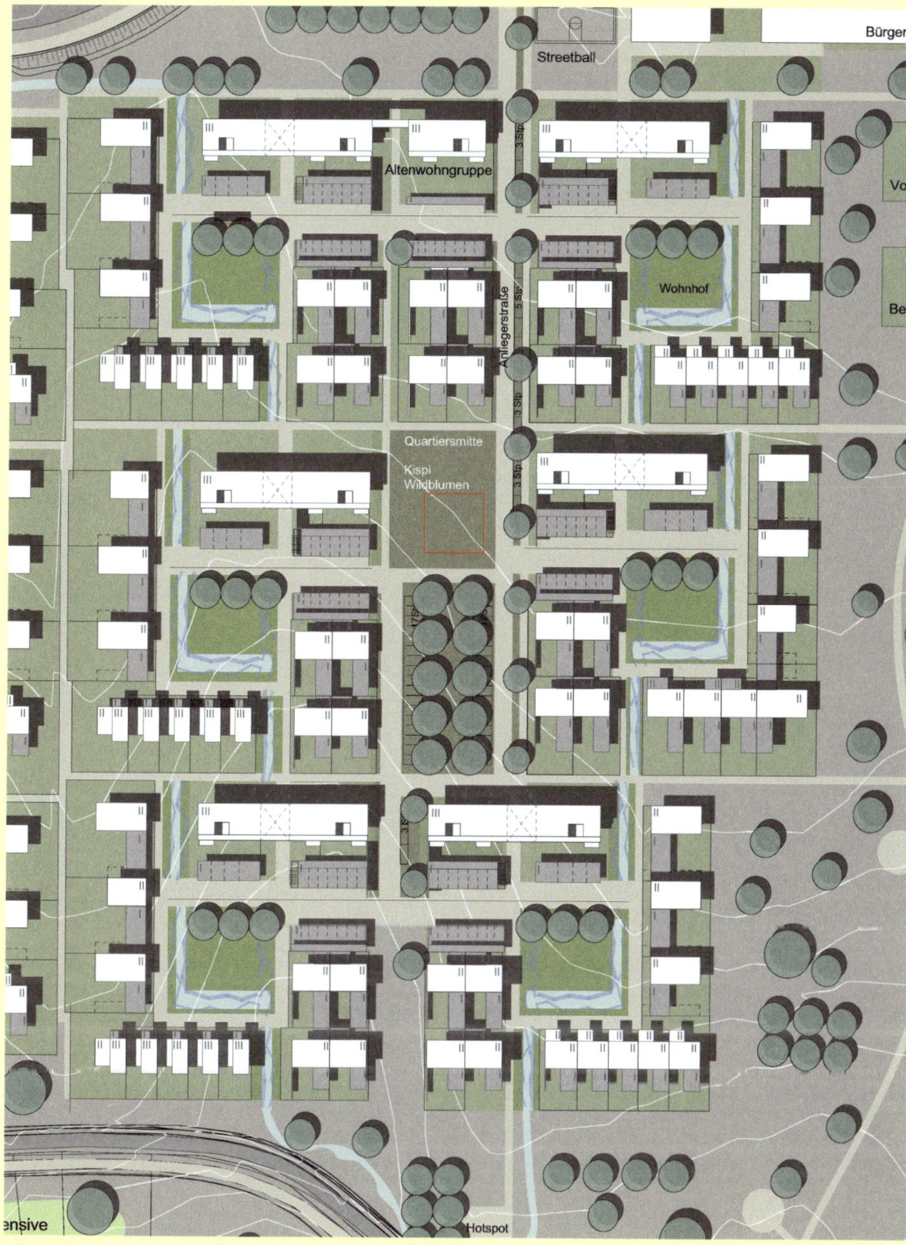

Die Baufelder gruppieren sich um ein flächiges Bezugselement, den Quartiersplatz.

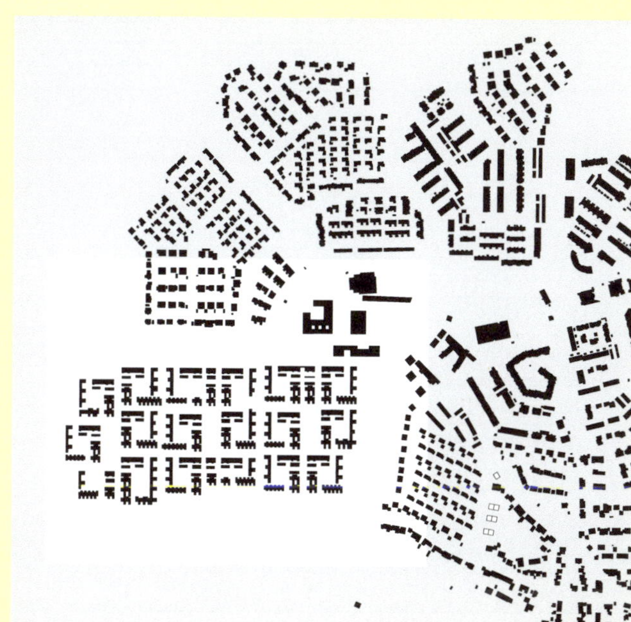

Schwarzplan

Projekt 7.20	**Wohnquartier und Landschaftspark** Erlangen (D) – Wettbewerb
VERFASSER	Franke + Messmer, Emskirchen, mit Rößner und Waldmann, Erlangen, und E. Tautorat, Fürth
WEBSITE	www.architekten-franke-messmer.de
AUSZEICHNUNG	2. Preis
JAHR	2009
KATEGORIE	Stadterweiterung – neue Wohnquartiere
THEMA	Anordnung Baufelder: Gruppierung
TAGS	Tiefe (Durchdringung der gestalterischen Idee)

Gruppierung von Baufeldern auf einem autofreien Stadtbaufeld mit Quartiersplatz. Im Entwurf wird das Siedlungsmuster wiederholt und dabei variiert.

Axonometrie

Projekt 7.21	**Siemens-Areal Isar-Süd** München (D) – Wettbewerb
VERFASSER	JSWD Architekten mit Lill + Sparla, Köln
WEBSITE	www.jswd-architekten.de
AUSZEICHNUNG	1. Preis
JAHR	2002
KATEGORIE	Stadtumbau – Weiterentwicklung eines Gewerbestandorts – neues Stadtquartier
THEMA	Anordnung Baufelder: Gruppierung
TAGS	Solitär

Der Raum zwischen den kompakten Stadtbaufeldern wird zum Stadtraum.

Projekt 7.22	**Schlösserareal und Schlachthofgelände** Düsseldorf (D) – Wettbewerb
VERFASSER	buddenberg architekten, Düsseldorf, mit FSWLA Landschaftsarchitektur, Düsseldorf/Köln
WEBSITE	www.buddenberg-architekten.de
AUSZEICHNUNG	3. Rang
JAHR	2006
KATEGORIE	Stadtumbau – Gewerbekonversion – neues Stadtquartier
THEMA	Anordnung Stadtbaufelder: Gruppierung
TAGS	additives Fügen; Stadtbausteine: aufgelöster Baublock, Reihe, Zeile; Platzbildung durch Fügen

Perspektive

7.2 Ordnungsprinzipien von Stadtbausteinen im Baufeld

Bei der Anordnung von Stadtbausteinen auf einem Baufeld müssen zunächst Fragen zur Bedeutung des jeweiligen Baufelds im Entwurf beantwortet werden: Welche Stellung nimmt es im Gesamtentwurf ein und in welchem Kontext steht es zu den benachbarten Baufeldern? Erst nach der Klärung dieser Randbedingungen stellt sich sinnvollerweise die Frage, welche Stadtbausteine geeignet sind. So liegen in einem innerstädtischen Kontext geschlossene Baublöcke nahe, in einem Siedlungskontext werden dagegen eher Reihen, Zeilen und Punkte Verwendung finden.

Die innere Logik der gewählten Stadtbausteine hinsichtlich Funktionsweise, Ausrichtung und Erschließung ist einerseits klar definiert, andererseits hat der Entwerfer aber auch Freiheiten: Beispielsweise ist der Baublock per se in sich abgeschlossen und bildet allein durch die umlaufenden Straßen eine Erschließungseinheit. Dennoch bieten sich auch hier kontextbezogene Differenzierungsmöglichkeiten, z. B. durch Öffnungen im Blockrand oder die Konzentration von Baumasse an bestimmten Stellen.

Die Prinzipien, nach denen Stadtbausteine auf Baufeldern geordnet werden können, sind mit den bereits geschilderten Ordnungsprinzipien eng verwandt: Auch hier spielen additives und divisives Fügen, Achse, Symmetrie, Hierarchie, Bezugselement, Wiederholung, Reihung, Rhythmus und Gruppierung eine große Rolle. Darüber hinaus ist auch den gesetzlich vorgeschriebenen Abstandsregeln Rechnung zu tragen, die von Land zu Land und Staat zu Staat verschieden sein können.

Achse und Symmetrie

Durch die Anordnung der Stadtbausteine entlang einer Achse kann dem Baufeld eine klare Richtung gegeben werden. Sind die Stadtbausteine symmetrisch auf dem Baufeld angeordnet, wirkt das Baufeld in sich ruhend, während eine asymmetrische Anordnung die Richtung dynamisiert.
→ **Projekt 7.23**

Hierarchie

Hierarchisch höhergestellte Bereiche heben sich von Regelbereichen ab.[9] Dies ist beim Baufeld insbesondere dann der Fall, wenn es an einer Schnittstelle zwischen unterschiedlichen Nutzungen oder Nutzungsintensitäten liegt: Entsprechend kann z. B. eine ungleiche oder akzentuierte Verteilung der Baumassen in einem Teil den anderen Teilen der Bebauung hierarchisch übergeordnet sein, beispielsweise wenn das Baufeld auf eine Platzsituation hin ausgerichtet ist. Eine Hierarchisierung der Stadtbausteine im Baufeld kann auch aus unterschiedlich belasteten, angrenzenden Erschließungsstraßen resultieren oder durch die Lage des Baufeldes im Übergang zu einem Grünraum. → **Projekt 7.24**

Bezugselement

Ein Baufeld kann nur in speziellen Fällen, z. B. auf der Entwurfsebene des Stadtbaufelds, und auch nur bei entsprechender Größe und hinreichend dominanter Bebauung selbst zu einem Bezugselement werden. Ohne Weiteres kann es aber Teil oder Rand eines linearen oder flächigen Bezugselements sein, nämlich dann, wenn die Auswahl und Anordnung der Stadtbausteine die Ausbildung des Bezugselements inhaltlich, funktional und formal unterstützt:

– als Teil eines zentral gelegenen Bereichs im Quartier, Stadtbaufeld oder Stadtkörper;
– als Rand einer zentral gelegenen Grünfläche oder eines Platzes;
– als Teil einer durch Baufelder gefassten Achse;
– als Teil eines Rückgrats in Form einer gerichteten Fläche aus regelmäßig bebauten Feldern.
→ **Projekt 7.25**

Wiederholung, Reihung, Rhythmus

Wie zuvor ausgeführt, erfordert jedes Thema eine gewisse Anzahl an Wiederholungen, damit es als solches erkennbar wird. Dies geschieht im Städtebau durch die Wiederholung von gleichen oder ähnlichen Elementen in den verschiedenen Maßstabsebenen des Entwurfs: Wiederholungen von Quartieren im Gesamtentwurf, von Baufeldern im Quartier und von Stadtbausteinen im Baufeld. Dabei kann die Wiederholung von Stadtbausteinen im Baufeld „sortenrein" sein, sie muss aber nicht. Häufig sind es bis zu drei unterschiedliche, aber sich wiederholende Elemente, die sich zu einem Baufeld zusammenschließen. Durch die Wiederholung der Stadtbausteine entsteht ein Rhythmus von Bebauung und Freiflächen, der das Baufeld gliedert. Die Elemente werden in der Regel gereiht oder stehen im Winkel zueinander. Ausschlaggebend für die jeweilige Anordnung sind die Entwurfsziele des Planers, wie Stärkung des öffentlichen Raums, Optimierung von Belichtung und Besonnung, Schaffung von vielfältigen Wohnangeboten, von Gemeinschafts- und Privatbereichen oder einer größeren Grünfläche, zu der sich die private Gartenzonen zusammenschließen.
→ **Projekte 7.26, 7.27**

Gruppierung

Unter einer Gruppe versteht man auf der Ebene des Baufelds eine Gebäudekomposition, die weniger von äußeren Randbedingungen als durch innere Anziehungskräfte geprägt ist.[10] Im Gegensatz zur Reihung oder bloßen Wiederholung steht bei Gruppen der Gemeinschaftsgedanke im Vordergrund: Die Stadtbausteine sind z. B. um einen Gemeinschaftsbereich gruppiert, der zugleich Erschließungs- oder Gartenhof sein kann.
→ **Projekte 7.28, 7.29**

9
Siehe auch Hierarchie S. 142, Projekte 7.7 – 7.10

10
Vgl. Thorsten Bürklin, Michael Peterek: *Stadtbausteine*, Basel/Boston/Berlin 2008, S. 59.

Der achsensymmetrische Baublock öffnet sich zum Wasser.

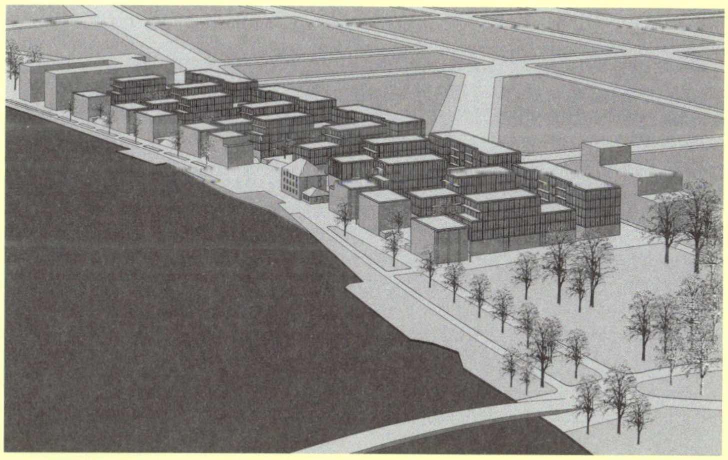

Vogelperspektive

Projekt 7.23	**Herosé – Stadt am Seerhein** Konstanz (D) – Wettbewerb
VERFASSER	KLAUS THEO BRENNER STADTARCHITEKTUR mit Pola Landschaftsarchitekten, Berlin
WEBSITE	www.klaustheobrenner.de
AUSZEICHNUNG	1. Preis
JAHR	2002
KATEGORIE	Stadtumbau – Industriekonversion – neues Stadtquartier
THEMA	Anordnung Stadtbausteine im Baufeld – Achse/Symmetrie
TAGS	additives Fügen; verkipptes Gitter; Stadtbausteine: geöffneter Baublock; Anordnung Stadtbaufelder: Reihung/Wiederholung/Rhythmus; verzahnter Grünraum

Gestaltungsplan

Projekt 7.24	**Südstadt** Tübingen (D) – Wettbewerb
VERFASSER	LEHEN drei – Feketics, Kortner, Schenk, Schuster, Wiehl, Stuttgart
WEBSITE	www.lehendrei.de
AUSZEICHNUNG	1. Preis
JAHR	1992
KATEGORIE	Stadtumbau – Militärkonversion – neue Stadtquartiere
THEMA	Anordnung Stadtbausteine im Baufeld – Hierarchie
TAGS	Prägnanz; additives Fügen; orthogonales Gitter; Stadtbausteine: geschlossener, aufgelöster Baublock, Reihe, Punkt; Anordnung Stadtbaufelder: Achse; Platzbildung durch Fügen und Modellieren

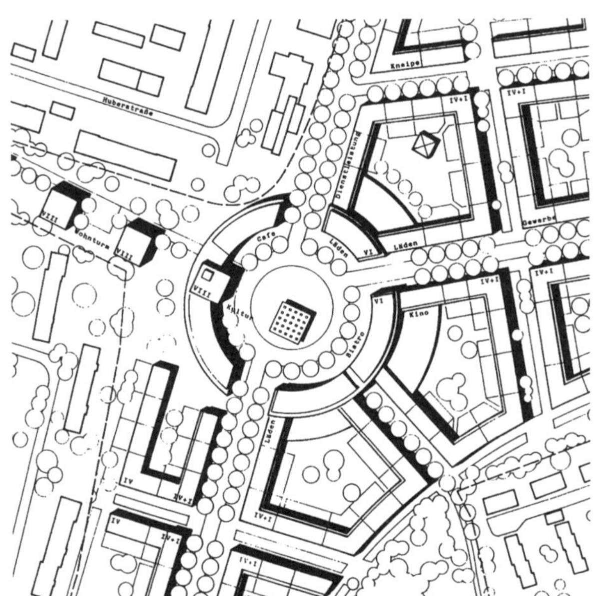

Die hierarchisch höhergestellten und dichteren Bereiche im Baufeld liegen am Platz.

Gestaltungsplan und Schnitt

Die Baufelder sind Teil der einseitigen Fassung einer Achse; entsprechend sind die Stadtbausteine ausgerichtet: straßenbegleitend an der Achse und geöffnet zum Grünraum.

Projekt 7.25	**Quartier Vauban** Freiburg i. Br. (D) – Wettbewerb
VERFASSER	Kohlhoff Architekten, Stuttgart
AUSZEICHNUNG	1. Preis
JAHR	1994
KATEGORIE	Stadtumbau – Militärkonversion – neues Stadtquartier
THEMA	Anordnung Stadtbausteine im Baufeld – Bezugselement
TAGS	additives Fügen; Stadtbausteine: Reihe, Zeile, Punkt; Anordnung Stadtbaufelder: Achse, Reihung/Wiederholung/Rhythmus; verzahnter Grünraum

Die Wiederholung von Freiraum und Bebauung rhythmisiert die Baufelder.

Projekt 7.26	**Theresienhöhe** München (D) – Wettbewerb
VERFASSER	Steidle + Partner Architekten, München, mit Thomanek + Duquesnoy Landschaftsarchitekten, Berlin
WEBSITE	www.steidle-architekten.de
AUSZEICHNUNG	1. Preis
JAHR	1997
KATEGORIE	Stadtumbau – Messekonversion – neues Stadtquartier
THEMA	Anordnung Stadtbausteine im Baufeld – Reihung/Wiederholung/Rhythmus
TAGS	additives Fügen; orthogonales Gitter; Stadtbausteine: geschlossener Baublock, aufgelöster Baublock, Cityblock, Reihe, Zeile, Punkt, Hybrid; Platzbildung durch Fügen

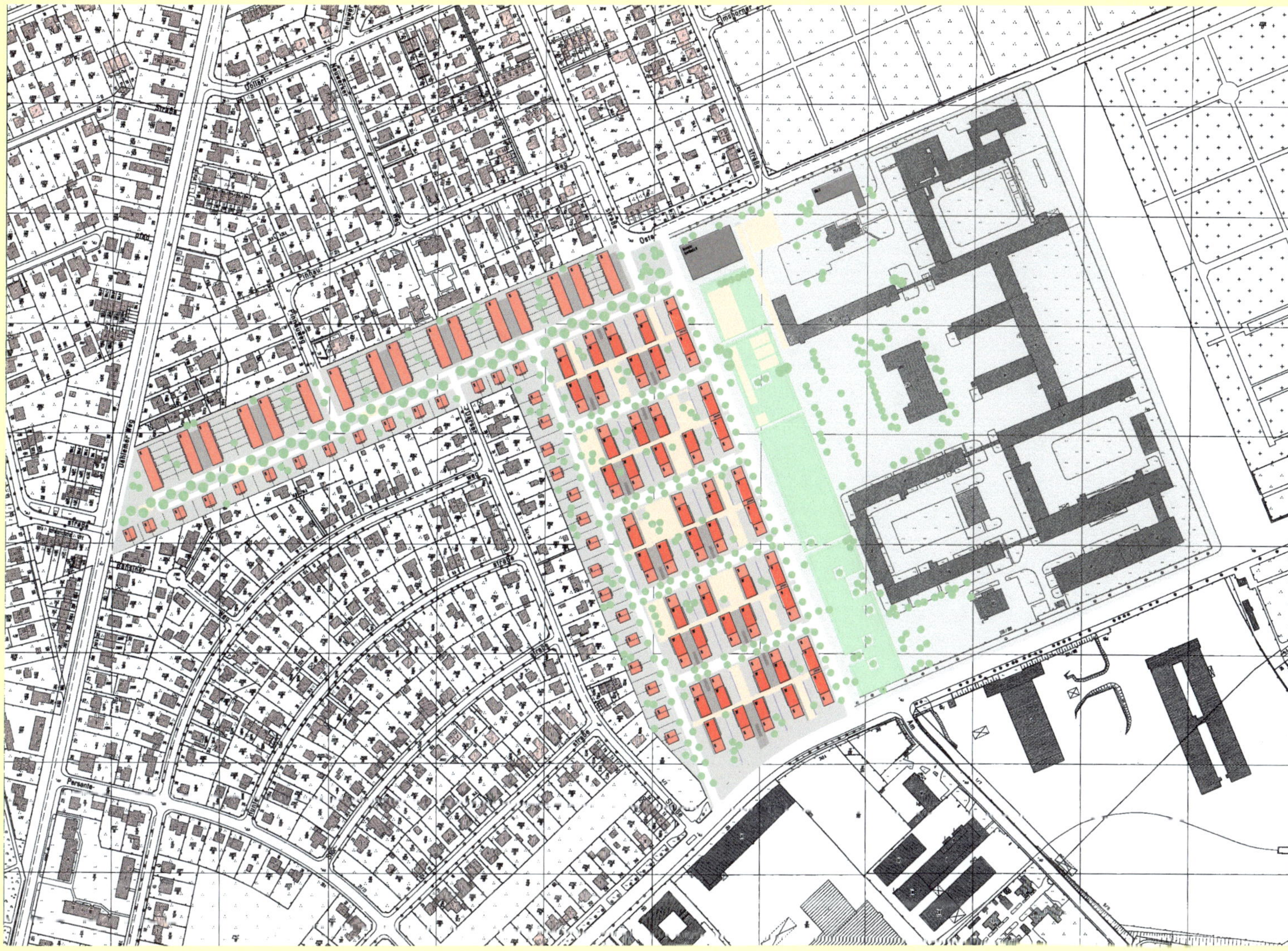

Die unterschiedlichen Abstände zwischen den Zeilen bewirken einen abwechslungsreichen Rhythmus von Bebauung, Erschließungs-, Garten- und Platzbereichen.

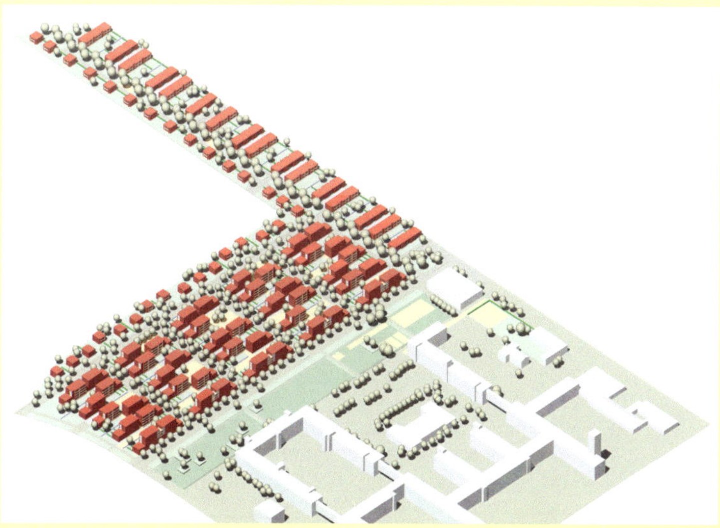

Axonometrie

Projekt 7.27	**Wohnungsbau für Bundesbedienstete** Berlin-Steglitz (D) – Wettbewerb
VERFASSER	Geier, Maass, Staab mit Ariane Röntz, Berlin
WEBSITE	www.geier-maass-architekten.de
AUSZEICHNUNG	5. Preis
JAHR	1996
KATEGORIE	Stadtumbau – Militärkonversion – neues Wohnquartier
THEMA	Anordnung Stadtbausteine im Baufeld – Reihung/Wiederholung/Rhythmus
TAGS	additives Fügen; orthogonales Gitter; Stadtbausteine: Zeile, Punkt; Platzbildung durch Aussparen/Weglassen und Fügen

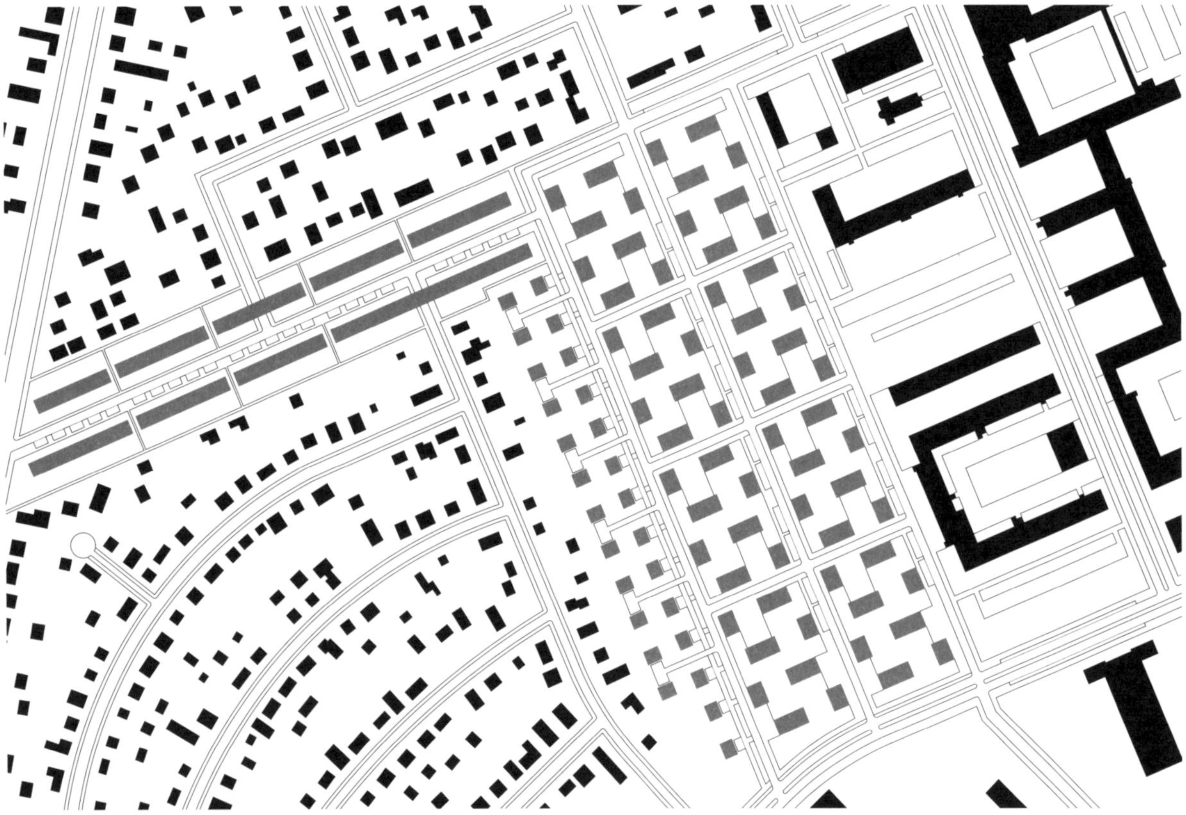

Jeweils vier punktförmige Stadtbausteine gruppieren sich um gemeinsame Freiflächen.

Modell

Projekt 7.28	**Wohnungsbau für Bundesbedienstete** Berlin-Steglitz (D) – Wettbewerb
VERFASSER	ENS Architekten mit Norbert Müggenburg, Berlin
WEBSITE	www.eckertnegwersuselbeek.de
AUSZEICHNUNG	1. Preis
JAHR	1996
KATEGORIE	Stadtumbau – Militärkonversion – neues Wohnquartier
THEMA	Anordnung Stadtbausteine im Baufeld – Gruppierung
TAGS	additives Fügen; orthogonales Gitter; Stadtbausteine: Reihe, Zeile, Punkt; Platzbildung durch Fügen

Ausschnitt aus dem leicht veränderten realisierten Entwurf

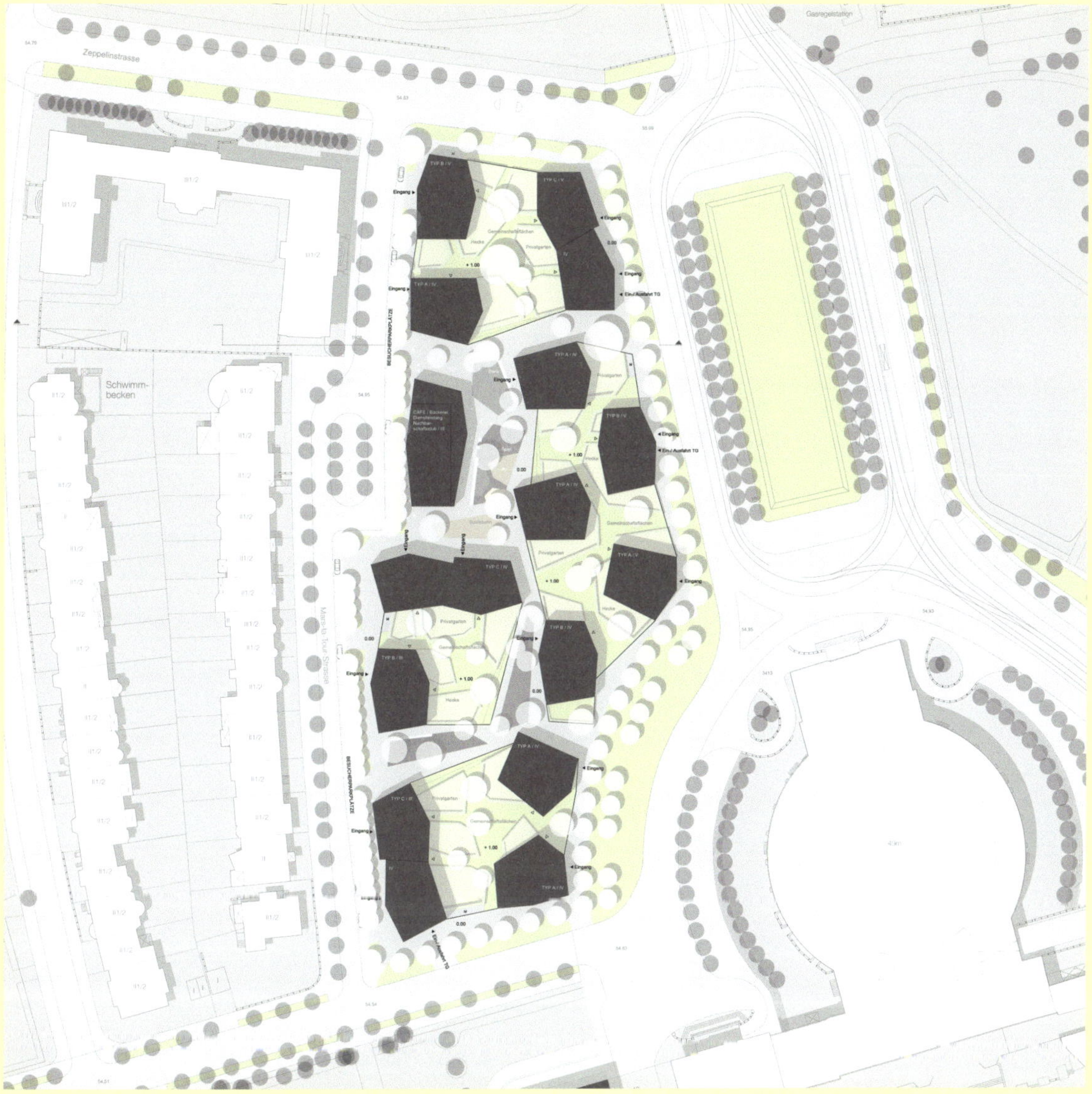

Gruppierung von punktförmigen Stadtbausteinen auf verschieden großen Baufeldern. Die durchgehende Sockelzone stärkt den Zusammenhalt der Gruppe.

Projekt 7.29	**Mars-la-Tour-Straße** Hannover (D) – Wettbewerb
VERFASSER	Marazzi + Paul Architekten, Zürich, mit Koeber Landschaftsarchitektur, Stuttgart
WEBSITE	www.marazzi-paul.com
AUSZEICHNUNG	1. Preis
JAHR	2008
KATEGORIE	Innenentwicklung – Wohnquartier auf ehemaligem Parkplatz
THEMA	Anordnung Stadtbausteine im Baufeld – Gruppierung
TAGS	additives Fügen; unregelmäßiges Gitter; Stadtbausteine: aufgelöster Baublock, Punkt; amorpher Straßenraum

Perspektive

8 Erschließungssysteme

8.1 Vollständige Erschließungsnetze
8.2 Unvollständige Erschließungsnetze
8.3 Kombinationen

8 Erschließungssysteme

Das Bedürfnis nach Mobilität ist heute höher denn je, und nie zuvor konnten und wollten sich so viele Menschen individuelle Mobilität auch leisten. Dauerte es in der mittelalterlichen Stadt gerade einmal zehn Minuten, um zu Fuß von Stadttor zu Stadttor zu gelangen, so sind die heutigen Wegstrecken viel länger und die Mobilitätsarten vielfältiger. Zunehmende Pendler- und Warenströme verursachen zahlreiche Probleme, die sich auf der Ebene des Globalmaßstabs im Landverbrauch und in der Verknappung der Energiereserven längst zeigen. Im städtischen Maßstab sind sie in einer zunehmenden Lärm- und Emissionsbelastung sowie in einer Auflösung der räumlichen Struktur unserer Städte zu spüren.

Verkehrsströme werden in Erschließungsnetzen gebündelt, wobei die Netzfunktionen immer spezialisierter werden, je mehr Verkehr zu bewältigen ist. Entsprechend lassen sich Erschließungsnetze hierarchisch gliedern in solche, die überwiegend dem überörtlichen Verkehr dienen (Autobahnen, Fern- und Schnellverkehrsstraßen, innerörtliche Transitwege wie Hauptverkehrsstraßen), und solche, die vorwiegend der Quartiers- und Grundstückserschließung dienen (Sammelstraßen innerorts, Nebenerschließungs- und Anliegerstraßen, verkehrsberuhigte Bereiche, eigenständige Rad- und Fußwegeverbindungen).

Das Verkehrskonzept ist ein wesentlicher Teil des städtebaulichen Entwurfs. Versuchten die Planer der Moderne, die Stadt in Funktionsbereiche wie Arbeiten, Wohnen, Freizeit und Verkehr aufzuteilen und dabei die Bebauung weitestgehend vom Verkehr zu trennen, geht heute die Tendenz dahin, wo immer möglich Nutzung, Bebauung und Erschließung wieder zusammenzubringen. Folge der Trennung war die Auflösung des öffentlichen Stadtraums und, damit einhergehend, die Gesichtslosigkeit moderner Städte.

Erschließungssysteme sind im Nachhinein nur mit größtem Aufwand veränderbar. Während Gebäude in der Regel eine beschränkte Lebensdauer haben, Nutzungen sich ändern, Grundstücke geteilt oder zusammengelegt werden können, sind Straßensysteme wegen ihrer integrierten aufwendigen Stadttechnik wie Ver- und Entsorgungsleitungen von bleibender Dauer.

Unterscheiden lassen sich vollständige und unvollständige Erschließungsnetze.

8.1 Vollständige Erschließungsnetze

Vollständige Erschließungsnetze zeichnen sich dadurch aus, dass alle Netzknoten untereinander in Verbindung stehen und jeder Punkt über mehrere Wege innerhalb des Netzes erreichbar ist, ohne dass dabei eine Straße wiederholt benutzt werden muss. Das Netz ist in sich nicht abgeschlossen, sondern bleibt offen für Erweiterungen. Seine Maschenweite ist abhängig von der Dichte und Art der Bebauung. Sobald Netze eine Mindestgröße erreicht haben, ist eine Hierarchisierung von ausgewählten Verbindungen, z. B. zur Ausbildung von Hauptstraßen, notwendig.[1]

Das vollständige, gleichmäßige und rechtwinklige Netz hat sich im Städtebau in Form des Rechteckrasters in vielfacher Hinsicht bewährt: Die Landverteilung ist einfach und gerecht zu bewerkstelligen, alle Grundstücke liegen bei angemessen gewählter Maschenweite quasi automatisch direkt an einer Straße, und Ergänzungen wie auch Erweiterungen können nach Bedarf vorgenommen werden. Die Mehrheit der geplanten Städte – von Milet bis Brasília – basiert genau aus diesem Grund auf einem orthogonalen Straßenraster.

Rasterstädte gelten gemeinhin als monoton. Gezielt gesetzte Betonungen oder Störungen der Netzstruktur sind ein verlässliches Mittel, um dieser Gefahr entgegenzuwirken: Baufelder können für spezielle Nutzungen zusammengefasst oder für Platz- und Grünflächen ausgespart werden; eingeschnittene Diagonalen ermöglichen es, auf kurzem Weg weit voneinander entfernte Teilbereiche untereinander zu verbinden. Störungen innerhalb eines vollständigen Netzes sind so lange unproblematisch, wie sie als Abweichung von der Regel erkennbar bleiben und nicht selbst zum Normalfall werden.

Aber auch unregelmäßige, nicht-geometrische Netze können zur Gruppe der vollständigen Netze gehören, wenn sie den oben genannten Merkmalen entsprechen. Vollständige Netze gibt es schiefwinklig verdreht, topografisch bedingt geschwungen oder gedehnt beziehungsweise auf komplexeren Geometrien basierend, wie z. B. Dreiecks- oder Hexagonalgitter.[2]
→ **Projekt 8.1**

1
Hier und im Folgenden vgl. Curdes, 1997, S. 43 ff.

2
Siehe auch Weitere geometrische Prinzipien S. 46.

Das Stadtquartier im Park hat ein vollständiges Erschließungsnetz, in dem alle Netzknoten untereinander in Verbindung stehen können.

Projekt 8.1	**Rosensteinviertel** Stuttgart (D) – Wettbewerb
VERFASSER	pp a|s pesch partner architekten stadtplaner, Dortmund/Stuttgart, mit Agence Ter, Karlsruhe/Paris
WEBSITE	www.pesch-partner.de
AUSZEICHNUNG	1. Preis
JAHR	2005
KATEGORIE	Stadtumbau – Bahnkonversion – neuer Stadtteil
THEMA	vollständiges Erschließungsnetz
TAGS	Prägnanz; orthogonales, regelmäßiges Gitter; Stadtbausteine: geschlossener Baublock, Punkt; Anordnung Stadtbaufelder: Reihung/Rhythmus; Platzbildung durch Fügen; verzahnter Grünraum

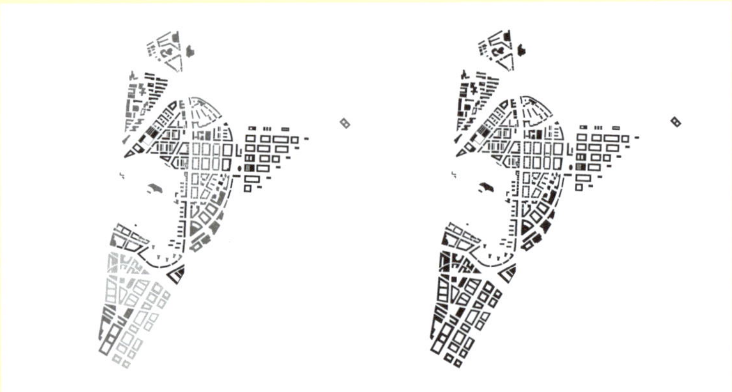

Baumassenplan mit und ohne Differenzierung des Bestands

8.2 Unvollständige Erschließungsnetze

Unvollständige Erschließungsnetze berücksichtigen nur die unmittelbare Nutzung und stoßen nur so weit in den Raum vor, wie dafür nötig. Eine Erweiterung unvollständiger Netze ist nur sehr eingeschränkt möglich und meist nur dann, wenn die Erweiterung bereits von Beginn an eingeplant ist, z. B. über das Freihalten von Grundstücken für eine spätere Erschließungsstraße. Die Orientierung in unvollständigen Netzen ist wegen fehlender Querverbindungen zwischen den einzelnen, isolierten Bereichen oft schwierig.

Ältere unvollständige Netze finden sich noch in dörflichen Strukturen, langsam gewachsenen Städten oder – topografisch bedingt – auf Bergkuppen, in Tälern und an Flussmündungen. Jüngere, geplante Beispiele aus der Nachkriegsmoderne bis heute haben oft die Funktion, störenden Durchgangsverkehr zu verhindern und in sich abgeschlossene, überschaubare Nachbarschaften auszubilden.
→ **Projekt 8.2**

Gabelungsnetze und Sackgassennetze

Bei den unvollständigen Netzen lassen sich das Gabelungsnetz und das Sackgassennetz unterscheiden; beide gehören zu den ältesten überlieferten Erschließungssystemen.

Gabelungsnetze ähneln in ihrem Aufbau einem Baum, der sich über Astgabeln immer weiter verzweigt. Sie sind typisch für dörfliche Siedlungsstrukturen, in denen mehr oder weniger weit entfernte Hofstätten erschlossen werden mussten.

In Sackgassennetzen gehen Sackgassen unregelmäßig und teils mehrfach verzweigt von übergeordneten Erschließungsstraßen ab. Sackgassennetze gelten als typisch für historische Städte im orientalischen und islamischen Kulturkreis. Einige der ältesten Städte wie das sumerische Ur in Mesopotamien besaßen zu Beginn des dritten Jahrtausends bereits eine Ausdehnung von 100 Hektar und wurden im Wesentlichen über Sackgassennetze erschlossen.[3]
→ **Projekt 8.3**

Stichstraßennetze

Die moderne Version des Sackgassennetzes ist das Stichstraßennetz. Die Stichstraßen erschließen kammartig in regelmäßigen Abständen geknickt, gebogen oder linear die Bereiche ein- oder zweiseitig entlang einer Erschließungsstraße und enden als Sackgasse. Dabei kann der Stich räumlich aufgeweitet sein, sodass eine platzartige Fläche entsteht, um die sich die Gebäude anordnen.

Eine Variante des Stichstraßennetzes ist das Erschließungsbügelnetz, das ebenfalls den Raum links und rechts einer Erschließungsstraße erschließt. Im Gegensatz zum Stichstraßennetz mit Sackgassen endet die Straße nicht an der letzten angeschlossenen Nutzung, sondern führt bügelartig wieder auf die Erschließungsstraße zurück. Die Orientierung in einem Netz mit Erschließungsbügeln ist dadurch unkompliziert, auch müssen Fahrzeuge z. B. von Ver- und Entsorgungsbetrieben nicht wenden. Allerdings kann es zu Durchgangsverkehr kommen, der entwurfsseitig jedoch vermieden werden kann.
→ **Projekte 8.4, 8.5**

Erschließungsringe

Während Erschließungsbügel lediglich eine überschaubare Anzahl von Parzellen erschließen, sind in sich geschlossene ringförmige Hauptstraßen zur Erschließung von ganzen Städten, Stadtteilen oder größeren Quartieren geeignet. Der Erschließungsring liegt dabei am Rand oder innerhalb der Baustruktur. An den Ring angedockt oder von ihm abzweigend sind sowohl vollständige Netze als auch unvollständige Netze wie Stichstraßen oder Erschließungsbügel möglich. Die Hauptverkehrsbelastung liegt auf dem Ring, und die über den Ring erschlossenen Teilflächen werden vom Durchgangsverkehr nicht oder nur in geringem Maß beeinträchtigt.
→ **Projekt 8.6, 8.7**

8.3 Kombinationen

In der Praxis ist es üblich, unterschiedliche Erschließungssysteme und damit auch deren Vorteile miteinander zu kombinieren. Besonders bei größeren Planungsarealen ist eine Hierarchisierung des Erschließungssystems z. B. zur Lenkung der Verkehrsströme erforderlich. Nicht jedes Quartier muss zwingend erweitert werden können, sodass auch der Rand eines vollständigen Netzes, beispielsweise wenn er an einem schützenswerten Grünraum liegt, mit einem Stichstraßennetz erschlossen werden kann.

3 Vgl. Benevolo, 1991, S. 25 f.

Unvollständige Erschließungsnetze stoßen nur insoweit in den Raum vor, wie es die angebundenen Nutzungen erfordern.

Erschließungsdiagramm

Projekt 8.2	**Tornesch am See** Tornesch (D) – Wettbewerb
VERFASSER	Manuel Bäumler Architekt und Stadtplaner, Dresden
WEBSITE	www.schellenberg-baeumler.de
AUSZEICHNUNG	1. Preis
JAHR	2009
KATEGORIE	Stadterweiterung – neue Wohnquartiere
THEMA	unvollständiges Erschließungsnetz
TAGS	additives Fügen; Stadtbausteine: Reihe, Zeile, Punkt; Anordnung Stadtbaufelder: Gruppierung; geknickter Straßenraum, aufgeweiteter Straßenraum; verzahnter Grünraum

Wie in einem Sackgassennetz gehen Sackgassen unregelmäßig und teils mehrfach verzweigt von übergeordneten Erschließungsstraßen ab.

Projekt 8.3	**Campus Westend der Goethe-Universität** Frankfurt a. M. (D) – Wettbewerb
VERFASSER	pmp Architekten GmbH, München, mit Atelier Bernburg, LandschaftsArchitekten GmbH, Bernburg
WEBSITE	www.pmparchitekten.de
AUSZEICHNUNG	3. Preis
JAHR	2003
KATEGORIE	Stadtumbau – Militärkonversion – neuer Hochschulcampus
THEMA	Sackgassennetz
TAGS	Prägnanz; additives Fügen; orthogonales, unvollständiges Gitter; Anordnung Stadtbaufelder: Achse, Bezugselement, Rhythmus; baulich gefasster Grünraum; Darstellung: Präsentationsmodell

Modell

Die Stichstraßen erschließen kammartig und in regelmäßigen Abständen Bereiche entlang der Erschließungsstraße und enden als Sackgasse.

Projekt 8.4	**Architektur-Olympiade Hamburg, Familienwohnen Hinsenfeld** Hamburg (D) – Wettbewerb
VERFASSER	Wacker Zeiger Architekten, Hamburg
WEBSITE	www.wackerzeiger.de
AUSZEICHNUNG	Bronzemedaille Architektur
JAHR	2006
KATEGORIE	Stadterweiterung – neues Wohnquartier
THEMA	Stichstraßennetz
TAGS	additives Fügen; Stadtbausteine: Reihe, Punkt; Anordnung Stadtbaufelder: Wiederholung/Rhythmus, Gruppierung; aufgeweiteter, amorpher Straßenraum; stadtteilbezogener/wohnungsnaher Grün- und Freiraum

Blick in eine der Stichstraßen

Das Erschließungsbügelnetz ist eine Variante des Stichstraßennetzes, bei dem die Wendepunkte entfallen.

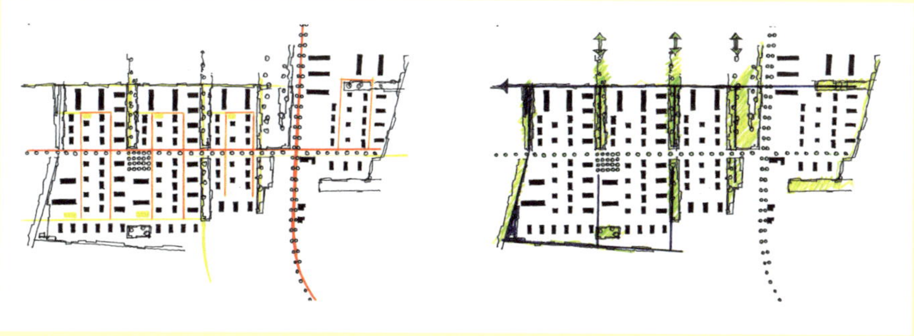

Erschließungs- und Freiflächendiagramm

Projekt 8.5	**Herrenweg – Meerlach – Schlack** Kippenheim (D) – Wettbewerb
VERFASSER	bäuerle lüttin architekten BDA, Konstanz, mit Pit Müller, Freiburg i. Br.
WEBSITE	www.baeuerle-luettin.de
AUSZEICHNUNG	3. Preis
JAHR	2001
KATEGORIE	Stadterweiterung – neues Wohnquartier
THEMA	Erschließungsbügelnetz
TAGS	additives Fügen; orthogonales Gitter; Stadtbausteine: Zeile, Punkt; Anordnung Stadtbaufelder: Achse, Wiederholung/Rhythmus; verzahnter Grünraum

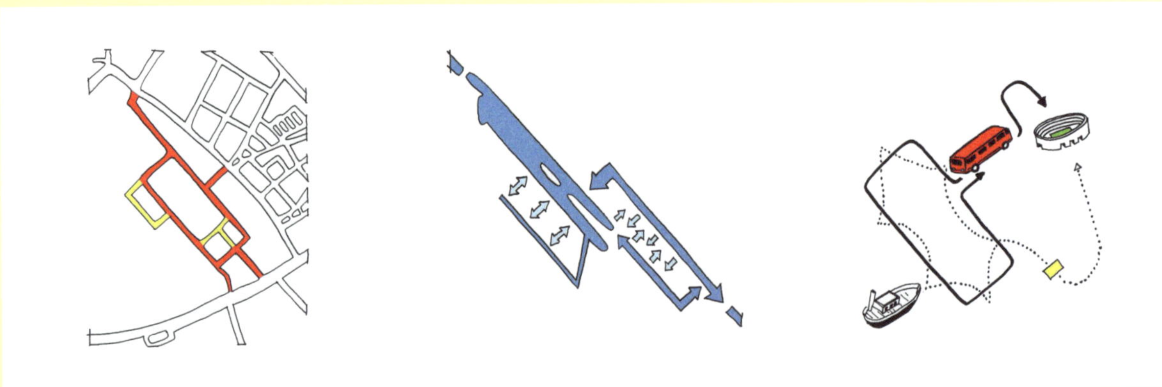

Diagramme: Erschließung, Wasserbezug und ÖPNV

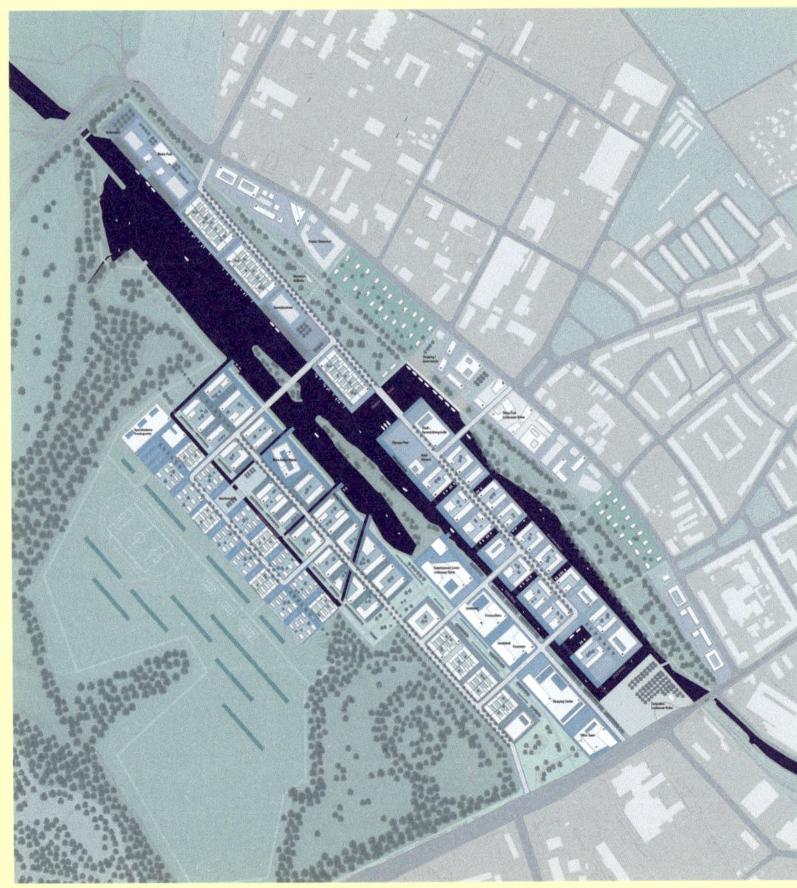

Während die Hauptverkehrsbelastung auf dem Ring liegt, sind die über den Ring erschlossenen Teilflächen vom Durchgangsverkehr weitgehend befreit.

Projekt 8.6	**Olympisches Dorf** Leipzig (D) – Wettbewerb
VERFASSER	ASTOC Architects and Planners, Köln, mit KCAP Architects&Planners, Rotterdam/Zürich/Shanghai und bgmr Becker Giseke Mohren Richard, Landschaftsarchitekten, Leipzig
WEBSITE	www.astoc.de, www.kcap.eu
AUSZEICHNUNG	1. Preisgruppe
JAHR	2004
KATEGORIE	Stadtumbau – Hafenkonversion – neuer Stadtteil
THEMA	Erschließungsring
TAGS	additives Fügen; orthogonales Gitter; Anordnung Stadtbaufelder: Hierarchie, Bezugselement; Wohnen am Wasser; Darstellung: Diagramme

Gestaltungsplan

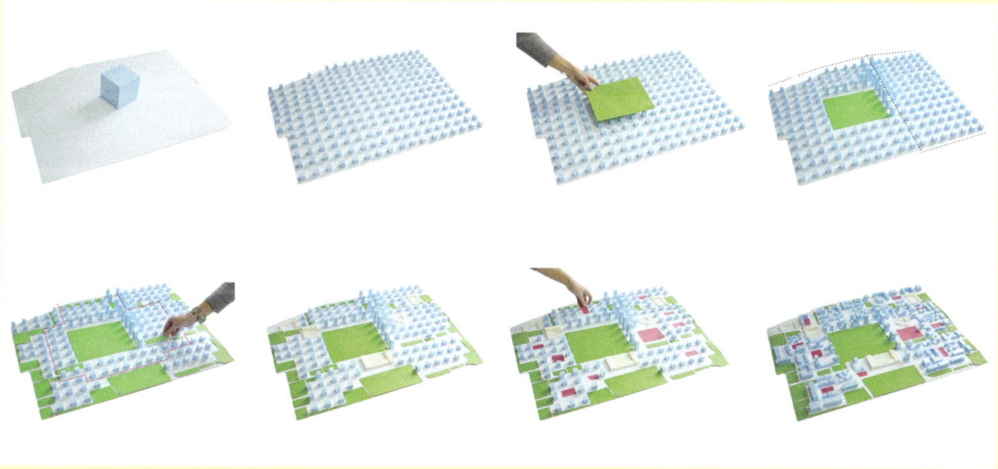

Visualisierung des Entwurfsprozesses im Arbeitsmodell

Projekt 8.7	**Ehemalige Bayernkaserne** München (D) – Wettbewerb
VERFASSER	COBE Berlin mit MAN MADE LAND, Berlin
WEBSITE	www.cobe.de
AUSZEICHNUNG	6. Rang
JAHR	2014
KATEGORIE	Militärkonversion – neues Stadtquartier
THEMA	Erschließungsring
TAGS	Prägnanz; geometrisches Prinzip; additives Fügen; unregelmäßiges Gitter; Stadtbausteine: geschlossener Baublock, aufgelöster Baublock, Reihe, Zeile, Punkt, Mäander, Hybrid; Anordnung Baufelder im Stadtbaufeld: Achse, Bezugselement, Reihung/Wiederholung/Rhythmus, Gruppierung; Platzbildung durch Aussparen/Weglassen, Fügen und Modellieren; Darstellung: Arbeitsmodell

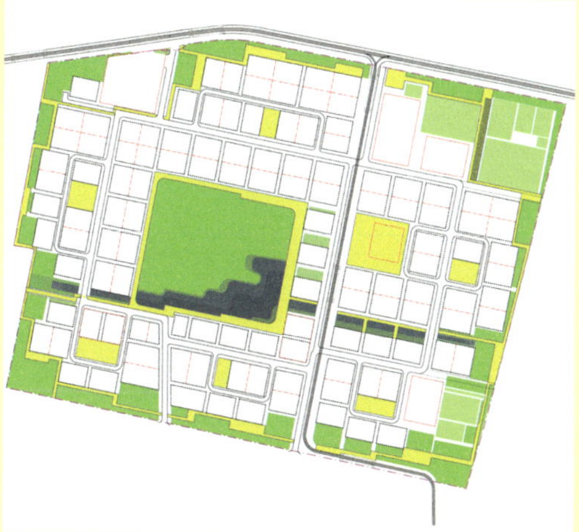

Mittels Erschließungsbügeln werden die Baugebiete entlang des Erschließungsrings in der Tiefe erschlossen.

9 Stadtraum

9.1 Plätze

9.2 Straßenräume

9.3 Grün- und Freiräume

9 Stadtraum

Als Stadtraum ist der Raum zwischen den Gebäuden definiert. Ist die Funktionalität quasi die Pflicht im Städtebau, so sind die Dimensionierung und Gestaltung des Stadtraums die Kür in dieser Disziplin: Nichts prägt das Bild von Stadt mehr als der Raum, der im Zusammenspiel von Baukörper, Fassaden, Gebäude und Zwischenraum entsteht. Denkt man beispielsweise an Amsterdam, so hat jeder gleich das Bild von gereihten, kleinen und großen Bürgerhäusern an breiten, baumbestandenen Grachten vor Augen. Kaum jemand wird jedoch die großen, begrünten Innenhöfe in den Baublöcken, wie sie an der Heren- oder Keizersgracht zu finden sind, erwähnen. Auch hierbei handelt es sich um Stadträume, private Stadträume, die nur wenigen Bewohnern zur Verfügung stehen.

Es gibt mehrere Arten von Stadträumen, wobei an dieser Stelle auf die öffentlich erlebbaren und raumprägenden eingegangen werden soll:

Als öffentlichen Raum bezeichnet man denjenigen Teil des Stadtraums, der – jedermann frei zugänglich – im Besitz von Stadt oder Gemeinde ist und auch von der Kommune unterhalten wird. Zum öffentlichen Raum gehören im Wesentlichen: Plätze, Straßen und Verkehrsflächen, Fußgängerzonen sowie Park- und Grünanlagen.

Neben dem öffentlichen Raum gibt es halböffentliche Stadträume, die zwar einen öffentlichen Charakter haben, jedoch in Privatbesitz sind, und deren Zugang beschränkt werden kann. Dies sind beispielsweise Hofanlagen, Einkaufspassagen, Bahnhofs- und Flughafenhallen, aber auch größere zugängliche Freianlagen um private oder gewerbliche Gebäude.

Einer dritten Kategorie gehören nicht-zugängliche und nicht-öffentliche Freiflächen an, wie z. B. Gärten und Vorgärten, die gleichwohl stadtraumprägend sind.

9.1 Plätze

Der Begriff „Platz" leitet sich von dem altgriechischen Wort „plateia" ab, das eine breite, ebene Straße innerhalb der Stadt bezeichnet.[1] Doch Plätze sind mehr als nur breite Straßen: Seit jeher sind sie Abbild der jeweiligen Stadtgesellschaft. In ihnen manifestiert sich Bürgerstolz genauso wie wirtschaftlicher, kirchlicher oder feudaler Machtanspruch.

Die frühen mesopotamischen und ägyptischen Städte kannten noch keine Platzanlagen im heutigen Sinne. Diese Städte waren „nichts anderes als ein räumlich ausgedehnter Tempel- und Palastkomplex mit baulich verdichteten Wohnfolgeeinrichtungen".[2] Plätze als politische Orte waren von den Herrschern gefürchtet; im griechischen Sparta beispielsweise beließ man Markt- und Versammlungsorte schmucklos, um die Aufenthaltsdauer des gemeinen Volkes kurz zu halten. Ab dem 6. Jahrhundert v. Chr. entstand in Griechenland der Staatstyp der Polis, eines Stadtstaats, der demokratisch durch freie (männliche) Bürger verwaltet und regiert wurde und erstmals öffentliche Gebäude und einen zentralen Versammlungsplatz, die Agora, benötigte. Die Römer übernahmen den Bautypus der umbauten Agora und machten das Forum zum Mittelpunkt des politischen, wirtschaftlichen, kulturellen und religiösen Lebens. Vitruv unterschied dabei zwischen umbauten Markt- und baumbestandenen Tempelplätzen.

Viele mittelalterliche Platzanlagen scheinen gewachsen und keiner einheitlich geplanten Form verpflichtet. Mittelalterliche Gründungsstädte oder wiederaufgebaute Städte wie die polnische Königsstadt Krakau wurden dagegen planmäßig angelegt. Meist wurden aus dem Baufeldraster Blöcke zur Platzbildung ausgespart. Typisch für diese Platzanlagen ist, dass die Plätze tangential von ihren Ecken aus erschlossen sind.[3]
→ Abb. 9.1

In den während des Barock von absolutistischen Herrschern gegründeten oder neustrukturierten Städten überwiegt dagegen die axiale, symmetrische Ordnung. Platzfläche und Platzbebauung sind weitgehend vereinheitlicht, beim Durchschreiten wird der Blick vom „point de vue", dem Schloss als Sitz des Souveräns oder dem mittig angeordneten Standbild, gelenkt.

Ein Sonderfall des städtischen Platzes sind die ab Ende des 18. Jahrhunderts entstehenden englischen Squares, kleine Quartiersplätze, die kollektiv den Bewohnern der umgebenden Geschosswohnungsbauten zur Verfügung standen und bis heute – obwohl inzwischen ins öffentliche Eigentum übergegangen – mit einem Zaun eingefriedet sind. Nach Stübben sind Squares ein „Mittelding zwischen dem öffentlichen Platz und dem Privatgarten". Squares dienten nicht nur der „Gesundheit, Behaglichkeit und Erholung", sondern seien auch das „freundlichste Schmuckmittel"[4] von Städten. Das dynamische Stadtwachstum im 19. Jahrhundert brachte zunächst eine ambivalente Haltung zu Plätzen hervor: Plätze seien unnötig. Man lebe in den Häusern und nicht auf Plätzen, stellte die New Yorker Bebauungskommission noch 1811 bei den Planungen des Straßennetzes für Manhattan fest.[5] Auch im Europa nach der bürgerlichen Revolution von 1848 waren Plätze zunächst unerwünscht: Befürchtet wurden weitere politisch motivierte Versammlungen und

1
Vgl. http://de.wiktionary.org/wiki/%CF%80%CE%BB%CE%B1%CF%84%CE%B5%E1%BF%96%CE%B1 (Zugriff am 24.11.2012).

2
Karl-Jürgen Krause: *Plätze. Begriff, Geschichte, Form, Größe und Profil*, Dortmund 2004 (= Umdruck 2 – FG SLG 2004), S. 1.

3
Vgl. ebd., S. 8.

4
Alle Zitate: Stübben, 1907, S. 161.

5
Vgl. www.spiegel.de/spiegel/print/d-39867158.html (Zugriff am 29.12.2017).

Demonstrationen. Erst das aufstrebende Bürgertum im späteren 19. Jahrhundert verwirklichte sich wieder in großzügigen Plätzen und den in Mode gekommenen Stadtgrünplätzen, wie sie aus Paris, Berlin und anderen Metropolen dieser Zeit bekannt sind.

In der Moderne galten baulich gefasste Plätze und klassische öffentliche Räume als Relikte einer überkommenen Zeit. Die Stadt wurde als allesverschlingender Moloch identifiziert, von der der moderne Mensch befreit werden müsse. Unter dem Slogan „Licht, Luft, Sonne für alle" sollten nicht nur die allzu offensichtlichen Missstände in den Städten abgeschafft, sondern gleich das ganze Raumgefüge neu aufgestellt werden. Was den Protagonisten der Moderne ab 1920 nicht gelang, bereitete den Planern in der Nachkriegsmoderne angesichts der Kriegszerstörungen und des Wiederaufbaus in Wirtschaftswunderzeiten wenig Mühe: „Eine räumlich-bauliche gefasste Platzanlage war undenkbar, Plätze ‚schwammen' mehr oder weniger unkennbar im Freiraumfluss der Abstandsflächen von Großbauvorhaben."[6]

Im Zuge der stärkeren Institutionalisierung der städtebaulichen Denkmalpflege ab Mitte der 1970er-Jahre hat jedoch ein Umdenken eingesetzt, das bis in die heutige Zeit nachwirkt: In zahlreichen Städten – nicht nur in großen, bekannten Metropolen wie Barcelona oder Lyon – wuchs die Erkenntnis, dass Plätze maßgeblich zur Identifikation der Bürger mit ihrer Stadt beitragen und dass sich über die Qualifizierung der öffentlichen Räume die Stadt insgesamt als Lebensraum reaktivieren lässt.

Empfehlungen zur Anlage von Plätzen

Die Anlage und Gestaltung von Plätzen nimmt in der Literatur zum Städtebau großen Raum ein. Insbesondere das Verhältnis von Länge zu Breite wie auch das der Höhe angrenzender Gebäude zum Platzdurchmesser wurden zu allen Zeiten immer wieder neu diskutiert. Dabei waren sich alle Autoren – nimmt man einmal die der Moderne aus – einig, dass ein Platzraum baulich gefasst sein muss: Vitruv setzt um 50 v. Chr. die Größe eines zentralen Stadtplatzes in Abhängigkeit von der Bevölkerungszahl. Die Proportion des Platzes soll dabei 2:3 entsprechen, was annähernd dem Goldenen Schnitt entspricht. Nach Leon Battista Alberti (um 1450) soll der Durchmesser eines Platzes das Fünffache der Höhe der Randbebauung betragen; hinsichtlich der Platzdimensionierung folgt er Vitruv. Hermann Maertens empfiehlt in seiner 1890 erschienenen Schrift *Optisches Maass* für den Städte-Bau bei Straßen und Platzräumen ein Verhältnis des Querraumprofils von h:b von 1:3 bis maximal 1:6.[7] Camillo Sitte, der 1898 in dem Buch *Städte-Bau nach seinen künstlerischen Grundsätzen* die Monotonie der Rasterstädte des 19. Jahrhunderts kritisiert, verweist auf ein ausgewogenes Verhältnis von Breite zu Länge eines Platzes. Die Wirkung quadratischer Plätze sei nicht besonders gut, und allzu langgezogene oder überbreite Plätze erweisen sich ab einem Verhältnis von 1:3 als ungünstig.[8]

1975 unterscheidet Rob Krier in seinem Buch *Stadtraum in Theorie und Praxis* Plätze nach der geometrischen Grundform als Quadrat, Rechteck, Dreieck, Ellipse, Trapez und als Kombination aus diesen Formen.[9] Hans Aminde schlägt 1994 vor, Plätze nach der räumlichen Wirkung zu bewerten, und nennt als Möglichkeiten z. B. geschlossene, taschenartige, halboffene Platzanlagen sowie solche, die durch ein dominantes Gebäude beherrscht werden, bebaut, miteinander verbunden oder gruppiert sind.[10]

Aminde kategorisiert die Plätze außerdem nach den „Öffentlichkeiten", nach ihrer Funktionsweise. Er zählt Funktionen auf wie zentraler Marktplatz, Bahnhofs-, Kultur- und Stadtteilplatz in Wohn-, Misch- und Bürogebieten sowie kleiner Quartiers-, Erinnerungs- und Verkehrsplatz. Zugleich weist er aber darauf hin, dass Platzform und Platzgebrauch nicht in einem Zusammenhang stehen: „[...] ein skulpturaler Platz kann genauso ein Regierungsplatz sein wie die funktionale Mitte eines Wohnquartiers, ein halboffener Platz kann ein Hafen- wie ein Marktplatz sein".[11]

Entwerfen von Plätzen

Der folgende Abschnitt ist der Frage gewidmet, wie Plätze im Entwurfsprozess entstehen. Sobald der geeignete Ort für einen Platz im Entwurf gefunden ist, stehen dem Entwerfer im Wesentlichen vier miteinander kombinierbare Instrumente für die Bildung eines Platzes zur Verfügung: durch Aussparen beziehungsweise Weglassen, Fügen, Modellieren oder Definieren.

Aussparen oder Weglassen

Die einfachste Methode zur Erzeugung eines Platzes ist, eines oder mehrere Baufelder innerhalb eines Entwurfs auszusparen. Dies funktioniert sowohl bei Block- und Raum- als auch bei Zeilenstrukturen. Die Raumwirkung ist umso höher, je geschlossener die Randbebauung der Regelbaufelder ist. Bei einem orthogonalen Gitter mit Baublöcken entsteht so quasi automatisch ein vierseitig gefasster Platzraum. Bei Zeilen- oder Raumstrukturen wie z. B. Atriumhäusern genügt bereits das Aussparen von wenigen Parzellen im Baufeld, um einen kleinen Spiel- oder Quartiersplatz entstehen zu lassen, der je nach verwendetem Stadtbaustein offen oder gefasst ist.

→ **Projekte 9.1, 9.2**

Fügen

Platzbildung durch Fügen ist die wohl eleganteste Methode der Raumbildung. Der Platz entsteht hier durch das Fügen von Baufeldern; diese werden dabei aneinandergefügt bzw. gegeneinander verschoben, sodass sich im entstehenden Zwi-

6
Krause, 2004, S. 16.

7
Vgl. ebd., S. 24.

8
Vgl. Camillo Sitte, *Der Städte-Bau nach seinen künstlerischen Grundsätzen*, Wien 1901 (zuerst 1889), S. 52.

9
Vgl. Rob Krier: *Stadtraum in Theorie und Praxis an Beispielen der Innenstadt Stuttgarts*, Stuttgart 1975, S. 41 ff.

10
Vgl. Hans-Joachim Aminde: „Auf die Plätze ... Zur Gestalt und zur Funktion städtischer Plätze heute", in: ders. (Hg.): *Plätze in der Stadt*, Ostfildern 1994, S. 44 ff.

11
Hans-Joachim Aminde: „Plätze in der Stadt heute", in: Städtebau-Institut Universität Stuttgart (Hg.): *Lehrbausteine Städtebau*, Stuttgart 2003 (2. Aufl.), S. 140.

schenraum eine Freifläche aufspannt. Um eine hohe Raumwirkung zu erzeugen, sollten die Baufelder an der Fügeseite geschlossen bebaut sein. Bereits mit dem Zurückschieben eines Baufelds, z. B. innerhalb einer Gitterstruktur, entsteht eine taschenartige Aufweitung, die auch als „Westentaschenplatz" bezeichnet wird. Die Tiefen der Blöcke werden dabei entsprechend angepasst.

Eine der gebräuchlichsten und schönsten Platzformen, die durch Fügen entsteht, ist der „Turbinen- oder Windmühlenplatz", bei dem die Baufelder windmühlenartig versetzt um die Platzfläche positioniert sind. Die Straßen laufen dabei – im Gegensatz zur Platzbildung durch Weglassen – nicht glatt durch, sondern erhalten auf der gegenüberliegenden Seite jeweils einen räumlichen Abschluss, der das Raumerlebnis erheblich verstärkt. Je nachdem, wie die Baufelder gefügt und in ihrer Größe und Form variiert werden, können sich orthogonale oder polygonale Plätze bilden.
→ **Projekte 9.3 – 9.9**

Modellieren
Beim Modellieren entsteht der Platz durch das Formen und Anpassen des Bauvolumens an die gewählte Form der Platzanlage. Dieser Prozess lässt sich auch als Ausstanzen einer Form aus einer homogenen urbanen Textur beschreiben.

Modellierte Plätze haben oft eine anspruchsvolle oder geometrisch komplexe Form, wie Kreis, Ellipse oder Oktogon. Sie können aber auch rechteckig ausgeführt sein, z. B. wenn sich das Rechteck nicht automatisch aus der Stellung der Baufelder ergibt, sondern aus ihnen ausgeschnitten wird. Modellierte Plätze vermitteln ein intensives Raumerlebnis, das von großer Intimität und Geborgenheit bis hin zu einer einschüchternden Monumentalität reichen kann. Beim Entwerfen ist noch ein weiterer Punkt zu beachten: Je kleiner die Platzform gewählt wird, umso mehr verstärken sich die geometrischen Zwänge bei der architektonischen Ausformulierung des Baufelds. Anhand eines einfachen, kreisförmigen Platzes lässt sich das gut nachvollziehen: Je kleiner der Radius, desto größer ist die Krümmung der Platzwand und damit des Gebäudes.
→ **Projekte 9.10 – 9.12**

Definieren
Bei einem Platz „per Definition" spielt die Randbebauung eine untergeordnete Rolle. Der Platz wird entweder über die Oberfläche, einen Höhenwechsel oder als Vor- und Freifläche eines auf dem Platz (oder am Rand) stehenden Gebäudes definiert.

Beeindruckende Plätze mit Solitärbebauungen stammen aus der Nachkriegsmoderne. So sind beispielsweise die Platzanlagen der Gerichtsgebäude in Brasilia (ab 1955, Masterplan von Lúcio Costa) und in Chandigarh (ab 1951, Masterplan von Le Corbusier) als weitläufige Vorplätze angelegt. Die Platzflächen mit einheitlichem Belag sind jeweils links und rechts von Grünflächen flankiert und schaffen ein weites Vorfeld für die ausdrucksstarken, fast skulpturalen Gebäude. Auch die Neue Nationalgalerie von Mies van der Rohe in Berlin ist beispielhaft in ihrer Inszenierung der Weite: Die rundum verglaste, stählerne Eingangshalle steht auf einem platzartig angelegten, frei im Raum stehenden Sockel.

Kleinere Plätze ohne oder mit nur geringer baulicher Fassung finden sich hauptsächlich in Landschaftsparks oder in den Grün- und Freiflächen größerer Wohnanlagen.
→ **Projekte 9.13 – 9.15**

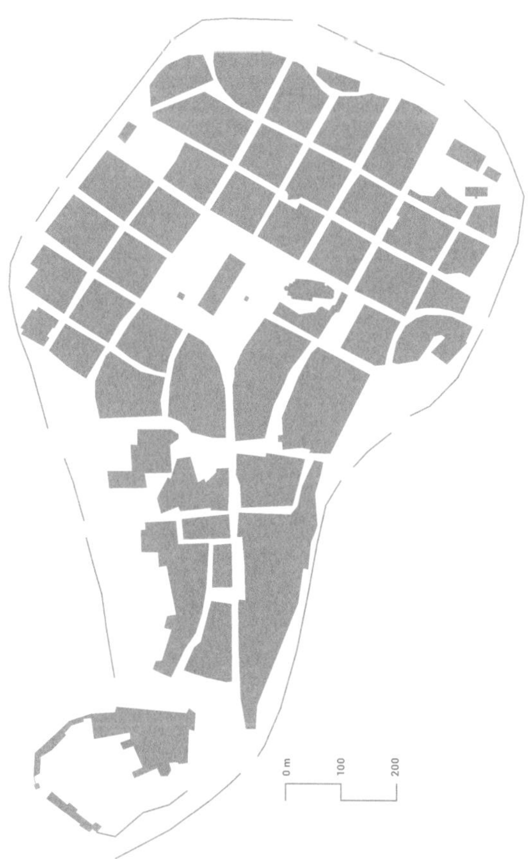

Abb. 9.1 Krakau, Wiederaufbau,1252 (PL)

Bei Zeilenstrukturen genügt bereits das Aussparen einer Zeile, um einen Quartiersplatz entstehen zu lassen.

Perspektive

Projekt 9.1	**Wohnquartiere und Landschaftspark** Erlangen (D) – Wettbewerb
VERFASSER	Bathke Geisel Architekten BDA mit fischer heumann landschaftsarchitekten, München
WEBSITE	www.bathke-geisel.de
AUSZEICHNUNG	2. Preis
JAHR	2009
KATEGORIE	Stadterweiterung – neue Wohnquartiere
THEMA	Platzbildung durch Aussparen/Weglassen
TAGS	additives Fügen; orthogonales Gitter; Anordnung Stadtbaufelder: Reihung/Wiederholung/Rhythmus; kombiniertes Erschließungsnetz; verzahnter Grünraum

Innerhalb einer dichten Raumstruktur können kleine, ausgesparte Quartiersplätze die Orientierung erleichtern.

Projekt 9.2	**MOB-Gelände** Greven (D) – Wettbewerb
VERFASSER	Fuchs und Rudolph Architekten Stadtplaner, München
WEBSITE	www.fuchsundrudolph.de
AUSZEICHNUNG	3. Preis
JAHR	1999
KATEGORIE	Stadtumbau – Militärkonversion – neues Wohnquartier
THEMA	Platzbildung durch Aussparen/Weglassen
TAGS	geometrisches Prinzip; additives Fügen; orthogonales Gitter; Stadtbausteine: Raumstruktur; Anordnung Stadtbaufelder: Achse, Bezugselement, Wiederholung/Rhythmus

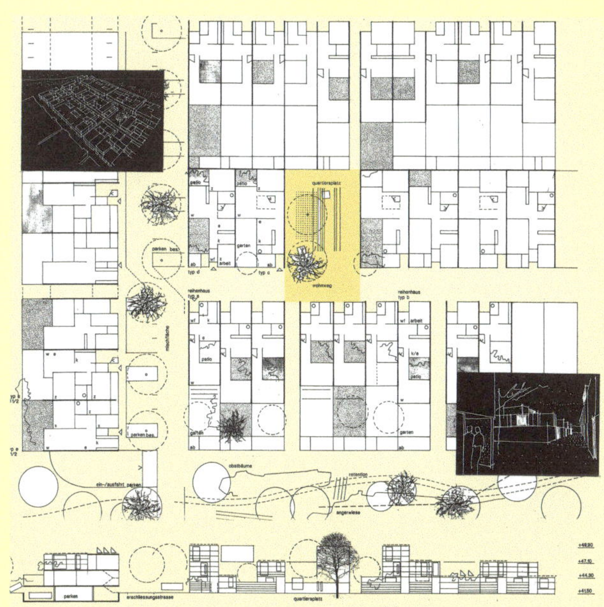

Detailausschnitt

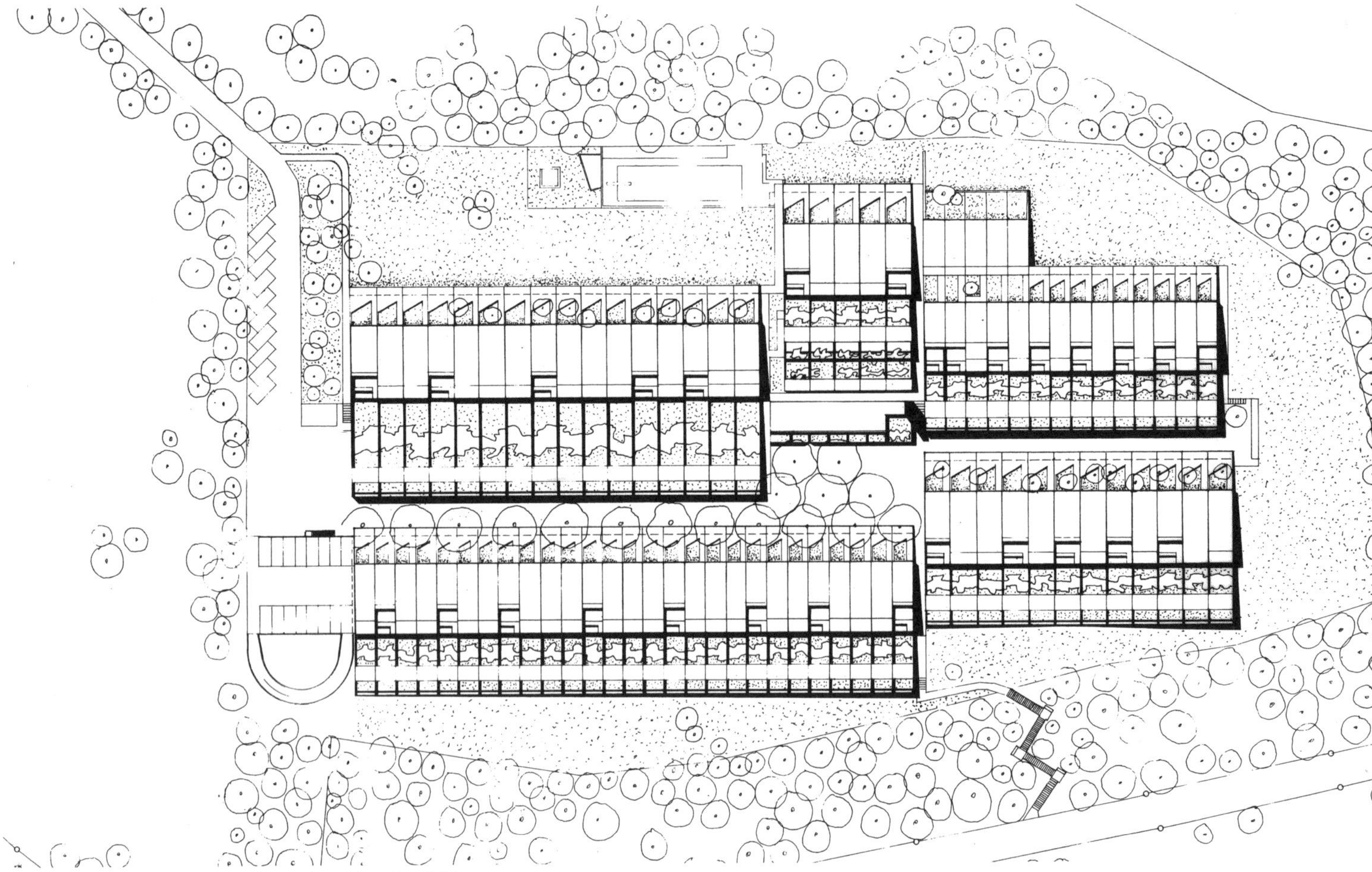

Bei der „Platzbildung durch Fügen" werden Baufelder so aneinandergefügt bzw. gegeneinander verschoben, dass sich im Zwischenraum eine Platzfläche aufspannt.

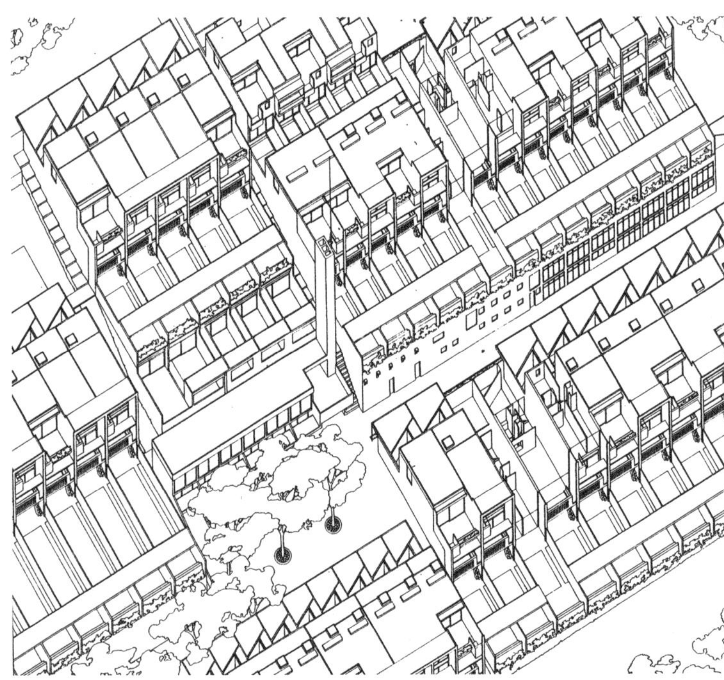

Axonometrie Quartiersplatz

Projekt 9.3	**Siedlung Halen** Bern (CH)
VERFASSER	Atelier 5, Bern
WEBSITE	www.atelier5.ch
JAHR	1956–1961
KATEGORIE	Stadterweiterung – neues Wohnquartier
THEMA	Platzbildung durch Fügen
TAGS	geometrisches Prinzip; additives Fügen; Stadtbausteine: Reihe; Anordnung Stadtbaufelder: Gruppierung

Der zentrale Quartiersplatz ist als „Turbinen- oder Windmühlenplatz“ gefügt, bei dem die Baufelder windmühlenartig versetzt um die Platzfläche positioniert sind.

Modellausschnitt

Projekt 9.4	**Bahnhofsareal** Schwäbisch Hall (D) – Wettbewerb
VERFASSER	K9 ARCHITEKTEN Borgards.Lösch.Piribauer, Freiburg i. Br.
AUSZEICHNUNG	1. Preis
JAHR	2015
WEBSITE	www.k9architekten.de
KATEGORIE	Bahn-/Gewerbekonversion – neues Stadtquartier
THEMA	Platzbildung durch Fügen
TAGS	geometrisches Prinzip; additives Fügen; unregelmäßiges Gitter; Stadtbausteine: aufgelöster Baublock, Zeile, Punkt, Solitär/ Sonderbaukörper; quartiersinterner/wohnungsnaher Grün- und Freiraum; Darstellung: Gestaltungsplan, Präsentationsmodell

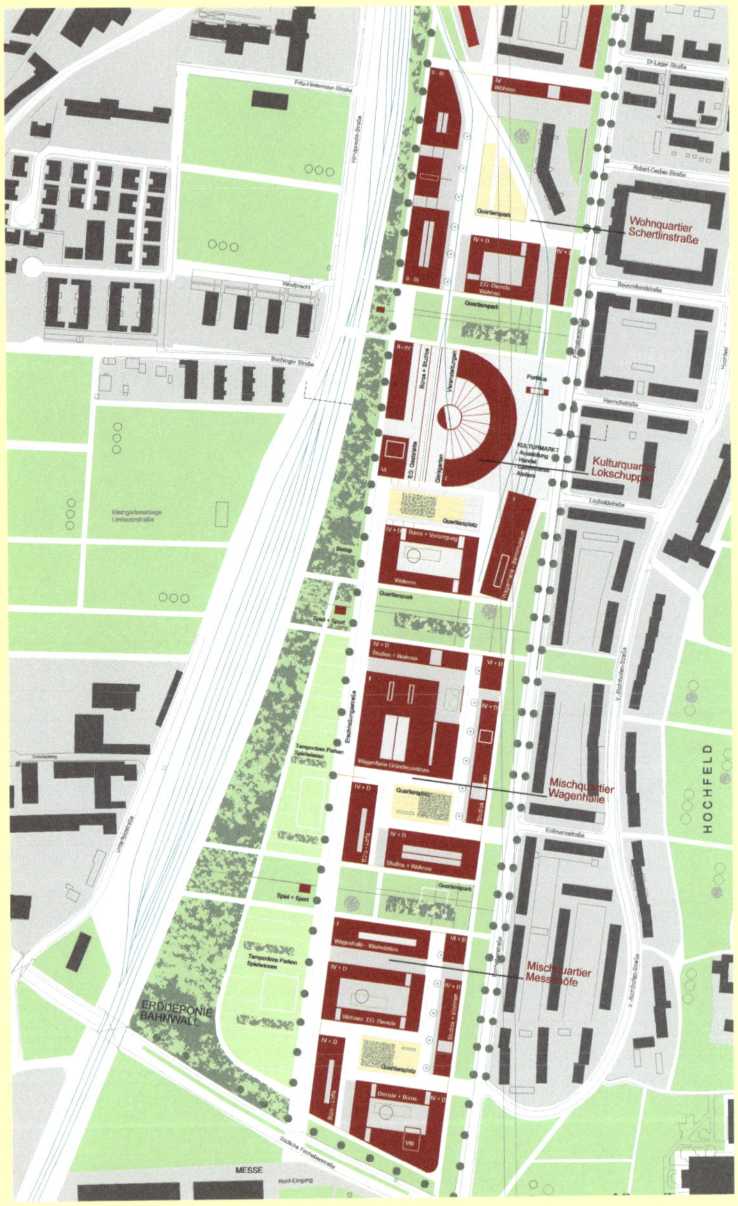

Gefügte Plätze sind das gemeinsame Merkmal der gereihten Stadtbaufelder.

Projekt 9.5	**Areal Firnhaberstraße** Augsburg (D) – Wettbewerb
VERFASSER	Trojan Trojan + Partner Architekten + Städtebauer, Darmstadt, mit Prof. Heinz W. Hallmann, Jüchen
WEBSITE	www.trojan-architekten.de
AUSZEICHNUNG	1. Preis
JAHR	2002
KATEGORIE	Stadtumbau – Bahnkonversion – neue Stadtquartiere
THEMA	Platzbildung durch Fügen
TAGS	additives Fügen; orthogonales Gitter; Anordnung Stadtbaufelder: Achse, Reihung/ Rhythmus; baulich gefasster Grünraum

Modell

Auch Bestandsgebäude lassen sich in gefügte Platzanlagen einbinden, wie im südlichen und nördlichen Stadtbaufeld gezeigt.

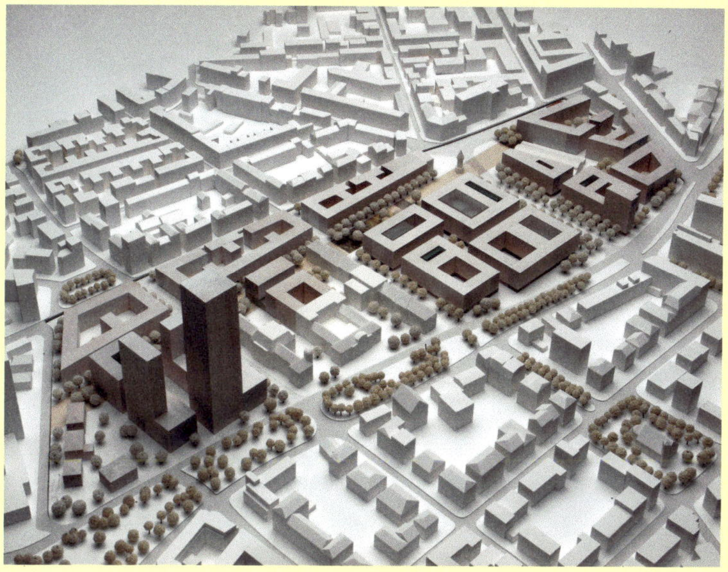

Modell

Projekt 9.6	**Kerngebiet Bockenheim der Goethe-Universität** Frankfurt a. M. (D) – Wettbewerb
VERFASSER	K9 ARCHITEKTEN Borgards.Lösch.Piribauer mit Andreas Krause, Freiburg i. Br.
WEBSITE	www.k9architekten.de
AUSZEICHNUNG	1. Preis
JAHR	2003
KATEGORIE	Stadtumbau – Hochschulkonversion – neues Stadtquartier
THEMA	Platzbildung durch Fügen
TAGS	additives Fügen; Stadtbausteine: Baublock, Cityblock, Hochhaus; Anordnung Stadtbaufelder: Achse, Bezugselement, Reihung/Rhythmus; Darstellung: Präsentationsmodell

Die kleinen, quartiersbezogenen Freiflächen sind nach dem Prinzip „Platzbildung durch Fügen" entworfen.

Projekt 9.7	**Konversion des Kasernenareals** Karlsruhe-Knielingen (D) – Wettbewerb
VERFASSER	Architektur und Stadtplanung Rosenstiel, Freiburg i. Br., mit faktorgrün Landschaftsarchitekten, Denzlingen
WEBSITE	www.architekt-rosenstiel.de
AUSZEICHNUNG	1. Preis
JAHR	2003
KATEGORIE	Stadtumbau – Militärkonversion – neues Wohnquartier und Gewerbegebiet
THEMA	Platzbildung durch Fügen
TAGS	additives Fügen; orthogonales, unregelmäßiges Gitter; Stadtbausteine: aufgelöster Baublock, Reihe, Punkt, Solitär; stadtteilbezogener Grün- und Freiraum

Ausschnitt Gestaltungsplan mit gefügtem Freiraum

Durch das Fügen der Baufelder entsteht eine fließende Platzraumfolge von der Quartiersmitte hin zum ehemaligen Mühlkanal.

Projekt 9.8	**Städtebauliche Entwicklung Dichterviertel Nord** Ulm (D) – Wettbewerb
VERFASSER	bbzl – böhm benfer zahiri landschaften städtebau, Berlin
AUSZEICHNUNG	1. Preis
JAHR	2013
WEBSITE	www.bbzl.de
KATEGORIE	Stadtumbau – Gewerbekonversion – neues Stadtquartier
THEMA	Platzbildung durch Fügen
TAGS	geometrisches Prinzip; additives Fügen; unregelmäßiges Gitter; Stadtbausteine: aufgelöster Baublock; Anordnung Baufelder im Stadtbaufeld: Wiederholung/Rhythmus, Gruppierung; geknickter Straßenraum; Bauen/Wohnen am Wasser; Darstellung: Gestaltungsplan, Perspektive

Perspektive

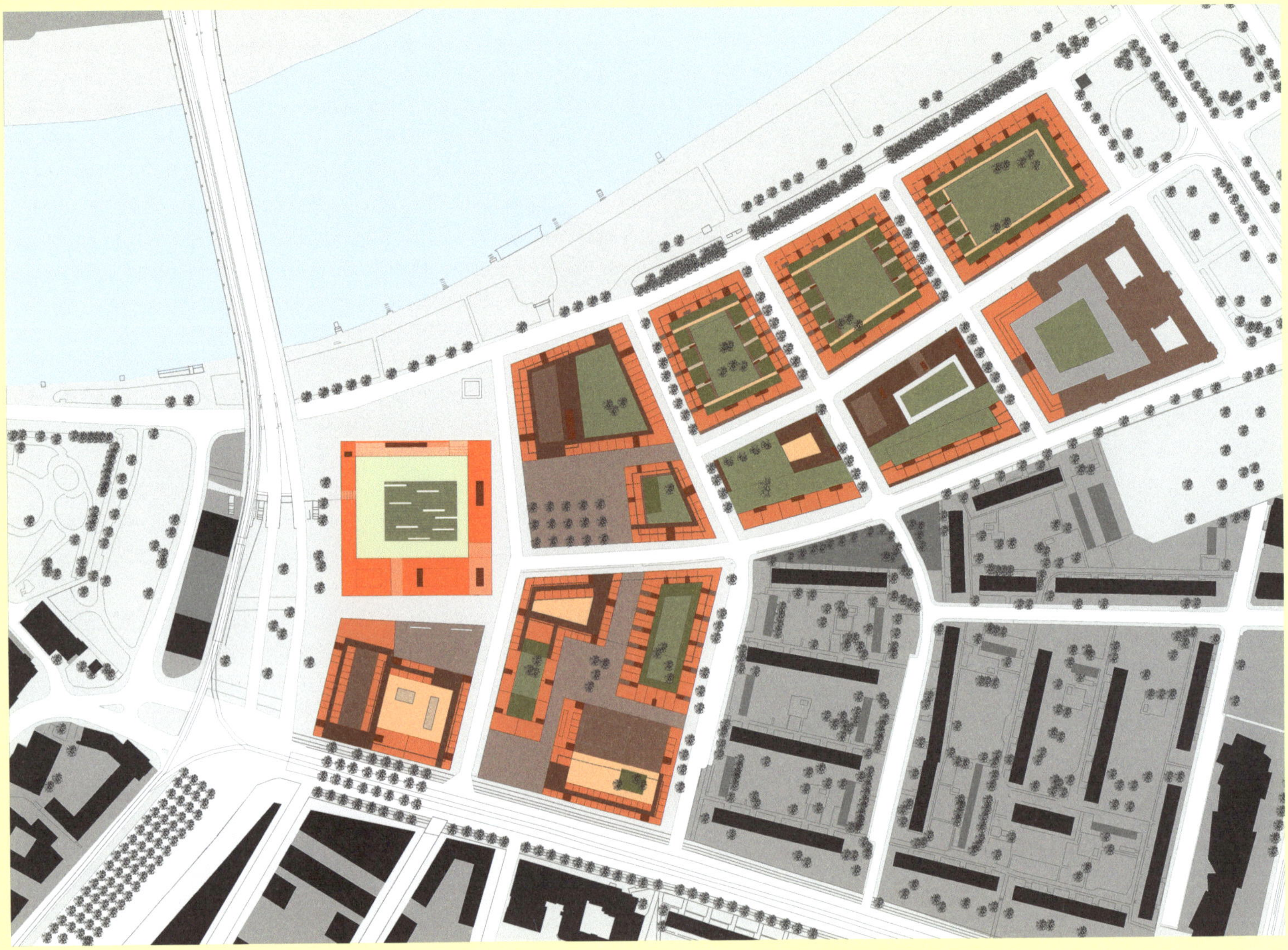

Der Hauptplatz ist ein gefügter Platzraum, die kleineren Plätze sind Kombinationen aus Fügen und Modellieren.

Modell

Projekt 9.9	**Teilbereich der Pirnaischen Vorstadt am Terrassenufer** Dresden (D) – Wettbewerb
VERFASSER	Rohdecan Architekten GmbH mit UKL Landschaftsarchitekten, Dresden
WEBSITE	www.rohdecan.de
AUSZEICHNUNG	1. Preis
JAHR	2001
KATEGORIE	Stadterneuerung – neues Stadtteilzentrum und neue Wohnangebote
THEMA	Platzbildung durch Fügen
TAGS	additives Fügen; Stadtbausteine: Baublock, Cityblock, Reihe, Hybrid; vollständiges Erschließungsnetz; geschwungener/geknickter Straßenraum

Beim Modellieren entsteht der Platz durch das Formen und Anpassen der Baufelder und Bauvolumina an die gewählte Form.

Axonometrie

Projekt 9.10	**St. Leonhards Garten** Braunschweig (D) – Wettbewerb
VERFASSER	KLAUS THEO BRENNER STADTARCHITEKTUR, Berlin
WEBSITE	www.klaustheobrenner.de
AUSZEICHNUNG	2. Preis
JAHR	2007
KATEGORIE	Stadtumbau – Gewerbekonversion – neues Wohnquartier
THEMA	Platzbildung durch Modellieren
TAGS	Stadtbausteine: geschlossener, aufgelöster Baublock, Reihe, Punkt; Anordnung Stadtbaufelder: Bezugselement

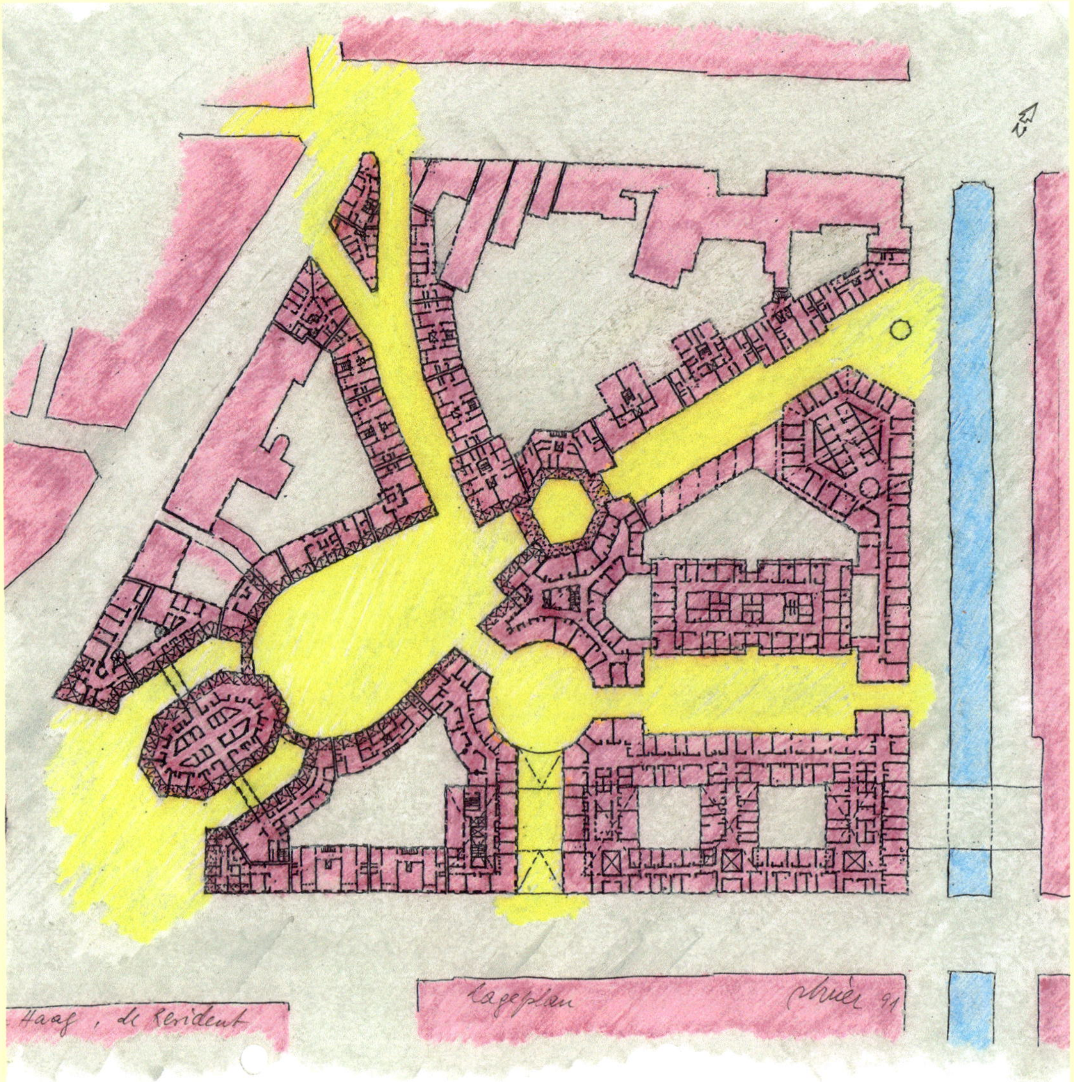

Plätze, die durch Modellierung entstanden sind, lassen sich auch als Folge des Ausstanzens einer Form aus einer homogenen urbanen Textur beschreiben.

Projekt 9.11	**De Resident** Den Haag (NL)
VERFASSER	Rob Krier + Christoph Kohl, Berlin
WEBSITE	www.christophkohl.com
JAHR	1990
KATEGORIE	Stadterneuerung – innerstädtisches Stadtquartier
THEMA	Platzbildung durch Modellieren
TAGS	Figur und Grund, Prägnanz; additives Fügen (von Räumen); Stadtbausteine: geschlossener Baublock, Cityblock, Hof, Punkthochhaus; Anordnung Stadtbaufelder: Achse, Symmetrie

Perspektive

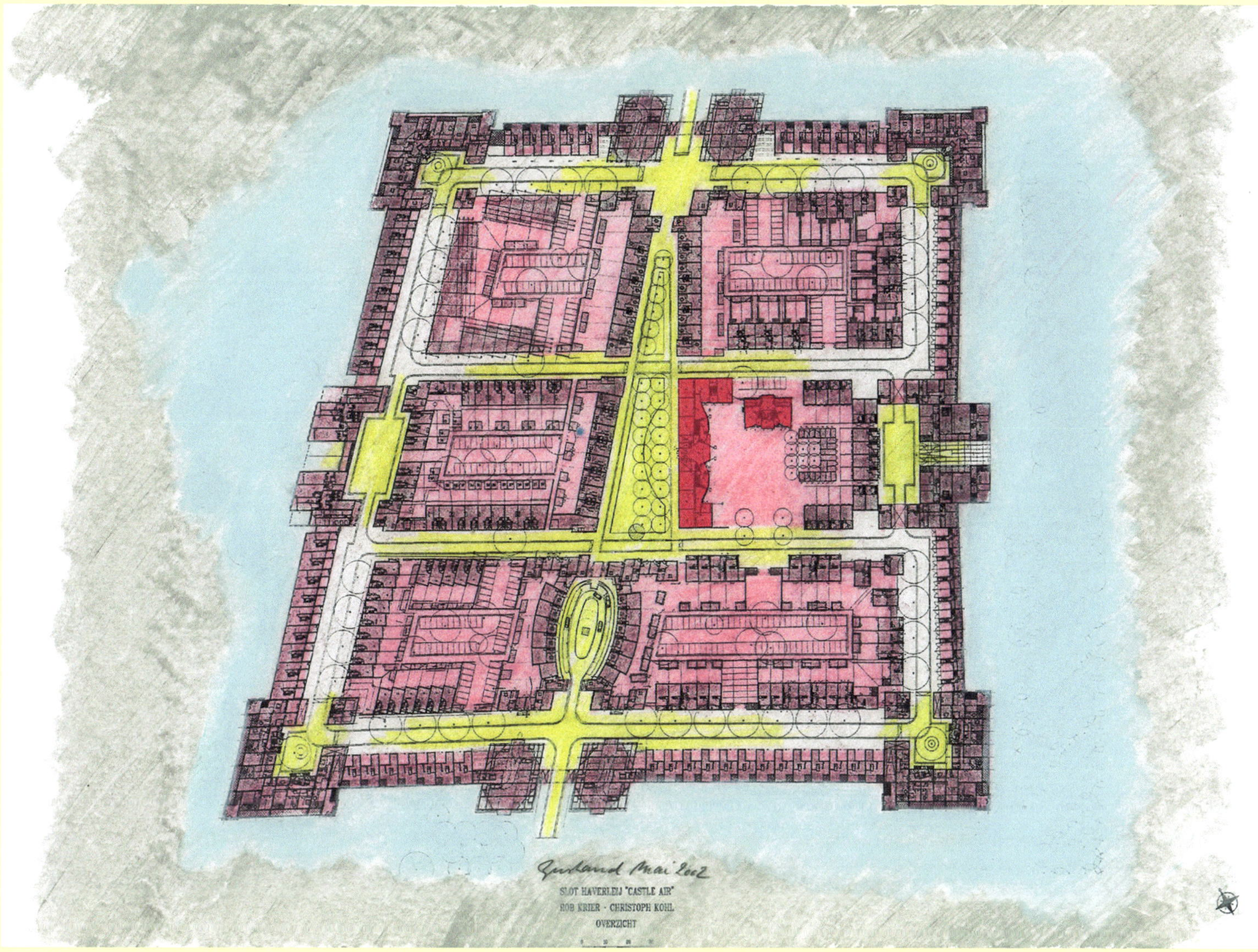

Modellierte Plätze vermitteln ein intensives Raumerlebnis.

Projekt 9.12	**Slot Haverleij, Haverleij** 's-Hertogenbosch (NL)
VERFASSER	Rob Krier + Christoph Kohl, Berlin
WEBSITE	www.christophkohl.com
JAHR	1999
KATEGORIE	Stadterweiterung – Teil eines neuen Wohngebiets
THEMA	Platzbildung durch Modellieren
TAGS	Ganzheit, Figur und Grund, Prägnanz; additives Fügen; Stadtbausteine: aufgelöster Baublock, Reihe, Punkt; Anordnung Stadtbaufelder: Achse, Symmetrie; Darstellung: Perspektive

Perspektive mit Blick zum ovalen Eingangsplatz

Ein Platz „per Definition“ ist baulich nicht oder nur gering gefasst und wird hauptsächlich über die Oberfläche definiert.

Kleine Quartiersplätze wechseln sich mit Grünflächen ab.

Projekt 9.13	Mars-la-Tour-Straße Hannover (D) – Wettbewerb
VERFASSER	pfp architekten, Hamburg
WEBSITE	www.pfp-architekten.de
AUSZEICHNUNG	Anerkennung
JAHR	2008
KATEGORIE	Innenentwicklung – Wohnquartier auf ehemaligem Parkplatz
THEMA	Platzbildung durch Definieren
TAGS	divisives Fügen; orthogonales Gitter; Anordnung Stadtbausteine im Baufeld: Wiederholung/Rhythmus

Die in den Entwurf eingestreuten Plätze unterscheiden sich durch ihren Bodenbelag von anderen Freiflächen.

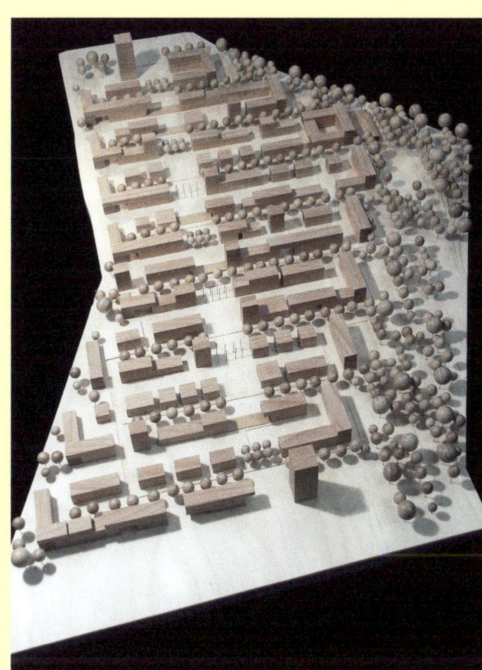

Modellausschnitt

Projekt 9.14	**Wohnquartier im Europaviertel** Frankfurt a. M. (D) – Wettbewerb
VERFASSER	Spengler • Wiescholek Architekten Stadtplaner, Hamburg
WEBSITE	www.spengler-wiescholek.de
AUSZEICHNUNG	Ankauf
JAHR	2002
KATEGORIE	Stadtumbau – Bahnkonversion – neues Stadtquartier
THEMA	Platzbildung durch Definieren
TAGS	additives Fügen; Anordnung Stadtbaufelder: Achse, Reihung/Wiederholung/Rhythmus; Erschließungsring; Darstellung: Gestaltungsplan

Die Promenade am ehemaligen Hafenbecken wird durch kleine Plätze ergänzt, die als Plattformen in das Wasser hineinreichen.

Projekt 9.15	**Masterplan Neckarvorstadt** Heilbronn (D) – Wettbewerb
VERFASSER	MORPHO-LOGIC Architektur und Stadtplanung, München, Lex Kerfers Landschaftsarchitekten, Bockhorn
WEBSITE	www.morpho-logic.de
AUSZEICHNUNG	3. Preis
JAHR	2009
KATEGORIE	Stadtumbau – Bahn-/Gewerbekonversion – neuer Stadtteil am Wasser
THEMA	Platzbildung durch Definieren
TAGS	additives Fügen; Stadtbausteine: aufgelöster Baublock, Zeile; Anordnung Stadtbaufelder: Wiederholung/Rhythmus; Platzbildung durch Fügen; quartiersinterner Grün- und Freiraum, Wohnen am Wasser

Freiraumkonzept

9.2 Straßenräume

„Die Straße ist beides: Element der Stadtgestaltung und Institution",[12] schreibt Spiro Kostof und verdeutlicht damit, dass die Straße neben einer ästhetischen Komponente gleichzeitig wirtschaftliche und soziale Aufgaben erfüllen muss, die sich in Verkehr, Handel und Kommunikation ausdrücken. Während die traditionelle chinesische Stadt keinen Bezug der introvertierten Gebäude zur Straße hin kannte und dieser auch bei den antiken griechischen Städten weitgehend fehlte, entstand mit der Entwicklung der „insulae", der mehrgeschossigen römischen Mietshäuser, quasi der Prototyp der europäischen Stadtstraße. Im Erdgeschoss waren Läden untergebracht, darüber befanden sich die Wohnungen, die alleine schon aufgrund der inneren baulichen Dichte auf die Straße ausgerichtet werden mussten. Auch in der mittelalterlichen Stadt wohnten die Menschen in den Geschossen über den Arbeits- und Verkaufsstätten im Erdgeschoss und selbstverständlich zeigten sie ihren gesellschaftlichen Stand mittels der individuellen Fassade im öffentlichen Raum. Mit dem Barock und seinen absolutistischen Herrschern kam es zur Vereinheitlichung der Gebäude und des Straßenraums; diese wurde später in Paris mit den von Baron Haussmann angelegten Boulevards noch weiter gesteigert. Als Gegenreaktion auf die unmenschlichen Verhältnisse in den Hinterhöfen, die sich hinter reich dekorierten Fassaden versteckten, wurden in der *Charta von Athen* 1933 nach dem Motto „Das Haus wird von da an nicht mehr durch seinen Gehsteig an der Straße kleben"[13] die Befreiung des Hauses von der Straße und die Trennung der Verkehre und Nutzungen gefordert. Damit wurde eine Entwicklung losgetreten, die bis heute fortwirkt und sich in zahllosen tristen Großwohnsiedlungen im In- und Ausland widerspiegelt. Mit der Renaissance des Stadtraums ab Mitte der 1970er-Jahre setzte ein Umdenken ein, das mittlerweile auch die Verkehrsplanung erreicht hat. Gab bislang der Straßenraum, ausgehend von den Bedürfnissen des Autoverkehrs, den Rahmen vor, so werden mittlerweile die Seitenräume aus den Randnutzungen und aus den Proportionen des Straßenraums abgeleitet; erst danach wird die Breite der möglichen Fahrbahn definiert.[14]

Empfehlungen zur Anlage von Straßen

In der Literatur zum Städtebau finden sich zahlreiche Empfehlungen für die Anlage von Straßen. Raymond Unwin, Planer der ersten, auf Ebenezer Howards Idee der „Garden Cities of To-Morrow" basierenden Gartenstadt Letchworth bei London, spricht trotz seiner Bewunderung für die alten Städte geraden Straßen eine eigene Zweckmäßigkeit und Schönheit zu. Diese dürfen seiner Meinung nach beim Entwurf von modernen Städten uneingeschränkt Anwendung finden.[15] Unwin sieht aber auch die Gefahr der Monotonie bei geraden Straßen und empfiehlt Unterbrechungen der Baufluchten, das Zurücksetzen von einzelnen Gebäuden und das Anlegen von Vorhöfen.
→ **Abb. 9.2**

Sitte wiederum kritisiert den schematischen Rasterstädtebau seiner Zeit und spricht ihm jede künstlerische Qualität ab. Er rät zu Unregelmäßigkeiten, Krümmungen und Brechungen der Straßenführung, um den Menschen die Orientierung zu erleichtern.[16]
→ **Abb. 9.3**

Von Le Corbusier ist dagegen das Bonmot überliefert, die gekrümmte Straße sei der Weg des Esels, die gerade Straße dagegen die des Menschen. Kevin Lynch nennt in seinem auf empirischer Forschung beruhenden Buch *Das Bild der Stadt* Identität und Kontinuität des Straßenraums und stellt fest, dass diese neben räumlichen Aspekten beispielsweise auch durch charakteristische Fassaden unterstützt werden. Richtungsqualitäten sind nach Lynch weitere wichtige Merkmale von Straßen: Solche Straßen haben Richtungscharakter, die in eine Richtung begangen anders wirken als in die umgekehrte; dieser wird durch Abstufungen, topografische Führung, deutliche Anfangs- und Endpunkte sowie Richtungswechsel erzeugt.[17]

Trotz unterschiedlichster Beobachtungen, Empfehlungen und Ideologien, die bis heute fortwirken, darf man mit Rob Krier zusammenfassen, dass Straßen eine „unerschöpfliche Vielfalt von Raumsituationen"[18] hervorbringen können.

Typisierung von Straßenräumen

Straßen und Wege innerhalb einer Stadt sind nach der Funktion und damit nach der Höhe des Verkehrsaufkommens hierarchisch gegliedert in innerörtliche Hauptverkehrs- und Sammelstraßen, Nebenerschließungsstraßen, Anliegerstraßen, verkehrsberuhigte Bereiche und schließlich in Fußgängerzonen und eigenständige Rad-/Fußwegeverbindungen.

Entwerfen von Straßenräumen

Stadtstraßen lassen sich neben funktionalen auch nach räumlichen Merkmalen klassifizieren: nach ihrem Verlauf und dem Grad ihrer baulichen Fassung. Der Verlauf einer Straße kann geradlinig, gekurvt, geknickt, unterbrochen oder platzartig aufgeweitet sein. Der Straßenraum kann dabei baulich streng, locker oder auch nicht gefasst sein. Innerhalb eines Straßenzugs sind Kombinationen der unterschiedlichen Eigenschaften möglich.

Grundsätzlich gilt bei allen Straßen, dass das Raumerlebnis umso intensiver ist, je stärker geschlossen die räumliche Fassung ist. Bei geraden

12
Spiro Kostof, *Die Anatomie der Stadt*, Frankfurt a. M./New York 1993, S. 189.

13
Thilo Hilpert (Hg.): *Le Corbusiers „Charta von Athen"*, Kritische Neuausgabe, Braunschweig 1988, S. 128.

14
Vgl. Hartmut H. Topp: „Städtische und regionale Mobilität im postfossilen Zeitalter", in: Architektenkammer Baden-Württemberg (Hg.): *Zukunftsfähige Stadtentwicklung für Stuttgart. Vorträge und Diskussionen*, Stuttgart 2011, Sp. 42

15
Vgl. Raymond Unwin: *Town planning in practice. An introduction to the art of designing cities and suburbs*, London 1909, S. 259.

16
Vgl. Sitte, 1907, S. 141.

17
Vgl. Lynch, 2001, S. 63 ff.

18
Krier, 1975, S. 30.

Straßen kommt es dabei auf die Länge an: Eine kurze gerade Straße wird eher als Raum empfunden als eine lange.

Ein durch die Topografie bedingter Sonderfall sind Panoramastraßen, wie die Princes Street im schottischen Edinburgh: Diese verzichten zugunsten des Ausblicks auf eine zweiseitige Bebauung.

Geradliniger Straßenraum
Ein geradliniger Straßenverlauf verbindet auf kürzestem Weg zwei Punkte miteinander. Die Gebäude stehen gleichberechtigt entlang der Straße, in durchgängiger, enger oder lockerer Addition aufgereiht. Der geradlinige Straßenraum führt, wenn er am Anfangs- und Endpunkt nicht räumlich gefasst ist, ins Leere; auch neigt er bei großen Längen zur Monotonie.

Bei entsprechender Randbebauung, sichtbarem Anfangs- und Endpunkt, der Anbindung von hochwertigen Nutzungen, angemessener Breite und Bepflanzung, wie bei den geradlinigen Prachtstraßen Unter den Linden in Berlin und Avenue des Champs-Élysées in Paris, spricht man von einem Boulevard oder einer Avenue.
→ **Projekt 9.16**

Geschwungener oder geknickter Straßenraum
Geschwungene Straßen haben gegenüber geraden Straßen den Vorzug, dass sich der Blick des Betrachters immer auf die Fassaden der Häuser richtet. Je nachdem, ob man die Straße in der einen oder anderen Richtung begeht, sind andere Fassadenabwicklungen sichtbar. Einen ähnlichen Effekt bieten geknickte Straßen – allerdings nur im Bereich des Richtungswechsels. Geschwungene oder nach überschaubaren Abschnitten geknickte Straßen besitzen eine hohe Raumwirkung, da der Blick stets von einem Gebäude aufgefangen wird und nicht ins Leere läuft.
→ **Projekt 9.17, 9.18**

Unterbrochener Straßenraum
Lange Straßenräume, ob geradlinig oder gebogen, neigen zur Monotonie. Sie können jedoch durch bauliche und räumliche Akzente, die sich als Thema auch wiederholen können, gegliedert werden. Schon geringe Abweichungen vom Regelverlauf sind dabei hilfreich: Räumliche Versätze im Bewegungsablauf bilden kleine oder größere Platzbereiche und öffnen neue Blickbezüge. Hochpunkte an Kreuzungsbereichen, zurückgesetzte einzelne Gebäude, taschenartige Aufweitungen des Straßenraums oder auch querende Grünzüge unterbrechen starre Baufluchten.
→ **Projekt 9.19**

Aufgeweiteter Straßenraum
Frühe Formen des aufgeweiteten Straßenraums finden sich in Dorfstrukturen, z. B. den sogenannten Straßenangern. Die Durchgangsstraße weitet sich hier zu einem länglichen Platz, auf dem häufig die Kirche positioniert ist.
→ **Abb. 9.4**

Auch die mittelalterliche Stadt kennt solche Situationen. So diente beispielsweise in Freiburg im Breisgau die auf einem älteren Fernhandelsweg angelegte aufgeweitete Hauptstraße als Marktort. Die Bezeichnung Rinder- oder Fischmarkt erinnert in vielen Städten noch heute an diese Funktion. Ähnliche Marktstraßen findet man in den Zähringergründungen Bern, Rottweil, Villingen und in den Freien Reichsstädten Augsburg, Nürnberg und vielen anderen.

Im zeitgenössischen Städtebau ist die Aufweitung von Straßenräumen noch immer ein probates Mittel, vor allem wenn es darum geht, mit geringem Aufwand einem oder mehreren Quartieren eine gemeinsame Mitte zu geben – denn die Straße an sich existiert bereits. Auch können an einem länglichen, angerartig aufgeweiteten Straßenraum mehr Parzellen profitieren als an einem zentralen, kompakten Platz.
→ **Projekte 9.20 – 9.22**

Amorpher Straßenraum
Bei einem amorphen Straßenraum zeigt der von Gebäuden und Straße gebildete Straßenraumkein klares Bild, sondern ein unregelmäßiges oder fragmentiertes Muster. Die Nahbeziehung der Gebäude untereinander ist dabei dominanter als die Beziehung von weiter entfernt stehenden. Bei der gleichmäßigen Aufreihung von Gebäuden entlang eines geradlinigen Straßenraums ist dieser Effekt dagegen kaum zu spüren. Amorphe Straßenräume bieten bei überschaubarer Länge interessante Raumeindrücke, bei großen Längen kann jedoch der ständige Blick- und Richtungswechsel ermüdend und der Orientierung abträglich sein.
→ **Projekt 9.23**

Abb. 9.2 Letchworth (Ausschnitt), Barry Parker/ Raymond Unwin, 1903 (GB)

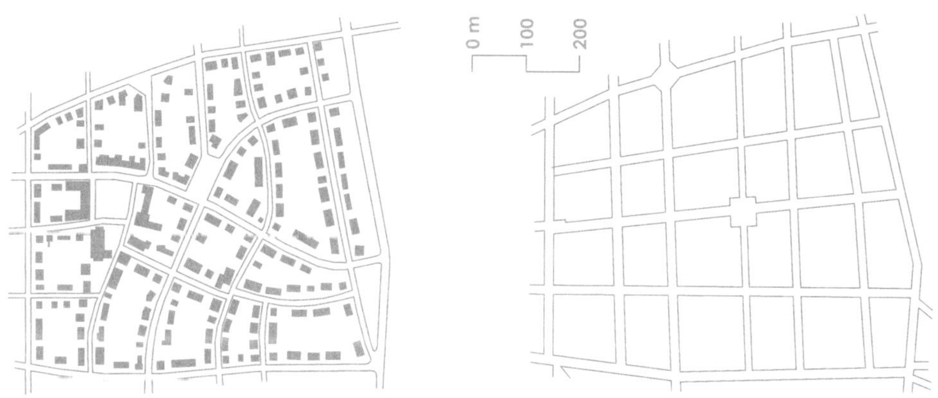

Abb. 9.3 Gegenvorschlag von Friedrich Pützer für die Planung eines Villenviertels in Darmstadt nach Sittes „künstlerischen Grundsätzen", rechts der technische, schematische Plan der Stadtverwaltung Darmstadt, um 1900 (D)

Abb. 9.4 Typisches Straßenangerdorf, gegr. um 1250

Die geradlinige Haupterschließungsstraße wird geschickt an zwei Plätzen räumlich aufgefangen und leicht versetzt fortgeführt.

Projekt 9.16	**Wohnbauflächenentwicklung Knollstraße** Osnabrück (D) – Wettbewerb
VERFASSER	STADTRAUM Architektengruppe, Düsseldorf, mit Stefan Villena y Scheffler, Langenhagen
WEBSITE	www.stadtraum-architekten.de
AUSZEICHNUNG	2. Preis
JAHR	2006
KATEGORIE	Siedlungserweiterung – neues Stadtquartier
THEMA	geradliniger Straßenraum
TAGS	geometrisches Prinzip, biomorphes/organisches Prinzip; Anordnung Stadtbaufelder: Achse, Bezugselement, Reihung/Wiederholung/Rhythmus; Stichstraßennetz, Erschließungsring; aufgeweiteter Straßenraum

Städtebauliche Einbindung

Grünraumkonzept

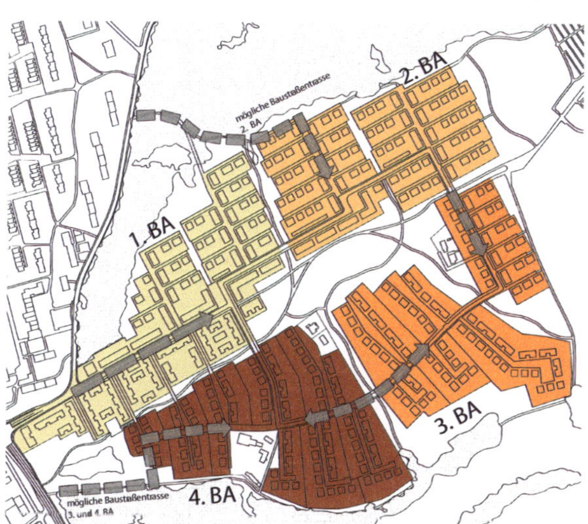

Baustufenkonzept

Diagramme

Geschwungene Straßen haben gegenüber geraden Straßen den Vorzug, dass sich der Blick des Betrachters immer auf Fassaden richtet.

Blick in den Straßenraum

Projekt 9.17	**Neubau Wohnbebauung in der Bad-Schachener-Straße** München (D) – Wettbewerb
VERFASSER	florian krieger – architektur und städtebau, Darmstadt, mit S. Thron, Ulm, und I. Burkhardt Landschaftsarchitekten, Stadtplaner, München
WEBSITE	www.florian-krieger.de
AUSZEICHNUNG	1. Preis
JAHR	2009
KATEGORIE	Stadtumbau – Innenentwicklung – Wohnungsbau
THEMA	gebogener Straßenraum
TAGS	Stadtbausteine: aufgelöster Baublock, Reihe; Darstellung: Perspektive

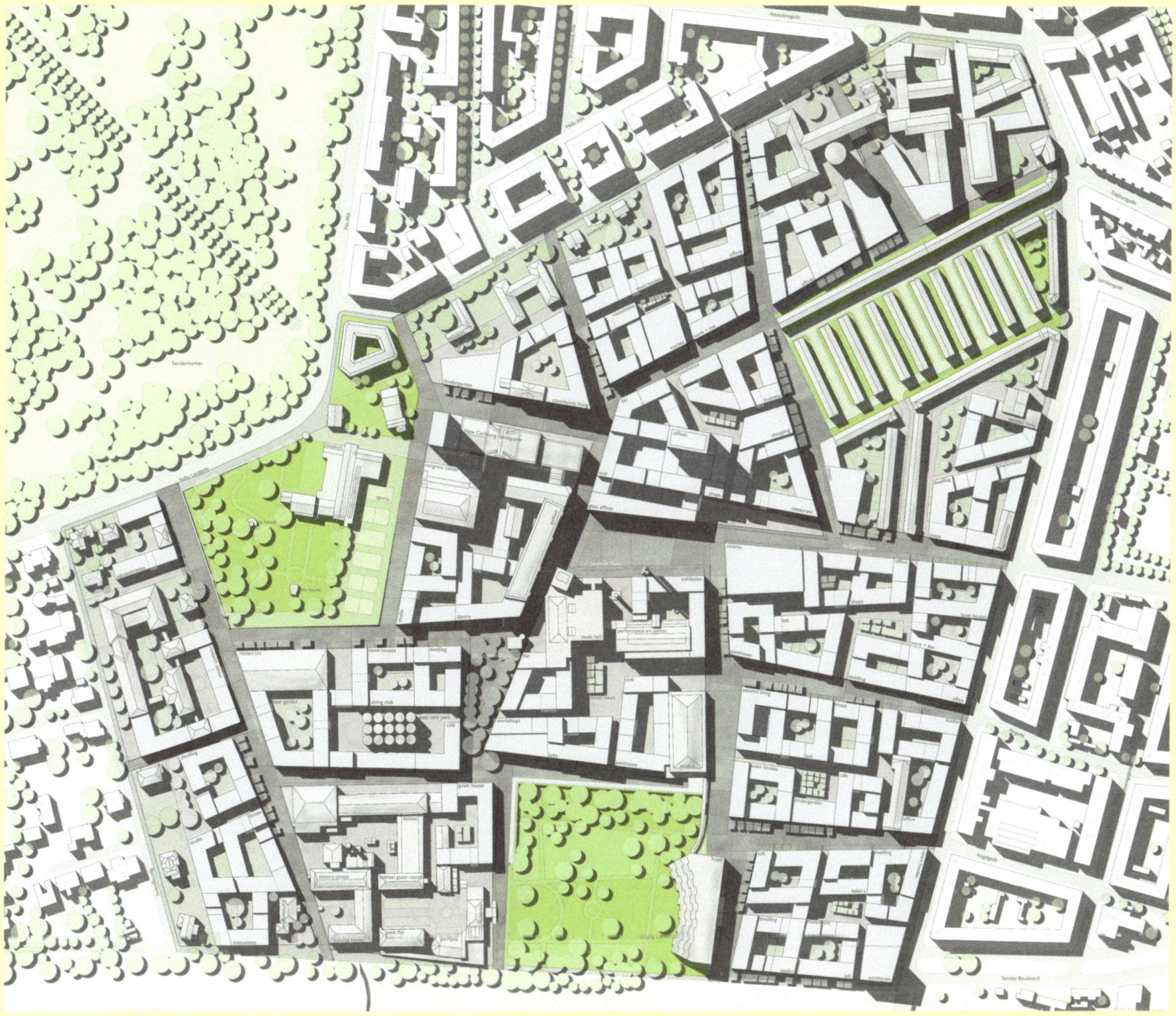

Geknickte Straßen haben, wie gebogene, eine hohe Raumwirkung, da der Blick stets von Gebäuden aufgefangen wird.

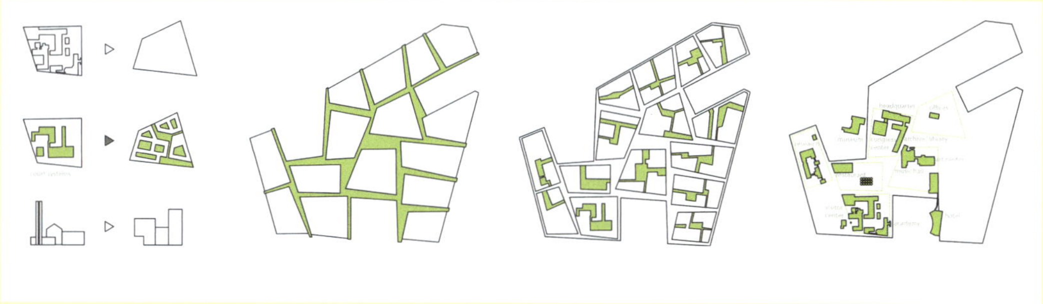

Entwurfsdiagramme

Projekt 9.18	**Development plan for Carlsberg** Kopenhagen (DK) – Wettbewerb
VERFASSER	Wessendorf Architektur Städtebau mit Atelier Loidl und Architektin B. Engel, Berlin
WEBSITE	www.studio-wessendorf.de, www.atelier-loidl.de
AUSZEICHNUNG	2. Preis
JAHR	2007
KATEGORIE	Gewerbekonversion – neuer Stadtteil
THEMA	geknickter Straßenraum
TAGS	additives Fügen; Anordnung Stadtbaufelder: Gruppierung; Platzbildung durch Fügen und Modellieren; aufgeweiteter Straßenraum

Um Monotonie zu vermeiden, empfiehlt es sich lange Straßenräume durch Grünzüge oder Plätze zu unterbrechen.

Freiflächendiagramm

Projekt 9.19	**Aubing-Ost** München (D) – Wettbewerb
VERFASSER	pp a|s pesch partner architekten stadtplaner, Dortmund/Stuttgart, mit WGF Landschaftsarchitekten, Nürnberg
WEBSITE	www.pesch-partner.de
AUSZEICHNUNG	1. Preis
JAHR	2009
KATEGORIE	Stadtumbau – Bahnkonversion – neues Wohnquartier
THEMA	unterbrochener Straßenraum
TAGS	additives Fügen; Stadtbausteine: Reihe, Zeile, Punkt; Anordnung Stadtbaufelder: Achse; Platzbildung durch Fügen; Darstellung: Diagramme

Schräggestellte Baufluchten weiten den Straßenraum zu Platzräumen auf.

Modellausschnitt, zentraler Quartiersplatz

Projekt 9.20	**Ehemalige Bayernkaserne** München (D) – Wettbewerb
VERFASSER	Ammann Albers GmbH StadtWerke mit Studio Vulkan Landschaftsarchitektur GmbH, Zürich
AUSZEICHNUNG	2. Rang
JAHR	2014
WEBSITE	www.stadtwerke.ch
KATEGORIE	Militärkonversion – neues Stadtquartier
THEMA	aufgeweiteter Straßenraum
TAGS	Robustheit; geometrisches Prinzip; additives und divisives Fügen; unregelmäßiges Gitter; Stadtbausteine: aufgelöster Baublock, Reihe, Punkt; Anordnung Baufelder im Stadtbaufeld: Achse, Reihung/Wiederholung/Rhythmus; Platzbildung durch Fügen und Modellieren; Darstellung: Gestaltungsplan

Von einem angerartig aufgeweiteten Straßenraum profitieren mehr Parzellen als von einem zentralen, kompakten Platz.

Gestaltungsplan und Perspektiven Straßenraum

Projekt 9.21	Wohngebiet Herzo Base Herzogenaurach (D) – Wettbewerb
VERFASSER	studio eu mit Stefan Tischer, Berlin
WEBSITE	www.stefantischer.com
AUSZEICHNUNG	4. Preis
JAHR	2002
KATEGORIE	Stadtumbau – Militärkonversion – neues Wohnquartier
THEMA	aufgeweiteter Straßenraum
TAGS	additives Fügen; gedehntes Gitter; Erschließungsring

Der angerartig aufgeweitete Straßenraum ist zugleich Quartiersplatz für die angrenzenden Wohnungen.

Projekt 9.22	**Senioren-Wohnen am Englischen Garten** Landsberg am Lech (D) – Wettbewerb
VERFASSER	Nickel & Partner mit mahl-gebhard-konzepte, München
WEBSITE	www.nickl-partner.com
AUSZEICHNUNG	2. Preis
JAHR	2005
KATEGORIE	Stadterweiterung – neues Wohnquartiert
THEMA	aufgeweiteter Straßenraum
TAGS	Stadtbausteine: Zeile, Punkt; Anordnung Stadtbaufelder: Bezugselement; geschwungener Straßenraum; quartiersinterner Grün- und Freiraum

Modell

Im amorphen Straßenraum dominiert die Nahbeziehung der Gebäude.

Projekt 9.23	**Universität Kassel Campus Nord** Kassel (D) – Wettbewerb
VERFASSER	raumzeit Gesellschaft von Architekten mbH, Kassel, mit K1 Landschaftsarchitekten, Berlin
WEBSITE	www.raumzeit.org
AUSZEICHNUNG	1. Preis
JAHR	2008
KATEGORIE	Stadtumbau – Gewerbekonversion – neuer Hochschulcampus
THEMA	amorpher Straßenraum
TAGS	additives Fügen; unregelmäßiges Gitter; Platzbildung durch Fügen; baulich gefasster Grünraum; Darstellung: Gestaltungsplan

Perspektive Straßenraum

9.3 Grün- und Freiräume

Bei der Betrachtung von Stadtansichten aus dem 17. Jahrhundert fällt sofort der Gegensatz von Stadt und Natur auf. Innerhalb der Stadt sind lediglich einzelne Bäume und hier und da kleine Gärten zu erkennen, die sich zwischen die dicht beieinanderstehenden Häuser zwängen, aber keine größeren Grünflächen. Jenseits der Stadtmauer gibt es diese dafür umso mehr: nicht nur Wälder und freie Landschaft, sondern auch Äcker, Wiesen und Gärten so weit das Auge reicht. Stadt und Natur stehen sich hier als gegensätzliches Paar gegenüber, sind jedoch trotz aller Verschiedenheit voneinander abhängig – dies symbolisieren beispielsweise Yin und Yang in der chinesischen Philosophie. Die Stadt war immer abhängig von der Natur und ihren Produkten, und die Natur – zumindest die der Kulturlandschaft – von der Stadt.

Die Natur außerhalb der europäischen Stadt war nicht nur Lebensgrundlage, sondern immer auch ein Ort der Erholung, den man in Friedenszeiten jederzeit in wenigen Minuten durch das Stadttor erreichen konnte. Insbesondere die stadtnahen Wiesen und Grundstücke nahmen auch die Nutzgärten der Städter auf. So mussten 1592 in London die von Pächtern gezogenen Einfriedungen der städtischen Freiflächen außerhalb der Stadt, der „commons“, per Verordnung niedergerlssen werden, um sowohl militärische Übungen wie auch das Spazieren „zu Zwecken der Gesundheit und Wohles des Volkes“ zu ermöglichen.[19]

Das Bedürfnis der Menschen, sich in Gärten oder der Natur zu erholen, gab es zu allen Zeiten. Bereits im alten Rom existierten viele öffentlich zugängliche Gärten. Im 17. Jahrhundert standen zahlreiche Parks der englischen Krone dem Publikum offen, und auch das königliche Jagdrevier in Berlin, der Tiergarten, wurde zum „genussvollen Flanieren“ für jedermann geöffnet.

In den barocken Planstädten wurde das Verhältnis von Stadt und Natur neu abgesteckt: An den Stadtplänen von Versailles oder Karlsruhe lässt sich der absolute Herrschaftsanspruch des Souveräns über Mensch und Natur ablesen: Vom Schloss aus führen Achsen strahlenförmig sowohl in die Wohn- und Verwaltungsstadt als auch, über den Schlosspark weit hinaus, in die Natur. Daneben brachte die barocke Stadt eine neue Stadtbautypologie hervor: die Blockrandbebauung, die bei niedriger Geschossigkeit – es gab so gut wie keinen Siedlungsdruck – einen großen, offenen Innenhof hatte. Nach dem Dreißigjährigen Krieg waren 1648 in Deutschland die Städte entvölkert, und die Fürsten mussten potenzielle Einwohner mit Vergünstigungen wie Steuerfreiheit oder kostenlose Baumaterialien in ihre Idealstädte locken.

Neue Düngeverfahren in der Landwirtschaft, Industrialisierung und Bevölkerungsexplosion ließen Ende des 19. Jahrhunderts die Städte anwachsen. Innerhalb von kürzester Zeit entstanden in extremer Dichte Mietskasernen als Spekulationsobjekte; die hygienischen Missstände waren unerträglich. Die Politik versuchte mit der Anlage von Volksparks, Kleingartenanlagen, Zoos und Sportstätten zu reagieren. Camillo Sitte ergänzte sein Buch *Der Städte-Bau nach seinen künstlerischen Grundsätzen* 1909 um das Kapitel „Grossstadtgrün“ wobei er zwischen dem „sanitären Grün“ innerhalb von Baublöcken und dem „dekorativen Grün“ im Straßenraum unterschied.[20] Weiter im Reformansatz ging Ebenezer Howard in seinem Buch *Gartenstädte von morgen*.[21] Er forderte, im Umkreis von Großstädten kleine Städte mit maximal 32 000 Einwohnern zu gründen. Das Stadtgebiet sollte im genossenschaftlichen Besitz verbleiben, um so der Spekulation die Grundlage zu entziehen. Mit dem Slogan „Wohnen und Arbeiten in der Sonne“[22] wurde in den Gartenstädten das Leben im Grünen mit Gärten zur Selbstversorgung, Parks und Arbeitsstätten propagiert. Die Gartenstadtbewegung fand international große Beachtung, auch wenn die Anzahl der tatsächlich nach diesen Prinzipien neu gegründeten Städte überschaubar blieb. Nach dem Ersten Weltkrieg stand in Europa der soziale Wohnungsbau im Vordergrund der Stadtentwicklung. Bekannte Beispiele aus dieser Zeit sind die im Rahmen des kommunalen Wohnungsbaus errichteten Wohnhöfe in Wien mit ihren großen gemeinschaftlichen Grünflächen, die Siedlung Dammerstock in Karlsruhe und die durchgrünten Siedlungen von Bruno Taut in Berlin.
→ **Abb. 9.5**

Die Zeit des Wiederaufbaus nach dem Zweiten Weltkrieg stand international ganz unter dem Einfluss der *Charta von Athen* von 1933 und der Trennung der städtischen Hauptfunktionen in Wohnen, Arbeiten, Erholen und Bewegen. Grünflächen wurden weniger nach der Benutzbarkeit als nach ihrer Funktion als Grünzug oder „grüne Lunge“ definiert. Der tradierte Stadtraum sollte von einer Verschmelzung von Stadt und Landschaft zur Stadtlandschaft abgelöst werden. Folge war ein Überfluss an undefiniertem Abstands- und Verkehrsgrün. Die Wiederentdeckung der traditionellen Stadt nach der Energiekrise 1973 führte nicht nur zu einer Neubewertung von Stadträumen, sondern auch zu einer Differenzierung von Grünräumen nach ökologischen und sozialen Gesichtspunkten. Die Urbanität im Grünen, wie von der Moderne erträumt, wurde nicht Realität; möglicherweise kann „die Vision einer doppelten Urbanität, in der sich natürliches Grün und gebaute Stadt verschränken“[23] eines Tages doch verwirklicht werden.

19
Vgl. Kostof, 1993, S. 166.

20
Vgl. Camillo Sitte: *Der Städte-Bau nach seinen künstlerischen Grundsätzen, vermehrt um „Grossstadtgrün“*, Wien 1909 (4. Aufl.), S. 208 f.

21
Titel des 1898 erschienenen Buchs war *To-Morrow: A Peaceful Path to Real Reform*. Erst die zweite Auflage 1902 trug den bekannten Titel *Garden Cities of To-Morrow*.

22
Slogan des Werbeplakats für die zweite von Howard initiierte Gartenstadt, Welwyn Garden City, in: Virgilio Vercelloni: *Europäische Stadtutopien. Ein historischer Atlas*, München 1994, S. 149.

23
Dittmar Machule, Jens Usadel: „Grün-Natur und Stadt-Struktur: Chancen für eine doppelte Urbanität“, in: dies. (Hg.): *Grün-Natur und Stadt-Struktur. Entwicklungsstrategien bei der Planung und Gestaltung von städtischen Freiräumen*, Frankfurt a. M. 2011, S. 14.

Typisierung von Grün- und Freiräumen

Grün- und Freiräume in der Stadt werden im Allgemeinen nach Lage, Funktion und Nutzergruppen unterschieden in gesamtstädtische, stadtteilbezogene, quartiersinterne und wohnungsnahe Grün- und Freiräume.

Gesamtstädtische Grün- und Freiräume
Übergeordnete Grünzüge, die die Siedlungsbereiche mit der Landschaft verknüpfen, und größere innerstädtische Parkanlagen zur Erholung aller Einwohner zählen zu den gesamtstädtischen Freiräumen. Neben der Erholungsfunktion dienen diese Freiräume der Verbesserung des Stadtklimas und, in Form von Biotopvernetzungen, dem Erhalt der Artenvielfalt.
→ Projekt 9.24

Stadtteilbezogene Grün- und Freiräume
In stadtteilbezogenen Grün- und Freiräumen stehen den Bewohnern in fußläufiger Entfernung Freizeit-, Spiel- und Sportanlagen zur Verfügung. Der Freiraum kann zentral oder am Rand des Stadtteils liegen, axial ausgerichtet, in sich räumlich abgeschlossen oder Teil eines gesamtstädtischen Grünzugs sein.
→ Projekt 9.25

Quartiersinterne Grün- und Freiräume
Unter quartiersinternen Grün- und Freiräumen sind kleine Platz-, Spiel- und Grünanlagen innerhalb eines Quartiers zu verstehen, die der unmittelbaren Benutzung durch die Anwohner und Beschäftigten der umliegenden Gebäude dienen. In der Regel ist dieser Freiraumtyp mit schattenspendenden Bäumen, Sitzmöglichkeiten und Spielgeräten versehen. Als Belag bieten sich robuste Oberflächen an, die eine intensive Benutzung auf engem Raum erlauben.
→ Projekt 9.26

Wohnungsnahe Grün- und Freiräume
Wohnungsnahe Freiräume stehen mit der Wohnung direkt in Verbindung und können als Privat- oder Gemeinschaftsgarten, begrünter Straßenraum, Vorgarten, Wintergarten, Loggia oder Balkon ausgebildet sein.
→ Projekt 9.27

Entwerfen von Grün- und Freiräumen

Beim Entwerfen von Grün- und Freiräumen gibt es grundsätzlich drei Möglichkeiten im Verhältnis zwischen Grünraum und Bebauung der angrenzenden Baufelder und Stadtbaufelder:

– Der Grünraum ist baulich streng gefasst. Die Bebauung kann zum Grünraum partiell geöffnet sein, die Bauflucht insgesamt aber dominiert.

– Grünraum und Bebauung werden miteinander verzahnt. Bei größeren Stadtgebieten übernehmen Grünzüge diese Funktion. Auf der Maßstabsebene des Stadtbaufelds kann die Verzahnung beispielsweise durch einen Wechsel von kompakten Baufeldern und eingeschnittenen Grün-/Freiräumen erfolgen, auf der Maßstabsebene des Baufelds durch die Positionierung der Baukörper. Bebauung und Baufelder öffnen sich dann folgerichtig zum Grünraum. Als Stadtbausteine eignen sich z. B. Zeilen, Punkte, U-förmig geöffnete oder aufgelöste Blockrandstrukturen.

– Das Baufeld wird durch die Art der Bebauung und Erschließung selbst zu einem Teil des Grünraums. Die in den Grünraum eingebettete Bebauung kann dabei solitären Charakter haben oder gruppiert sein.
→ Projekte 9.28 – 9.33

Gestaltungselemente von Grün- und Freiflächen

Die Garten- und Landschaftsarchitektur kennt vielfältige Gestaltungsmöglichkeiten: Freiflächen können in ihrer Wirkung gesteigert, modelliert und topografisch verändert, Wasserflächen als Fließgewässer oder in Form von Seen in die Gestaltung integriert werden. Abhängig vom Nutzungsschwerpunkt finden Vegetationselemente wie Bäume, Sträucher, Hecken und Wiesen, aber auch bauliche Elemente wie Wege, Mauern, Pergolen und unterschiedlichste Beläge in der Freiflächengestaltung Verwendung.

Zwei Gestaltungselemente, die im städtebaulichen Entwurf regelmäßig wiederkehren, sollen an dieser Stelle näher betrachtet werden: Bäume und Wasser.

Bäume als stadträumliche Gestaltungselemente
Bäume sind ein Stück Natur in der Stadt. Sie verbessern das Stadtklima, verringern CO_2-Emissionen und schützen vor allzu intensiver Sonneneinstrahlung. Darüber hinaus sind sie neben den Gebäuden – allein schon wegen ihrer Größe und ihres Volumens – stadtraumprägende Gestaltungselemente. Sie strukturieren und akzentuieren Stadträume wie Plätze, Straßen sowie Frei- und Grünräume und verbinden diese auch optisch miteinander.[24] Die Art und Weise, wie Bäume gestalterisch eingesetzt werden, resultiert aus der jeweiligen spezifischen räumlichen Situation. Vereinfacht gilt: Im Stadtraum werden Bäume üblicherweise in geometrischer Ordnung in Form von Linien und Rastern eingesetzt. Innerhalb von Frei- und Grünflächen überwiegt dagegen die freie Aufstellung einzelner, gruppierter oder flächig angeordneter Bäume.

Einzelbäume
Größere Einzelbäume markieren im Stadtraum besondere räumliche Stellen wie kleine Quartiersplätze oder Zugänge zu einer Gebäudegruppe. Auf Freiflächen werden sie in solitärer Stellung z. B. zur Akzentuierung einer markanten topografischen Situation eingesetzt.

24
Vgl. Anna-Maria Fischer, Dietmar Reinborn: „Grün und Freiflächen", in: Städtebau-Institut Universität Stuttgart (Hg.): *Lehrbausteine Städtebau*, Stuttgart 2003, S. 131 ff.

Gereihte Bäume
Bäume in einfacher Reihung oder in Alleeform doppelt gereiht unterstreichen die Linienführung und Richtung von Straßen und langgestreckten Stadträumen. In verkehrsberuhigten Straßen kann eine unregelmäßige, von Seite zu Seite alternierende Reihung von Bäumen den Raumfluss hemmen und das Verkehrsverhalten positiv beeinflussen.
→ Projekte 9.34, 9.35

Bäume in Flächenmustern
Die geometrische Anordnung von Bäumen als Kreis- beziehungsweise Rechteckfigur oder im Baumraster ist ein gebräuchliches Gestaltungselement in städtischen Räumen. Baumdächer auf Plätzen können intime, geschützte Räume schaffen, große Plätze werden durch Baumraster gefasst oder in unterschiedliche Teilbereiche gegliedert.

Frei gruppierte Bäume
In Landschaftsparks werden Bäume häufig zu frei komponierten, lockeren oder auch zu engen Baumgruppen („clumps") und als Wäldchen angeordnet. Der Wechsel zwischen Einzelbäumen und Baumgruppen führt zu einem Wechsel zwischen offenen und verdichteten Räumen. Auch bei größeren Frei- und Grünanlagen mit Parkcharakter im Stadtraum gibt es diese Anordnung.
→ Projekt 9.36

Wasser als stadträumliches Gestaltungselement

Wasser übt auf viele Menschen eine große Faszination aus. Das Wohnen oder Arbeiten mit Blick auf das Wasser ist ein Privileg. Seit einigen Jahren werden viele alte, aufgegebene Industrieareale an Flüssen oder ganze Hafengebiete zu modernen Wohn- und Büroquartieren umgewandelt. Bekannte Beispiele, die sich durch einen innovativen Städtebau und eindrucksvolle Architektur auszeichnen, sind die östlichen Hafengebiete in Amsterdam mit den neuen Wohnquartieren Java-eiland, KNSM-eiland, Borneo und Sporenburg, der Medienhafen in Düsseldorf oder die Hafencity Hamburg. Neben der Neunutzung vorhandener Areale am Wasser gibt es weltweit auch zahlreiche neue Stadtquartiere, die auf künstlich aufgeschütteten Inseln entstehen, oder solche, in denen Wasserflächen und Kanäle neu angelegt werden. Medial präsent ist das Villengebiet Palm Island auf drei künstlichen Inselgruppen vor der Küste Dubais in Form einer Palme. Durch die palmenartige Auffächerung besitzt fast jeder Bewohner einen eigenen Meerzugang.
→ Abb. 9.6

In den Niederlanden sind in den letzten Jahren viele Stadterweiterungsgebiete im Rahmen des sogenannten „Vinex"-Programms mit rund 800 000 neuen Wohnungen entstanden. In Amsterdam wird derzeit im Rahmen des Programms der neue Stadtteil IJburg auf mehreren künstlichen Inseln im IJmeer gebaut. In den Niederlanden müssen ca. 10 Prozent der Siedlungsfläche aus ökologischen Gründen für Wasserflächen reserviert werden – was Investoren und Architekten für neue Wohnangebote auf oder am Wasser gerne nutzen.[25] In Ypenburg zelebriert das große Teilgebiet „Waterwijk" das Wohnen am Wasser geradezu.

Wasserflächen können ganz unterschiedlich gestaltet sein: Die Uferbereiche von Fließgewässern lassen sich naturnah und architektonisch gestalten, Wasserflächen als Teich, See oder als Becken. Auch die Uferbebauung bietet viele gestalterische Varianten und reicht von der geschlossenen Bebauung über zum Wasser U-förmig geöffnete Baublöcke bis hin zu punktartig versetzten Bauformen, um den zurückliegenden Baureihen und damit möglichst vielen Menschen den attraktiven Ausblick auf das Wasser zu ermöglichen.
→ Projekte 9.37 – 9.41

Abb. 9.5 Hufeisensiedlung in Berlin, Bruno Taut/Martin Wagner, 1925 (D)

Abb. 9.6 The Palm Jumeirah in Dubai, HHCP ARCHITECTS, 2001 (UAE)

25
Vgl. Interview mit Jelte Boeijenga und Jeroen Mensink: „Welcome to Vinex Country", in: Leonhard Schenk, Rob van Gool: *Neuer Wohnungsbau in den Niederlanden. Konzepte Typologien Projekte*, München 2010, S. 21.

Die in das Gebiet hineinführenden Grünzüge sind Teil des gesamtstädtischen Grünraums.

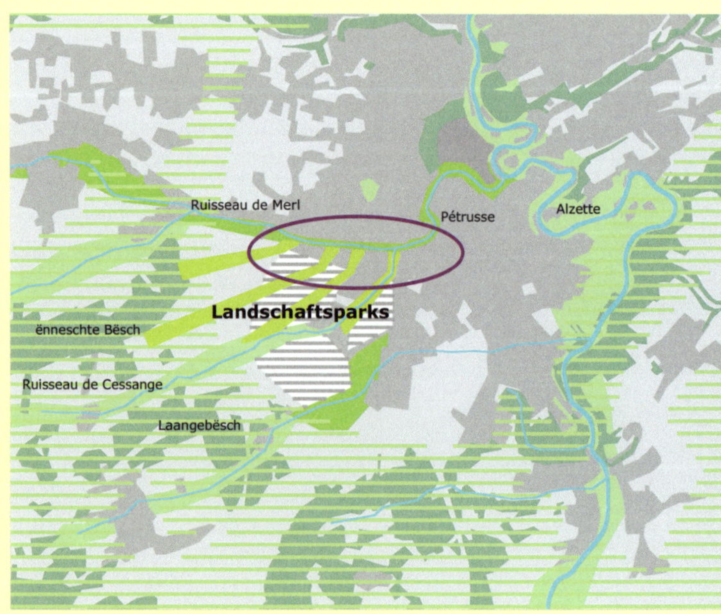

Gesamtstädtisches Grünraumkonzept

Projekt 9.24	**Masterplan Porte de Hollerich** Luxemburg (L) – Wettbewerb
VERFASSER	Teisen – Giesler Architectes mit Nicklas Architectes, Luxemburg, BS+ Städtebau und Architektur, Frankfurt a. M., und Landschaftsplaner stadtland, Wien
WEBSITE	www.teisen-giesler.lu
AUSZEICHNUNG	1. Preis
JAHR	2004
KATEGORIE	Stadtumbau/Stadterweiterung – Industrie-/Gewerbekonversion – neuer Stadtteil
THEMA	gesamtstädtischer Grün- und Freiraum
TAGS	additves Fügen; Anordnung Stadtbaufelder: Bezugselement, Reihung/Wiederholung/Rhythmus; baulich gefasster Grünraum

Die Grünräume sind primär dem neuen Quartier zugeordnet, jedoch auch mit anderen Stadtteilen vernetzt.

Projekt 9.25	**neue bahn stadt:opladen** Leverkusen (D) – Wettbewerb
VERFASSER	ASTOC Architects and Planners, Köln, mit Studio UC, Berlin
WEBSITE	www.astoc.de
AUSZEICHNUNG	3. Preis
JAHR	2006
KATEGORIE	Stadtumbau – Bahnkonversion – neuer Stadtteil
THEMA	stadtteilbezogener Grün- und Freiraum
TAGS	additives Fügen; Anordnung Stadtbaufelder: Bezugselement; Erschließungsring

Perspektive

Die neuen Wohnquartiere gruppieren sich um einen stadtteilbezogenen Grün- und Freiraum; zusätzlich besitzen sie eigene quartiersinterne Grün- und Freiräume.

Projekt 9.26	**Beckershof** Henstedt-Ulzburg (D) – Wettbewerb
VERFASSER	APB. Architekten BDA, Hamburg, mit JKL Junker + Kollegen Landschaftsarchitektur, Georgsmarienhütte
WEBSITE	www.apb-architekten.de
AUSZEICHNUNG	4. Preis
JAHR	2004
KATEGORIE	Stadterweiterung – neuer Stadtteil
THEMA	quartiersinterner Grün- und Freiraum
TAGS	Anordnung Stadtbaufelder: Wiederholung/Rhythmus, Gruppierung; quartiersinterner Grün- und Freiraum, verzahnter Grünraum

Gestaltungsplan

Die Wohnungen stehen mit den wohnungsnahen Freiräumen wie Privat- oder Gemeinschaftsgärten direkt in Verbindung.

Projekt 9.27	**Industriestraße/Bocholter Aa** Bocholt (D) – Wettbewerb
VERFASSER	pp a|s pesch partner architekten stadtplaner,Dortmund/Stuttgart, mit scape Landschaftsarchitekten, Düsseldorf
WEBSITE	www.pesch-partner.de
AUSZEICHNUNG	1. Preis
JAHR	2009
KATEGORIE	Stadtumbau – Gewerbe-/Industriekonversion – neues Stadtquartier
THEMA	wohnungsnaher Grün- und Freiraum
TAGS	Stadtbausteine: aufgelöster Baublock, Reihe, Zeile, Punkt; Anordnung Stadtbaufelder: Bezugselement (Fluss); baulich gefasster Grünraum

Am zentralen Park ist die Bauflucht überwiegend geschlossen ausgeführt.

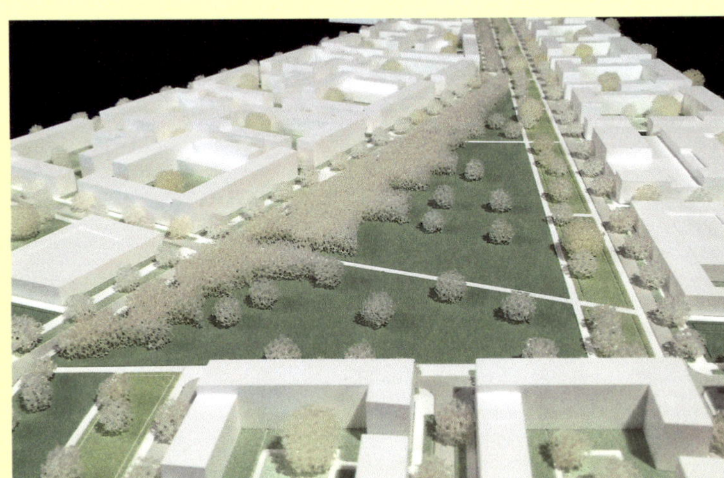

Modellausschnitt

Projekt 9.28	**Schumacher-Quartier** Berlin (D) – Wettbewerb
VERFASSER	scheuvens + wachten plus planungsgesellschaft mbh, Dortmund, mit WGF Landschaft, Landschaftsarchitekten GmbH, Nürnberg
AUSZEICHNUNG	1. Preis
JAHR	2016
WEBSITE	www.scheuvens-wachten.de
KATEGORIE	Flughafenkonversion – neues Stadtquartier
THEMA	baulich gefasster Grün- und Freiraum
TAGS	Prägnanz; geometrisches Prinzip; additives Fügen; verkipptes Gitter; Stadtbausteine: aufgelöster Baublock, Zeile, Punkt, Solitär/Sonderbaukörper; Anordnung Baufelder im Stadtbaufeld: Achse, Bezugselement, Reihung/Wiederholung/Rhythmus, Gruppierung; Platzbildung durch Fügen; stadtteilbezogener/quartiersinterner/wohnungsnaher Grün- und Freiraum

Der neue Stadtpark ist baulich streng, aber räumlich abwechslungsreich gefasst.

Vogelperspektive

Projekt 9.29	Nordwestbahnhof Wien (A) – Wettbewerb
VERFASSER	ernst niklaus fausch architekten, Zürich
WEBSITE	www.enf.ch
AUSZEICHNUNG	1. Preis
JAHR	2008
KATEGORIE	Stadtumbau – Bahnkonversion – neues Stadtquartier und Park
THEMA	baulich gefasster Grün- und Freiraum
TAGS	gedehntes Gitter; Stadtbausteine: geschlossener Baublock; Anordnung Stadtbaufelder: Bezugselement; Darstellung: Perspektive

Der Grün- und Freiraum ist einseitig baulich streng gefasst, auf der anderen Seite verzahnen sich Gebäude und Freiraum.

Projekt 9.30	**Gilchinger Glatze** Gilching (D) – Wettbewerb
VERFASSER	Marcus Rommel Architekten BDA, Stuttgart/ Trier, mit ernst + partner landschaftsarchitekten, Trier
WEBSITE	www.marcus-rommel-architekten.de
AUSZEICHNUNG	1. Preis
JAHR	2005
KATEGORIE	Stadterweiterung – neue Wohnquartiere am Park
THEMA	baulich gefasster Grün- und Freiraum – einseitig
TAGS	additives Fügen; Stadtbausteine: aufgelöster Baublock, Reihe; Anordnung Stadtbaufelder: Bezugselement; baulich gefasster/ verzahnter Grünraum

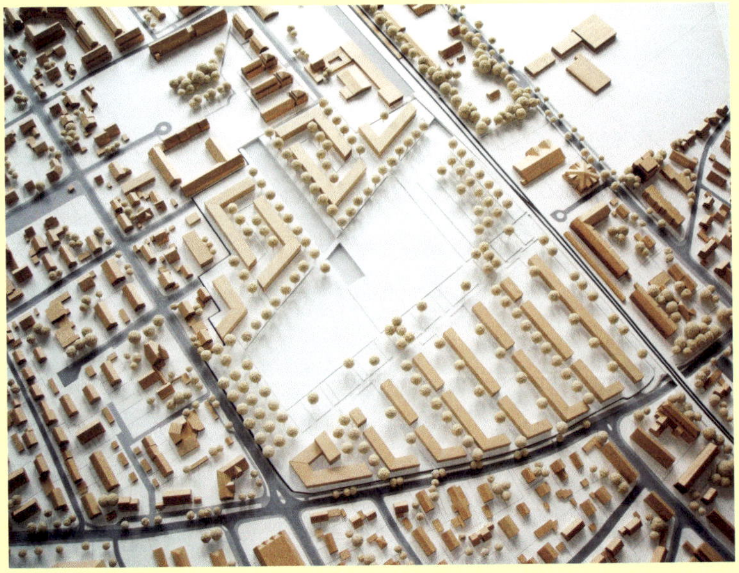

Modell

Während der Parkrand im Osten über Baufluchten definieren ist, verzahnt sich der Park keilförmig mit den westlichen Baufeldern.

Perspektive

Projekt 9.31	**Entwicklung des Baugebiets Bruhweg II** Gerlingen (D) – Wettbewerb
VERFASSER	MARS Metropolitan Architecture Research Studio, Esch-Sur-Alzette/Kaiserslautern, mit Agence Ter, Karlsruhe/Paris
AUSZEICHNUNG	2. Preis
JAHR	2017
WEBSITE	www.mars-group.eu
KATEGORIE	Stadt-/Siedlungserweiterung – neues Wohnquartier
THEMA	verzahnter Grün- und Freiraum – einseitig
TAGS	Kontrast; geometrisches Prinzip; additives Fügen; Stadtbausteine: aufgelöster Baublock, Hof, Zeile, Reihe, Punkt; Anordnung Baufelder im Stadtbaufeld; Reihung/Wiederholung/Rhythmus; stadtteilbezogener/quartiersinterner/wohnungsnaher Grün- und Freiraum; Darstellung: Perspektive

Die Verzahnung von Gebäuden und Freiraum ist Thema des architektonischen Konzepts.

Projekt 9.32	**Europan 9, stepscape greenscape waterscape** Rostock (D) – Wettbewerb
VERFASSER	florian krieger – architektur und städtebau, Darmstadt
WEBSITE	www.florian-krieger.de
AUSZEICHNUNG	1. Preis
JAHR	2008
KATEGORIE	Stadtumbau – Innenentwicklung – neues Wohnquartier am Wasser
THEMA	verzahnter Grün- und Freiraum
TAGS	additives Fügen; Stadtbausteine: Hybrid aus Raumstruktur, Reihe, Zeile und Punkt; Darstellung: Perspektive

Perspektive

Durch die lockere, nicht an Baufluchten gebundene Punktbebauung sind die Baufelder selbst ein Teil des Grünraums.

Modell

Projekt 9.33	**Vorderer Kätzleberg** Stockach (D) – Wettbewerb
VERFASSER	LS Architektur und Städtebau, Stuttgart, mit Braun+Müller Architekten BDA, Konstanz
WEBSITE	www.leonhardschenk.de, www.braun-mueller-architekten.de
AUSZEICHNUNG	1. Rang
JAHR	2011
KATEGORIE	Stadtumbau – Gewerbekonversion – neues Wohngebiet
THEMA	fließender Grün- und Freiraum
TAGS	Stadtbausteine: Punkt; Erschließungsbügelnetz; Darstellung: Strukturkonzept; Präsentationsmodell

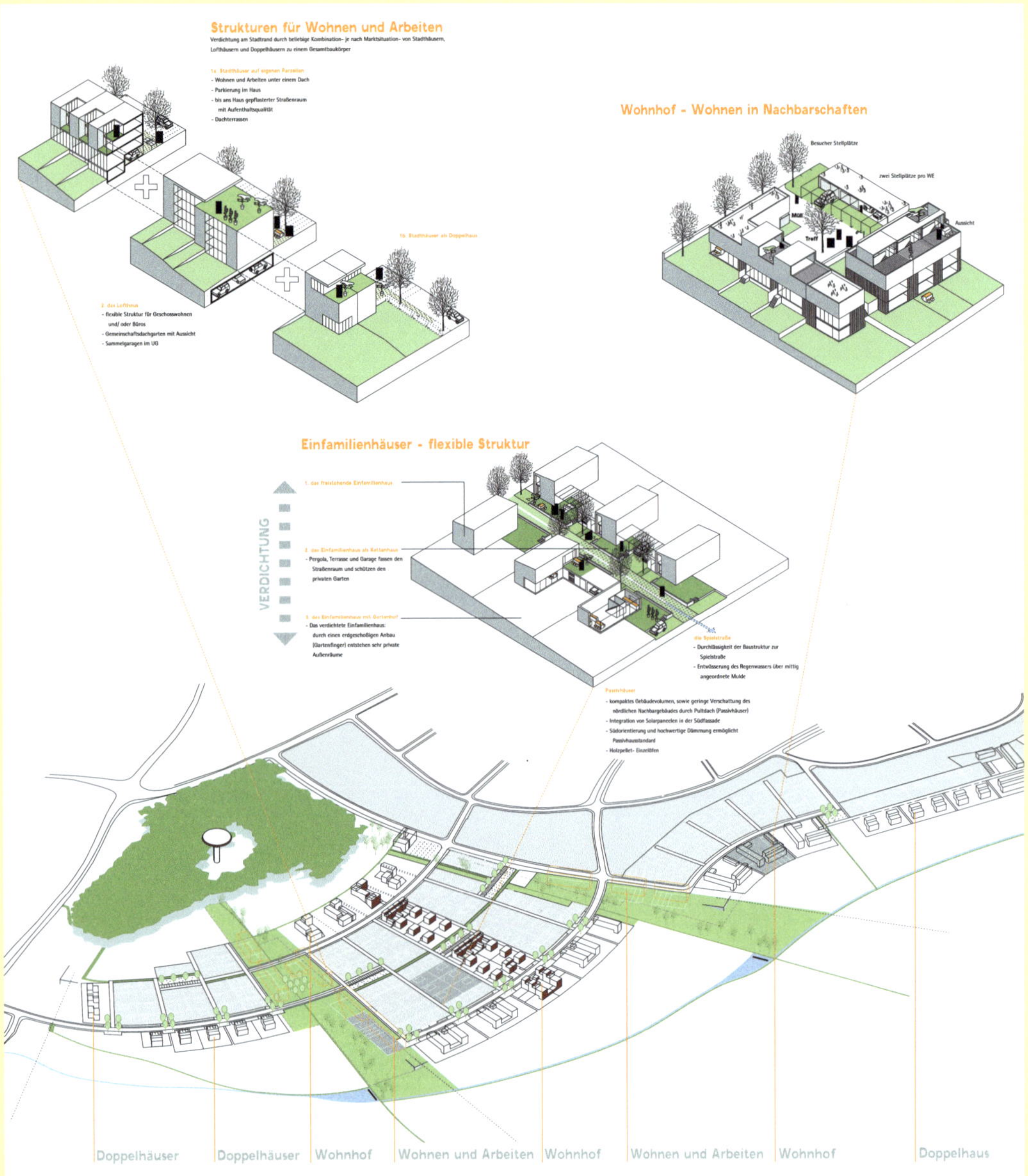

Baumstandorte und Haustypen in räumlicher Darstellung

Projekt 9.34	**Spitalhöhe/Krummer Weg** Rottweil (D) – Wettbewerb
VERFASSER	Ackermann+Raff, Stuttgart/Tübingen
WEBSITE	www.ackermann-raff.de
AUSZEICHNUNG	1. Preis
JAHR	2005
KATEGORIE	Stadterweiterung – neuer Stadtteil
THEMA	Einzelbäume, gereihte Bäume
TAGS	Anordnung Stadtbausteine im Baufeld: Bezugselement, Reihung/Rhythmus, Gruppierung; Platzbildung durch Fügen; geschwungener Straßenraum; Darstellung: Diagramme

Gereihte und gruppierte Bäume markieren die Wohnstraßen und Quartiersplätze, Einzelbäume die Wohnhöfe.

Die fünffach gereihten Bäume machen die Hauptstraße zum Boulevard.

Projekt 9.35	**Europacity/Heidestraße** Berlin (D) – Wettbewerb
VERFASSER	HILMER & SATTLER und ALBRECHT, Berlin/München, mit Keller Landschaftsarchitekten, Berlin
WEBSITE	www.h-s-a.de
AUSZEICHNUNG	3. Preis
JAHR	2008
KATEGORIE	Stadtumbau – Innenentwicklung – neues Stadtquartier
THEMA	gereihte Bäume
TAGS	Prägnanz; additives Fügen; Anordnung Stadtbaufelder: Achse, (Teil-)Symmetrie, Bezugselement, Wiederholung/Rhythmus, Gruppierung; Platzbildung durch Modellieren

Bäume im Flächenmuster verlängern die Baufelder optisch in die Landschaft, Bäume in freier Gruppierung stehen in den Grünzügen.

Projekt 9.36	**Wohngebiet Herzo Base** Herzogenaurach (D) – Wettbewerb
VERFASSER	straub tacke architekten bda, München
WEBSITE	www.straub-arc.de
AUSZEICHNUNG	3. Preis
JAHR	2002
KATEGORIE	Stadtumbau – Militärkonversion – neues Wohnquartier
THEMA	Bäume im Flächenmuster, frei gruppierte Bäume
TAGS	divisives Fügen; Erschließungsbügelnetz, Erschließungsring; Platzbildung durch Definieren; Darstellung: Diagramme

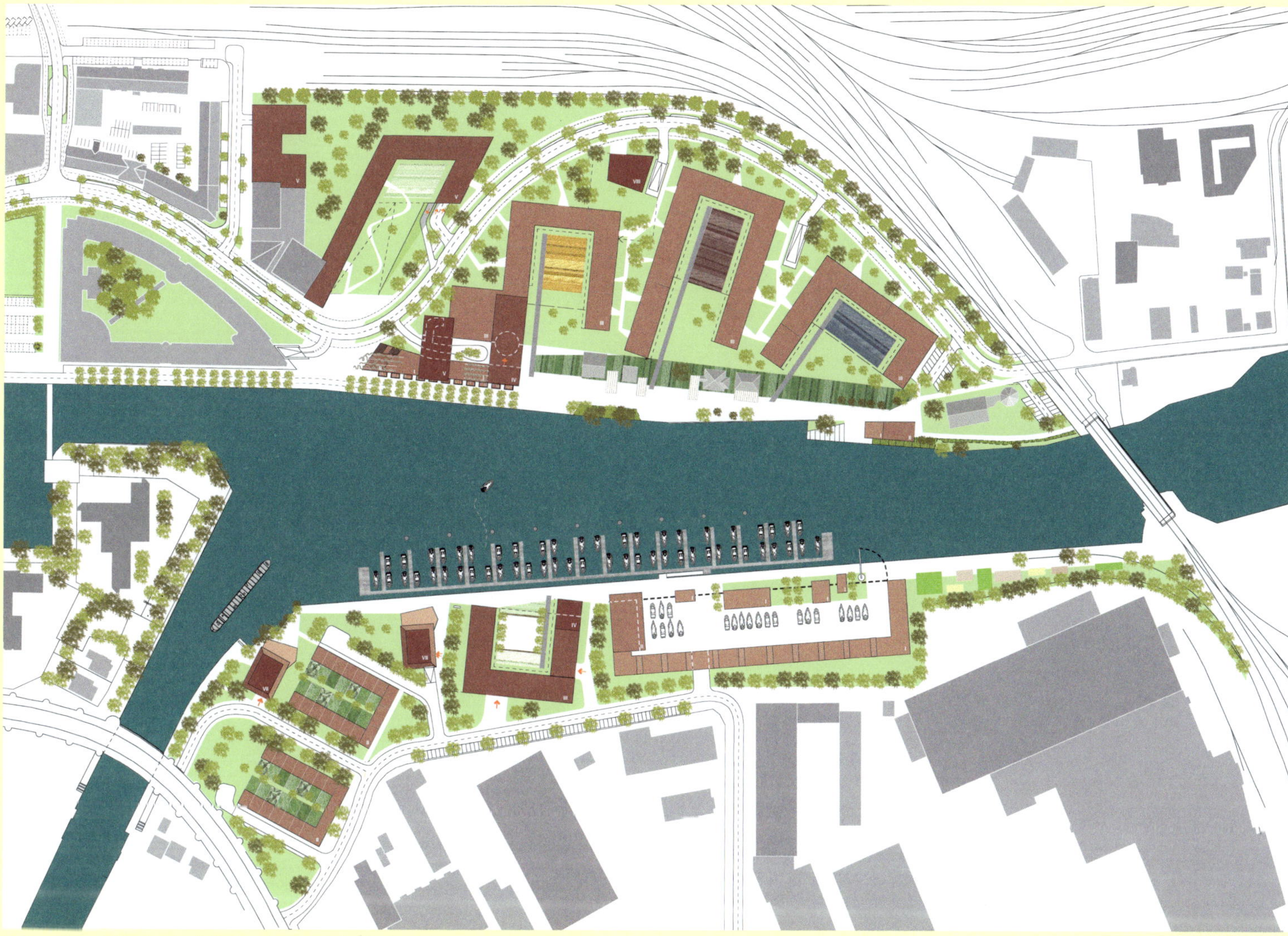

U-förmig geöffnete Baublöcke eignen sich für das Bauen am Wasser insbesondere bei tiefen Baufeldern, da auf eine benachteiligte zweite oder gar dritte Reihe verzichtet werden kann.

Perspektive

Projekt 9.37	**Alter Stadthafen** Oldenburg (D) – Wettbewerb
VERFASSER	BOLLES+WILSON, Münster, mit Agence Ter, Karlsruhe/Paris
WEBSITE	www.bolles-wilson.com
AUSZEICHNUNG	3. Preis
JAHR	2008
KATEGORIE	Stadtumbau – Hafenkonversion – neues Stadtquartier
THEMA	Bauen/Wohnen am Wasser
TAGS	additives Fügen; Stadtbausteine: aufgelöster, geöffneter Baublock; Darstellung: Perspektive

Der Entwurf schlägt verschiedene Arten von Wohnen am Wasser vor: auf Inseln, Halbinseln und an Kanälen.

Vogelperspektive

Projekt 9.38	**Vechtesee-Oorde** Nordhorn (D) – Wettbewerb
VERFASSER	pp a|s pesch partner architekten stadtplaner, Dortmund/Stuttgart, mit Glück Landschaftsarchitektur, Stuttgart
WEBSITE	www.pesch-partner.de
AUSZEICHNUNG	2. Preis
JAHR	2009
KATEGORIE	Stadterweiterung – Gewerbekonversion – neue Wohnquartiere und Freizeitbereich
THEMA	Bauen/Wohnen am Wasser
TAGS	Stadtbausteine: aufgelöster Baublock, Hof, Reihe, Zeile, Punkt; Anordnung Stadtbausteine im Baufeld: Achse/Symmetrie, Gruppierung

Die Struktur aus geknickten Reihen und Zeilen wirkt als blickdurchlässige Membran zwischen straßenbegleitender und Uferbebauung.

Modell

Projekt 9.39	**Entwicklung LindeQuartier** Wiesbaden (D) – Wettbewerb
VERFASSER	wulf architekten mit Möhrle + Partner Landschaftsarchitektur, Stuttgart
WEBSITE	www.wulfarchitekten.com
AUSZEICHNUNG	1. Preis
JAHR	2007
KATEGORIE	Stadtumbau – Hafenkonversion – neues Wohnquartier
THEMA	Bauen/Wohnen am Wasser
TAGS	Anordnung Stadtbausteine im Baufeld: Bezugselement, Reihung/Wiederholung/ Rhythmus; aufgeweiteter Straßenraum; verzahnter Grünraum

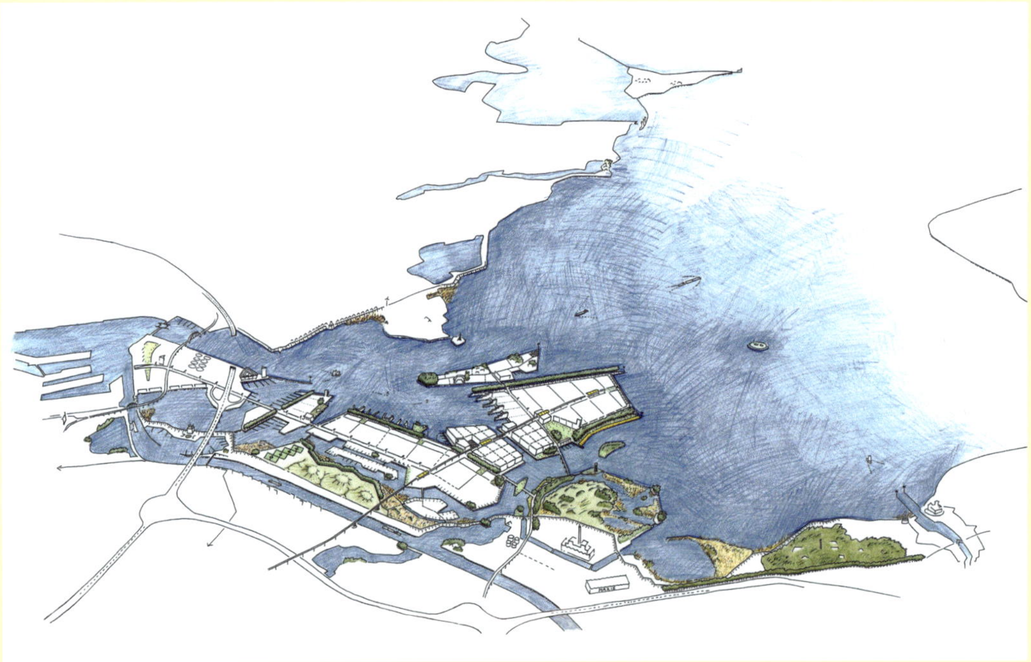

Entwurfsskizze für den neuen Amsterdamer Stadtteil auf künstlichen Inseln im IJmeer.

Realisierungstand 2010

Projekt 9.40	**IJburg** Amsterdam (NL)
VERFASSER	Palmbout-Urban Landscapes, Rotterdam
WEBSITE	www.palmbout.nl
JAHR	1995
KATEGORIE	Stadterweiterung – neuer Stadtteil
THEMA	Bauen/Wohnen am Wasser
TAGS	additives Fügen; Anordnung Stadtbaufelder: Achse, Bezugselement, Reihung/Wiederholung/Rhythmus; geradliniger Straßenverlauf; baulich gefasster Grünraum

In Ypenburg stand speziell für das Wohnen am Wasser das große Teilgebiet „Waterwijk“ zur Verfügung (im Plan mittig auf der linken Seite).

Realisierungsstand 2010

Projekt 9.41	**Ypenburg** Den Haag (NL)
VERFASSER	Palmbout-Urban Landscapes, Rotterdam
WEBSITE	www.palmbout.nl
JAHR	1994
KATEGORIE	Stadtumbau – Militärkonversion – neuer Stadtteil
THEMA	Bauen/Wohnen am Wasser
TAGS	additives Fügen; Anordnung Stadtbaufelder: Achse, Bezugselement, Reihung/Wiederholung/Rhythmus, Gruppierung; baulich gefasster, verzahnter Grünraum

10 Darstellung im Städtebau

10.1 Pläne und Zeichnungen im Städtebau – Rechtspläne und informelle Pläne

10.2 Planarten, Zeichnungen und Modelle im städtebaulichen Entwurf

10 Darstellung im Städtebau

Der städtebauliche Entwurf hat im Gegensatz zum Architekturentwurf einen wesentlich höheren Abstraktionsgrad. Gebäude werden in der Regel als einfache Formen und Volumina dargestellt, Straßen, Freiräume und Plätze als mehr oder weniger gegliederte Flächen. Dennoch kennt auch der städtebauliche Entwurf ganz unterschiedliche Abstraktions- und Maßstabsebenen, die sich in den unterschiedlichen Planarten wiederfinden.

10.1 Pläne und Zeichnungen im Städtebau – Rechtspläne und informelle Pläne

Grundsätzlich ist zwischen Rechtsplänen (z. B. Bebauungspläne) und informellen, mitteilenden Plänen (z. B. Entwurfspläne) zu unterscheiden. Rechtspläne haben eine rechtliche Wirkung, die jedoch je nach Plan unterschiedlich sein kann.

Rechtspläne

Flächennutzungspläne

Im Flächennutzungsplan legt eine Kommune die Art der Bodennutzung fest, wie sie die beabsichtigte städtebauliche Entwicklung in den folgenden 10 bis 15 Jahren erwarten lässt. Die Nutzungen sind dabei lediglich flächenhaft, in unterschiedlichen Farben und Mustern dargestellt. Die Kommune bindet sich mit dem Beschluss eines Flächennutzungsplans selbst, auch hinsichtlich der Aufstellung von neuen Bebauungsplänen. Dritte, wie z. B. die Besitzer von Bauerwartungsland, können aus dem Flächennutzungsplan keine Rechte ableiten.

→ **Abb. 10.1**

Bebauungspläne

Der Bebauungsplan ist ein örtliches Gesetz mit Rechtswirkung für alle. Er umfasst nur ein kleines, genau definiertes Teilgebiet der Gemeinde. Die Festsetzungen sind schriftlich und mit Planzeichen wie Baulinien, Baufenstern und Nutzungsschablonen zeichnerisch erläutert. „Als ‚verbindlicher Bauleitplan' setzt der Bebauungsplan rechtsverbindlich fest, wie die einzelnen Grundstücke – also auch die privaten – zu nutzen und zu bebauen sind."[1] Umgekehrt kann ein Grundstücksbesitzer aus einem Bebauungsplan, im Gegensatz zum Flächennutzungsplan, Rechte ableiten, d. h. er kann aus ihm ein – wenn auch durch Festsetzungen beschränktes – Baurecht in Anspruch nehmen.

→ **Abb. 10.3**

Informelle Pläne

Kommunale Entwicklungspläne

Kommunale Entwicklungspläne formulieren in der Regel ein Programm mit Aussagen zur Wirtschafts- und Bevölkerungsentwicklung, der Umweltsituation und des Finanzhaushaltes. Bei einem Entwicklungsplan liegt der Fokus auf dem Textteil, der üblicherweise durch Übersichtspläne ergänzt wird.

→ **Abb. 10.2**

Städtebauliche Rahmenpläne/Masterpläne

Städtebauliche Rahmenpläne, auch Masterpläne genannt, werden meist für größere Teile eines Gemeindegebiets erarbeitet. Sie basieren in der Regel auf einem städtebaulichen Entwurf, z. B. auf dem Ergebnis eines städtebaulichen Wettbewerbs. Rahmenpläne dienen dazu, Bebauungspläne oder auch Einzelmaßnahmen in einem größeren Planungszusammenhang darzustellen und die Planungsgrundsätze in Politik und Stadtgesellschaft zu verankern. Da Rahmenpläne lediglich Ziele formulieren, enthalten sie keine rechtsverbindlichen Festsetzungen. Gleichwohl werden kommunale Entwurfs- und Rahmenpläne durch die Gemeinde- und Stadtparlamente verabschiedet und besitzen dadurch eine gewisse Selbstbindung.

Städtebauliche Entwurfspläne

Städtebauliche Entwurfspläne bilden die Grundlage für städtebauliche Rahmenpläne und Bebauungspläne. Die konzeptionellen, funktionalen und gestalterischen Aspekte stehen dabei im Vordergrund. Im sogenannten Gestaltungsplan wird eine beispielhafte oder eine idealisierte, bestmögliche bauliche Entwicklung dargestellt.

1 Hessisches Ministerium für Wirtschaft, Verkehr und Landesentwicklung (Hg.): *mitreden, mitplanen, mitmachen. Ein Leitfaden zur städtebaulichen Planung*, Wiesbaden 2001, S. 20.

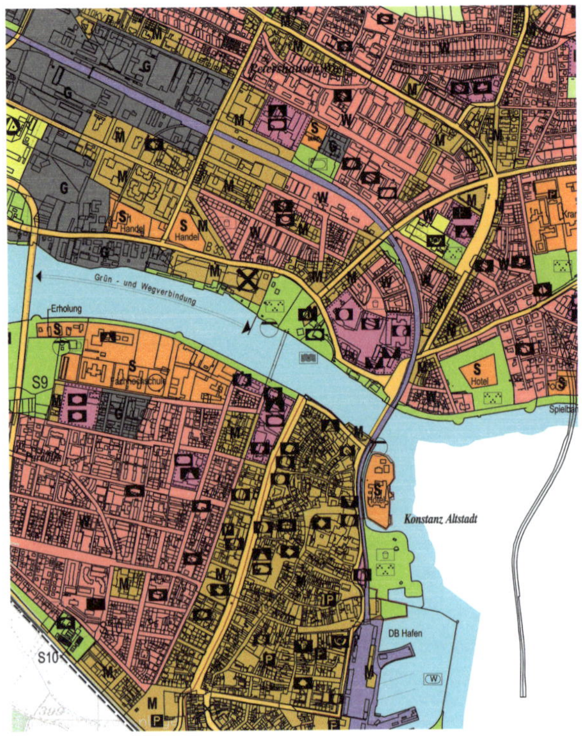

Abb. 10.1 Im Flächennutzungsplan legt die Kommune die Art der Bodennutzung fest; Ausschnitt aus dem Flächennutzungsplan der Stadt Konstanz (D)

Abb. 10.2 Kommunale Entwicklungspläne formulieren ein Programm mit Aussagen zur künftigen Entwicklung einer Stadt. Ausschnitt „Leitziel Freiraum" des Stadtentwicklungskonzepts „Konstanz 2020" der Stadt Konstanz (D)

Abb. 10.3 Der Bebauungsplan setzt rechtsverbindlich fest, wie die einzelnen Grundstücke zu nutzen und zu bebauen sind; Bebauungsplan „Stadt am Seerhein" der Stadt Konstanz (D)

10.2 Planarten, Zeichnungen und Modelle im städtebaulichen Entwurf

Da die detaillierte Darstellung aller Planarten den Umfang des Buchs sprengen würde, soll an dieser Stelle vor allem auf die städtebaulichen Entwurfspläne eingegangen werden, wie sie z. B. die Auslober in städtebaulichen Wettbewerben fordern.

Gestaltungsplan
Der Gestaltungsplan ist das Herzstück eines jeden städtebaulichen Entwurfs. In ihm sind alle Aussagen des Entwurfs enthalten, wie Baustruktur, Nutzungsverteilung, Erschließung, Grün- und Freiflächen. Je nach Größe des Planungsgebiets wird er als Lageplan im Maßstab 1:5 000, 1:2 000, 1:1 000 oder, bei kleinen Gebieten, im Maßstab 1:500 dargestellt. Die Bandbreite variiert dabei von naturalistisch-abstrahierten bis hin zu rein grafischen Plandarstellungen.

Die Wahl der angemessenen Darstellungsmittel hängt maßgeblich von den Kernaussagen des Entwurfs, von der Zielgruppe und vom persönlichen Entwurfs- und Zeichenstil ab. Erlaubt ist, was die Lesbarkeit des Entwurfs unterstützt. Dennoch haben sich einige Darstellungsweisen besonders bewährt: Die Pläne sind üblicherweise genordet, Schatten können die plastische Wirkung von Bäumen, topografischen Elementen und Baukörpern verstärken. Vegetation, also Grün- und Wasserflächen, wird meist in ihren Eigenfarben – Grün- oder Blautönen – dargestellt. Straßen- und Platzflächen sollten nicht zu dunkel gehalten sein, da sie sich ansonsten optisch in den Vordergrund drängen. Die Verwendung von unterschiedlich dicken Strichstärken wirkt hierarchisierend auf die einzelnen Elemente des Entwurfs. Je wichtiger das Element, umso dicker sollte die Randlinie ausgeführt werden. Die Geschossigkeit wird in römischen Zahlen, gegebenenfalls mit dem Zusatz „+D" für Dachgeschoss, angegeben.

Je nach Maßstab ändert sich auch die Darstellungstiefe. Sind in einem Gestaltungsplan im Maßstab 1:2 000 lediglich strukturelle Aussagen zu Verkehr, Nutzungen, Bauformen und Freiflächen zu erkennen, so lassen sich im Maßstab 1:1 000 bereits Parzellengrenzen, Dachformen und grundsätzliche Aussagen zur Gestaltung von Frei- und Verkehrsflächen darstellen. Der Maßstab 1:500 eignet sich für eine noch stärkere Detaillierung, z. B. der verwendeten Bautypologien mit Darstellung des Erschließungskerns, des öffentlichen Raums und der privaten Freiflächen.

Mit einem einfachen Trick kann man die Lesbarkeit des Gestaltungsplans überprüfen: Wenn man die Augen bis auf einen schmalen Schlitz schließt, so sollten die wichtigsten strukturierenden Elemente noch zu erkennen sein. Ist der Hell-Dunkel- oder der Farbkontrast dieser Elemente zu gering und fließen diese beim Betrachten zusammen, so muss die Darstellung überarbeitet werden.
→ Projekte 10.1 – 10.4

Strukturkonzept
Im Strukturkonzept werden die wichtigsten räumlichen und funktionalen Bezüge innerhalb eines größeren Stadtgebiets dargestellt. Bei der Neubeplanung eines Teilbereichs etwa soll das Strukturkonzept zeigen, wie die entwerferischen Maßnahmen diese Bezüge unterstützen, verbessern oder möglicherweise sogar um neue Aspekte ergänzen. Grundlage der meist durch Symbole verdeutlichten Bezüge kann je nach Ausschnittsgröße eine flächenhafte Darstellung von Stadtteilen, Baufeldern und Freiflächen oder auch ein Baumassenplan sein.
→ Projekte 10.5 – 10.7

Baumassenplan
Der Baumassenplan, wegen der Darstellung der Gebäude als schwarze Flächen auf weißem Grund auch Schwarzplan genannt, zeigt, ob und wie sich der Entwurf in eine bestehende Baustruktur einfügt. In der Umkehrung zu weißen Gebäuden auf schwarzem Grund ändert sich die Wahrnehmung: Nach dem Gesetz von Figur und Grund tritt der Stadtraum figürlich in den Vordergrund. Beide Darstellungsformen eignen sich hervorragend – auch wiederholt während des Entwurfsprozesses – zur Überprüfung des Entwurfs.
→ Projekt 10.8

Schnitt
Der Schnitt ist im städtebaulichen Entwurf weniger eine technische, als vielmehr eine informierende und atmosphärische Zeichnung. Er visualisiert die Gliederung und Qualität des Stadtraums, des Zwischenraums zwischen den Gebäuden, in Abhängigkeit von Topografie, Proportion und Höhenentwicklung der Gebäude.

Längsschnitte durch Gebäude sind nach Möglichkeit zu vermeiden, da hierdurch das Verhältnis von Baukörper zu Außenraum verzerrt wird. Bei einem rein städtebaulichen Entwurf ist es ratsam, die Ansichten von Gebäuden im Geländeschnitt nur zurückhaltend oder schematisch darzustellen, da detaillierte Fassaden – allein schon aufgrund der Darstellungsdichte – die Aufmerksamkeit auf sich ziehen würden. Die Belebung des Schnitts durch Menschen, Bäume und Fahrzeuge hat dagegen eine unterstützende Wirkung.
→ Projekte 10.9 – 10.12

Entwurfsskizze
Auch im digitalen Zeitalter kann ein Entwurfsverfasser durch das Skizzieren der wesentlichen Entwurfsidee mit wenigen Strichen von Hand ein

auffälliges und persönliches Statement abgeben. Die Zeichnung kann zur Verdeutlichung der Entwurfsabsichten von Hand oder mithilfe digitaler Bildbearbeitung koloriert sein.
→ Projekte 10.14 – 10.16

Diagramme und Piktogramme

Diagramme im Städtebau dienen zur grafischen Darstellung von Daten, Sachverhalten, Informationen oder Prozessen. Die Bandbreite reicht dabei von einer bildhaften bis zu einer rein abstrakten Darstellung. Während ein Piktogramm als Bildsymbol nur auf eine einzelne Information verweist, erläutern Diagramme auf visuelle, möglichst einfache Art und Weise komplexe Zusammenhänge. Selbstverständlich können Piktogramme auch innerhalb eines Diagramms eingesetzt werden.

Heute kommt kaum ein Architektur- oder Städtebauentwurf noch ohne professionell gestaltete Diagramme aus. Das mag daran liegen, dass angesichts des heutigen Informationsüberflusses eine schnelle, zielgerichtete Kommunikation notwendiger ist denn je. Eine andere Deutung ist, dass es sich bei den Diagrammen um mehr als nur ein Instrument zur Ideenvermittlung handelt und das Diagramm bereits selbst zu einem Designelement des Entwurfs geworden ist.[2] Vermutlich haben beide Sichtweisen ihre Berechtigung. Gut gestaltete Diagramme erfüllen auf beiden Seiten der Informationsvermittlung ihren Zweck.
→ Projekte 10.17, 10.18

Funktionsdiagramme

Zur Erstellung von Funktionsdiagrammen wird der Entwurf gleichsam sezierend in seine Schichten zerlegt, und die wesentlichen inhaltlichen Aussagen werden zweidimensional oder auch dreidimensional in Diagrammform dargestellt. Die üblichen Funktionsdiagramme sind:

– Das Verkehrsdiagramm, das das Erschließungssystem einschließlich der Verkehrsarten beschreibt;

– das Freiflächendiagramm, das die Ausstattung mit privaten und öffentlichen Grün- und Freiflächen und deren stadträumliche Vernetzung zeigt;

– das Nutzungsdiagramm, das die Verteilung der Nutzungen wie Wohnen, Gewerbe, Mischnutzung oder Gemeinbedarf und kulturelle Einrichtungen erläutert.

Weitere Funktionsdiagramme ergeben sich entwurfsabhängig, z. B. zur Verdeutlichung von Bauabschnitten, Sichtbeziehungen, Parkierungskonzept, Differenzierung in der Höhenentwicklung, Energiekonzept und zu vielem anderen mehr.
→ Projekte 10.19 – 10.26

Weitere Diagramme

Die Möglichkeiten, mittels Diagrammen komplexe Zusammenhänge zu erklären, sind so vielfältig wie die Themen und Aspekte im städtebaulichen Entwurf. Auch zur Visualisierung von Prozessen eignen sich Diagramme, beispielsweise wie bei einem Entwurfsprozess die einzelnen Entwurfsschritte aus der Analyse abgeleitet werden oder wie und wann bei einem Realisierungsprozess welche Baumaßnahmen eingeleitet werden müssen.
→ Projekte 10.27 – 10.33

Perspektiven

Perspektiven und Visualisierungen sind besonders für Nichtfachleute beim Lesen des Entwurfs hilfreich. Die Vogelperspektive dient zur Veranschaulichung der Baustruktur und Einbettung in die Umgebung, die Fußgängerperspektive zeigt räumliche Situationen so, wie sie später in der Realität wahrnehmbar sein werden. Die Bandbreite reicht dabei von einfachen, mit Bildbearbeitungsprogrammen kolorierten Handzeichnungen bis zu fotorealistischen Renderings. In jüngerer Zeit ist zu beobachten, dass nach einer Phase der Digitalisierung die gekonnte, individuelle Handzeichnung wieder einen gleichberechtigten Platz im Darstellungs-Repertoire einnimmt.
→ Projekte 10.34 – 10.43

Städtebauliche Details

Je nach Planungsaufgabe sind unterschiedliche Detaillierungsgrade erforderlich. Genauere Gestaltungsaussagen sind im städtebaulichen Kontext in der Regel ab einem Maßstab von 1:500 bis 1:50 möglich, z. B. zu:

– Gestaltungsprinzipien der öffentlichen und privaten Freiflächen
– Zufahrten und Flächen für den ruhenden Verkehr
– Vegetationselementen
– Beziehungen der Gebäude zu öffentlichen und privaten Freiflächen (Vor- und Eingangsbereiche, Terrassen, Gemeinschaftsflächen etc.)
– Platz- und Straßenbelägen, Stadtmöblierung und Beleuchtungselementen
→ Projekte 10.44 – 10.46

Planlayout

Das Planlayout ist gewissermaßen das Storyboard des städtebaulichen Entwurfs. Das Layout soll die Lesbarkeit des Entwurfs funktional wie auch grafisch unterstützen. Ein wesentlicher Aspekt des Layouts ist eine in sich schlüssige Anordnung der Planinhalte. Dabei hat sich bewährt, dass zunächst das Strukturkonzept, der Baumassenplan und die Funktionsdiagramme erläutert werden, anschließend der Gestaltungsplan, die Schnitte und zuletzt die städtebaulichen Details und ergänzenden Zeichnungen präsentiert werden.

2
Vgl. Miyoung Pyo (Hg.): *Construction and Design Manual. Architectural Diagramms*, Berlin 2011, S. 10.

Visualisierungen sollten mit Bedacht eingesetzt werden. Eine prägnante großformatige Visualisierung eignet sich als Blickfang, Auftakt oder Schluss der Planpräsentation. Weitere unterstützende Visualisierungen können, falls sie für das Verständnis wirklich notwendig sind, den einzelnen Plänen zugeordnet werden. Weniger kann dabei – wie so oft – mehr sein.
→ Projekte 10.47 – 10.51

Modelle
Physische wie auch digitale Modelle eignen sich sowohl zur Überprüfung der Entwurfsidee im Entwurfsprozess als auch zur Präsentation des fertigen städtebaulichen Entwurfs.

Grundsätzlich unterscheidet man daher zwischen einfachen Arbeitsmodellen und handwerklich perfekten Präsentationsmodellen:

Das Arbeitsmodell sollte aus Materialien bestehen, die leicht weiterbearbeitet werden können, wie Pappe oder Polystyrol. Gleichwohl können Arbeitsmodelle einen besonderen Charme entfalten, der nicht hinter dem eines Präsentationsmodells zurückstehen muss.

Für ein Präsentationsmodell empfehlen sich robuste, strapazierfähige Materialien wie Modellbaugips, Kunststoffe von höherer Dichte oder auch Holz. In einigen Ländern, z. B. in der Schweiz, ist es üblich, dass in Wettbewerbsverfahren zur besseren Vergleichbarkeit die Präsentationsmodelle monochrom in Weiß zu halten sind. Einige Büros wie BIG, OMA oder MVRDV sind für ihre bunt collagierten Modelle bekannt, die aus unterschiedlichen, teils ungewöhnlichen Materialien gefertigt sind.

Welche Darstellungsart man auch immer wählt: Entwurfsidee sowie Plan- und Modelldarstellungen sollten immer in einem angemessenen Zusammenhang stehen.
→ Projekte 10.52 – 10.59

Im Lageplan Maßstab 1:5 000 sind lediglich strukturelle Aussagen zur Einbindung in die Stadtstruktur, zu Verkehr, Nutzungen, Bauformen und Freiflächen zu erkennen.

Projekt 10.1	**Urban Transformation Airport Tempelhof** Berlin (D) – Wettbewerb
VERFASSER	Leonov Alexander Alexandrovich mit Zalivako Darya Andreevna, Moskau
AUSZEICHNUNG	2. Preis
JAHR	2009
KATEGORIE	Stadtumbau – Flughafenkonversion – neuer Stadtteil
THEMA	Lageplan/Gestaltungsplan
TAGS	überlagerendes Fügen; Platzbildung durch Aussparen/Weglassen, Fügen und Modellieren

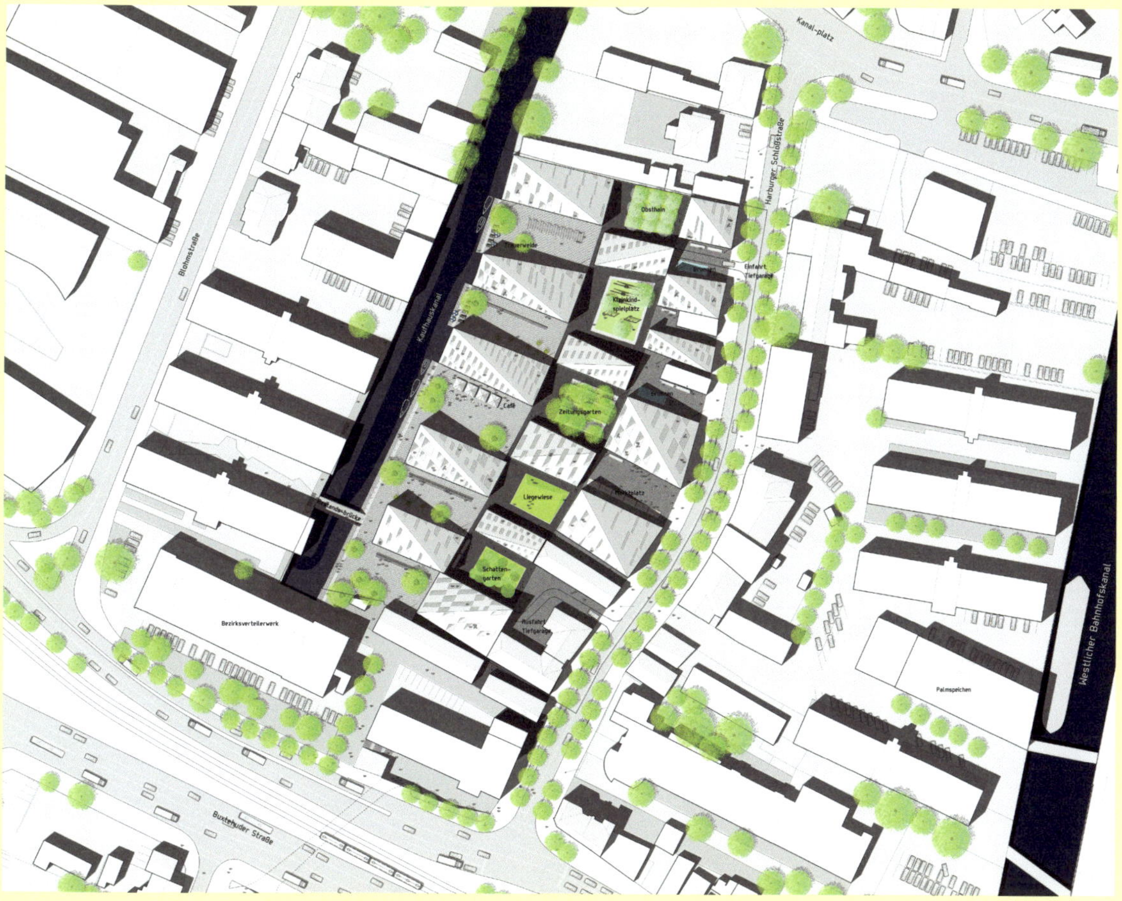

Der Maßstab 1:500 eignet sich für eine weitergehende Detaillierung, z. B. des öffentlichen Raums und der privaten Freiflächen.

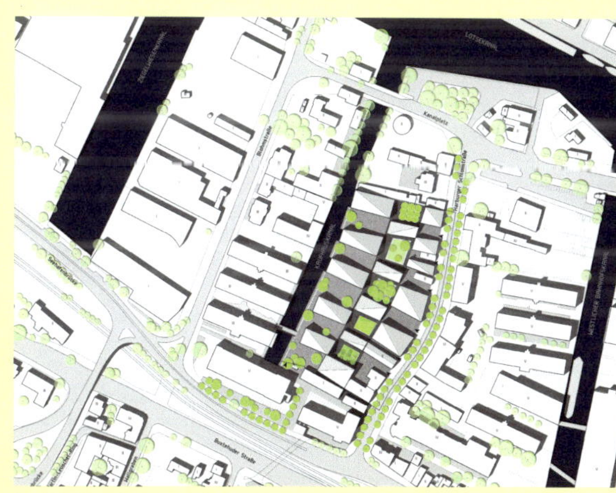

Im Maßstab 1:1 000 sind bereits Parzellengrenzen, Dachformen und grundsätzliche Aussagen zur Gestaltung von Frei- und Verkehrsflächen darstellbar.

Projekt 10.2	**Metrozonen, Kaufhauskanal** Hamburg (D) – Wettbewerb
VERFASSER	BIG Bjarke Ingels Group, Kopenhagen, mit TOPOTEK 1, Berlin, und Grontmij, De Bilt
WEBSITE	www.big.dk
AUSZEICHNUNG	1. Preis
JAHR	2009
KATEGORIE	Stadtumbau – Hafenkonversion – neues Wohnquartier
THEMA	Gestaltungsplan
TAGS	gedehntes Gitter; Anordnung Stadtbausteine im Baufeld: Reihung/Wiederholung/Rhythmus; Bauen/Wohnen am Wasser

Perspektive Kaufhauskanal

In plakativen Farben zeigt der Gestaltungsplan die Neuplanung und die Einbindung in Stadt und Landschaft. Es ist deutlich erkennbar, dass die Planung einen wirksamen Schallschutz vor der Umgehungsstraße bieten wird.

Projekt 10.3	**Neufahrn-Ost** Neufahrn bei Freising (D) – Wettbewerb
VERFASSER	Ackermann+Raff, Stuttgart/Tübingen, mit Planstatt Senner, Überlingen
WEBSITE	www.ackermann-raff.de
AUSZEICHNUNG	1. Preis
JAHR	2005
KATEGORIE	Stadterweiterung – neue Wohnquartiere
THEMA	Gestaltungsplan
TAGS	Prägnanz; geometrisches Prinzip; additives Fügen; Stadtbausteine: aufgelöster Baublock, Reihe, Zeile, Punkt, Solitär; Anordnung Stadtbaufelder: Achse, Reihung/Wiederholung/Rhythmus, Gruppierung

Der grafisch zurückhaltende Gestaltungsplan stellt den offenen, fließenden Grünraum in den Vordergrund.

Projekt 10.4	**Vorderer Kätzleberg** Stockach (D) – Wettbewerb
VERFASSER	LS Architektur und Städtebau, Stuttgart, mit Braun+Müller Architekten BDA, Konstanz
WEBSITE	www.leonhardschenk.de, www.braun-mueller-architekten.de
AUSZEICHNUNG	1. Rang
JAHR	2011
KATEGORIE	Stadtumbau – Gewerbekonversion – neues Wohngebiet
THEMA	Gestaltungsplan
TAGS	fließender Grün- und Freiraum

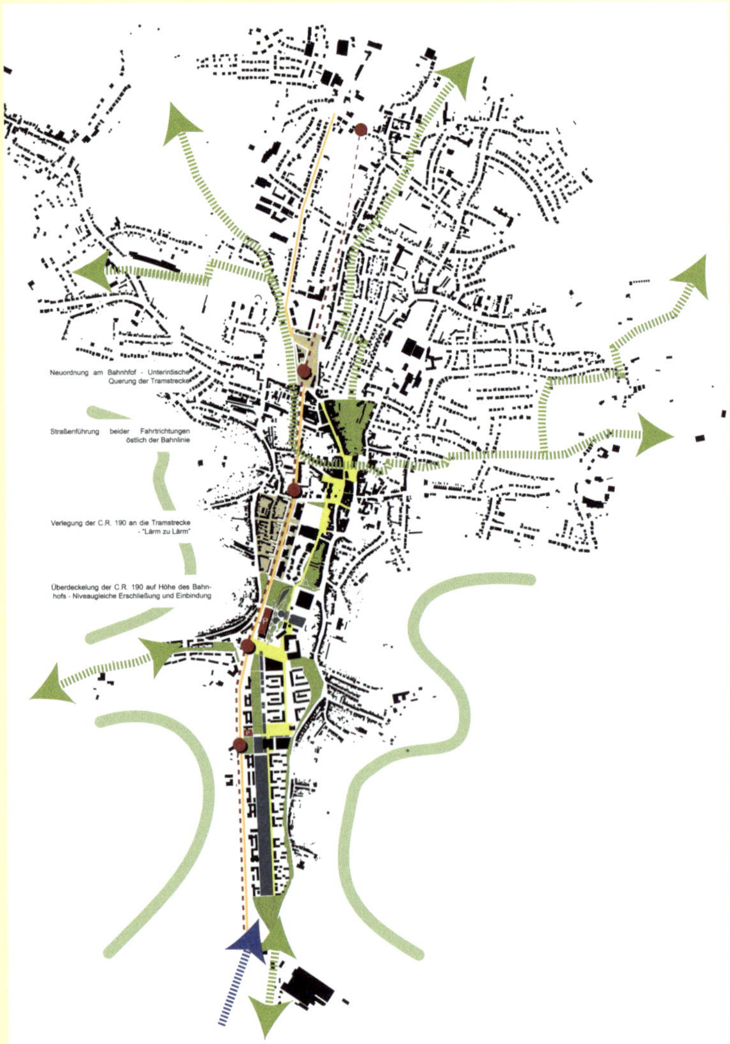

Im Strukturkonzept werden die wichtigsten funktionalen und räumlichen Bezüge innerhalb eines größeren Stadtgebiets dargestellt.

Gestaltungsplan

Projekt 10.5	**Räumliches Strukturkonzept Schmelz** Diddeleng (Lg) – Wettbewerb
VERFASSER	ISA Internationales Stadtbauatelier, Stuttgart/Peking/Seoul/Paris, mit Planungsgruppe Landschaft und Raum, Korntal-Münchingen
WEBSITE	www.stadtbauatelier.de
AUSZEICHNUNG	3. Preis
JAHR	2009
KATEGORIE	Stadtumbau – Industriekonversion – neuer Stadtteil
THEMA	Strukturkonzept
TAGS	Anordnung Stadtbaufelder: Achse, Hierarchie, Bezugselement, Reihung/Wiederholung/Rhythmus, Gruppierung

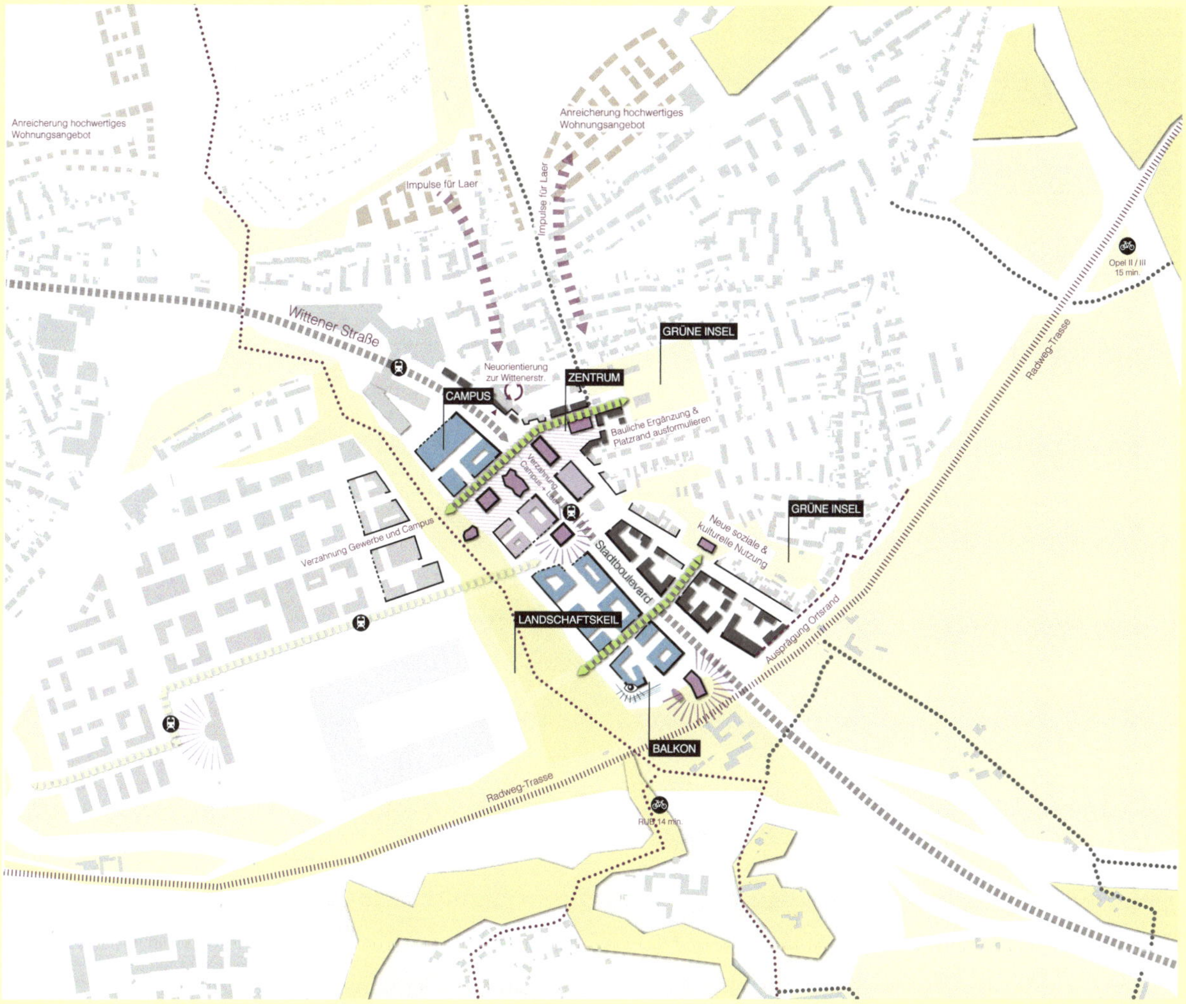

Das Strukturkonzept arbeitet mit wenigen, einfachen und leicht verständlichen Zeichnungselementen: Linien, Schraffuren, Farbfüllungen, Pfeilen, Fahnen und Piktogrammen, die durch Planeinschriebe zusätzlich erläutert werden.

Projekt 10.6	**Wittener Straße** Bochum (D) – Wettbewerb
Verfasser	reicher haase associierte GmbH, Aachen/Vianden/Dortmund, mit GREENBOX Landschaftsarchitekten, Köln/Düsseldorf/Stuttgart
Auszeichnung	2. Preis
Jahr	2015
Website	www.rha-architekten.de
Kategorie	Gewerbekonversion – neues Stadtquartier
Thema	Strukturkonzept
Tags	geometrisches Prinzip; additives Fügen; unregelmäßiges Gitter; Stadtbausteine: geschlossener Baublock, aufgelöster Baublock, Cityblock, Mäander, Solitär/Sonderbaukörper; Anordnung Baufelder im Stadtbaufeld: Achse, Reihung/Wiederholung/Rhythmus, Gruppierung; Platzbildung durch Fügen

Gestaltungsplan

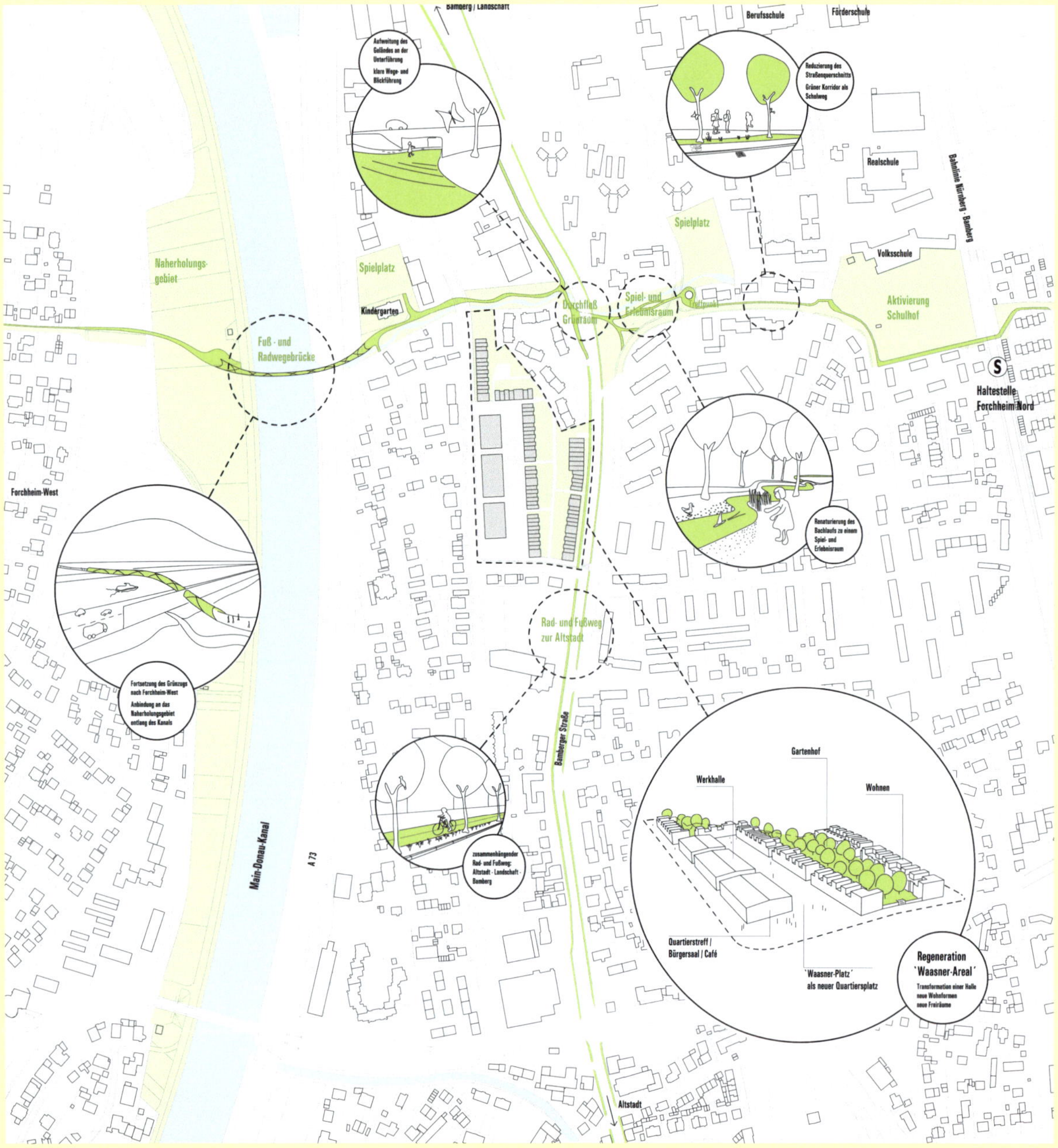

Strukturkonzept mit Zoom in Teilbereiche

Projekt 10.7	**Europan 10, Eine urbane Schnittstelle neu denken** Forchheim (D) – Wettbewerb
VERFASSER	Jörg Radloff, Maximilian Marinus Schauren, Karoline Schauren, München
WEBSITE	www.schauren.com
AUSZEICHNUNG	Engere Wahl
JAHR	2010
KATEGORIE	Stadtumbau – Industrie-/Gewerbekonversion – neues Wohnquartier
THEMA	Strukturkonzept
TAGS	Stadtbausteine: Reihe; Platzbildung durch Modellieren

Gestaltungsplan

Baumassenplan mit farbig markierter Neuplanung

Der „Schwarzplan" zeigt, wie sich der Entwurf in die bestehende Baustruktur einfügt.

Im „Weißplan" tritt der Stadtraum figürlich in den Vordergrund.

Projekt 10.8	**Innerer Westen** Regensburg (D) – Wettbewerb
VERFASSER	Ammann Albers StadtWerke mit Schweingruber Zulauf Landschaftsarchitekten BSLA, Zürich
WEBSITE	www.stadtwerke.ch
AUSZEICHNUNG	1. Preis
JAHR	2011
KATEGORIE	Stadtumbau – Bahn-Konversion – neue Wohnquartiere
THEMA	Baumassenplan (Schwarzplan)
TAGS	Anordnung Stadtbaufelder: Wiederholung/ Variation/Rhythmus

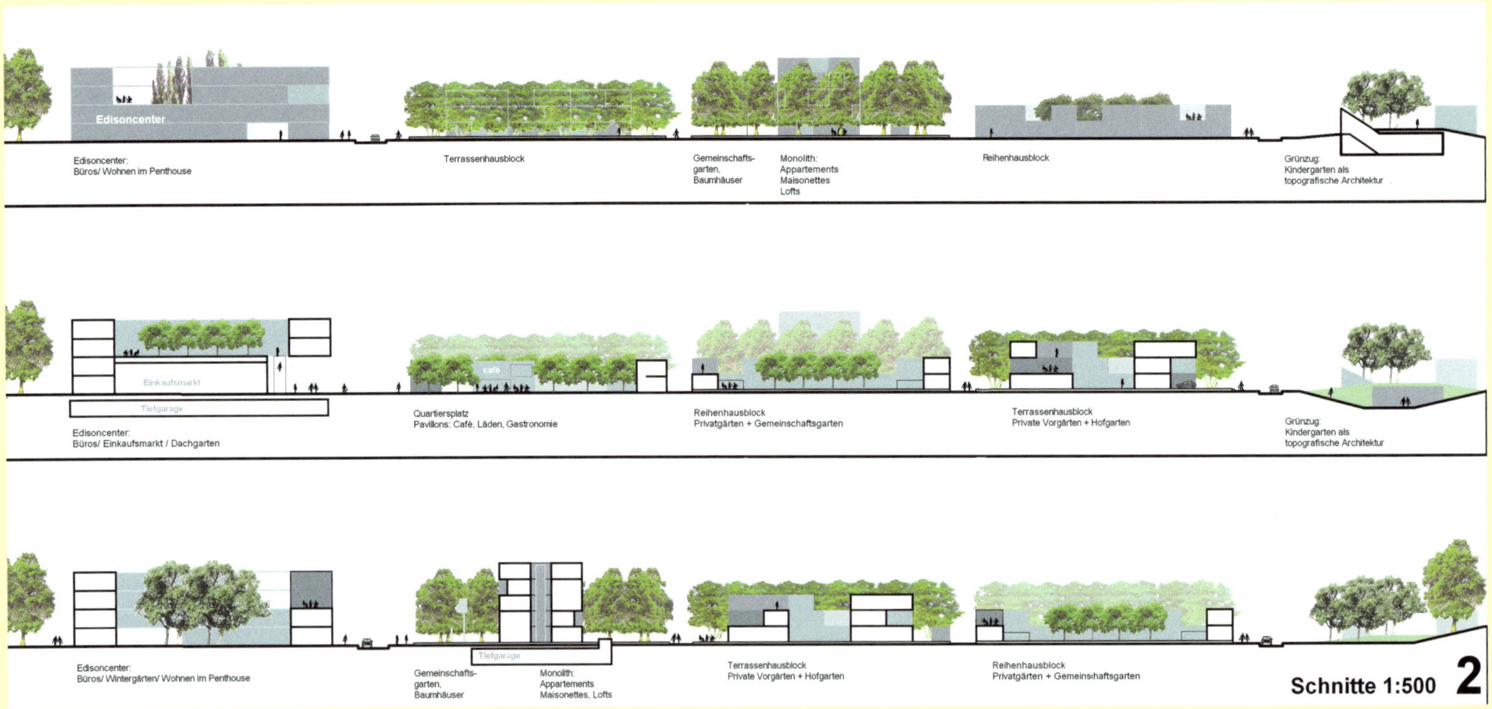

Im Schnitt werden Gliederung und Qualität des Zwischenraums deutlich.

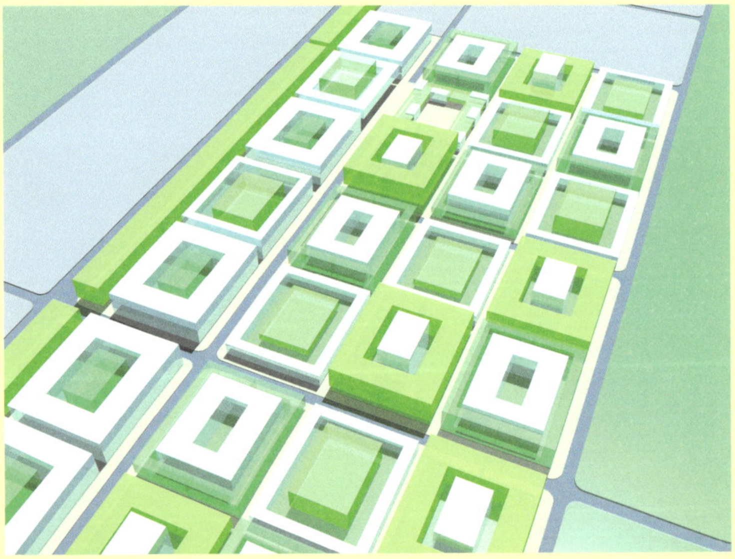

Perspektive

Projekt 10.9	**Europan 7, Suburban Frames** Neu-Ulm (D) – Wettbewerb
VERFASSER	florian krieger – architektur und städtebau, Darmstadt
WEBSITE	www.florian-krieger.de
AUSZEICHNUNG	1. Preis
JAHR	2004
KATEGORIE	Stadtumbau – Militärkonversion – neues Wohnquartier
THEMA	Schnitt
TAGS	additives Fügen

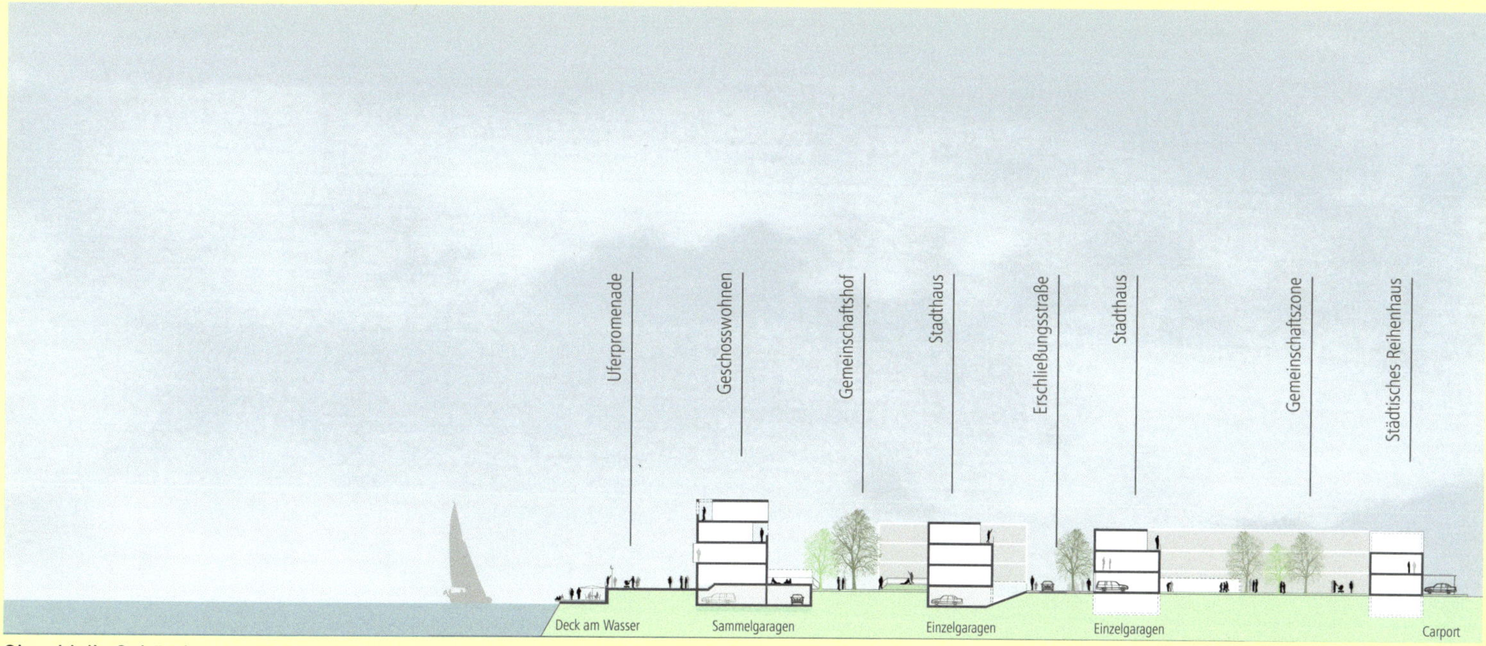

Obwohl die Gebäude nur schematisch dargestellt sind, deuten die Schnittfiguren ansprechende Wohnsituationen an.

Gestaltungsplan

Projekt 10.10	**Neues Wohnen am Ryck** Greifswald (D) – Wettbewerb
VERFASSER	pp a|s pesch partner architekten stadtplaner, Dortmund/Stuttgart
WEBSITE	www.pesch-partner.de
AUSZEICHNUNG	3. Preis
JAHR	2006
KATEGORIE	Stadterneuerung – Gewerbekonversion – neues Stadtquartier am Wasser
THEMA	Schnitt
TAGS	additives Fügen; Anordnung Stadtbaufelder: Achse, Reihung/Wiederholung/Rhythmus

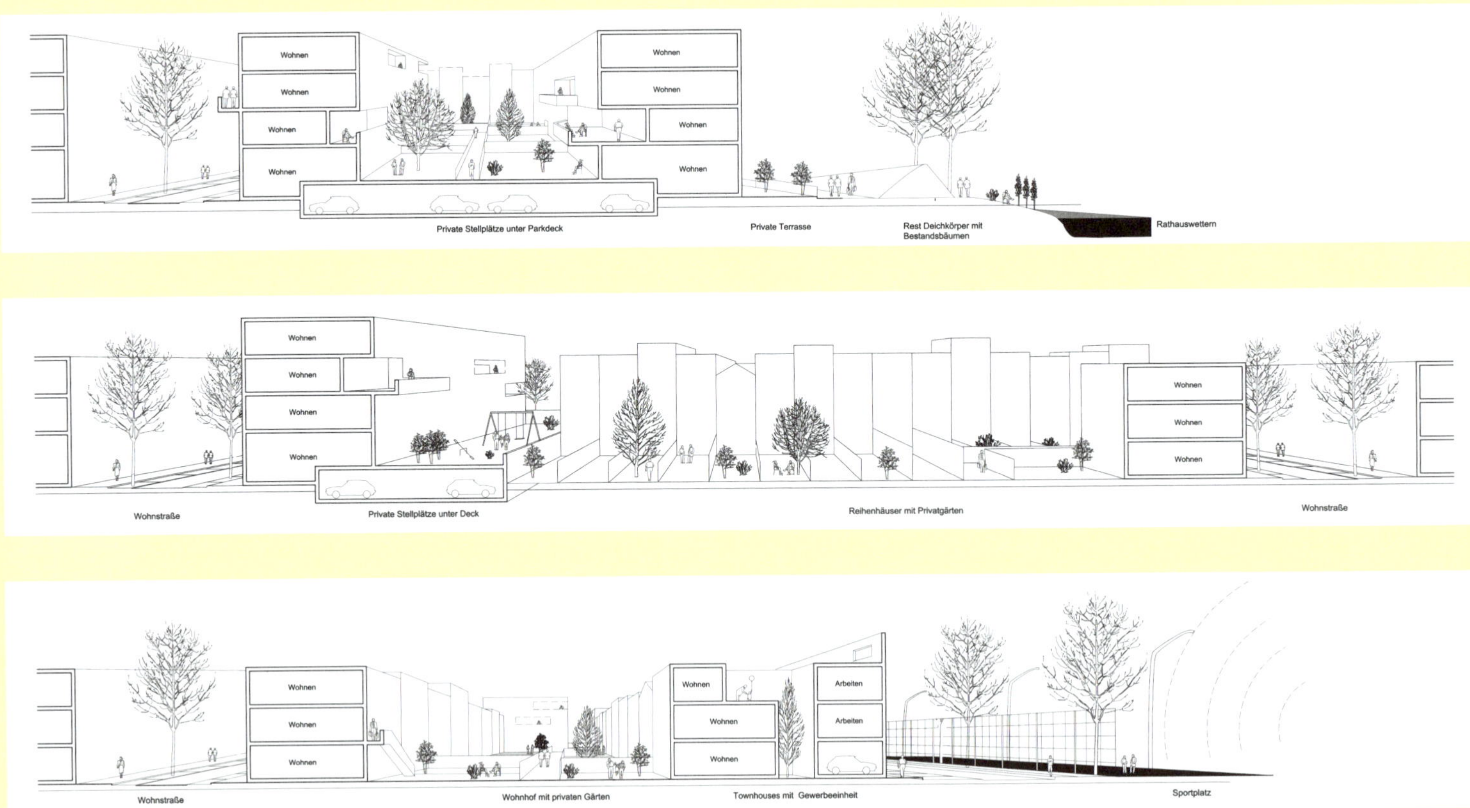

Die Schnittperspektiven in grafisch reduzierter Form lenken den Blick auf die privaten und gemeinschaftlichen Freibereiche.

Projekt 10.11	**Wohnen für alle – mitten in Wilhelmsburg** Hamburg (D) – Wettbewerb
VERFASSER	DeZwarteHond, Rotterdam/Groningen/Köln, mit RMP Stephan Lenzen Landschaftsarchitekten, Bonn/Hamburg/Köln/Mannheim/Berlin
AUSZEICHNUNG	1. Preis
JAHR	2015
WEBSITE	www.dezwartehond.nl
KATEGORIE	Stadtumbau – gemischt genutztes Stadtquartier
THEMA	Schnitt
TAGS	geometrisches Prinzip; additives Fügen; unregelmäßiges Gitter; Stadtbausteine: geschlossener Baublock, aufgelöster Baublock, Reihe, Hybrid; Anordnung Baufelder im Stadtbaufeld: Reihung/Wiederholung/Rhythmus; kombiniertes Erschließungsnetz; Platzbildung durch Fügen und Modellieren; stadtteilbezogener/quartiersinterner/wohnungsnaher Grün- und Freiraum; verzahnter Grünraum, Bauen/Wohnen am Wasser

Gestaltungsplan

Schnitt mit detaillierter, aber zurückhaltender Darstellung der Hintergrundbebauung.

Perspektive

Projekt 10.12	Europan 9 Stoke-on-Trent (GB) – Wettbewerb
VERFASSER	Duggan Morris Architects, London
WEBSITE	www.dugganmorrisarchitects.com
AUSZEICHNUNG	Lobende Erwähnung
JAHR	2008
KATEGORIE	Stadtumbau – Gewerbekonversion – Neues Wohnquartier
THEMA	Schnitt
TAGS	Anordnung Stadtbaufelder: Bezugselement, Wiederholung/Rhythmus; Platzbildung durch Modellieren

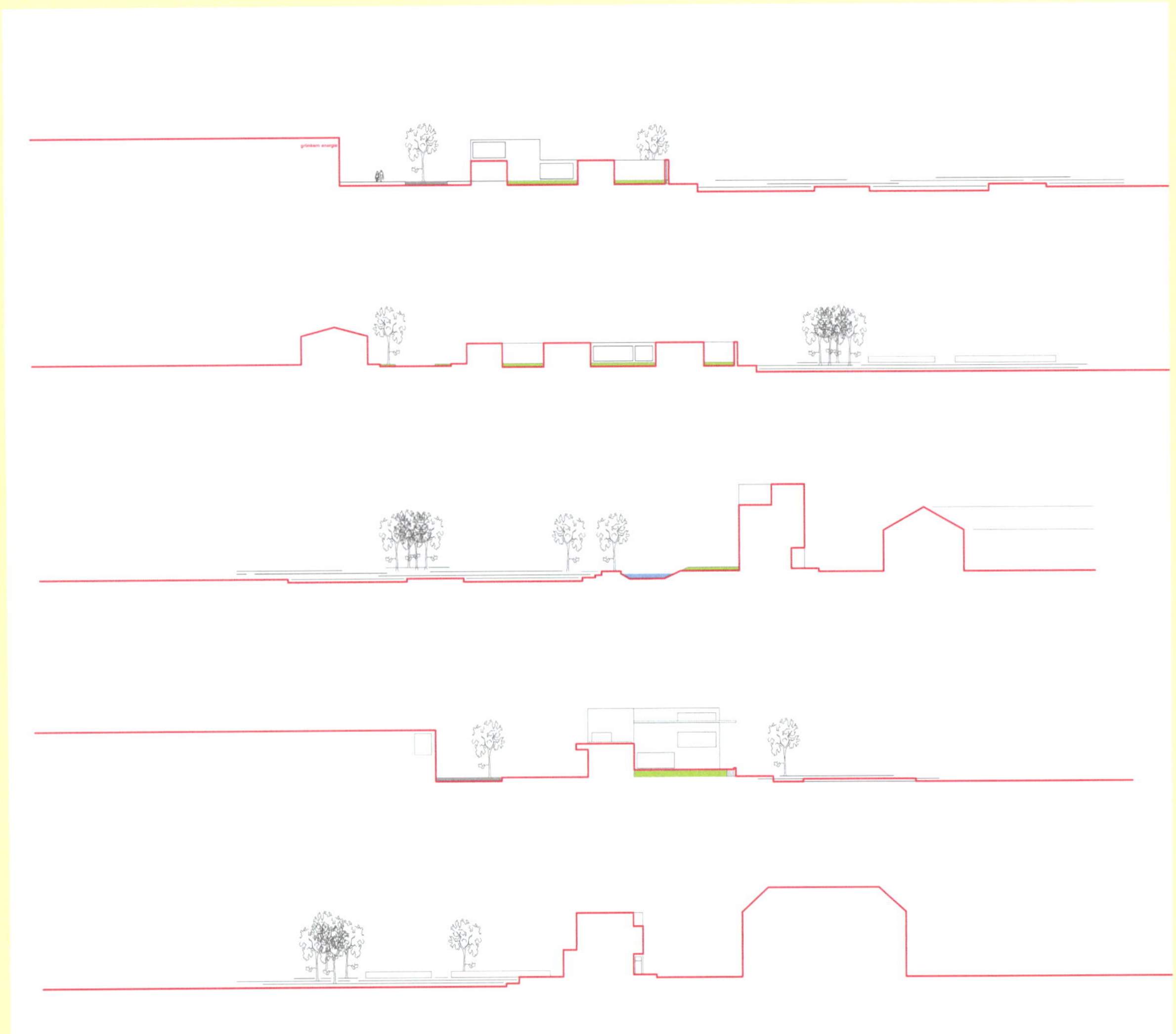

Abstrahierte, minimalistische Schnittdarstellung

Projekt 10.13	**Europan 9, Grünkern Babenhausen** Babenhausen (D) – Wettbewerb
VERFASSER	Metris Architekten, Darmstadt/Heidelberg, mit 711LAB, Stuttgart
WEBSITE	www.metris-architekten.de, www.711lab.com
AUSZEICHNUNG	1. Preis
JAHR	2008
KATEGORIE	Stadtumbau – Militärkonversion – neue Stadtquartiere
THEMA	Schnitt
TAGS	Prägnanz (äußere Grenzen); Anordnung Stadtbaufelder: Bezugselement, Gruppierung Anordnung; stadtteilbezogener Grün- und Freiraum; baulich gefasster Grünraum

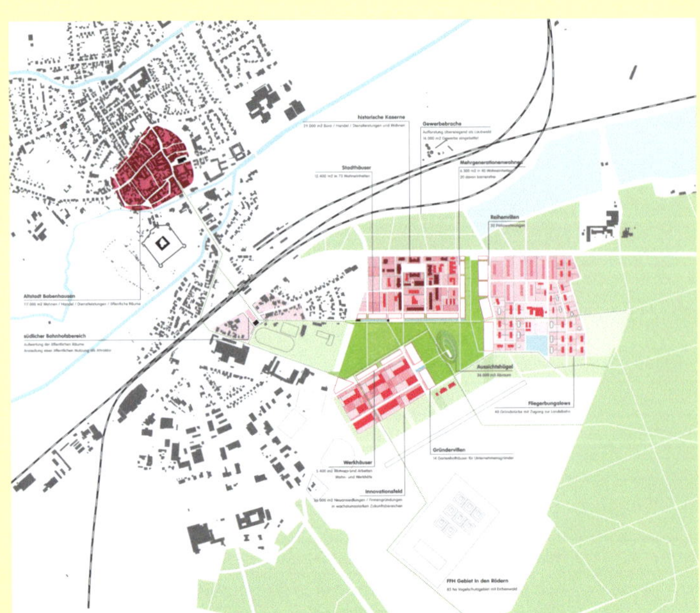

Strukturkonzept

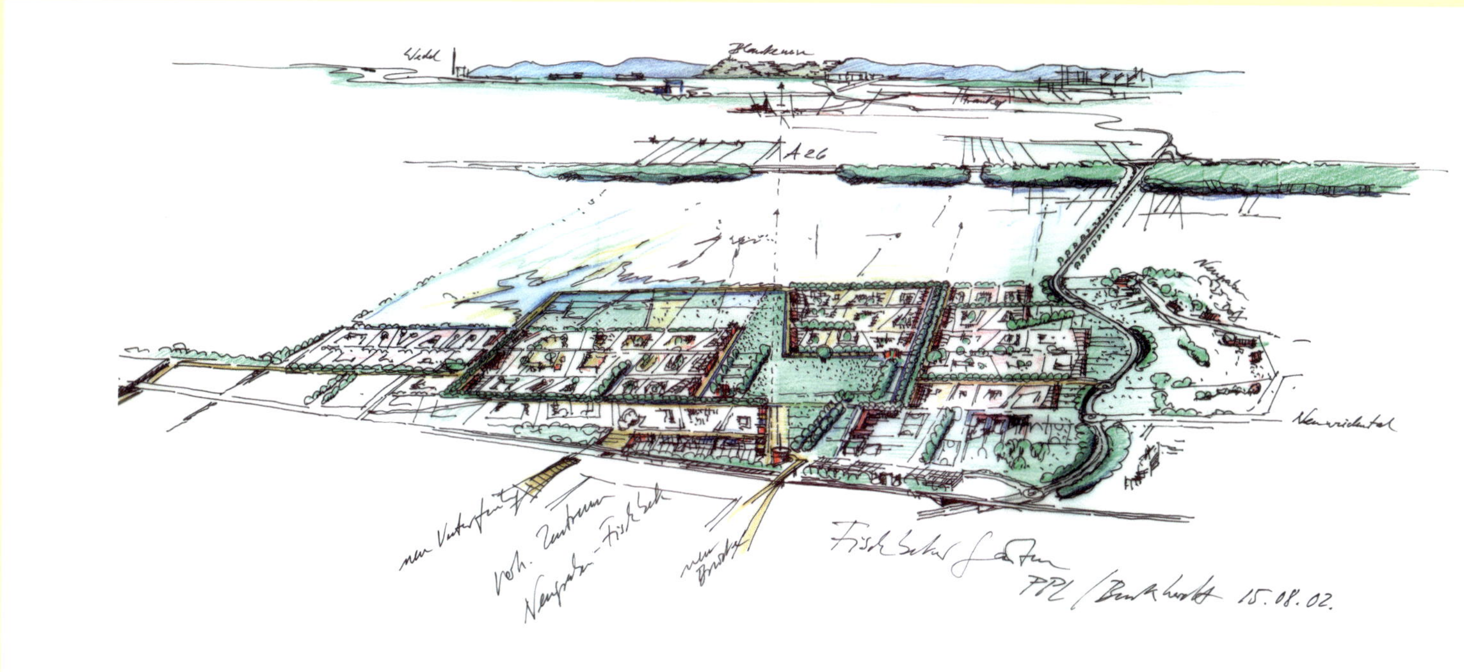

Noch immer ist die Handskizze ein persönliches und auffälliges Statement des Entwerfers.

Umsetzung der Entwurfsidee im Modell

Projekt 10.14	**Wohngebiet Neugraben – Fischbek** Hamburg (D) – Wettbewerb
VERFASSER	PPL Architektur und Stadtplanung, Hamburg
WEBSITE	www.ppl-hh.de
AUSZEICHNUNG	3. Preis
JAHR	2001
KATEGORIE	Stadtumbau – Militärkonversion – neuer Stadtteil
THEMA	Skizze
TAGS	Anordnung Stadtbaufelder: Achse, Bezugselement, Wiederholung/Rhythmus; baulich gefasster Grünraum

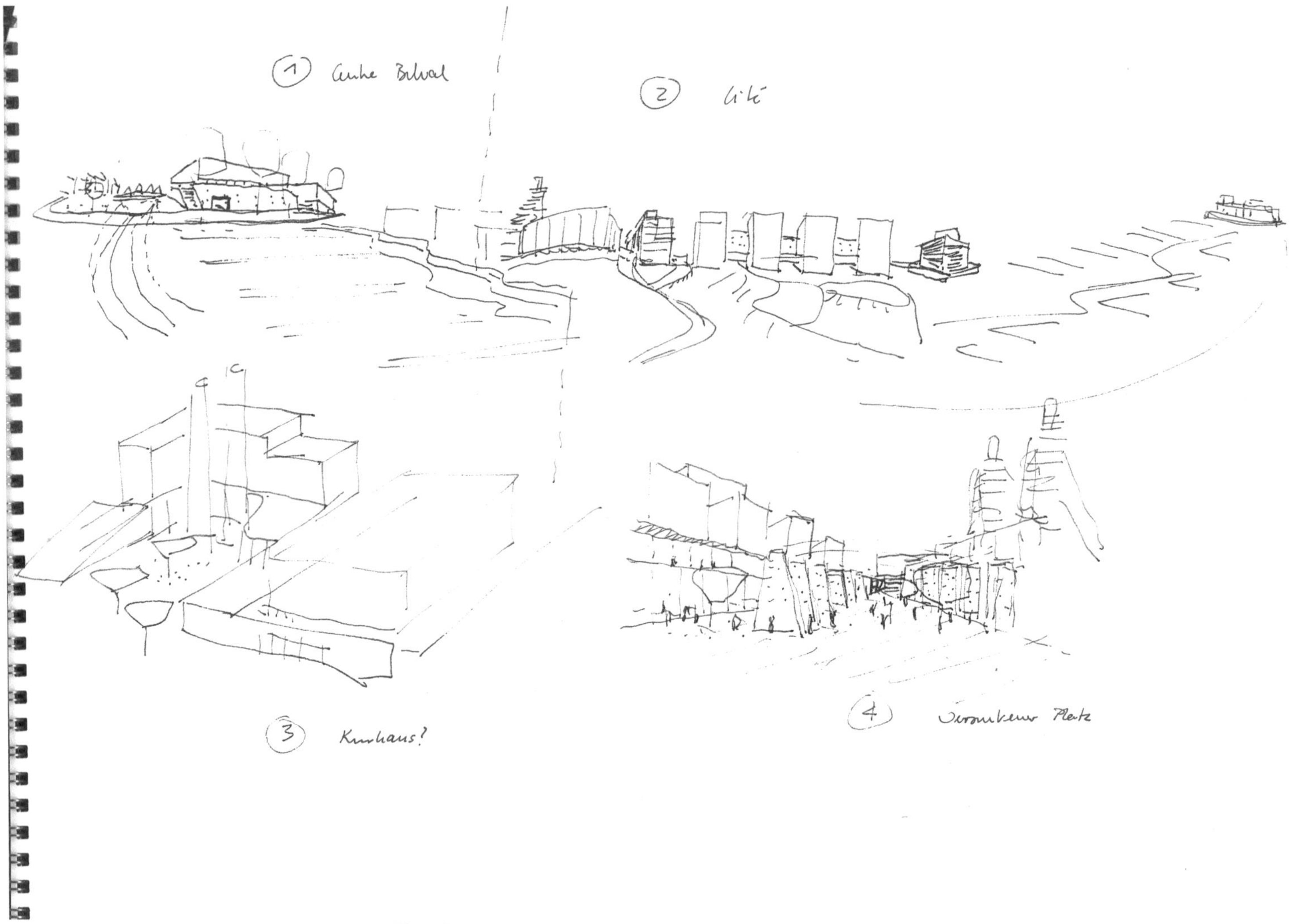

Mit einfachen Handskizzen können räumliche Situationen schnell entwickelt und überprüft werden.

Projekt 10.15	Belval-Quest Esch-sur-Alzette (L) – Wettbewerb
VERFASSER	Jo Coenen Architects & Urbanists, Rolo Fütterer, Maastricht, mit Buro Lubbers, 's-Hertogenbosch
WEBSITE	www.jocoenen.com, www.mars-group.eu
AUSZEICHNUNG	1. Preis
JAHR	2002
KATEGORIE	Stadtumbau – Industriekonversion – neuer Stadtteil
THEMA	Skizze

Je klarer ein Konzept ist, umso einfacher lässt es sich vermitteln.

Projekt 10.16	**Masterplan Paramount/Xeritown** Dubai (UAE)
VERFASSER	SMAQ – architecture urbanism research, Berlin: Sabine Müller und Andreas Quednau mit Joachim Schultz, mit X-Architects, Dubai, Johannes Grothaus Landschaftsarchitekten, Potsdam, Reflexion, Zürich, und Büro Happold, London
WEBSITE	www.smaq.net
JAHR	2008
KATEGORIE	Stadterweiterung – neue nachhaltige Stadtquartiere
THEMA	Skizze
TAGS	divisives Fügen

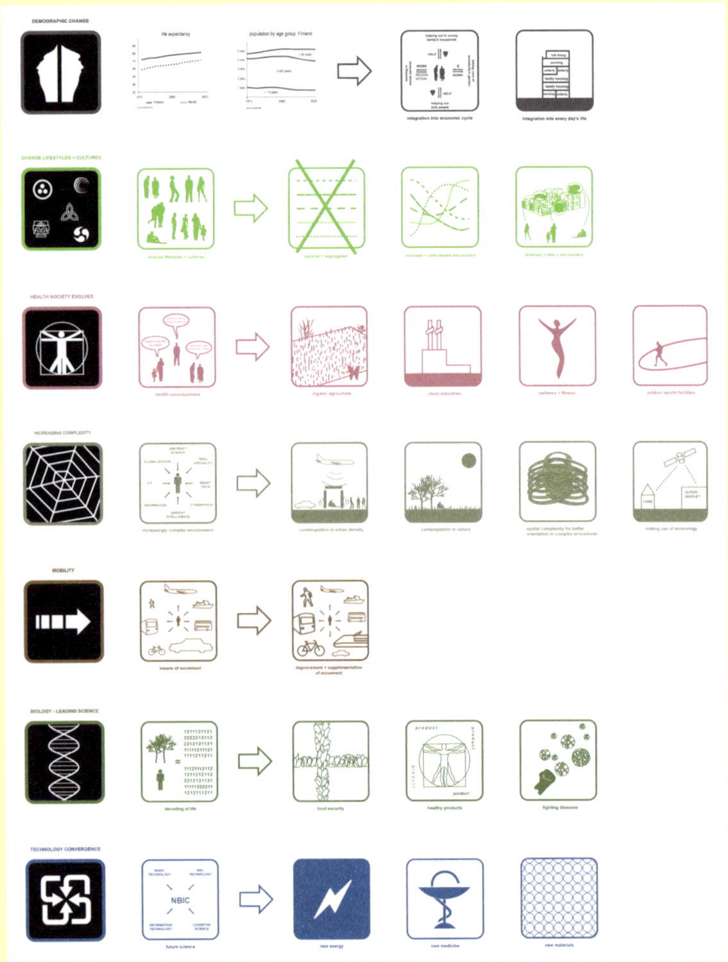

Ein Piktogramm verweist immer auf eine einzelne Information.

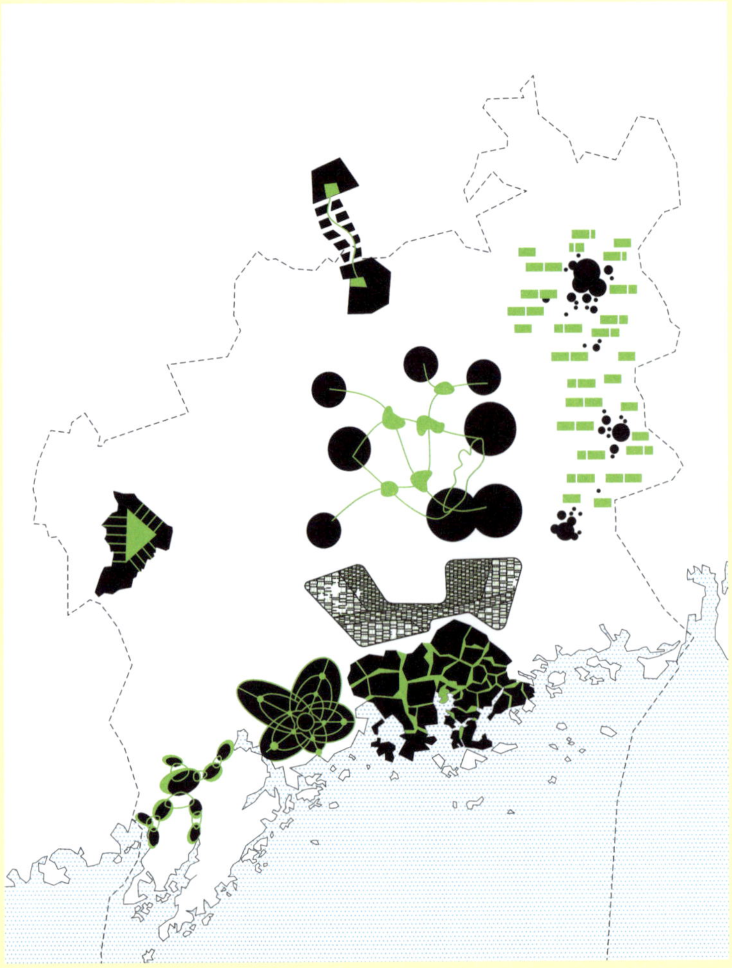

Diagramme erklären auf möglichst einfache visuelle Art komplexe Zusammenhänge.

Projekt 10.17	**Holistic Uniqueness** Helsinki (FIN) – Wettbewerb
VERFASSER	CITYFÖRSTER architecture + urbanism, Berlin/Hannover/London/Oslo/Rotterdam/Salerno, mit Steen Hargus, Hannover
WEBSITE	www.cityfoerster.net
AUSZEICHNUNG	2. Preis
JAHR	2008
KATEGORIE	Entwicklungskonzept für den Großraum Helsinki, Finnland
THEMA	Diagramme und Piktogramme

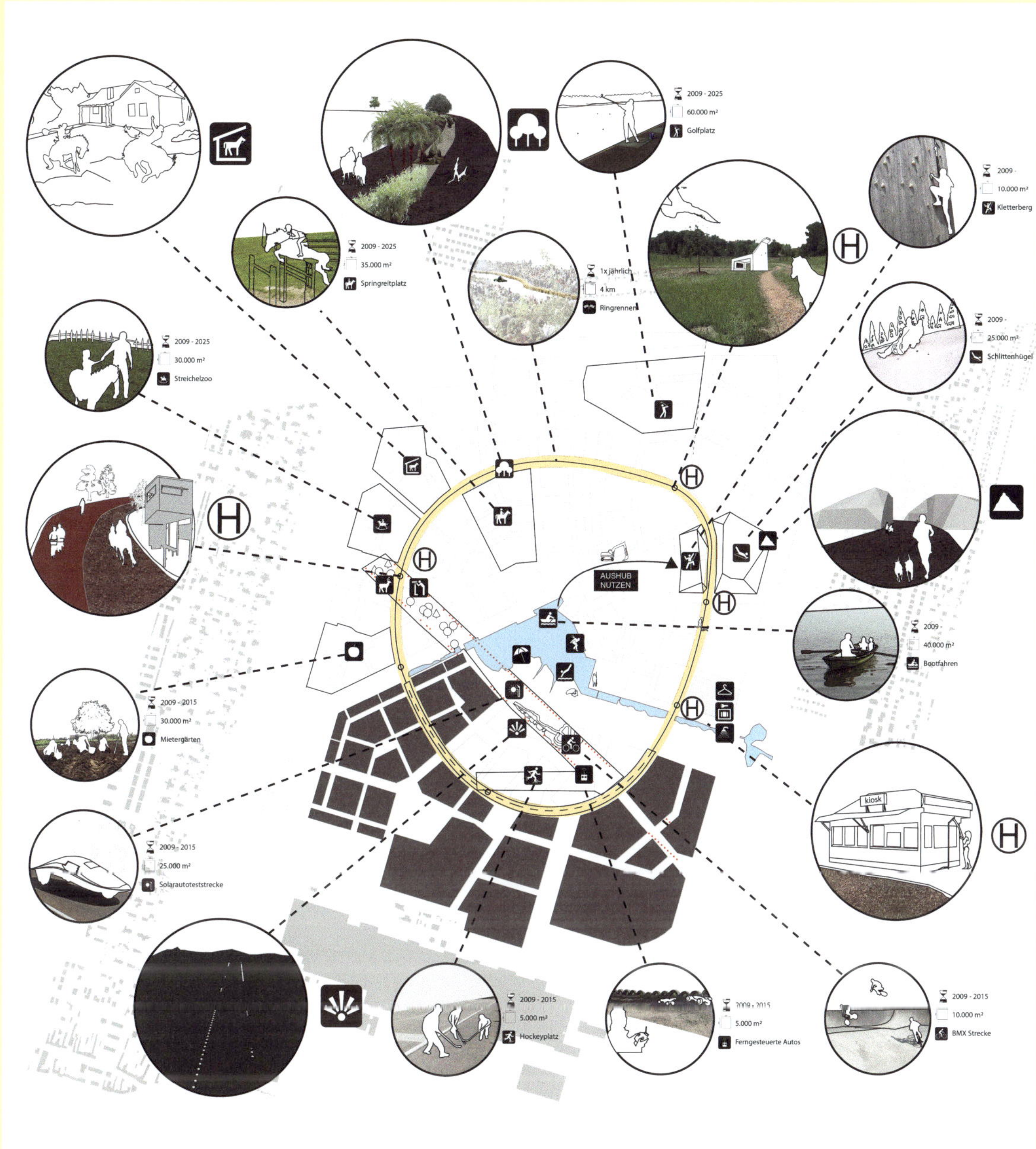

In das Diagramm zur Zwischennutzung sind zahlreiche Piktogramme integriert.

Projekt 10.18	**Handbuch öffentlicher Raum Flugfeld Aspern** Wien (A) – Wettbewerb
VERFASSER	feld72 architekten, Wien, mit Peter Arlt, Stadtsoziologe, Linz
WEBSITE	www.feld72.at
AUSZEICHNUNG	2. Preis
JAHR	2008
KATEGORIE	Stadtumbau – Flughafenkonversion – neuer Stadtteil
THEMA	Diagramme und Piktogramme

In Funktionsdiagrammen wird der Entwurf in seine wesentlichen Aussagen zu Verkehr, Nutzung und Freiräumen zerlegt.

Projekt 10.19	**neue bahn stadt:opladen** Leverkusen (D) – Wettbewerb
VERFASSER	pp a|s pesch partner architekten stadtplaner, Dortmund/Stuttgart, mit brosk landschaftsarchitektur und freiraumplanung, Essen
WEBSITE	www.pesch-partner.de
AUSZEICHNUNG	Anerkennung
JAHR	2006
KATEGORIE	Stadtumbau – Bahnkonversion – neuer Stadtteil
THEMA	Funktionsdiagramme
TAGS	additives Fügen; Anordnung Stadtbaufelder: Achse, Bezugselement, Reihung/Wiederholung/Rhythmus, Gruppierung; baulich gefasster Grünraum; Darstellung: Gestaltungsplan

Gestaltungsplan

In den Diagrammen werden die jeweiligen Aspekte (li.: Nutzungskonzept und Geschossigkeit, re.: Freiraumkonzept) grafisch herausgearbeitet und durch seitlich platzierte Legenden unterstützt.

Gestaltungsplan

Projekt 10.20	**Wohngebiet nördlich Frankfurter Berg – Hilgenfeld** Frankfurt a. M. (D) – Wettbewerb
VERFASSER	Thomas Schüler Architekten und Stadtplaner, Düsseldorf/Stuttgart, mit faktorgrün Landschaftsarchitekten, Freiburg im Br./Rottweil/Heidelberg/Stuttgart
AUSZEICHNUNG	1. Preis
JAHR	2016
WEBSITE	www.schueler-architekten.de
KATEGORIE	Siedlungserweiterung – neues Wohnquartier
THEMA	Funktionsdiagramme – Nutzungsdiagramm, Freiraumkonzept
TAGS	geometrisches Prinzip; additives Fügen; unregelmäßiges Gitter; Stadtbausteine: aufgelöster Baublock, Reihe, Zeile, Solitär/Sonderbaukörper; Anordnung Baufelder im Stadtbaufeld: Achse, Reihung/Wiederholung/Rhythmus, Gruppierung; Stichstraßen-, Erschließungsbügelnetz; Platzbildung durch Fügen; Darstellung: Gestaltungsplan

Funktionsdiagramme zu den Bauphasen, der Höhenstaffelung und der Energieversorgung ergänzen die üblichen Nutzungs-, Erschließungs- und Freiflächendiagramme.

Projekt 10.21	**Schumacher-Quartier** Berlin (D) – Wettbewerb
VERFASSER	OCTAGON architekturkollektiv, Leipzig, mit Latz + Partner LandschaftsArchitekten Stadtplaner, Kranzberg
AUSZEICHNUNG	3. Preis
JAHR	2016
WEBSITE	www.octagon-architekturkollektiv.net
KATEGORIE	Flughafenkonversion – neues Stadtquartier
THEMA	Funktionsdiagramme
TAGS	Ganzheit; geometrisches Prinzip; additives Fügen; unregelmäßiges Gitter, verkipptes Gitter; Stadtbausteine: geschlossener Baublock, aufgelöster Baublock, Punkthochhaus, Hybrid; Anordnung Baufelder im Stadtbaufeld: Wiederholung/Rhythmus, Gruppierung; Stichstraßen-, Erschließungsbügelnetz; Platzbildung durch Fügen; geknickter Straßenraum; Darstellung: Gestaltungsplan

Gestaltungsplan

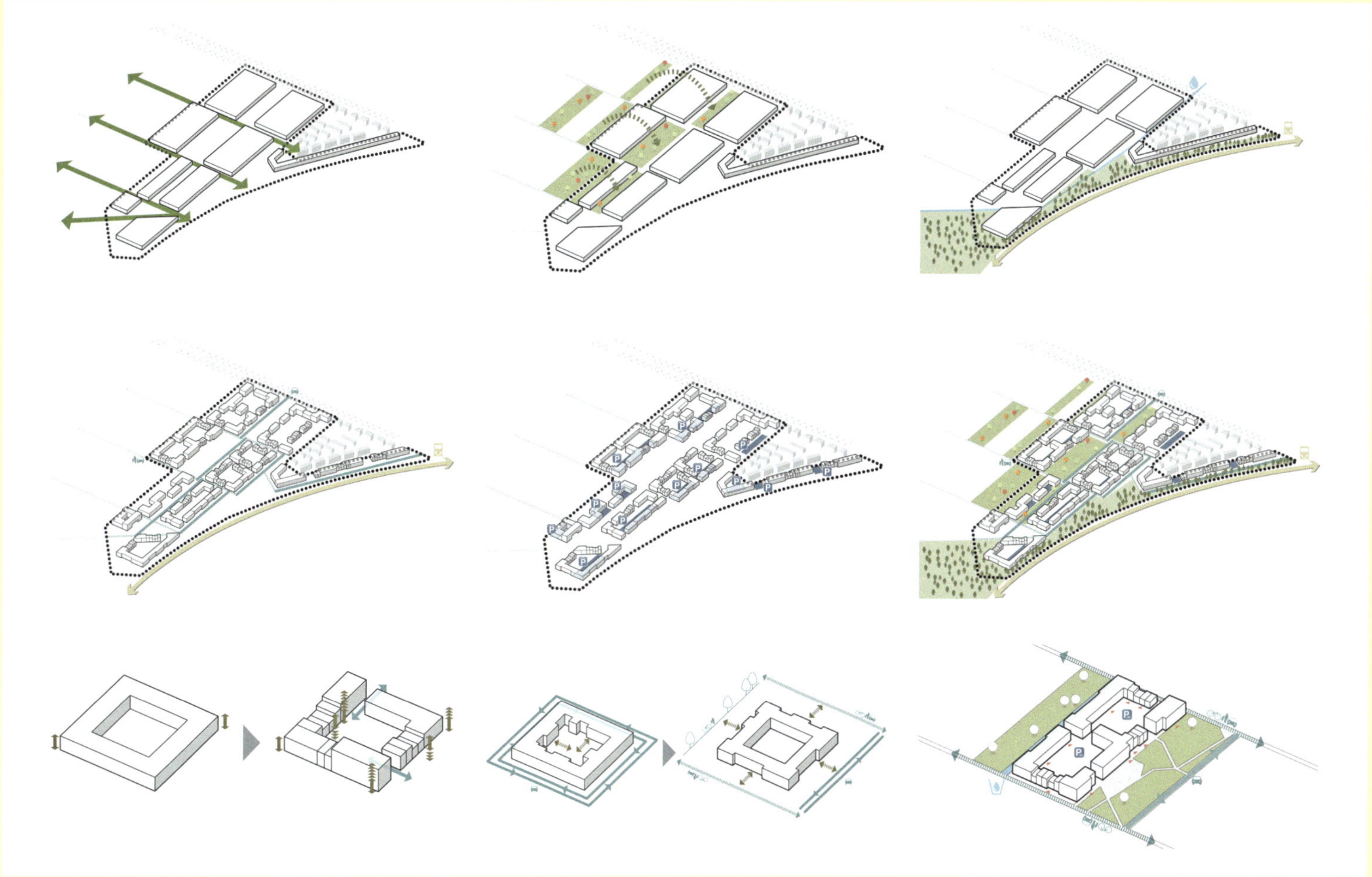

Funktionsdiagramme in grafisch reduzierter, axonometrischer Darstellung

Gestaltungsplan

Projekt 10.22	**Wohngebiet nördlich Frankfurter Berg – Hilgenfeld** Frankfurt a. M. (D) – Wettbewerb
VERFASSER	DeZwarteHond, Rotterdam/Groningen/Köln, mit RMP Stephan Lenzen Landschaftsarchitekten, Bonn/Hamburg/Köln/Mannheim/Berlin
AUSZEICHNUNG	3. Preis
JAHR	2016
WEBSITE	www.dezwartehond.nl
KATEGORIE	Siedlungserweiterung – neues Wohnquartier
THEMA	Funktionsdiagramme
TAGS	geometrisches Prinzip; additives Fügen; Stadtbausteine: aufgelöster Baublock, Reihe, Solitär/Sonderbaukörper; Anordnung Baufelder im Stadtbaufeld: Achse, Reihung/Wiederholung/Rhythmus, Gruppierung; Platzbildung durch Fügen

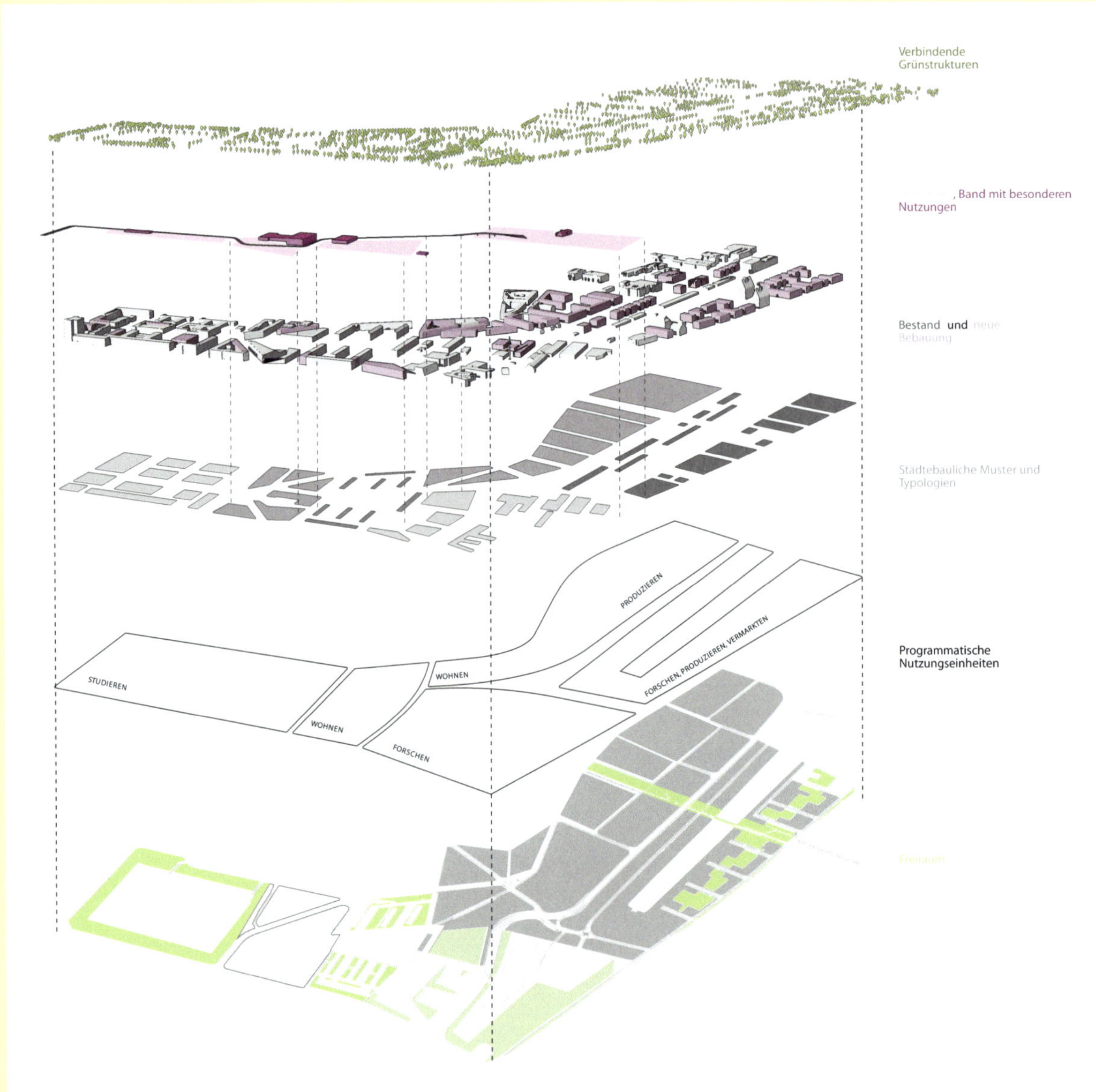

Wie in einer Explosionszeichnung wird der Entwurf perspektivisch in seine Bestandteile zerlegt.

Projekt 10.23	**Wissenschaftsquartier** Magdeburg (D) – Wettbewerb
VERFASSER	De Zwarte Hond, Groningen, mit Studio UC, Berlin
WEBSITE	www.dezwartehond.nl
AUSZEICHNUNG	Anerkennung
JAHR	2010
KATEGORIE	Stadtumbau – Hafenkonversion – neues Quartier für Wissenschaft und Bildung
THEMA	Funktionsdiagramme – Schichtendiagramm

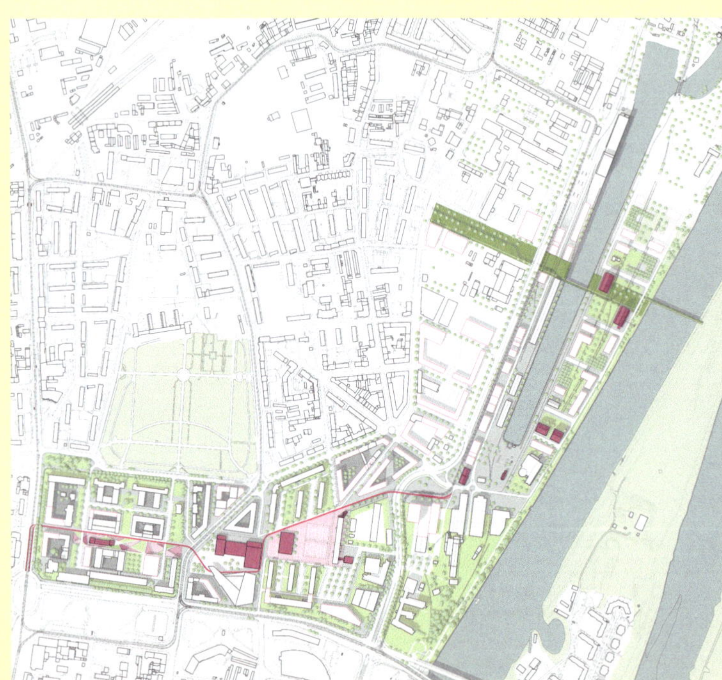

Gestaltungsplan

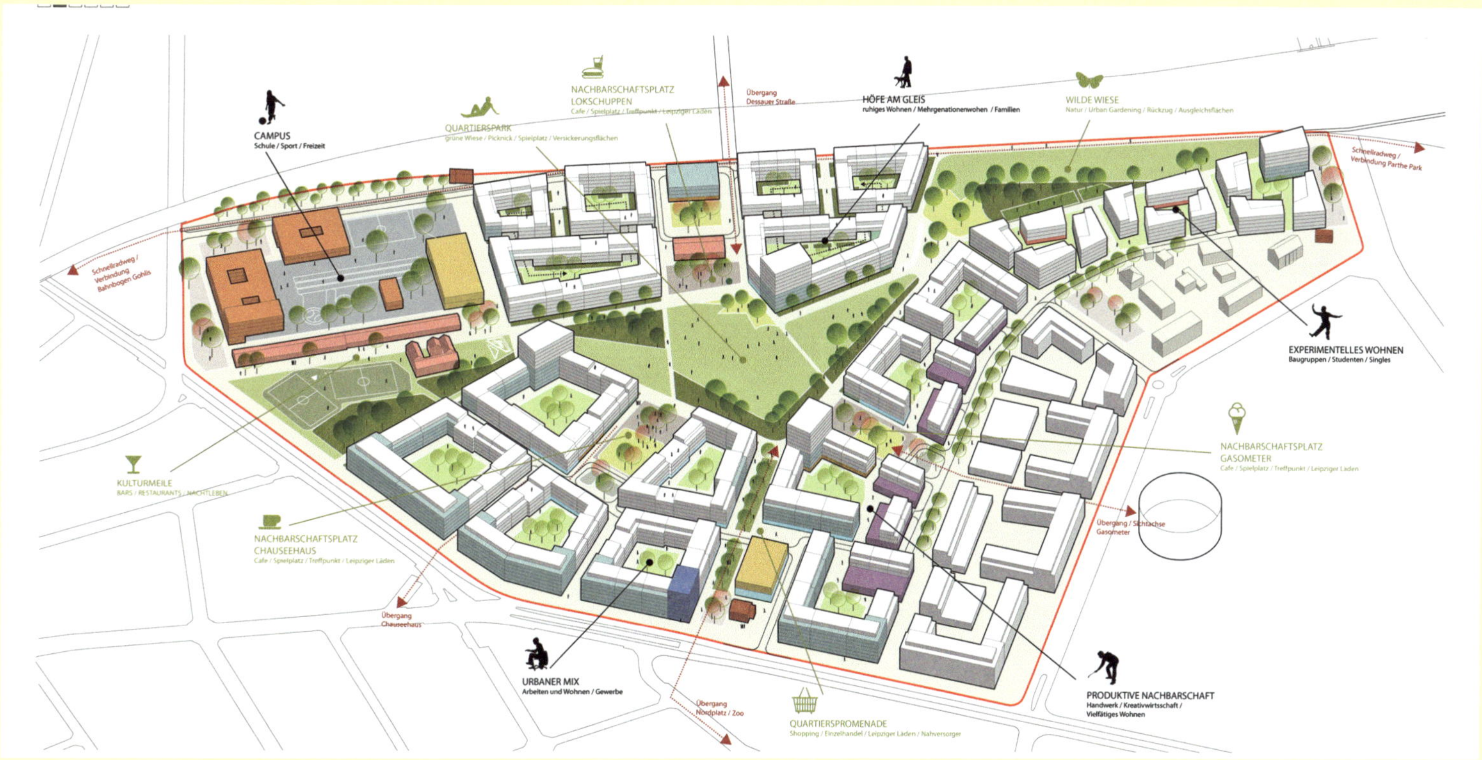

Um die Nutzungsvielfalt detailliert zu erläutern, verwenden die Verfasser eine räumliche Darstellung.

Gestaltungsplan

Projekt 10.24	**Leipzig 416 – Eutritzscher Freiladebahnhof** Leipzig (D) – Werkstattverfahren
VERFASSER	OCTAGON architekturkollektiv, Leipzig mit Atelier LOIDL, Berlin und FILON. Landschaftsarchitektur & Visualisierung, Leipzig
AUSZEICHNUNG	1. Preis
JAHR	2017
WEBSITE	www.octagon-architekturkollektiv.net, www.atelier-loidl.de
KATEGORIE	Bahnkonversion – neues Stadtquartier
THEMA	Funktionsdiagramme
TAGS	geometrisches Prinzip; additives Fügen; unregelmäßiges Gitter, verkipptes Gitter; Stadtbausteine: geschlossener Baublock, aufgelöster Baublock, Solitär/Sonderbaukörper; Anordnung Baufelder im Stadtbaufeld: Reihung/Wiederholung/Rhythmus, Gruppierung; Platzbildung durch Fügen; geknickter Straßenraum; baulich gefasster Grünraum; Darstellung: Gestaltungsplan

Die Themen werden jeweils im städtebaulichen und landschaftlichen Kontext erläutert.

Gestaltungsplan

Projekt 10.25	**Neckarpark** Stuttgart (D) – Wettbewerb
VERFASSER	pp a|s pesch partner architekten stadtplaner, Dormund/Stuttgart, mit lohrberg stadtlandschaftsarchitektur, Stuttgart
WEBSITE	www.pesch-partner.de
AUSZEICHNUNG	1. Preis
JAHR	2008
KATEGORIE	Stadtumbau – Bahnkonversion – neues Stadtquartier
THEMA	Funktionsdiagramme
TAGS	additives Fügen; verkipptes Gitter; Anordnung Baufelder: Achse, Bezugselement, Reihung/Wiederholung/Rhythmus; baulich gefasster Grünraum

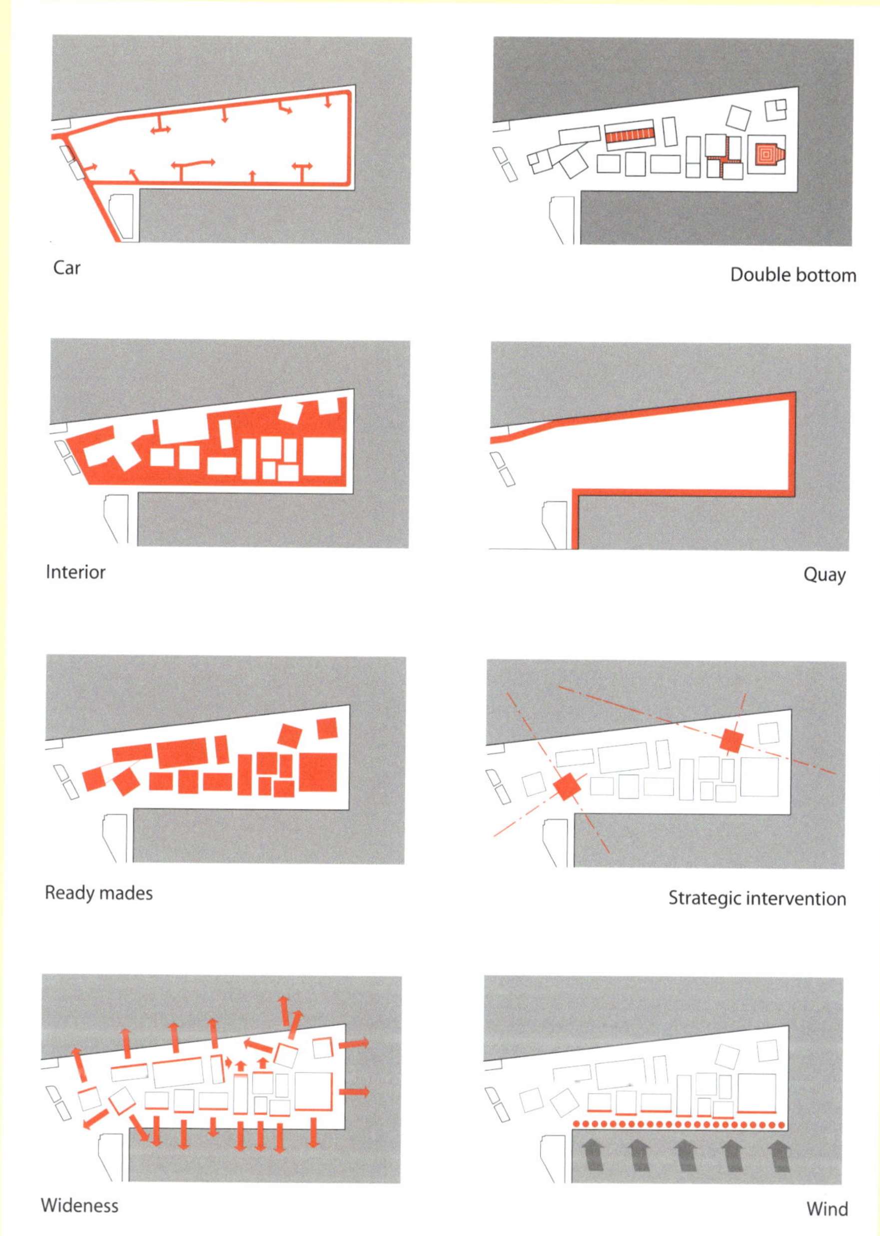

Die Diagramme erklären funktionale und gestalterische Aspekte des Entwurfs.

Projekt 10.26	**Müllerpier** Rotterdam (NL)
VERFASSER	KCAP Architects&Planners, Rotterdam/ Zürich/Shanghai
WEBSITE	www.kcap.eu
JAHR	1998
KATEGORIE	Stadtumbau – Hafenkonversion – neues Stadtquartier
THEMA	Funktionsdiagramme
TAGS	freie Komposition/Collage; additives Fügen; Stadtbausteine: aufgelöster Baublock, Reihe, Zeile, Hochhaus; Bauen/ Wohnen am Wasser

Perspektive

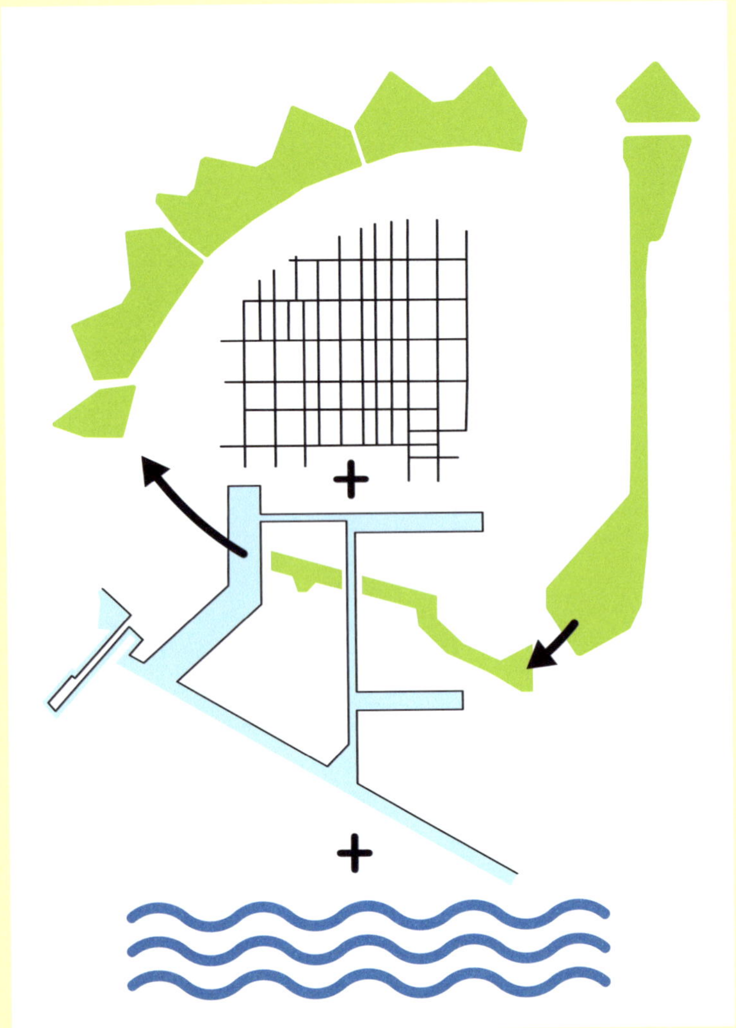

Diagramm Entwurfsidee

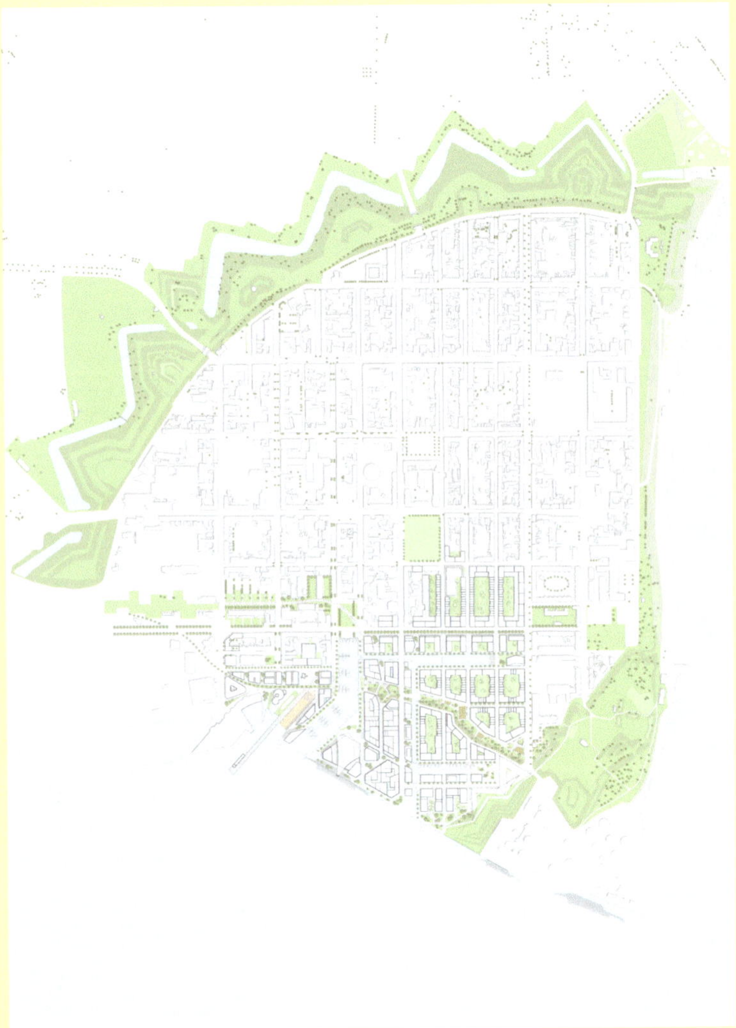

Umsetzung der Idee im Entwurf

Projekt 10.27	**FredericiaC** Fredericia (DK) – Wettbewerb
VERFASSER	KCAP Architects&Planners, Rotterdam/Zürich/Shanghai
WEBSITE	www.kcap.eu
AUSZEICHNUNG	1. Preis
JAHR	2011
KATEGORIE	Stadtumbau – Hafenkonversion – neues Stadtquartier für Wohnen und Arbeiten
THEMA	sonstige Diagramme
TAGS	überlagerndes Fügen; Stadtbausteine: geschlossener, aufgelöster Baublock; Bauen/Wohnen am Wasser

Anhand von sechs Diagrammen werden die Leitbilder des Entwurfs knapp und verständlich erläutert.

Perspektive

Projekt 10.28	**Copenhagen Northern Harbour: The sustainable city of the future** Kopenhagen (DK) – Wettbewerb
VERFASSER	COBE, Kopenhagen/Berlin, mit SLETH, Aarhus und Rambøll, Kopenhagen
WEBSITE	www.cobe.dk
AUSZEICHNUNG	1. Preisgruppe
JAHR	2008
KATEGORIE	Stadtumbau/Stadterweiterung – Hafenkonversion – neuer Stadtteil
THEMA	sonstige Diagramme
TAGS	additives Fügen; orthogonales Gitter, verkipptes Gitter; Erschließungsring; Bauen/Wohnen am Wasser; Darstellung: Perspektive

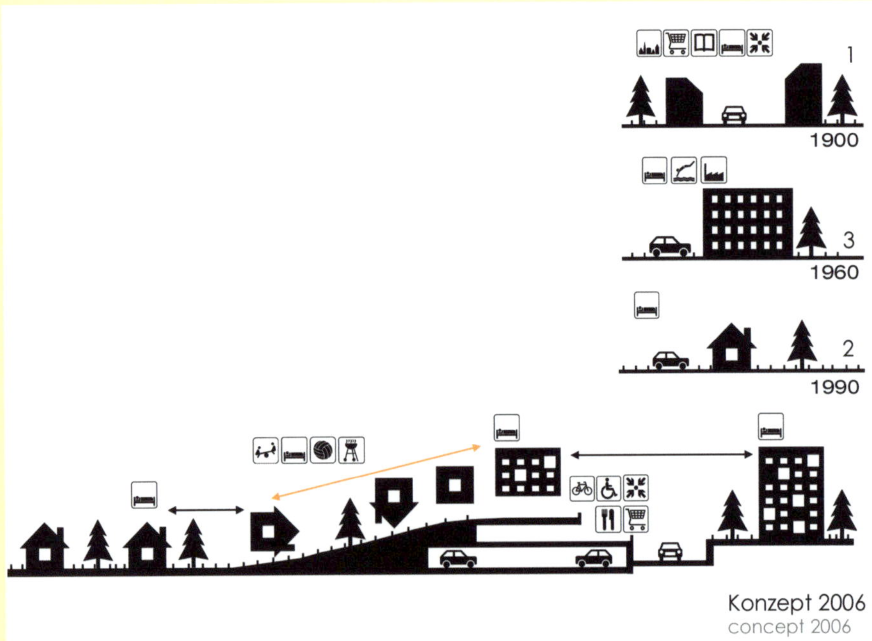

Plakative Darstellung der Entwurfsidee

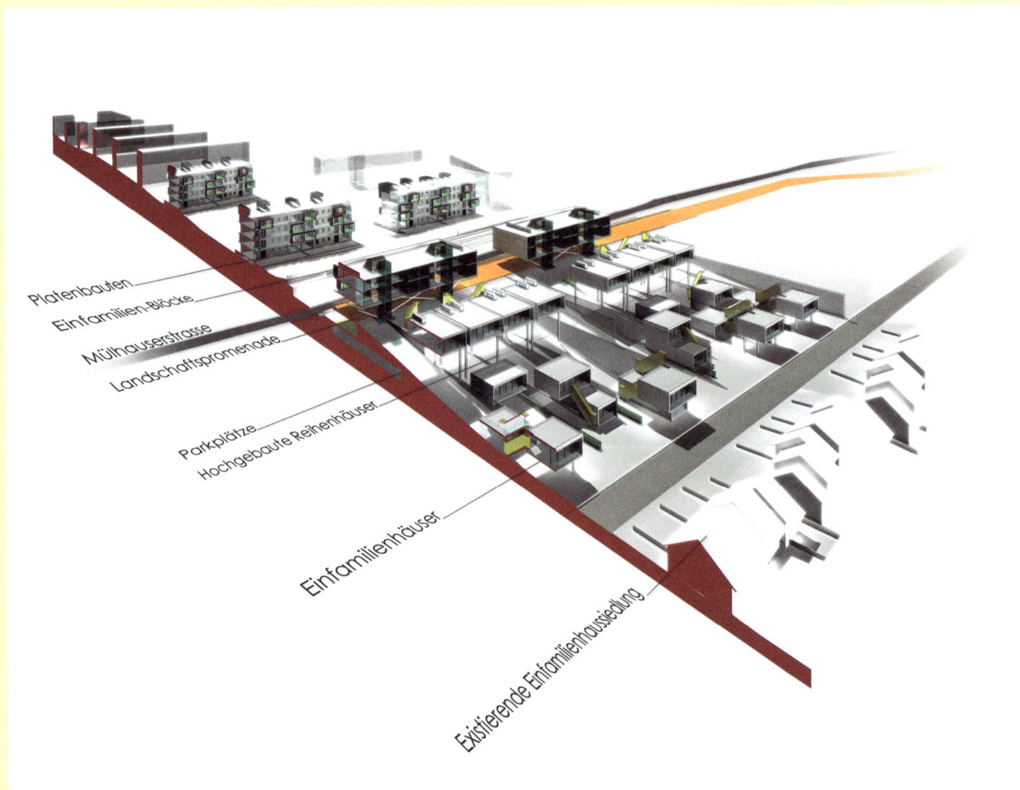

Schnittperspektive

Projekt 10.29	**Europan 8, Stadtgespräch** Leinefelde-Worbis (D) – Wettbewerb
VERFASSER	Nicolas Reymond Architecture & Urbanisme, Paris
WEBSITE	www.nicolasreymond.com
AUSZEICHNUNG	1. Preis
JAHR	2006
KATEGORIE	Stadterneuerung – Aufwertung des Bestands und neue Wohnangebote
THEMA	sonstige Diagramme
TAGS	Schnitt

Das Diagramm zeigt die unterschiedlichen Bebauungsmöglichkeiten.

Projekt 10.30	**Europan 10, garten>Hof** Wien-Meidling/Liesing (A) – Wettbewerb
VERFASSER	Luis Basabe Montalvo, Enrique Arenas Laorga, Luis Palacios Labrador, Madrid
WEBSITE	www.abparquitectos.com
AUSZEICHNUNG	1. Preis
JAHR	2010
KATEGORIE	Stadtumbau – Gewerbekonversion – neues Wohnquartier
THEMA	sonstige Diagramme
TAGS	additives Fügen; orthogonales Gitter; vollständiges Erschließungsnetz

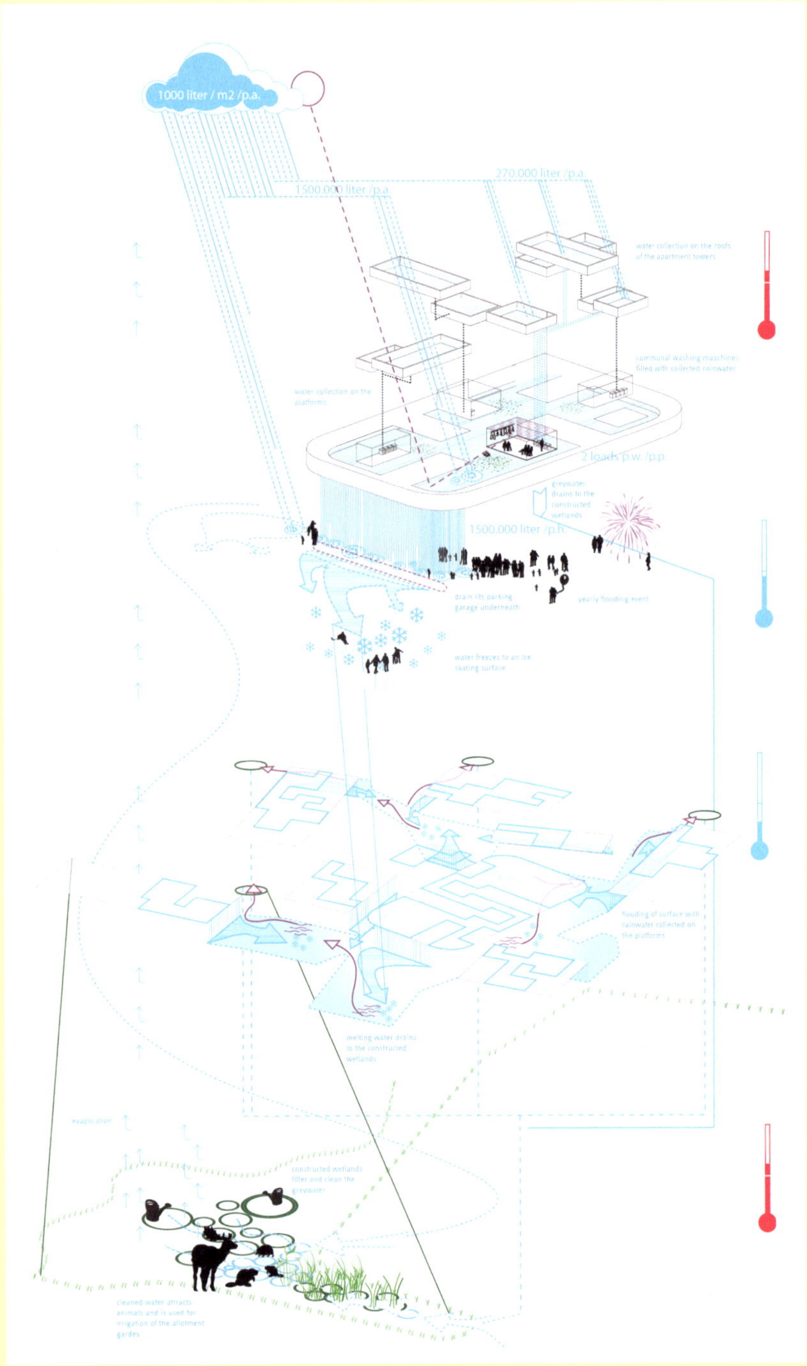

Diagramm Regenwassernutzung

Projekt 10.31	**Europan 9, Cumulus, Grorud Centre** Oslo (N) – Wettbewerb
VERFASSER	SMAQ – architecture urbanism research, Berlin
WEBSITE	www.smaq.net
AUSZEICHNUNG	1. Preis
JAHR	2008
KATEGORIE	Stadterneuerung – neues Zentrum für ein Wohnviertel der 1970er-Jahre
THEMA	sonstige Diagramme
TAGS	freie Komposition/Collage; Anordnung Baufelder: Gruppierung; Darstellung: Perspektive

Perspektive

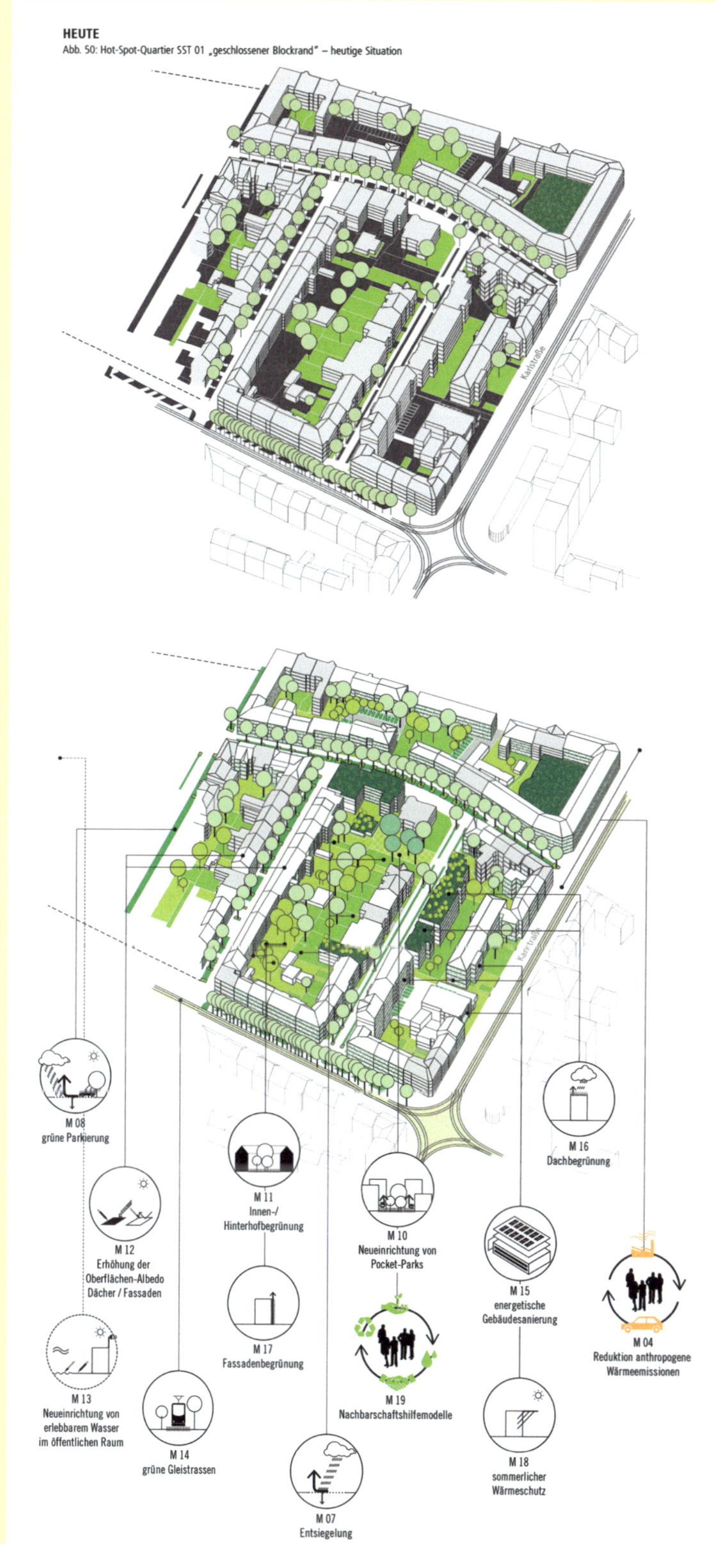

Das Diagramm visualisiert, welche Maßnahmen ergriffen werden können, um ein Bestandsquartier gegen die negativen Folgen des Klimawandels widerstandsfähig zu machen.

Projekt 10.32	**Klimopass – Städtebauliche Rahmenplan Klimaanpassung der Stadt** Karlsruhe (D) – Gutachten
VERFASSER	berchtoldkrass space&options, Karlsruhe, mit GEO-NET Umweltconsulting Hannover, Prof. Dr. Jürgen Baumüller, Stuttgart und Prof. Dr. Günter Groß, Hannover
JAHR	2014
WEBSITE	www.berchtoldkrass.de
KATEGORIE	Gutachten zur Stadtentwicklung unter besonderer Berücksichtigung des Stadtklimas
THEMA	sonstige Diagramme
TAGS	geometrisches Prinzip; additives Fügen; Stadtbausteine: aufgelöster Baublock; geschwungener Straßenraum; wohnungsnaher Grün- und Freiraum; Darstellung: Piktogramme

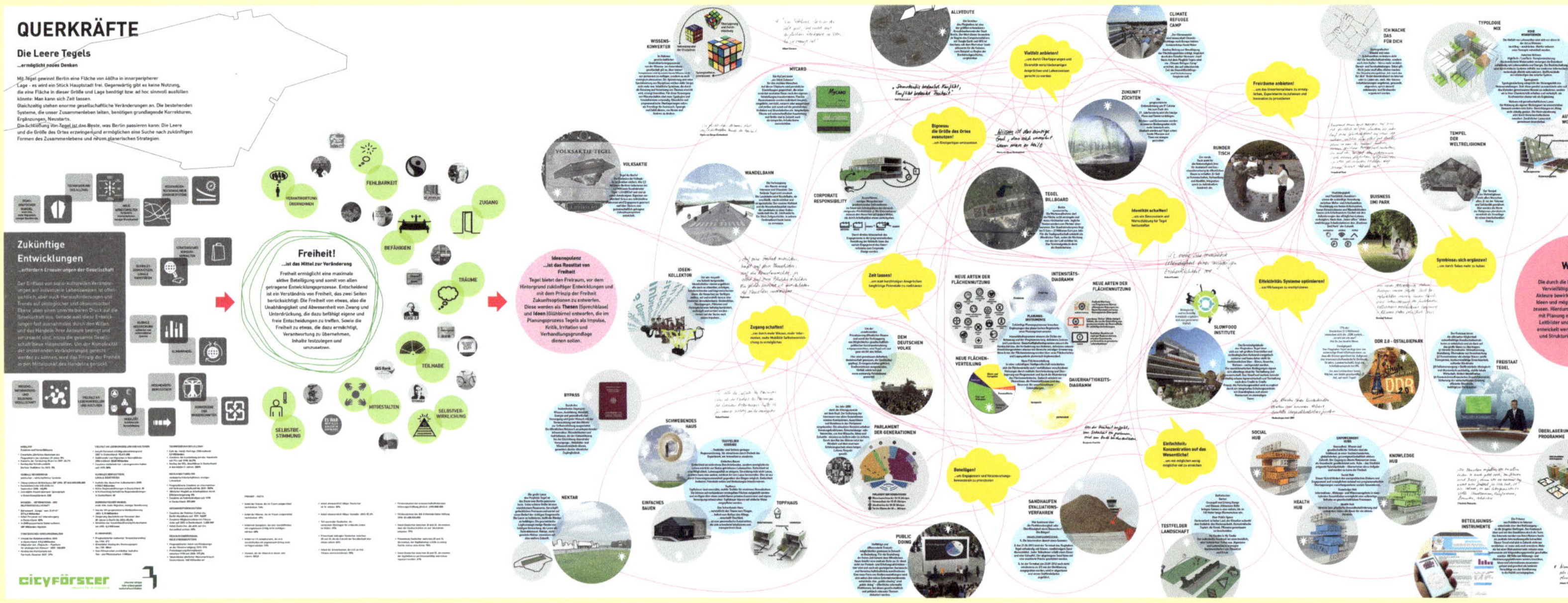

Das Entwicklungskonzept besteht aus einem großen Diagramm.

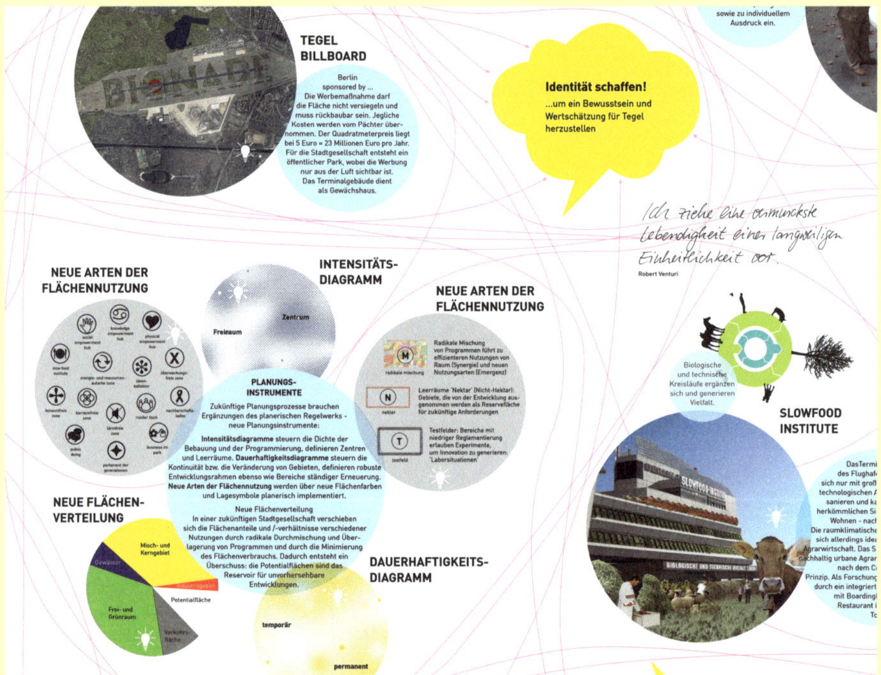

Planausschnitt

Projekt 10.33	**Querkräfte** Berlin-Tegel (D)
VERFASSER	CITYFÖRSTER architecture + urbanism, Berlin/Hannover/London/Oslo/Rotterdam/Salerno, mit urbane gestalt, Johannes Böttger, Landschaftsarchitekten, Köln, Steen Hargus, Hannover, und Anna-Lisa Brinkmann Design, Berlin
WEBSITE	www.cityfoerster.net
JAHR	2009
KATEGORIE	Entwicklungskonzept zur Nachnutzung des Flughafens Berlin-Tegel
THEMA	sonstige Diagramme
TAGS	Piktogramme

Die hochdetaillierte Perspektive ist auf den ersten Blick kaum von einem Luftfoto zu unterscheiden.

Projekt 10.34	**FredericiaC** Fredericia (DK) – Wettbewerb
VERFASSER	KCAP Architects&Planners, Rotterdam/ Zürich/Shanghai
WEBSITE	www.kcap.eu
AUSZEICHNUNG	1. Preis
JAHR	2011
KATEGORIE	Stadtumbau – Hafenkonversion – neues Stadtquartier
THEMA	Perspektive
TAGS	Darstellung: Diagramme

Der Kontrast zwischen dramatisch bewegter Landschafts-kulisse und grafisch reduzierter Entwurfsdarstellung weckt Aufmerksamkeit.

Projekt 10.35	Europan 8, L.A.R.S. Bergen (N) – Wettbewerb
VERFASSER	SMAQ – architecture urbanism research, Berlin
WEBSITE	www.smaq.net
AUSZEICHNUNG	2. Preis
JAHR	2006
KATEGORIE	Stadterneuerung – neues urbanes Zentrum in der Peripherie von Bergen
THEMA	Perspektive
TAGS	Stadtbausteine: Baublock, Hybrid; Platzbildung durch Fügen/Modellieren

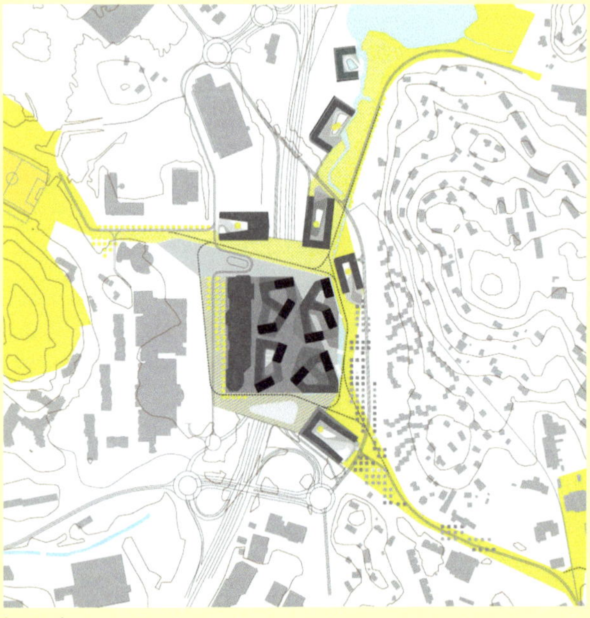

Lageplan

Nicht zuletzt überzeugt die fotorealistische Perspektive durch ihre Glaubwürdigkeit.

Projekt 10.36	**Städtebauliche Entwicklung Deutzer Hafen** Köln (D) – Mehrfachbeauftragung
VERFASSER	COBE Copenhagen, Copenhagen, mit Ramboll Studio Dreiseitl, Überlingen/Singapur/Beijing/Hamburg, Transsolar KlimaEngineering, Stuttgart und knp. bauphysik GmbH, Köln
AUSZEICHNUNG	1. Rang
JAHR	2016
WEBSITE	www.cobe.dk
KATEGORIE	Hafenkonversion – neues Stadtquartier
THEMA	Perspektive
TAGS	geometrisches Prinzip; additives Fügen; unregelmäßiges Gitter; Stadtbausteine: aufgelöster Baublock, Cityblock, Hybrid; Anordnung Baufelder im Stadtbaufeld: Achse, Bezugselement, Reihung/Wiederholung/Rhythmus, Gruppierung; Erschließungsring; Platzbildung durch Fügen; Bauen/Wohnen am Wasser; Darstellung: Gestaltungsplan

Gestaltungsplan

Die Perspektiven strahlen eine große Lebendigkeit aus, die aus der gekonnten Kombination von Handzeichnung und digitaler Darstellungstechnik resultiert.

Nachtperspektive

Projekt 10.37	**Bjørvika harbour district** Oslo (N) – Wettbewerb
VERFASSER	Behnisch Architekten, Stuttgart, mit Gehl Architects, Kopenhagen, und Transsolar KlimaEngineering, Stuttgart
WEBSITE	www.behnisch.com
AUSZEICHNUNG	1. Preis
JAHR	2008
KATEGORIE	Stadtumbau – Hafenkonversion – neues Stadtquartier
THEMA	Perspektive
TAGS	additives Fügen; Stadtbausteine: geschlossener, aufgelöster Baublock, Solitär; Bauen/Wohnen am Wasser

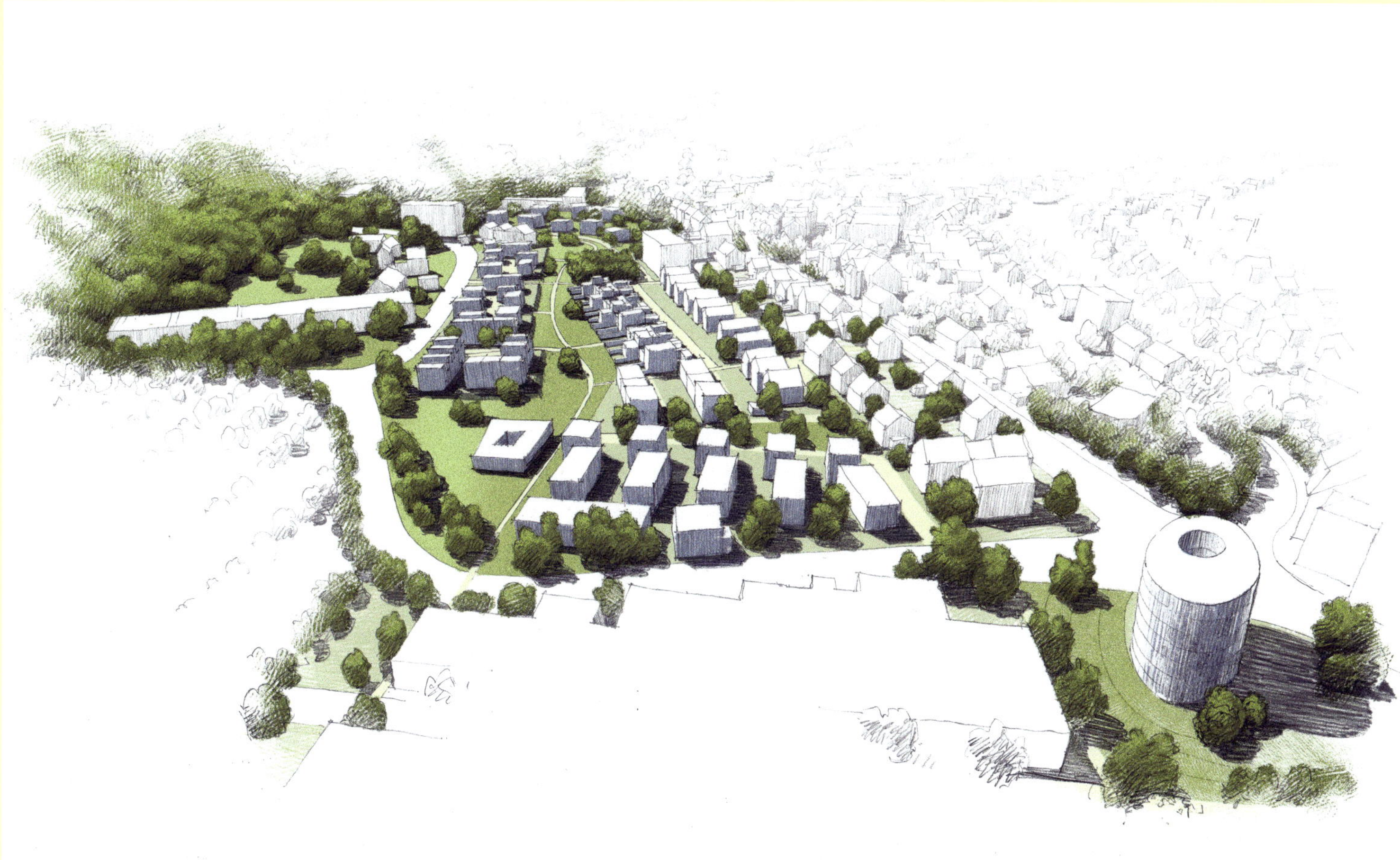

Wie im Gestaltungsplan sind auch in der Perspektive die Grünräume und Landschaftsbezüge besonders herausgearbeitet.

Projekt 10.38	**Entwicklung des Ackermann-Areals** Gummersbach (D) – Wettbewerb
VERFASSER	rha reicher haase associierte GmbH, Aachen, mit Planergruppe Oberhausen, Oberhausen
WEBSITE	www.rha-architekten.de
AUSZEICHNUNG	1. Preis
JAHR	2009
KATEGORIE	Stadtumbau – Gewerbekonversion – neues Wohnquartier
THEMA	Perspektive
TAGS	additives Fügen; Stadtbausteine: Hof, Reihe, Zeile, Punkt; Platzbildung durch Fügen; stadtteilbezogener Grün- und Freiraum

Gestaltungsplan

Der informative Charakter der Zeichnung steht im Vordergrund.

Die Fußgängerperspektive zeigt primär den Freiraum, die Gebäude bleiben unverbindlich.

Projekt 10.39	**Jacob Geelbuurt, Vernieuwingsplan** Amsterdam (NL)
VERFASSER	JAM* architecten, Amsterdam
WEBSITE	www.jamarchitecten.nl
JAHR	2012
KATEGORIE	Stadterneuerung – Erneuerung des Wohnungsbestands
THEMA	Perspektive
TAGS	additives Fügen; orthogonales Gitter, Stadtbausteine: aufgelöster Baublock

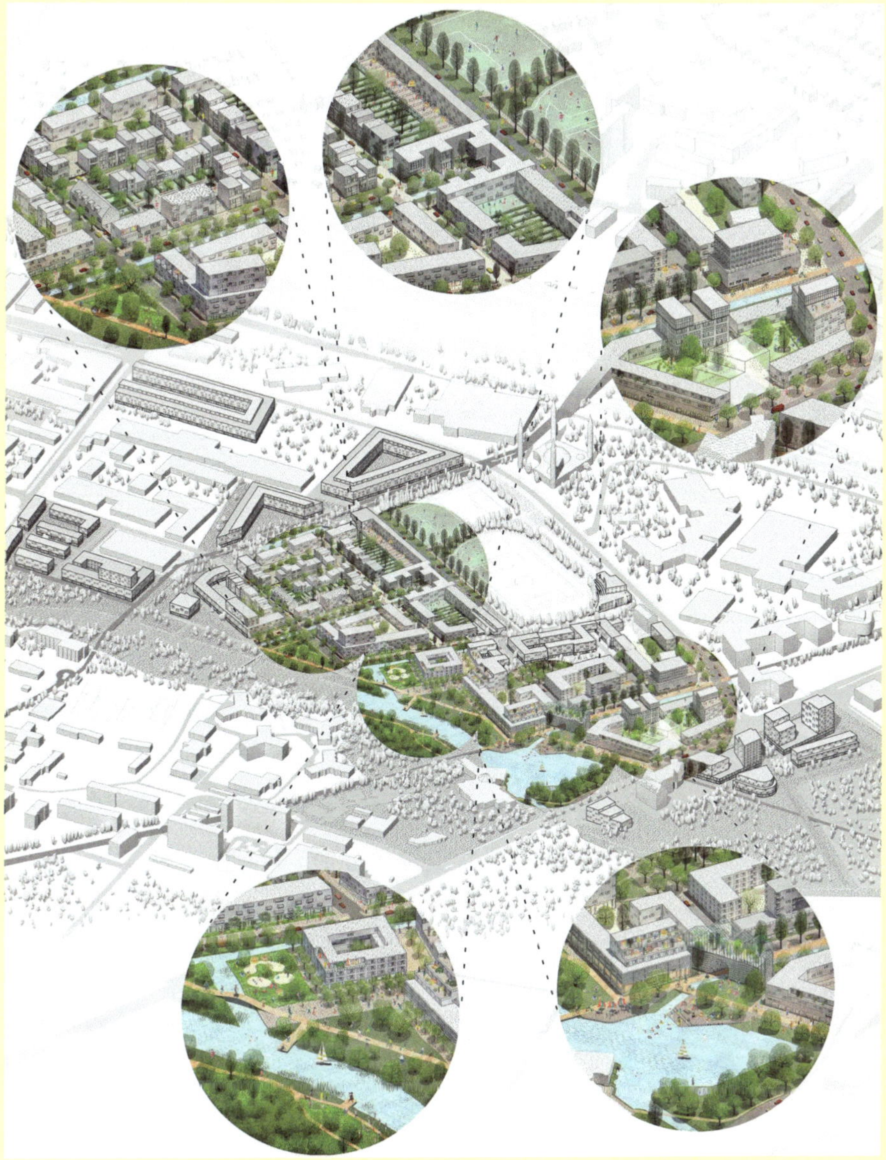

In Lupenausschnitten werden die Besonderheiten des Entwurfs herausgearbeitet, z. B. die vielfältig differenzierten städtischen Freiraum- und Wohntypologien.

Kleine, narrativ gestaltete Alltagsszenen regen den Betrachter dazu an, sich auf eine visuelle Reise durch das neue Quartier zu begeben.

Projekt 10.40	**Wohnen für alle – mitten in Wilhelmsburg** Hamburg (D) – Wettbewerb
VERFASSER	DeZwarteHond, Rotterdam/Groningen/Köln, mit RMP Stephan Lenzen Landschaftsarchitekten, Bonn/Hamburg/Köln/Mannheim/Berlin
AUSZEICHNUNG	1. Preis
JAHR	2015
WEBSITE	www.dezwartehond.nl
KATEGORIE	Stadtumbau – gemischt genutztes Stadtquartier
THEMA	Perspektive
TAGS	geometrisches Prinzip; additives Fügen; unregelmäßiges Gitter; Stadtbausteine: geschlossener Baublock, aufgelöster Baublock, Reihe, Hybrid; Anordnung Baufelder im Stadtbaufeld: Reihung/Wiederholung/Rhythmus; kombiniertes Erschließungsnetz; Platzbildung durch Fügen und Modellieren; Bauen/Wohnen am Wasser

Wie in einem Wimmelbuch gibt es immer wieder Neues zu entdecken.

Die von Hand gezeichneten und digital kolorierten Perspektiven konzentrieren sich auf die Darstellung des Stadtraums.

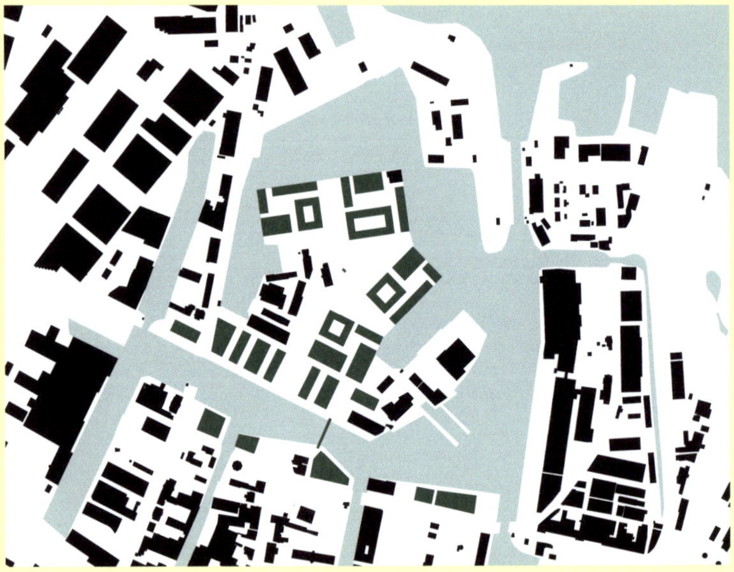

Baumassenplan

Projekt 10.41	**Harburger Schlossinsel** Hamburg (D) – Wettbewerb
VERFASSER	raumwerk, Frankfurt a. M., mit club L94 Landschaftsarchitekten, Köln
WEBSITE	www.raumwerk.net
AUSZEICHNUNG	1. Preis
JAHR	2005
KATEGORIE	Stadtumbau – Hafenkonversion – neues Stadtquartier
THEMA	Perspektive
TAGS	Tiefe; additives Fügen; Anordnung Stadtbaufelder: Wiederholung/Rhythmus, Gruppierung; Platzbildung durch Fügen

Warme Farbtöne und liebevoll gezeichnete Details verleihen der Perspektive eine entspannte, freundliche Atmosphäre.

Projekt 10.42	**Landshut West** Landshut (D) – Wettbewerb
VERFASSER	Schellenberg + Bäumler Architekten GmbH, Dresden, mit ADLER & OLESCH Landschaftsarchitekten GmbH und Stadtplaner, Nürnberg/München
AUSZEICHNUNG	3. Preis
JAHR	2014
WEBSITE	www.schellenberg-baeumler.de
KATEGORIE	Gewerbekonversion – Siedlungserweiterung
THEMA	Perspektive
TAGS	geometrisches Prinzip; additives Fügen; verkipptes Gitter; Stadtbausteine: Reihe, Zeile, Punkt; Anordnung Baufelder im Stadtbaufeld: Reihung/Wiederholung/Rhythmus; Stichstraßen-, Erschließungsbügelnetz; aufgeweiteter und unterbrochener Straßenraum

Skizzenhafte Vogelperspektive mit Einbindung in die umgebende Landschaft

Mit nur wenigen Strichen wird in der Perspektive die Entwurfsidee auf den Punkt gebracht.

Projekt 10.43	**SV Areal** Wiesbaden-Dotzheim (D) – Wettbewerb
VERFASSER	Wick + Partner Architekten Stadtplaner, Stuttgart, mit lohrer.hochrein landschaftsarchitekten, München
WEBSITE	www.wick-partner.de
AUSZEICHNUNG	2. Preis
JAHR	2008
KATEGORIE	Stadtumbau – Industriekonversion – neues Wohnquartier und Gewerbegebiet
THEMA	Perspektive
TAGS	additives Fügen; Stadtbausteine: Baublock, (Gewerbe-)Hof, Reihen, Punkt; Anordnung Bausteine im Baufeld: Reihung/Wiederholung/Rhythmus

Gestaltungsplan

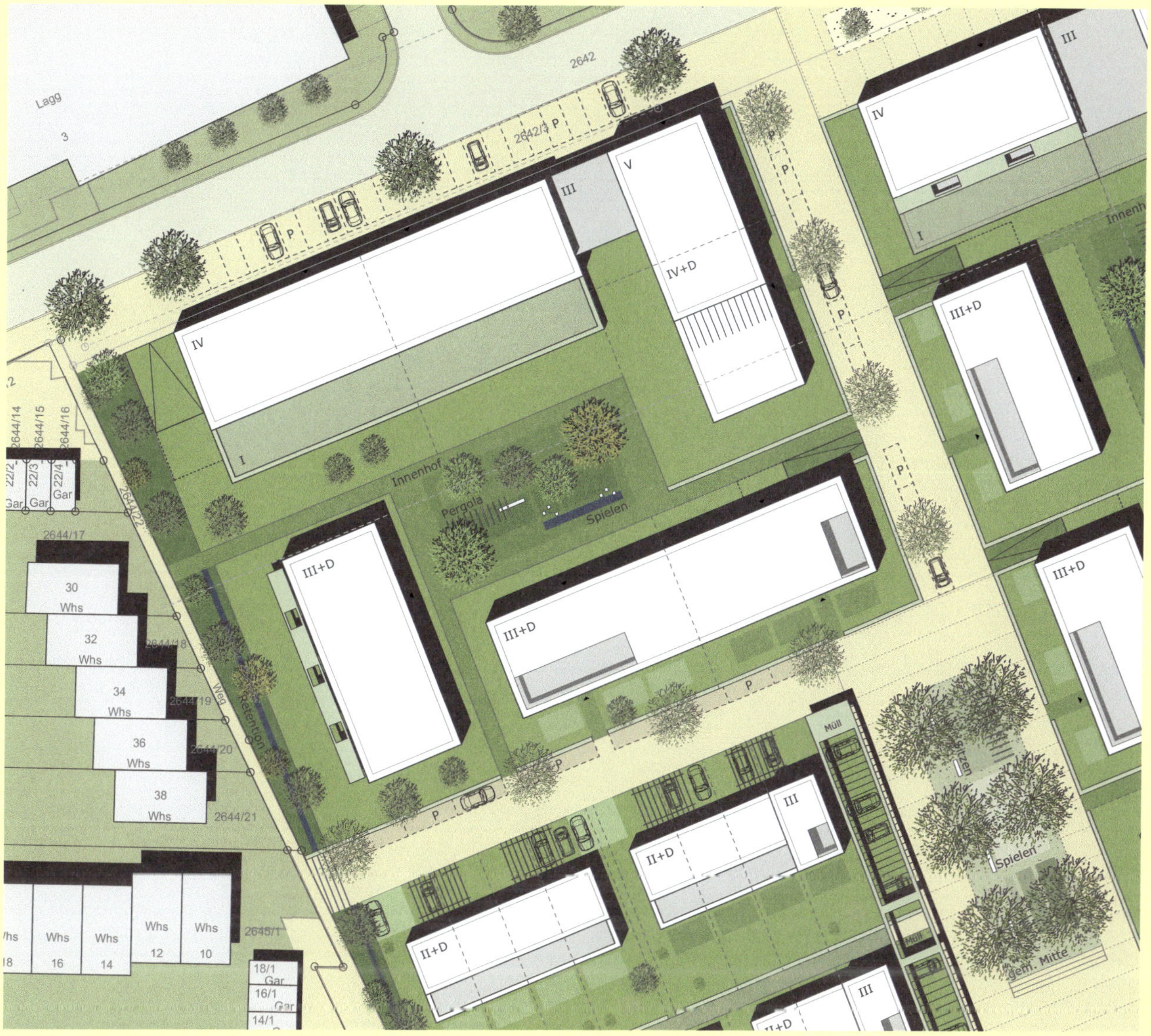

Der Planausschnitt zeigt eine mögliche Detaillierungstiefe im Maßstab 1:500, die bis hin zu Tiefgaragenabfahrten, Gestaltungselementen des öffentlichen Raums und Regenwasser-Versickerungsgräben reicht.

Gestaltungsplan

Projekt 10.44	**Südlich der Rechbergstraße** Denkendorf (D) – Wettbewerb
ARCHITEKT	LEHEN drei Architekten Stadtplaner – Feketics, Schenk, Schuster, Stuttgart
WEBSITE	www.lehendrei.de
AUSZEICHNUNG	2. Rang
JAHR	2007
KATEGORIE	Stadtumbau – Gewerbekonversion – neues Wohnquartier
THEMA	städtebauliche Details
TAGS	Stadtbausteine: aufgelöster Baublock, Reihe; Platzbildung durch Fügen

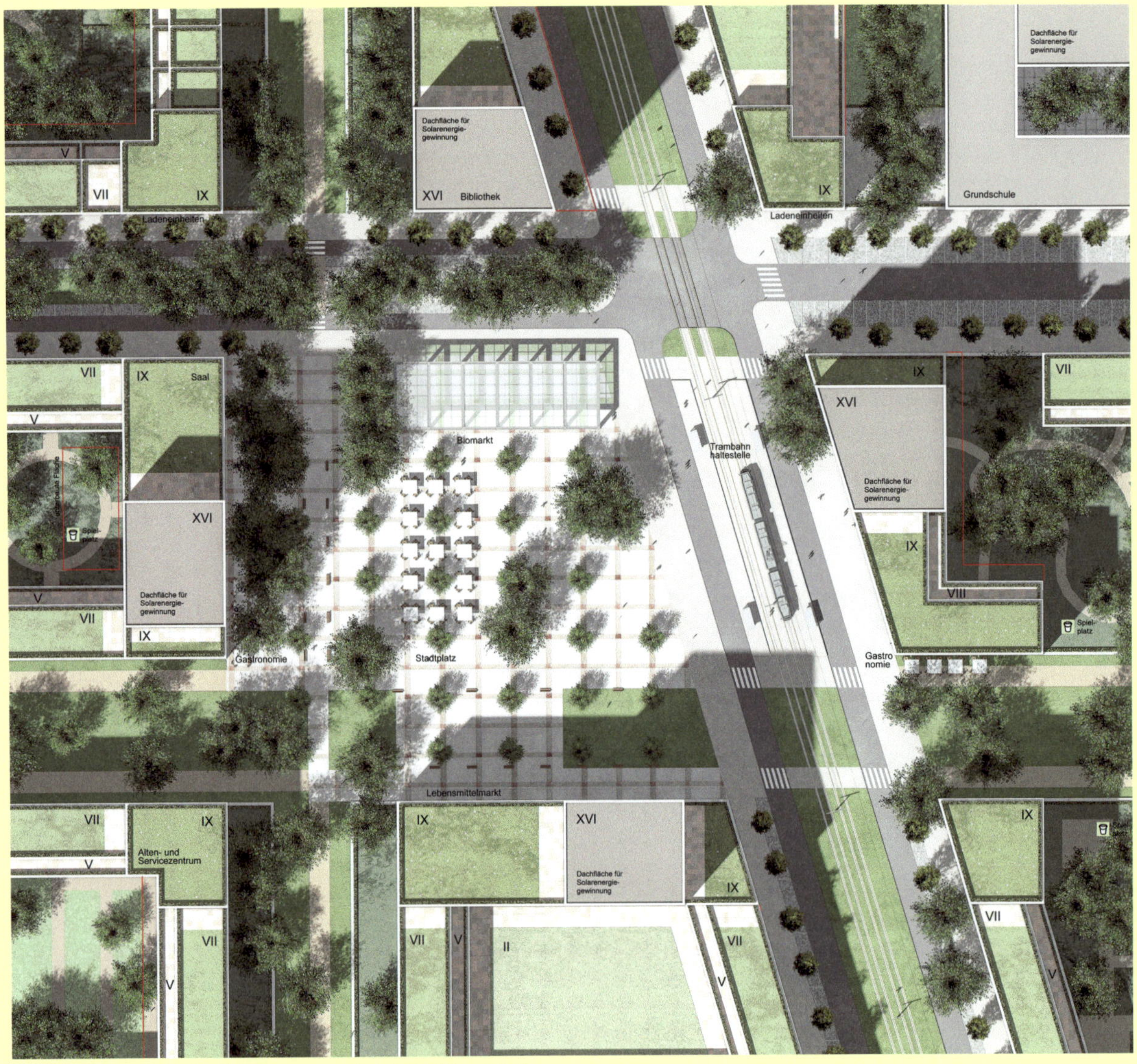

Der Planausschnitt im Zeichnungsmaßstab 1:500 zeigt die Gestaltung und Materialisierung der Freiräume in nahezu fotorealistischer Darstellungstiefe.

Projekt 10.45	**Ehemalige Bayernkaserne** München (D) – Wettbewerb
VERFASSER	Arbeitsgemeinschaft ARGE MAX DUDLER HILMER SATTLER, Max Dudler, Berlin/München/Zürich/Frankfurt a. M., mit Hilmer Sattler Architekten Ahlers Albrecht Gesellschaft von Architekten mbH, Berlin/München und AGS Garten Adelheid Schönborn, Muhr am See
AUSZEICHNUNG	1. Rang
JAHR	2014
WEBSITE	www.maxdudler.de, www.h-s-a.de
KATEGORIE	Militärkonversion – neues Stadtquartier
THEMA	städtebauliche Details
TAGS	Prägnanz, Robustheit; geometrisches Prinzip; additives Fügen und überlagerndes Fügen; regelmäßiges Gitter, überlagertes Gitter; Stadtbausteine: geschlossener Baublock, aufgelöster Baublock, vertikaler Punkt/Punkthochhaus, Hybrid; Anordnung Baufelder im Stadtbaufeld: Achse, Symmetrie, Reihung/Wiederholung, Gruppierung; Erschließungsring; Platzbildung durch Aussparen/Weglassen und Modellieren; Darstellung: Gestaltungsplan

Gestaltungsplan

Systemschnitt durch die Haupterschließungsstraße im Zeichnungsmaßstab 1:50

Gestaltungsplan

Projekt 10.46	**Stadtnahes Wohngebiet an der Breiteich** Schwäbisch Hall (D) – Wettbewerb
ARCHITEKT	Wick + Partner Architekten Stadtplaner, Stuttgart, mit Gesswein Landschafts-architekten, Ostfildern
WEBSITE	www.wick-partner.de
AUSZEICHNUNG	1. Preis
JAHR	2007
KATEGORIE	Stadterweiterung – neues Wohnquartier
THEMA	städtebauliche Details
TAGS	additives Fügen; Anordnung Stadtbaufelder: Reihung/Wiederholung/Rhythmus; verzahnter Grünraum

Eine großformatige Visualisierung ist Blickfang und Auftakt der Planpräsentation.

Projekt 10.47	**Südliche Innenstadt** Recklinghausen (D) – Wettbewerb
ARCHITEKT	JSWD Architekten mit club L94, Köln
WEBSITE	www.jswd-architekten.de
AUSZEICHNUNG	1. Preis
JAHR	2004
KATEGORIE	Stadtumbau – neues innerstädtisches Wohnquartier
THEMA	Layout
TAGS	Platzbildung durch Modellieren; Darstellung: Diagramme, Perspektive

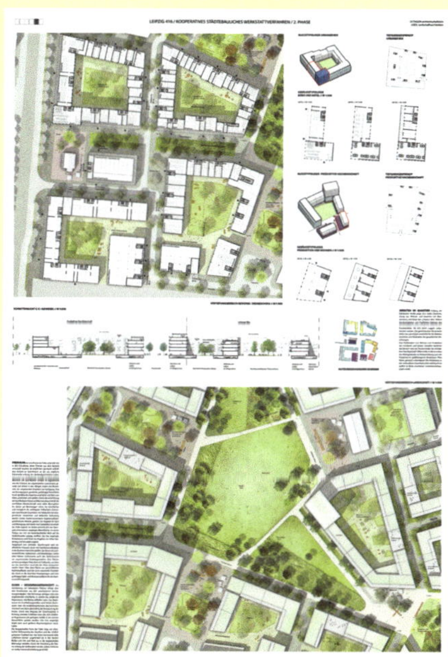

Das Layout präsentiert die Inhalte – von der Entwurfsidee bis zu den Details – kompakt und abwechslungsreich. Eine großformatige Visualisierung bildet jeweils den Auftakt und den Schluss der Präsentation.

Projekt 10.48	**Leipzig 416 – Eutritzscher Freiladebahnhof** Leipzig (D) – Werkstattverfahren
VERFASSER	OCTAGON architekturkollektiv, Leipzig mit Atelier LOIDL, Berlin und FILON. Landschaftsarchitektur & Visualisierung, Leipzig
AUSZEICHNUNG	1. Preis
JAHR	2017
WEBSITE	www.octagon-architekturkollektiv.net, www.atelier-loidl.de
KATEGORIE	Bahnkonversion – neues Stadtquartier
THEMA	Layout
TAGS	geometrisches Prinzip; additives Fügen; unregelmäßiges Gitter, verkipptes Gitter; Stadtbausteine: geschlossener Baublock, aufgelöster Baublock, Solitär/Sonderbaukörper; Stichstraßen-, Erschließungsbügelnetz; Platzbildung durch Fügen; geknickter Straßenraum; baulich gefasster Grünraum; Darstellung: Gestaltungsplan, Diagramme, Perspektive

Das den unteren Planrand begrenzende Band mit Schnittdarstellungen zieht alle Einzelpläne optisch zusammen.

Ausschnitt Plan 6, Perspektive

Projekt 10.49	**Masterplan Nördliche Wallhalbinsel** Lübeck (D) – Wettbewerb
ARCHITEKT	raumwerk, Frankfurt a. M., mit club L94 Landschaftsarchitekten, Köln
WEBSITE	www.raumwerk.net
AUSZEICHNUNG	Ankauf
JAHR	2008
KATEGORIE	Stadtumbau – Hafenkonversion – neues Stadtquartier
THEMA	Layout
TAGS	Darstellung: städtebauliche Details

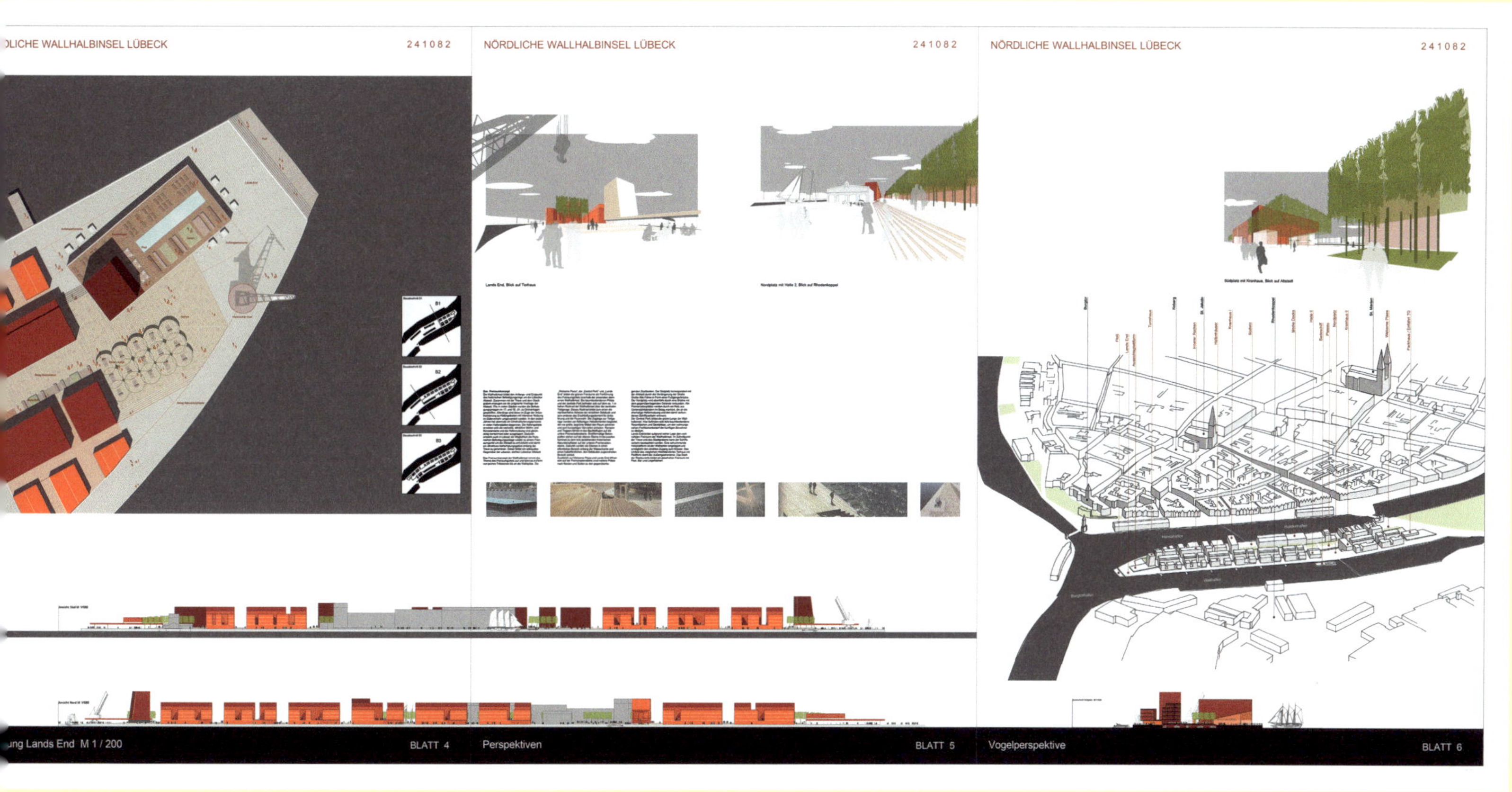

Ausschnitt Plan 6, Schnitt

Das Layout in Form von Druckbögen entspricht der Idee, den Entwurf in literarischer Form zu präsentieren.

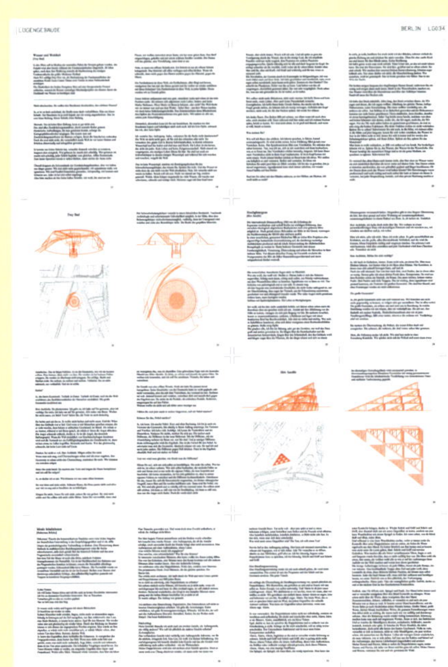

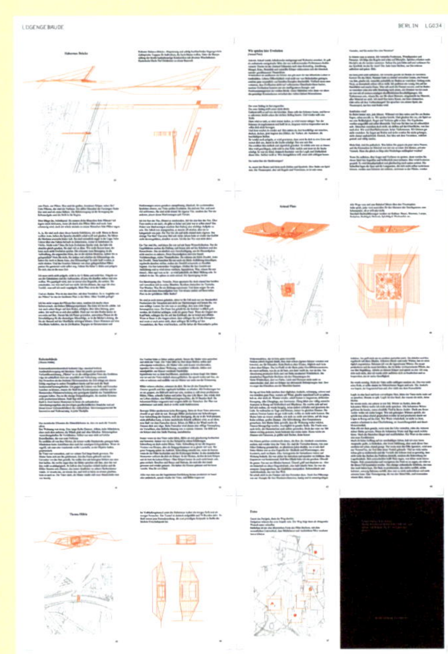

Projekt 10.50	**Europan 9, Chancen für den öffentlichen Raum // Walking, Südkreuz** Berlin (D) – Wettbewerb
ARCHITEKT	Architekten Koelbl Radojkovic, Wien
WEBSITE	www.arch-koelbl-radojkovic.com
AUSZEICHNUNG	Preisgruppe
JAHR	2008
KATEGORIE	Stadtumbau – übergeordnetes Fuß- und Radwegekonzept mit Einzelmaßnahmen entlang der Wegeverbindung
THEMA	Layout

Vor dem einheitlichen Hintergrund, der sich als Himmel aus der Perspektive entwickelt, scheinen Texte und Entwurfszeichnungen frei zu schweben.

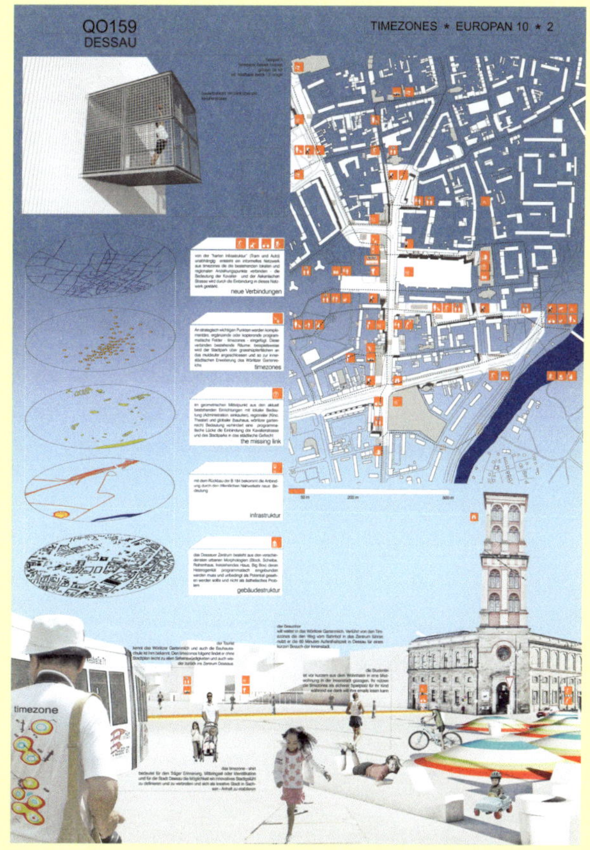

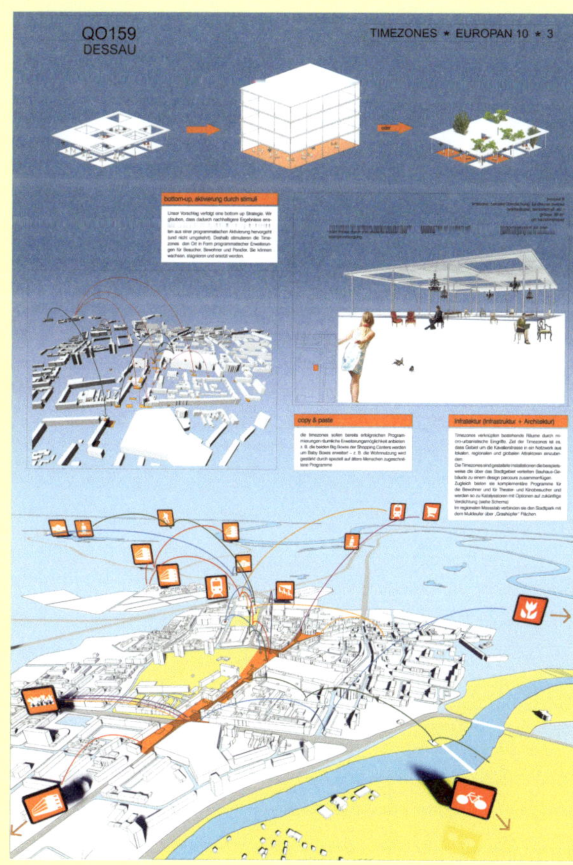

Projekt 10.51	**Europan 10, Stärkung urbaner Kerne, Timezones** Dessau (D) –Wettbewerb
ARCHITEKT	Felix Wetzstein, You Young Chin, Paris
WEBSITE	www.wetzstein.cc
AUSZEICHNUNG	Engere Wahl
JAHR	2010
KATEGORIE	Stadtumbau – Transformation der Hauptverkehrsstraße in einen städtischen Boulevard
THEMA	Layout
TAGS	Darstellung: Piktogramme, Diagramme

Arbeitsmodelle können einen besonderen Charme entfalten, der nicht hinter dem eines Präsentationsmodells zurückstehen muss.

Gestaltungsplan

Projekt 10.52	**geneve 2020 visions urbaines** Genf (CH) – Wettbewerb
ARCHITEKT	XPACE architecture + urban design, Richmond, Australien
WEBSITE	www.xpace.cc
AUSZEICHNUNG	4. Preis
JAHR	2005
KATEGORIE	Stadtumbau – Industriekonversion – neue Stadtquartiere und Gewerbegebiet
THEMA	Modell
TAGS	überlagerndes Fügen

Trotz des großen Maßstabs lässt sich im Modell bereits die Vielfalt des künftigen Stadtteils erahnen.

Projekt 10.53	**HafenCity Hamburg** Hamburg (D) – Wettbewerb
VERFASSER	ASTOC Architects and Planners, Köln, mit KCAP Architects & Planners, Rotterdam/Zürich/Shanghai
WEBSITE	www.astoc.de, www.kcap.eu
AUSZEICHNUNG	1. Preis
JAHR	1999
KATEGORIE	Stadtumbau – Hafenkonversion – neuer Stadtteil
THEMA	Modell
TAGS	verkipptes Gitter

Die im Modell farbig herausgearbeiteten Freiräume im Wettbewerbsgebiet unterstützen die Wahrnehmung der Raumgestalt.

Projekt 10.54	**Neckarpark** Stuttgart (D) – Wettbewerb
VERFASSER	pp a|s pesch partner architekten stadtplaner, Dortmund/Stuttgart, mit lohrberg stadtlandschaftsarchitektur, Stuttgart
WEBSITE	www.pesch-partner.de
AUSZEICHNUNG	1. Preis
JAHR	2008
KATEGORIE	Stadtumbau – Bahnkonversion – neues Stadtquartier
THEMA	Modell
TAGS	Darstellung: Diagramme

Auch die Materialität eines Modells kann Assoziationen wecken: wertvoll, robust, zeitlos.

Projekt 10.55	**Masterplan Paramount/Xeritown** Dubai (UAE)
VERFASSER	SMAQ – architecture urbanism research, Berlin: Sabine Müller und Andreas Quednau mit Joachim Schultz, mit X-Architects, Dubai, Johannes Grothaus Landschaftsarchitekten, Potsdam, Reflexion, Zürich, und Büro Happold, London
WEBSITE	www.smaq.net
JAHR	2008
KATEGORIE	Stadterweiterung – neue nachhaltige Stadtquartiere
THEMA	Modell
TAGS	divisives Fügen; Darstellung: Skizze

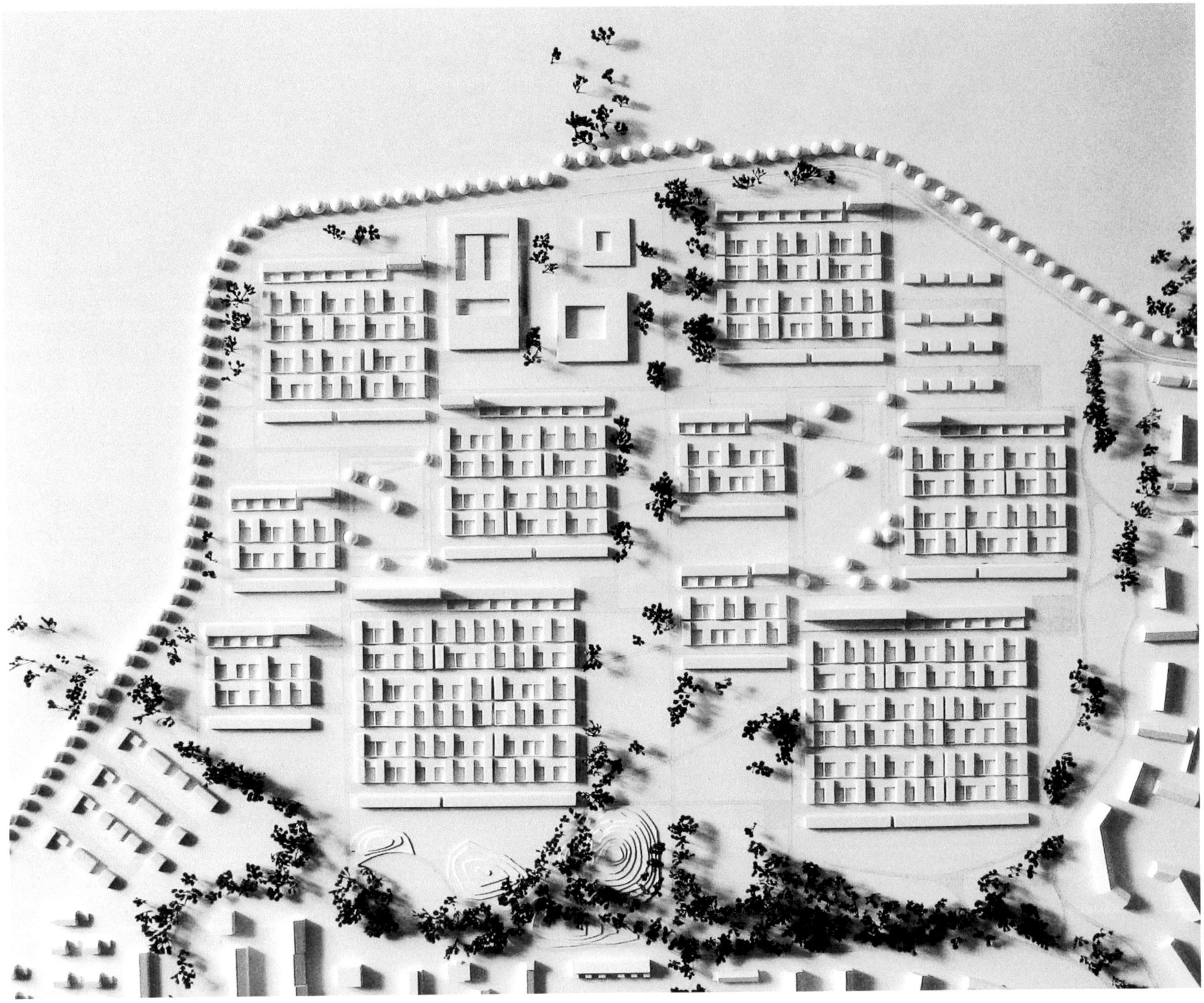

Bei weißen Modellen kann sich der Betrachter ganz auf den Entwurf konzentrieren.

Projekt 10.56	**Wohngebiet Am Bergfeld** Poing bei München (D) – Wettbewerb
VERFASSER	keiner balda architekten, Fürstenfeld-bruck, mit Johann Berger, Freising
WEBSITE	www.keiner-balda.de
AUSZEICHNUNG	4. Preis
JAHR	2007
KATEGORIE	Stadterweiterung – neue Wohnquartiere
THEMA	Modell
TAGS	Stadtbausteine: Raumstruktur/Teppichbe-bauung

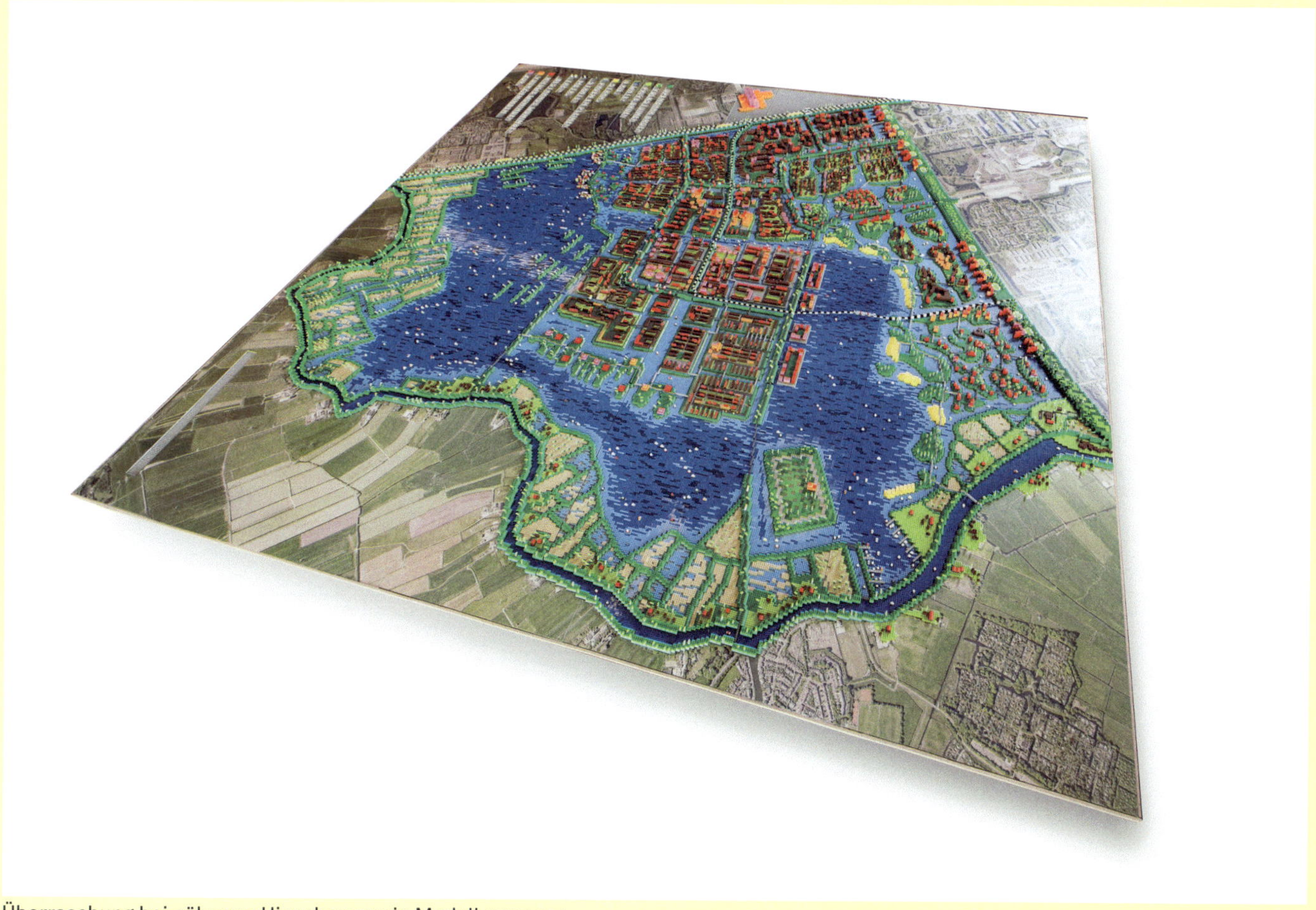

Überraschung bei näherem Hinschauen: ein Modell ganz aus Legosteinen

Modellausschnitt

Projekt 10.57	**Watervrijstaat** Gaasperdam (NL)
ARCHITEKT	HOSPER NL BV landschapsarchitectuur en stedebouw, Haarlem
WEBSITE	www.hosper.nl
AUSZEICHNUNG	Teil der International Architecture Biennale Rotterdam
JAHR	2009
KATEGORIE	Stadterweiterung – neue Wohnquartiere am/im Wasser
THEMA	Modell

Je kleiner der Maßstab des Modells, desto größer sind die Möglichkeiten Atmosphäre zu schaffen.

Projekt 10.58	**Werkbundsiedlung Wiesenfeld** München (D) – Wettbewerb
VERFASSER	Kazunari Sakamoto
WEBSITE	www.de.wikipedia.org/wiki/Kazunari_Sa-kamoto
AUSZEICHNUNG	Preisgruppe Städtebau, 1. Preis nach Überarbeitung
JAHR	2006
KATEGORIE	Stadtumbau – Militärkonversion – neues Wohnquartier
THEMA	Modell
TAGS	Stadtbausteine: Punkt, Punkthochhaus

Modell und Gestaltungsplan passen perfekt zusammen.

Gestaltungsplan

Projekt 10.59	**Neufahrn-Ost** Neufahrn bei Freising (D) – Wettbewerb
VERFASSER	Ackermann & Raff, Stuttgart/Tübingen, mit Planstatt Senner, Überlingen
WEBSITE	www.ackermann-raff.de
AUSZEICHNUNG	1. Preis
JAHR	2005
KATEGORIE	Stadterweiterung – neue Wohnquartier
THEMA	Modell
TAGS	Gestaltungsplan

11. Parametrisches Entwerfen

11. Parametrisches Entwerfen

Autor: Oliver Fritz

Was ist parametrisches Entwerfen? Das Wort „Parameter" stammt aus dem Griechischen und besteht aus zwei Teilen: „para" entspricht „gegen", „neben" oder „bei" und „metron" ist gleichbedeutend mit „Maß". Wenn in einer mathematischen Gleichung die Variablen vorübergehend mit einem festen Wert besetzt werden, dann wird hier von Parametern gesprochen. Ähnlich verhält sich das auch in der Informatik und bei Computerprogrammen: Die Parameter sind programmextern gesetzte Variablen, also quasi die „Stellschrauben", mit denen ein Objekt für eine gewisse Zeit von außen bzw. vom Benutzer eingestellt werden kann und woraufhin es sich nach bestimmten Mechanismen verändert. Dabei wirken Parameter für die Objekte charakterisierend.

Beim Einsatz von Parametern im konkreten Zusammenhang spricht man von Parametrisierung. So sind für die Berechnung eines Tilgungsplans eines zu finanzierenden Hauses zum Beispiel folgende Parameter notwendig: Kreditbetrag, Zinssatz, Tilgungsbetrag und Tilgungsperiode.
→ **Abb. 11.1**

Beim Versuch, diese Methodik auf Architektur oder Städtebau zu übertragen, stellt man fest, dass im Grunde jedes im Planungsprozess befindliche Objekt Parameter besitzt, wie z. B. Abmessungen, Mindestabstandsflächen, Farben, Materialien. Dies ist also nichts Neues, und diese Art des Bewusstseins gibt es schon so lange, wie es Stadtplanung gibt. Dennoch rückt der Begriff „Parameter" heute im Informationszeitalter in ein neues Licht. Sie sind allgegenwärtig und von jedermann bedienbar. Jede Software, jedes Smartphone hat Parameter, die ich einstellen kann. Ich kann auf Facebook mein Profil über Parameter konfigurieren. Oder ich kann mit Parametern ein Produkt im Internet auf meine individuellen Bedürfnisse mittels Konfiguratoren anpassen. Und dieses Produkt wird dann individuell für mich gefertigt.

Für den Flugzeug- und Maschinenbau wurde bereits vor Jahrzehnten CAD-Software entwickelt, die Planungs- und Gestaltungsprozesse voll parametrisiert ermöglicht. Objekte werden nicht mehr gezeichnet, sondern über Variablen, Zusammenhänge und Abhängigkeiten formuliert oder, wenn man so sagen möchte, programmiert. So müssen Dimensionen oder Winkel nicht unnötig früh festgelegt werden, und der Computer wird zum interaktiven Werkzeug, an dem das Zusammenspiel der Parameter eine Lösung generiert. Variationen und Versionen desselben Grunddesigns können durch die Veränderung eines oder mehrerer Werte in Echtzeit visualisiert werden. Ebenso lassen sich die Lösungen durch Simulationen virtuell auf deren wirkliche physikalische Verwertbarkeit überprüfen. Im Rahmen des DFG-Forschungsprojekts „medienexperimentelles Entwerfen" an der Universität Kaiserslautern entstand die Frage, ob ähnliche Werkzeuge für Architektur oder städtebauliche Planungen entwickelbar wären. Nach einigen virtuellen Laborversuchen, in denen mit künstlicher Intelligenz Siedlungen generiert wurden, entstand im Jahr 2001, gemeinsam mit dem renommierten Architekturbüro Kees Christiaanse Architects and Planners Rotterdam, das Forschungsnetzwerk KAISERSROT. An der CAAD-Professur der ETH Zürich formierte sich kurz später das Kernteam, bestehend aus Architekten, Städtebauern und Programmierern, deren Ziel es war, interaktive Planungswerkzeuge für die Visualisierung von Lösungsräumen zu entwickeln. Parallel gab es ähnliche Entwicklungen von Makoto Sei Watanabe, Procedural/Esri mit der CityEngine oder von MVRDV, die den Regionmaker und den Functionmixer entwickelten. Es gibt keine allgemeingültige Definition, was genau parametrisches Entwerfen im Städtebau bedeutet. Es gibt aber eine Anzahl unterschiedlicher Herangehensweisen, von denen im Folgenden einige KAISERSROT-Lösungen gezeigt werden.
→ **Abb. 11.2**

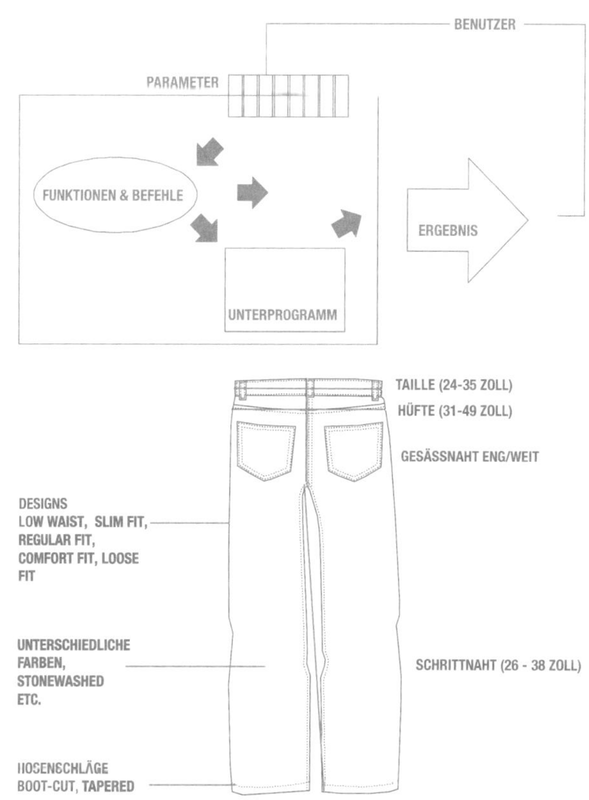

Abb. 11.1 Prinzip der Individualisierung von Massengütern nennt man Mass Customization: Eine Jeans kann aus einer großen Anzahl von Parametern individuell für den Kunden konfiguriert und gefertigt werden. Es handelt sich um ein parametrisches Objekt.

Anwendungsmöglichkeiten im Städtebau

Typ 1 Parameter im Städtebau: Rechtliche Konstanten und Beschränkungen

Die moderne Stadtgestaltung hat als rechtliches Fundament eine Vielzahl von Regeln und Festsetzungen. So liefern Flächennutzungsplan, Bebauungsplan und Gestaltungssatzung direkt und indirekt die Vorgaben für das jeweilige Baugebiet – zum Teil sehr zum Leid der Bauherren oder Architekten. In ihnen werden Erschließung, Sichtachsen, Nutzungsarten, Bautypologien, Trauf- und Giebelhöhen bis hin zu Farben und Materialien festgesetzt. Diese Parameter regulieren das zu bebauende Areal unter gestalterischen, sozioökonomischen und ökologischen Aspekten. Dass reglementierende Parameter nicht gezwungenermaßen auch die Kreativität beschneiden müssen, zeigt folgendes Beispiel:

Das Projekt „Stadtraum Hauptbahnhof Zürich" ist in der Kooperation mit KCAP und KAISERSROT entstanden. Im Zentrum von Zürich sollte am Rande der Gleisfelder ein neuer Stadtteil entstehen, mit 320 000 Quadratmetern Nutzfläche und Platz für 1 200 Bewohner. Der Lösungsraum wurde durch zwei wesentliche Interessensgruppen bestimmt: einerseits durch die Investoren, die möglichst dicht und hoch bauen wollen, um die Rendite pro Quadratmeter Grundfläche zu optimieren; andererseits durch die Stadt Zürich, die für das verdichtete Bauen besondere städtebauliche Bestimmungen vorgibt. So sorgt z. B. die sogenannte 2-Stunden-Schatten-Regel dafür, dass Hochhäuser nur zwei Stunden pro Tag Wohngebäude verschatten dürfen. Die Überprüfung mittels einer vorgegebenen Schattenkonstruktion ist händisch jedoch sehr zeitaufwendig, sodass das permanente iterative Ausprobieren im Planungsprozess fast unmöglich ist. Ziel des Planungsteams war es, einen dynamischen und interaktiven Planungsprozess zu entwickeln, der die Konsensfindung der unterschiedlichen, sich im Konflikt befindenden Parteien unterstützen soll. Das Projekt arbeitet mit zwei parallelen Ebenen: Einerseits gibt es die manuell festgelegten Gittergerüste, die als externes Regelwerk jeweils das maximal zulässige Bauvolumen und die Bauhöhen beschreiben, andererseits gibt es ein internes, programmiertes Regelwerk, das das mögliche Wachstum der Häuser innerhalb dieser Envelopes definiert: Dazu zählen etwa Licht- und Schattenverhältnisse, das Verhältnis von Wohn- und Arbeitsplätzen oder Blickachsen, die freigehalten werden müssen, bis hin zu den Proportionsverhältnissen der Häuser. Zusätzlich sorgt der sogenannte Schatten-Calculator als Instrument für die Verteilung der Hochhäuser.

→ **Abb. 11.3, 11,4**

Typ 2 Formbildende Parameter im Städtebau, generatives Entwerfen und Modellieren, Variablen zum Ausprobieren

Sobald mit Parametern weniger reglementierend als vielmehr gestalterisch umgegangen wird, öffnet sich ein neuer Lösungsraum. Ähnlich der klassischen parametrischen CAD-Software für Maschinenbauer verknüpft ein Regelwerk Listen geometrischer Grundobjekte mit mathematischen oder geometrischen Funktionen, woraus sich eine mehr oder weniger komplexe Form generiert. Diese kann durch die Veränderungen der Parameter ohne großen Aufwand variiert werden. Diese modernen Tools wurden erst neulich für die Architektur entdeckt und erwecken gegenwärtig hohe Aufmerksamkeit. Am bekanntesten sind Generative Components der Firma Bentley und Grasshopper als Erweiterung des 3D-Modellers Rhino. Insbesondere Freiformarchitekten profitieren von diesen Werkzeugen, mit denen nun Lösungen in kürzester Zeit modelliert sind, für die bisher ein sehr großer Aufwand nötig gewesen wäre. Diese Softwareprodukte sind im Verhältnis zu ihren Möglichkeiten kostengünstig, einfach zu bedienen, und viele Hochschulen integrieren solche generativen Werkzeuge in das Lehrprogramm. Trotz der davon ausgehenden Faszination und gewisser Vorteile einer solchen Modellierung scheint es sich jetzt schon abzuzeichnen, dass durch die vorgefertigten Definitionen der Programme nur eine sehr beschränkte Formenvielfalt entwickelt werden kann: Die Bilder der sich verdrehenden Hochhäuser mögen vereinzelt ihren Reiz haben, in der Masse wirken sie austauschbar und banal. Ob sich auf diesem Wege der prognostizierte neue Stil des Parametrizismus, wie er vorausgesagt wird, entwickelt, kann daher nur die Zeit entscheiden.

→ **Abb. 11.5**

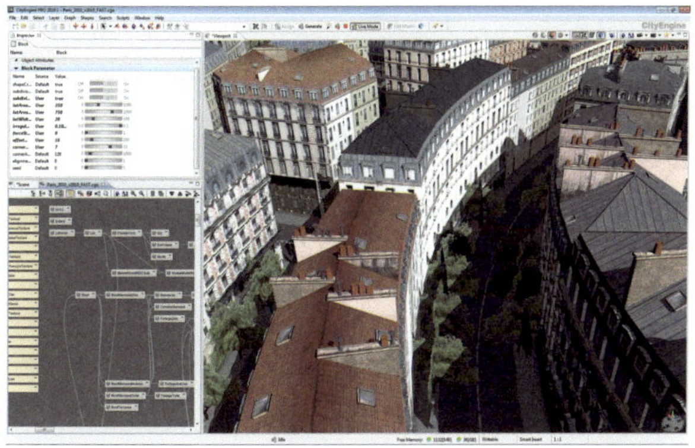

Abb. 11.2 Die Software CityEngine kann künstliche Städte aus Parametern und regelbasiert mit einer Art Grammatik generieren, deren Anmut bekannten Strukturen ähnelt. So kann ein Baublock den Parameter „Jugendstil", „Jahrhundertwende" oder „Venedig 16. Jahrhundert" erhalten.

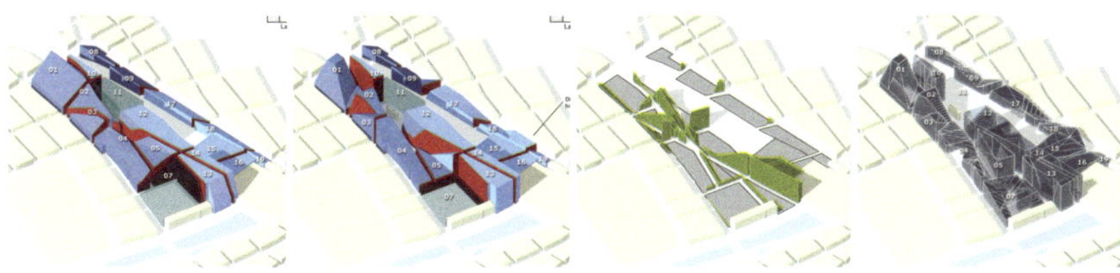

Abb. 11.3 Eingrenzung des Möglichen unter Berücksichtigung der Zugrundeliegenden Regelwerke. KCAP und KAISERSROT, Alex Lehnerer

Abb. 11.4 Der Shadowcalculator: In Zürich darf ein Hochhaus kein Wohngebäude mehr als zwei Stunden pro Tag verschatten. KCAP und KAISERSROT, Markus Braach

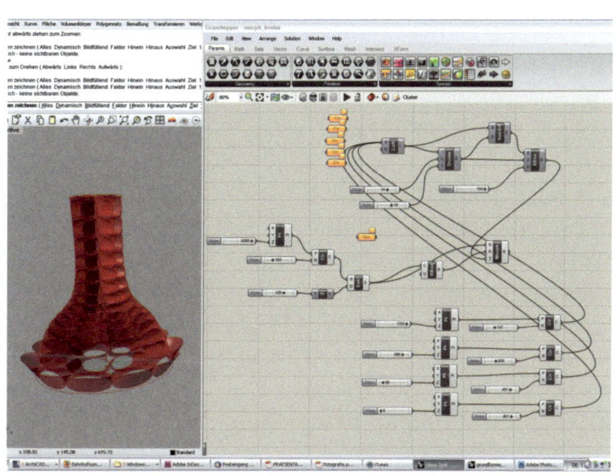

Abb. 11.5 In der Software Grasshopper können geometrische Objekte mit Operationen und Variablen zu komplexen parametrischen Objekten verknüpft werden.

Typ 3 Wünsche, Wahrscheinlichkeiten und Interaktionen

Eine ganz andere Art, städtebauliche Parameter methodisch im Planungsprozess einzusetzen, wurde in einigen Projekten von KAISERSROT folgendermaßen umgesetzt: Anstatt sich von der Entwurfsstrategie vom Großen ins Kleine, also top-down anzunähern, wird der Entwurf bottom-up entwickelt: Die Parameter der zu planenden Grundstücke sind die Wünsche deren zukünftiger Bewohner: Sie beinhalten die Vorstellungen über die Größe und Proportion, über die Lage, über Nachbarschaften und über landschaftliche Begebenheiten der künftigen Parzelle.

Die dazu nötigen mehrstufigen Optimierungen lassen sich folgendermaßen zusammenfassen: Anfangs wird eine rein zufällige Lösung generiert, quasi gewürfelt. Deren Tauglichkeit wird bewertet; eine weitere wird generiert. Ist diese besser, gilt sie als Referenz für die folgenden Varianten. Mittels der iterativen Trial-and-Error-Methode können diese für den Computer leichten Aufgaben schnell über Tausende von Durchgängen berechnet werden, sodass letztendlich eine gute, machbare Lösung entsteht. Städtebauliche Attraktoren können für das einzelne Grundstück definiert werden und diese wie einen Magneten anziehen.

Die Software erzeugt also keine fixen, endgültigen Ergebnisse, vielmehr entsteht ein „flüssiger“, sich an die veränderten Parameter anpassender Planungsprozess, der ein visuelles Feedback und damit auch Entscheidungsgrundlagen liefert. Im Gegensatz zur vergleichsweise langsamen Methode der händischen Variantenerzeugung im architektonischen Entwurf führt dieser computergestützte Vorgang zu einer neuen Dynamik in der Planung. Die Auswirkung einer Entscheidung, beispielsweise die Definition einer Sichtachse oder die Breite einer Straße, kann mit der Software unmittelbar getestet, diskutiert und analysiert werden. So ist es möglich, Kriterien unterschiedlicher Parteien (Planungsbeteiligte, Bauherren, Behörden) frühzeitig zu vergleichen, zu bewerten und so zu bestätigen oder zu verwerfen. Die KAISERSROT-Software ist eine Konsensmaschine. Mit dieser Methode wurde eine Siedlung in den Niederlanden im Rahmen des VINEX-Programms gemeinsam mit KCAP realisiert, wurden Studien zur Umsiedlung von hochwassergefährdeten Ortschaften in Oberösterreich entwickelt oder Konzepte zur virtuellen Baulandumlegung ehemaliger Agrarflächen entwickelt.

Der Lösungsraum beim Entwerfen ist immer unendlich groß. Das parametrische Entwerfen ist eine Methode, an bestimmten Stellen den Lösungsraum einzuengen und kontrollierbarer zu machen. Bei den vorgestellten Methoden handelt es sich auch nicht um selbstständig agierende Entwurfsautomaten, sondern vielmehr um fein justierbare Suchmaschinen, die im Planungsprozess unter gewählten Parametern helfen, eine gute Lösung zu finden.
→ Abb. 11.6 – 11.10

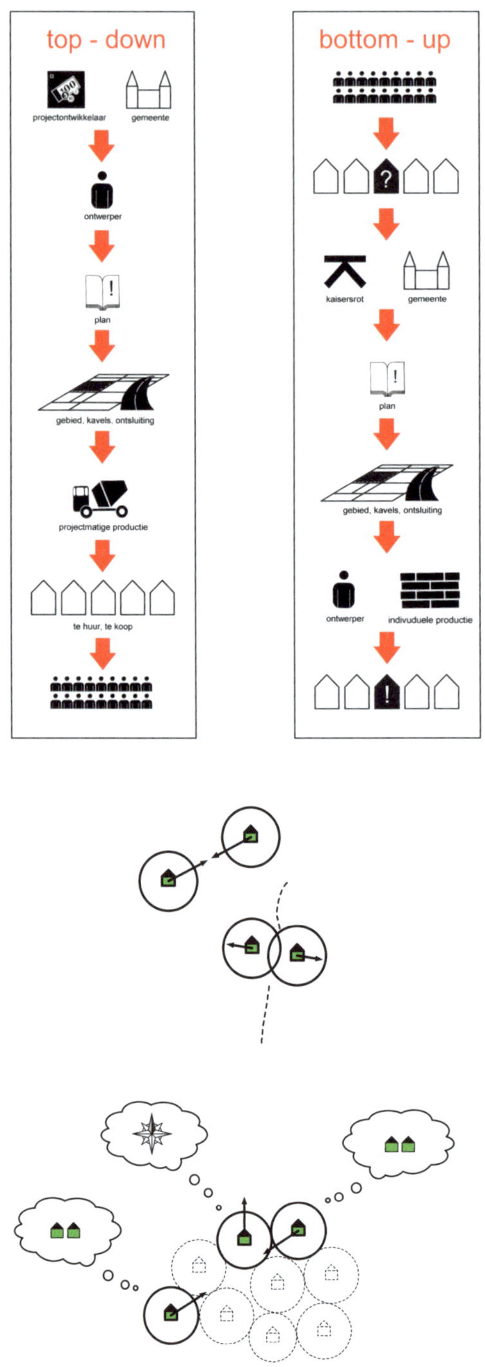

Abb. 11.6 Vergleich Planungsprozesse: top-down und bottom-up, Findung von Lösungen aufgrund von Wünschen. KAISERSROT

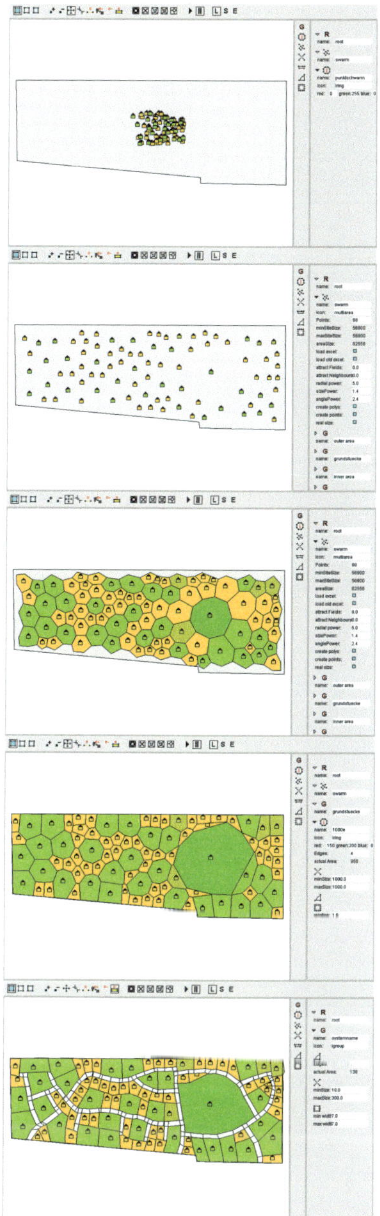

Abb. 11.7 Der Prozessablauf der klassischen KAISERSROT-Projekte: Die zuerst punktförmigen Repräsentanten einer Parzelle finden ihre Position innerhalb der Siedlung anhand der Käuferwünsche.

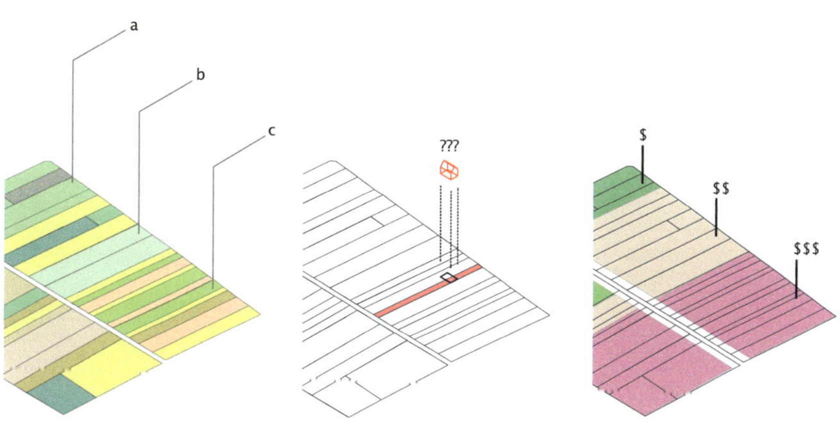

Abb. 11.8 Virtuelle Baulandumlegung: Ehemalige Agrarflächen sollen zu Bauland umgewidmet werden. Die Proportionen sind jedoch ungünstig, die Flächen werden neu bewertet und die Besitzverhältnisse langjähriger Nachbarschaften müssen neu geordnet werden.

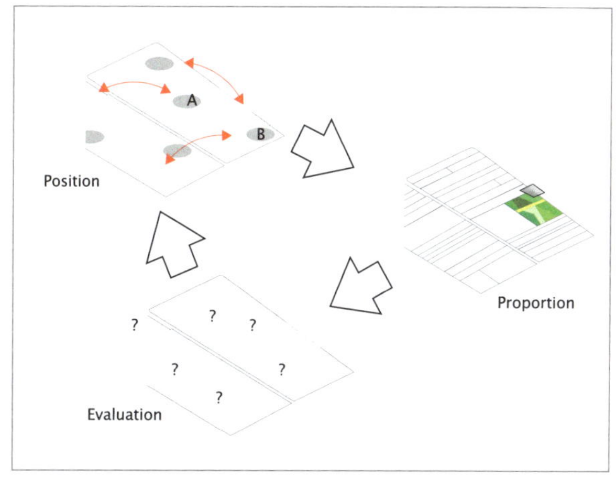

Abb. 11.9 Mit der Methode KAISERSROT werden die Grundstücke entsprechend den Wünschen der Besitzer neu sortiert, wobei in diesem Prozess bereits Bebaubarkeit, Proportionen und Besonnung von der Software berücksichtigt werden.

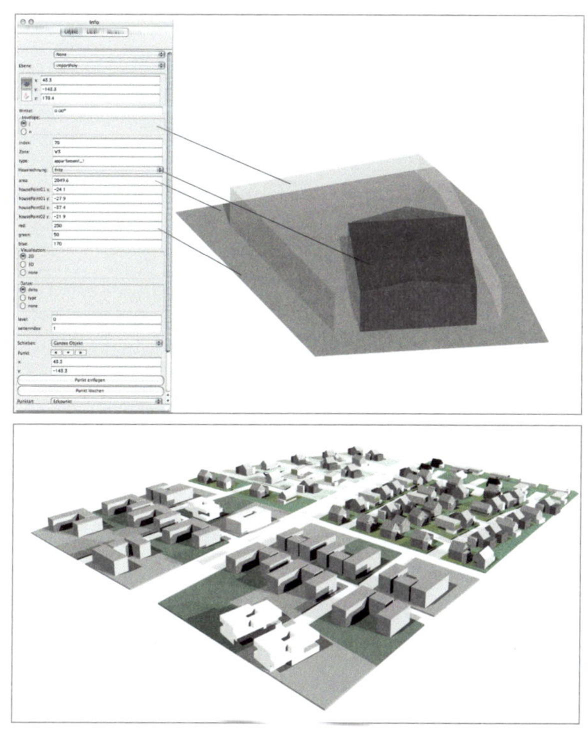

Abb. 11.10 Die Parameter jeder Parzelle lassen sich separat einstellen und haben eine von der übergeordneten Planung abgelöste, eigene Intelligenz. Der gesamte Entstehungsprozess dauert wenige Minuten; in Sitzungen mit allen Beteiligten wäre eine moderierte Lösungsfindung möglich. Entwicklung Fritz und Braach, adaptive Architektur, Zürich

12 Best-Practice-Beispiele
– vom Entwurf zur Realität

12.1 Markus Neppl: Die Entwicklung des Masterplans der Hafencity in Hamburg

12.2 Rolo Fütterer: Von der Stahlhütte zur Stadt, Belval/Esch-sur-Alzette

12.3 Leonhard Schenk: Bürger bauen Stadt: die Südstadt Tübingen

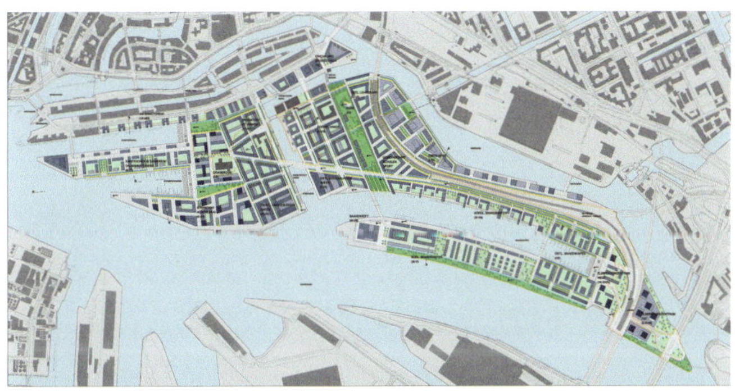

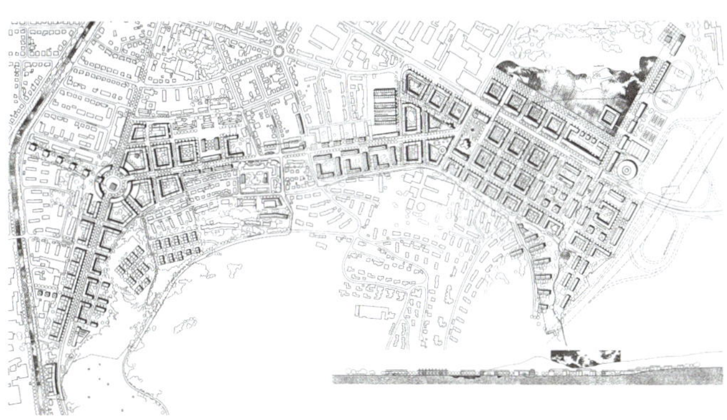

12.1 Die Entwicklung des Masterplans der Hafencity in Hamburg

Autor: Markus Neppl

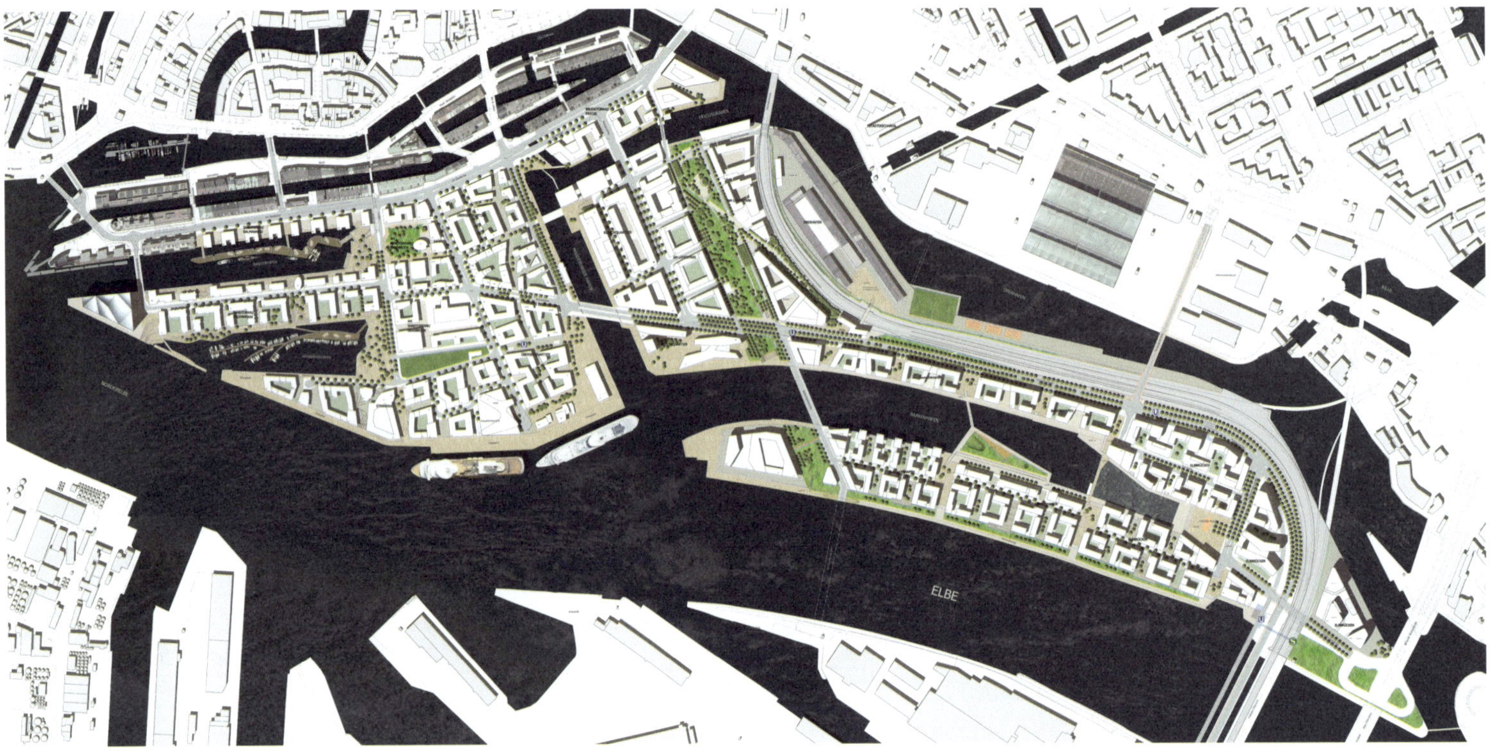

In der Hafencity wird es 6000 Wohnungen für 12000 Einwohner geben, 45000 Arbeitsplätze, Gastronomie, Kultur- und Freizeitangebote, Einzelhandel sowie Parks, Plätze und Promenaden.

← Blick auf die westliche Hafencity mit der 2017 fertiggestellten Elbphilharmonie an der Spitze des Kaiserkais, daran anschließend der Sandtorkai und die historische Speicherstadt, im Hintergrund das südliche Stadtzentrum

12.1 Die Entwicklung des Masterplans der Hafencity in Hamburg

Autor: Markus Neppl

Von der Innenstadt an die Elbe

Als wir anfingen, uns mit Hamburg zu beschäftigen, erklärte uns ein Insider: „In Hamburg gibt es ‚die von der Alster' und ‚die von der Elbe'." Für alteingesessene Hanseaten war die Idee einer städtebaulichen Entwicklung des Elbufers nicht sehr reizvoll. Der Hafen galt als Ort der Arbeit und die Innenstadt als Ort für Repräsentation. Zwischen diesen beiden Welten liegt die Speicherstadt. Sie diente als Hauptumschlagplatz für Waren und war als abgeschlossene Freihafenzone nicht öffentlich zugänglich. Durch die massenhafte Verbreitung des Containers veränderte sich die gesamte Hafenlogistik grundlegend. Es geht heute im Hafen nicht mehr um die Lagerung der Waren, sondern nur noch um eine möglichst schnelle Verladung vom Schiff auf die Bahn oder den Lkw.

Der ehemalige Oberbaudirektor Egbert Kossak erkannte Mitte der 1980er-Jahre die städtebauliche Bedeutung dieser Entwicklung. Unter seiner Regie begann die Stadt systematisch, die frei werdenden Flächen am südlichen Elbufer aufzukaufen. Er verfolgte dabei unterschiedliche Strategien: Während der Erwerb der Flächen südlich der Speicherstadt relativ unauffällig erfolgte, wurde das Konzept der „Perlenkette" für die westlichen Projekte in mehreren öffentlichen Bauforen in den Deichtorhallen regelrecht zelebriert. Während die Fachwelt noch diskutierte, erkannte das Verlagshaus Gruner + Jahr mit ihrem Neubau die Attraktivität der neuen Standorte an der Elbe. Die Erfahrungen mit diesen Projekten in den 1990er-Jahren lieferten wichtige Grundlagen für die Konzeption des Planungsprozesses für die Hafencity. Im Masterplanwettbewerb 1999 wurde ausdrücklich eine Erweiterung der Innenstadt mit einer kleinräumig gemischten Nutzungsstruktur gefordert. Darüber hinaus stellte sich aber die Frage, wie ein solcher Masterplan funktionieren sollte. Man erwartete die große Vision, ohne alle grundlegenden Voraussetzungen geklärt haben zu können. Und schließlich sollte das Projekt auch ein ökonomischer Erfolg werden.

Knigge statt Autopilot

Aus den genannten Gründen war der Masterplan der Arbeitsgemeinschaft bestehend aus den Büros ASTOC Architects and Planners, Köln, KCAP Architects&Planners, Rotterdam, und Hamburgplan AG von Beginn an als abgestuftes Regelwerk konzipiert. Dabei unterteilten wir nicht einen fertigen Entwurf in Realisierungsabschnitte und versahen ihn dann mit Bebauungsregeln, sondern konzipierten schon in einer sehr frühen Phase strukturelle Einzelcharaktere, die sich aus den sehr unterschiedlichen Randbedingungen der einzelnen Gebietsprägungen entwickelten. Dies bedeutet, dass die erste Ebene des Regelwerks aus analytisch ermittelten, aber sehr groben Charakterbeschreibungen bestand, die in drei weiteren Schritten verfeinert wurden.

- Ebene 1: Der Masterplan als grundlegendes Planwerk
- Ebene 2: Die Qualifizierung des Masterplans – westliche und später östliche Hafencity
- Ebene 3: Die Quartiersplanentwicklung mit unterschiedlichen städtebaulichen Testentwürfen
- Ebene 4: Die Anhandgabe der Grundstücke in Verbindung mit kombinierten Architekten- und Investorenwettbewerben

Eines der grundlegenden Probleme bei der Entwicklung von ehemaligen Hafen-, Militär- und Bahnarealen ist die mangelnde oder zumindest sehr schwierige Verknüpfung mit den umliegenden Stadtstrukturen. Des Weiteren sind die geometrischen Zuschnitte der ehemals für reine Logistikfunktionen geplanten Kaianlagen nicht einfach mit den üblichen städtischen Strukturen und Gesetzmäßigkeiten bebaubar. Wenn man also versuchen würde, diese Gebiete nach den klassischen städtischen Entwurfsprinzipien zu entwickeln, käme man schnell zu der Feststellung, dass die Gebietsgeometrie nur sehr schlecht funktionierende und wenig zusammenhängende städtebauliche Strukturen zulässt.

Masterplan

Die Basisprinzipien für das Planwerk mussten deshalb die beiden grundlegenden Fragen der Verknüpfung und der Metastruktur lösen und auf möglichst einfache Weise kommunizierbar sein. Die Definitionen der einzelnen Stadtbausteine wurden durch eine pragmatische Interpretation der Randbedingungen bestimmt:

- Geometrie und Größe der bebaubaren Fläche
- Lagequalität und Anknüpfungspotenziale zu vorhandenen Strukturen
- Ausrichtung und Sichtverbindung zum Wasser
- Verknüpfungsmöglichkeiten mit infrastrukturellen Elementen
- Spezielle Programmanforderungen
- Hochwasserschutz und effiziente, angemessene Erschließung

Die Hauptaufgabe des städtebaulichen Entwurfs in dieser Phase bestand darin, einerseits den grundlegenden städtebaulichen Strukturen stadträumliche Qualitäten zu entlocken und andererseits die Verbindungen zu den benachbarten Quartieren sicherzustellen.

Die mit Grasinseln und Holzdecks bestückten Marco-Polo-Terrassen sind derzeit die größte Platzanlage der Hafencity.

Qualifizierung des Masterplans

Da der Masterplan vom Senat als formelles Planwerk beschlossen wurde, konnten viele Detailfragen nicht berücksichtigt werden, weil spätere Änderungen nur über einen politischen Beschluss möglich gewesen wären. Das bedeutete, dass der Masterplan zunächst als zweigeteiltes Planwerk verfasst wurde. Der zu beschließende Plan war eher abstrakt und allgemeingültig, während die illustrierenden Pläne nur als informelle Anlage dienten.

In der folgenden Qualifizierungsphase konnten in kompakten Workshops mit allen Beteiligten die zunächst ausgesparten Fragestellungen bearbeitet werden. Im Mittelpunkt der Betrachtungen standen die Nutzungsverteilung und deren typologische Umsetzung. In dieser Phase konnte sehr viel mehr experimentiert werden, da vor allem die Grundstücksgesellschaft, eine hundertprozentige Tochter der Hansestadt, jetzt an konkreten Entwürfen interessiert war, um die Vermarktung vorbereiten zu können.

Die GHS (später Hamburg GmbH) beauftragte alle Planungsleistungen, während die Baubehörde unter der persönlichen Leitung des Oberbaudirektors die Planungsinhalte und deren planungsrechtliche Umsetzung kontrollierte. Die Arbeitsgemeinschaft ASTOC/KCAP/Hamburgplan musste also ständig zwischen den ökonomischen Interessen der Grundstücksgesellschaft, den städtebaulichen Zielen der Baubehörde und dem Bedürfnis der Öffentlichkeit nach konkreten Bildern balancieren. Die Ebene der gemeinsamen Qualifizierung war in dieser Phase ein wichtiges Instrument, um die Visualisierungen zunächst relativ unverbindlich zu gestalten, während die typologischen und infrastrukturellen Fragen immer konkreter fixiert werden konnten. Die Arbeitsweise in dieser Qualifizierungsphase war streng nach den unterschiedlichen Entwicklungsmöglichkeiten gegliedert.

Während man am Sandtorkai schon konkrete Baukörperabmessungen diskutierte, ging es am Dalmannkai um die Lage der Haupterschließung und am Strandkai um eine mögliche Beeinträchtigung der Stadtsilhouette. Das zeitgleiche Arbeiten in sehr unterschiedlichen Maßstäben verlangte von allen Beteiligten ein hohes Maß an Flexibilität.

Quartiersplanentwicklung

Im Fokus der weiteren Planung standen sehr schnell die Quartiere am Sandtorkai/ Dalmannkai, die ehemaligen KLG-Flächen sowie der zentrale Teil des Magdeburger Hafens. In Wettbewerbs- oder Workshopverfahren wurden die Ergebnisse des Masterplans und der Qualifizierung wieder auf einer breiten Basis infrage gestellt und mit den weiterentwickelten Nutzeranforderungen und Infrastrukturgesetzmäßigkeiten konfrontiert. Es zeigte sich zu diesem Zeitpunkt sehr deutlich, dass alle Erschließungs-, Gründungs- und Flutschutzmaßnahmen aufwendig und teuer werden würden. Da alle Grundstückspreise direkt über die bebaubare Bruttogeschossfläche mit der Ausnutzung gekoppelt waren, entwickelten sich immer relativ große zusammenhängende Komplexe, da die Unterbringung des ruhenden Verkehrs nicht in zu kleinen Einheiten möglich war. In den ersten Bauabschnitten kristallisierte sich quasi automatisch eine Mindestgröße von ca. 5 000 bis 6 000 qm Bruttogeschossfläche heraus. Um eine noch kleinteiligere Mischung zu erreichen, wurden auf dem Dalmannkai mehrere Hausgruppen auf Erschließungssockeln zusammengefasst, um den Parkierungs- und Flutschutzanforderungen gerecht werden zu können.

Anhandgabe der Grundstücke

Nachdem die Parzellengrößen und die Gebäudevolumen festgelegt und in Bebauungsplänen fixiert wurden, gab es für die einzelnen Baufelder konkrete Ausschreibungen, an denen sich Investoren beteiligen konnten. Nach der sogenannten Anhandgabe, einer befristeten Grundstückskaufoption, fanden dann unterschiedliche architektonische Wettbewerbsverfahren statt.

Dieses Vorgehen hat seine Vorteile in einem sehr übersichtlichen Planungsprozess und einer relativ großen Transparenz. Reibereien zwischen den einzelnen Bauherren und Investoren werden vermieden, indem man getrennt mit ihnen verhandelt und schwierige Abstimmungen umgeht. Trotzdem sieht man den ersten realisierten Projekten an, dass eine bessere und kompromisslosere architektonische Prozessbegleitung der Gesamtausstrahlung der Quartiere gutgetan hätte. Die Gebäude, bei denen die Vorgaben sehr entspannt und souverän umgesetzt wurden, wirken in der Gesamtheit sehr wohltuend, während die besonders „originellen“ Gebäude eher unbeholfen und aufgesetzt wirken.

Ganzheitliche Vision oder pragmatisches Stückwerk

Der Masterplan wurde zu Beginn als pragmatisch und wenig innovativ kritisiert. Kritiker warfen ihm vor, keine visionäre Antwort auf die zeitgemäße Fortschreibung der europäischen Stadt geben zu wollen. Berühmte Hamburger Kollegen zeigten dann mit großen inszenierten Paukenschlägen, was sie unter Visionen verstehen. Einige der „Visionen“ hätten allerdings alleine durch ihre Größe jede Entwicklung in der Hafencity eher behindert als gefördert.

Der Masterplan hat nie versucht vorzugeben, der ganz große Wurf zu sein. Er ist ein Plan, der stimuliert und nicht anstrebt, ein einmal entworfenes Bild zu fixieren, das dann mit viel Gewalt und Restriktionen durchgesetzt werden muss. Er hat in der Zeit seines Bestehens (2000) gezeigt,

Das Quartier Am Sandtorkai/Dalmannkai war 2009 das erste fertiggestellte Quartier der Hafencity. Ein beliebter Treffpunkt sind die Magellan-Terrassen, von denen aus sich der ganze Sandtorhafen überblicken lässt.

Urbanes Flair an der Dalmannkai-Promenade

wie seine Konturen durch neue Planungsimpulse eher geschärft als verwässert werden. Die Philharmonie von Herzog & de Meuron auf dem Kaispeicher A oder die fantasievollen Freianlagen in der westlichen Hafencity zeigen deutlich, was wir unter einer stimulierenden strategischen Stadtplanung verstehen.

Das Regelwerk ist kein Gesetz und keine juristische Verordnung. Es geht eher um einen Verhaltenskodex für alle an der Planung Beteiligten. Es sind neben den planerischen und ökonomischen Instrumenten vor allem die Umgangsformen und die Art und Weise der Kommunikation, die die Qualität eines Plans letztendlich bestimmen.

Green City oder CO_2-neutral?

Bei vielen städtebaulichen Projekten in dieser Größe ist es an der Tagesordnung, dass sich im Laufe der Entwicklung politische oder gesellschaftliche Zielvorstellungen verändern. Wenn ein Journalist heute fragt, warum die Hafencity eine Green City ist, kann man unmöglich antworten, dass es diesen Begriff zu Beginn der Planung noch gar nicht gab. Das bedeutet, dass es unabdingbar ist, eine Planung ständig zu aktualisieren. Durch die klar abgegrenzten Quartiersentwicklungen konnten immer neue und zeitgemäße Fragestellungen eingearbeitet werden, ohne aber die grundlegenden Entscheidungen infrage zu stellen.

Bei der Fortschreibung des Masterplans der östlichen Hafencity standen deshalb auch ganz andere Themen auf der Tagesordnung als vor zehn Jahren. Am Oberhafen sollen zum Beispiel die alten Hallen erhalten bleiben, um mit wenig Aufwand die Entwicklung eines kreativen Milieus zu unterstützen. Am Baakenhafen sollen Angebote für Baugruppen entstehen und ein deutlich niedrigeres Preissegment angestrebt werden. Auch der Bedarf nach zusammenhängenden Freiflächen und neuen Ideen zur Nutzung der Wasserflächen hat die Planung deutlich verändert.

Nach wie vor werden aber alle neuen Ziele und Themen sorgfältig abgewogen. Jede neue Aktivität unterliegt den höchsten energetischen Standards, und jeder Schritt wird nach den Bewertungsschemata der nachhaltigen Stadtentwicklung überprüft. Man muss den unterschiedlichen Akteuren bescheinigen, dass sie das Ziel einer modernen, weltoffenen und trotzdem traditionsbewussten Erweiterung der Stadt Hamburg beharrlich verfolgen. Das ist möglicherweise auch der Schlüssel zum Erfolg.

Niemand kann heute mit Sicherheit sagen, ob dieser aufwendige Planungsprozess der Hafencity wirklich sichtbar seine Spuren hinterlässt. Letztendlich wird der Erfolg der Hafencity aber von der Akzeptanz der Hamburger Bürger abhängen, und dann wird sich entscheiden, ob sie ein lebendiger Stadtteil wie Altona oder Eppendorf wird oder ob sie über eine bloße Zweckmäßigkeit wie etwa die City Süd nicht hinauskommen kann.

SATURN

12.2 Von der Stahlhütte zur Stadt, Belval/Esch-sur-Alzette

Autor: Rolo Fütterer

Wo heute der neue Stadtteil von Esch-sur-Alzette entsteht, wurde bis weit in die 1990er-Jahre Stahl produziert.

Im nordwestlich gelegenen Wohngebiet verzahnen sich Baustruktur und Grünraum.

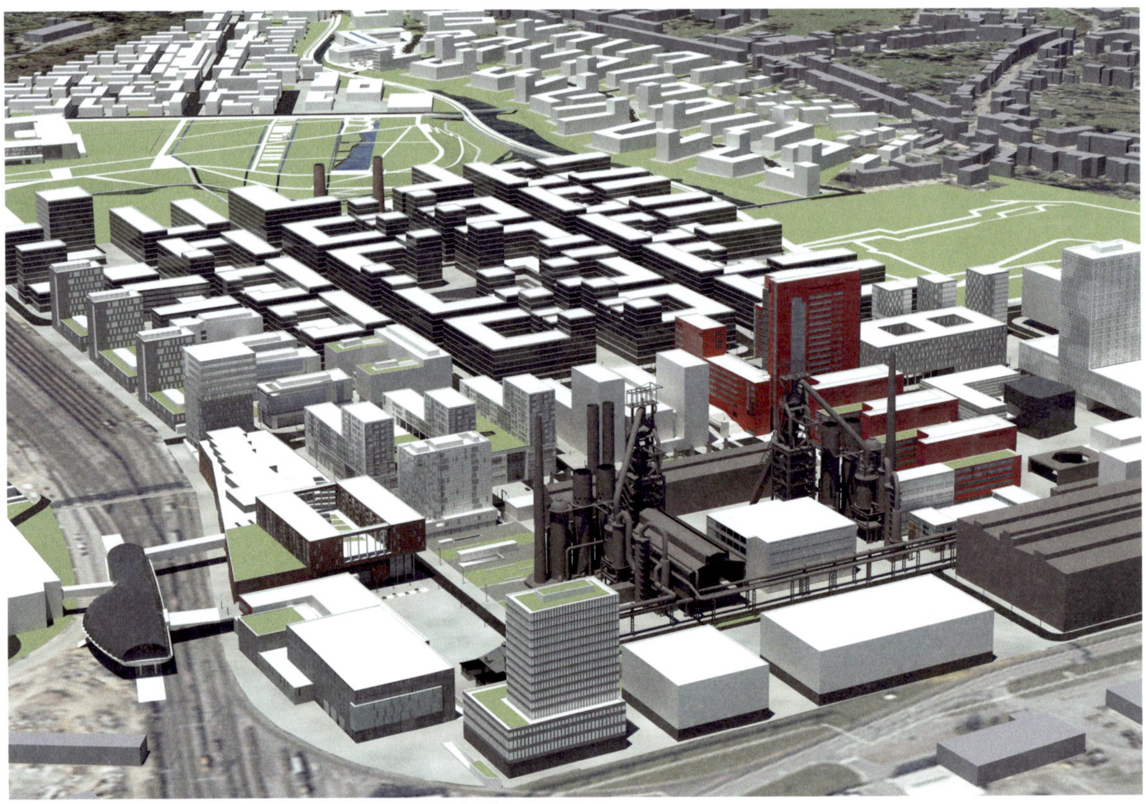

Belval hat vier Quartiere: im Vordergrund die Hochofenterrasse mit einem bunten Mix aus Kultur, Bildung, Wohnen und Arbeiten, daran anschließend die Square Mile, das Wohn- und Geschäftsviertel, und im Hintergrund die beiden durchgrünten Wohnquartiere.

←Teile der ehemaligen Industrieanlage bleiben als Denkmal erhalten und sind das Wahrzeichen von Belval.

12.2 Von der Stahlhütte zur Stadt, Belval/Esch-sur-Alzette

Autor: Rolo Fütterer

Zu Beginn
Die Anfänge des Projekts Belval im Süden Luxemburgs lassen sich am besten mit einer kurzen Analyse des Landes Luxemburg erklären. Der Süden des Landes ist immer noch stark von der Montanindustrie geprägt, die in den 1950er-Jahren ihren zeitlichen Ursprung hatte.

Auf dem Weg der gesellschaftlichen Umstrukturierung spielt Belval eine Schlüsselrolle: Einerseits sollten hier Bildungseinrichtungen (Universität und Forschungslabors) etabliert, andererseits sollte ein Gegenpol zur Stadt Luxemburg in Bezug auf Büroflächen geschaffen werden. Um eine vernünftige Durchmischung zu erreichen, ist auch ein beachtlicher Anteil an Wohnungen verschiedenster Kategorien im Raumprogramm für das Gebiet verankert. Die Durchmischung ist ein Basisprinzip des Gebietes, denn die Vergangenheit hat auch in Luxemburg gezeigt, dass reine Akkumulation von Büroflächen, eine Monokultur im Stadtgefüge, keinerlei Attraktivität besitzt. Stärker noch: Vor allem in Luxemburg wird damit der Anteil der Berufspendler enorm erhöht, wodurch Verkehrsprobleme entstehen, da der öffentliche Personennahverkehr sich noch nicht auf einem akzeptablen Niveau befindet und durch attraktive Treibstoffpreise der Individualverkehr begünstigt wird. Dem entgegen stehen hohe Immobilienpreise, da die Ressourcen an Bauland begrenzt sind.

Die Planungen für Belval waren also dazu prädestiniert, diese Thematiken aufzugreifen und in einem städtebaulichen Entwicklungsszenario nach Lösungsansätzen zu suchen. Hinzu kamen die Problemkreise der Industriebrachen und der Umgang mit dem industriekulturellen Erbe.

Im Fall Belval wurden die beiden Hochöfen zu Industriedenkmälern deklariert. Mit ihrer bildprägenden Ausstrahlung und einer Höhe von über 70 Metern sollen sie ein historischer Kernbestandteil des Gebietes werden. Im Gegensatz zur Völklinger Hütte, wo ein rein museales Konzept verfolgt wurde, gab es für Belval den Gedanken, die historische Bausubstanz als ikonisches Alleinstellungsmerkmal für einen neuen Stadtteil zu begreifen. Das Programm für ein gemischtes Stadtquartier in unmittelbarer Nähe dieser Giganten betrug zum Zeitpunkt der Wettbewerbsauslobung im Jahr 2000 rund 1 Million Quadratmeter Bruttogrundfläche und ist momentan im Masterplan auf rund 1,3 Millionen Quadratmeter festgelegt.

Konzeptidee
Analysiert man das nähere Umfeld des Gebietes, erkennt man schnell, dass ein sehr infrastrukturlastiger Städtebau zur Anwendung kam. Kompaktheit sowie Erschließungseffizienz waren deshalb wesentliche Ausgangspunkte des städtebaulichen Konzeptes. Während die Bebauung der Umgebung als eine Art straßenbegleitende Häuserstruktur dem System der Straßen folgt, sollte im neuen Quartier Belval ein kompaktes Kernquartier rund um die Hochöfen entstehen und den vorhandenen kleinmaßstäblichen Wohnbaubestand der Ränder versöhnlich abrunden und ergänzen.

Diese Teilquartiere sind durch den zentral angelegten Park Belval gleichermaßen verbunden wie auch getrennt. Der Park hatte sich logisch aus dem vorgenannten Set-up der Quartiere ergeben und stellt zusammen mit dem hügeligen Deponieelement (Plateau St. Esprit) eine Sequenz an Grünräumen unterschiedlicher Art dar. Diese sollen in Zukunft einen übergeordneten Grünkorridor durch das Gebiet sichern.

Auf dem Hauptgelände selbst ist die Basis des Entwurfs die Integration unterschiedlichster Artefakte aus der Zeit der Stahlproduktion. Dabei setzt man nicht nur auf die beiden Hochöfen als Bedeutungsträger, sondern fügt auch weitere Elemente zu einer „promenade architecturale" zusammen. Dabei handelt es sich in erster Linie um die artifizielle Topografie des Stahlbaugeländes. Der Stahlhof als Tiefhof sollte auf dem ursprünglichen Niveau des vorhandenen Geländes erhalten bleiben und mit den vorhandenen Betonpfeilern der Eisenbahn eine Art Schaufenster in die Geschichte des Standortes bleiben. Zusammen mit den riesigen Schornsteinen, den Sinterbecken und der Gasfackel waren die „Fundstücke der Geschichte" komplett.

Wir bauen auf dem Mond
Die Konversion eines solch großen und für eine Stadtpopulation unwirtlichen Gebietes verlangte nach einer speziellen Wachstums- und Phasierungsstrategie: Einzelne Cluster sollten immer einen neu definierten Freiraum erhalten, der als Attraktor ein starkes Zeichen im öffentlichen Raum bilden und somit die Baumaßnahmen der Pionier-Investoren in einem interessanten neuen Ambiente binden würde. Diese Vor-und Leitinvestitionen waren auch notwendig, um das Public-Private-Partnership-Prinzip ernsthaft zu untermauern.

Die Place de l'Académie (Stahlhof) ist das Zentrum der Hochofenterrasse und verbindet als Achse die Universität mit dem Bahnhof.

Mit den Elementen der Industriekultur sowie der Anordnung spannender urbaner Räume waren die wichtigsten Parameter des Entwurfs und die clusterartige Wachstumsstrategie definiert. Die Anordnung der Erschließung erfolgt stets in Hinblick auf das visuelle Ertüchtigen der bildprägenden Industrieelemente. So entstehen Richtungen und Achsen, bei denen Hochöfen, Becken und Schornsteine als signifikante Elemente im neuen Stadtraum integriert sind. Dies ist dem Basisbedürfnis an Orientierung geschuldet – umso mehr bei einem Gebiet, das erst allmählich durch eine Population entdeckt und belebt wird.

Vom Plan zur Realität

Die Leitidee der Verknüpfung der Industrieelemente mit neuen urbanen Freiräumen sowie der Ausdifferenzierung der unterschiedlichen Wohnquartiere auf Grundlage der Topografie und des bebauten Umfeldes war leicht zu vermitteln und wurde von allen Entscheidungsträgern respektiert. Damit hatte man die DNA eines Gebietes schon weitestgehend definiert, ohne sich in den nächsten Planungsschritten einer Freiheit zu berauben. Da das Gebiet zuvor komplett von der Außenwelt abgeschlossen gewesen war, herrschte in der Bevölkerung auch eine große Neugier vor, was dort tatsächlich noch vorhanden ist. Generell fand der Ansatz, die Arbeitsstätten der Vorfahren unter Bewahrung der Spuren der Geschichte als lebendiges Quartier zu entwickeln, breite Zustimmung.

Schon während des Wettbewerbsverfahrens wurden die Themen Landschaft und Verkehr integriert, sodass starke Änderungen am Basissystem der Erschließung nicht notwendig waren. Damit konnte die im Wettbewerb aufgezeigte Matrix weiter verfeinert werden.

Der wesentliche Schritt war die Schaffung von Baurecht. Parallel dazu diskutierte man die ersten Anfragen der Investoren in einer Art konstruktivem Dialog, um dem vorhandenen Investitionswillen zeitlich keine Restriktionen aufzuerlegen.

Mir persönlich kam dabei die Rolle des Supervisors zu. Hier ist die Erfahrung aus mehreren europäischen Planungssystemen von Vorteil, um ein Optimum an formeller (Gesetz) und informeller (Dialog, Empfehlungen) Planung zu generieren.

Dabei wurde mit einem Katalog von Empfehlungen, untermauert durch Referenzbilder, gearbeitet, die in einem Handbuch Städtebau (Manuel Urbanisme) sowie einem Handbuch Landschaft (Manuel Paysage) zusammengefasst wurden. Damit sollte ein Kodex für Materialisierung und Erscheinungsbild geschaffen werden, mit dem die Entwicklung einer Nachbarschaftsgarantie angestrebt wurde. Für die Immobilienwirtschaft ist dies von hohem Interesse, da die Immobilie nur so viel wert ist wie die Umgebung, in der sie steht. Insofern sind die Diskussionen um eine Einbettung in ein austariertes sozio-kulturelles Umfeld, beziehungsweise das Erzeugen desselben, von großer Bedeutung, um dem opportunen Renditedenken der oftmals finanzierenden Immobilienfonds eine Richtung zu geben. Die enge Kooperation und Abstimmung mit den genehmigenden Behörden ist von besonderer Wichtigkeit, da sich damit die verschiedenen Anforderungen und Empfehlungen ergänzen und in der Baugenehmigung auf gesetzlicher Grundlage widerspiegeln lassen.

Verfahren zur Qualitätssicherung

Bedingt durch das Konzept der starken Freiräume zur Clusterbildung wurde für den zentralen Platz (Stahlhof) ein Wettbewerb ausgeschrieben. Mit einem Spektrum an Entwürfen lässt sich besser verdeutlichen, welche Entwicklungs- und Aufenthaltsqualitäten in der Zukunft erreicht werden können. Auch die Entwürfe für die von staatlicher Seite geplanten Gebäude werden über Wettbewerbe selektiert.

Bei den Privatinvestoren wurde ebenfalls die Empfehlung ausgesprochen, Wettbewerbe auszuloben, und teilweise wurde dieser entsprochen. Nicht bei jeder Objektgröße und -relevanz ist ein solches Verfahren jedoch nötig. Wesentlich hierbei ist, dass ohne Wettbewerb vonseiten des Gesamtgebietsentwicklers (AGORA) ein stärkerer Dialog mit dem Masterplaner gefordert wird.

Stand der Dinge

In der Gesamtkonfiguration des Geländes sind bisher wesentliche Thematiken verarbeitet worden. Das Stapeln der Nutzung in den Blöcken rund um den Stahlhof konnte realisiert werden. Auf der obersten Ebene entstanden Appartements in Teileigentum. Im Gebiet Belval-Nord wurden die ersten der zuerst angezweifelten V-förmigen Blöcke fertiggestellt und bezogen. Auch das Konzept einer gemeinsamen Bewirtschaftung und Pflege des Gesamtgebietes Belval-Nord wurde umgesetzt. Einfriedungen und Abgrenzungen zwischen den Grundstücken sind zugunsten eines großzügigen, fließenden Landschaftsraumes ausgeschlossen. Darüber hinaus wurde die Schnittstelle zwischen Gebäudesockeln und privat genutzten Außenräumen gestalterisch geregelt.

Weitere Wettbewerbe und Neukonfigurationen im zentralen Gebiet der Hochofenterrasse können mühelos in die vorhandene Grundstruktur des Masterplanes integriert werden.

Die verhältnismäßig geregelte Ausgangsgeometrie hat sich bewährt – ausgehend von der These, dass im Laufe der Projektdauer eher Deregulationen stattfinden und keine neuen Ordnungen geschaffen werden. Die Adaptionsfähigkeit der urbanen Basisgeometrie wurde damit bestätigt.

12.3 Bürger bauen Stadt: die Südstadt Tübingen

Autor: Leonhard Schenk

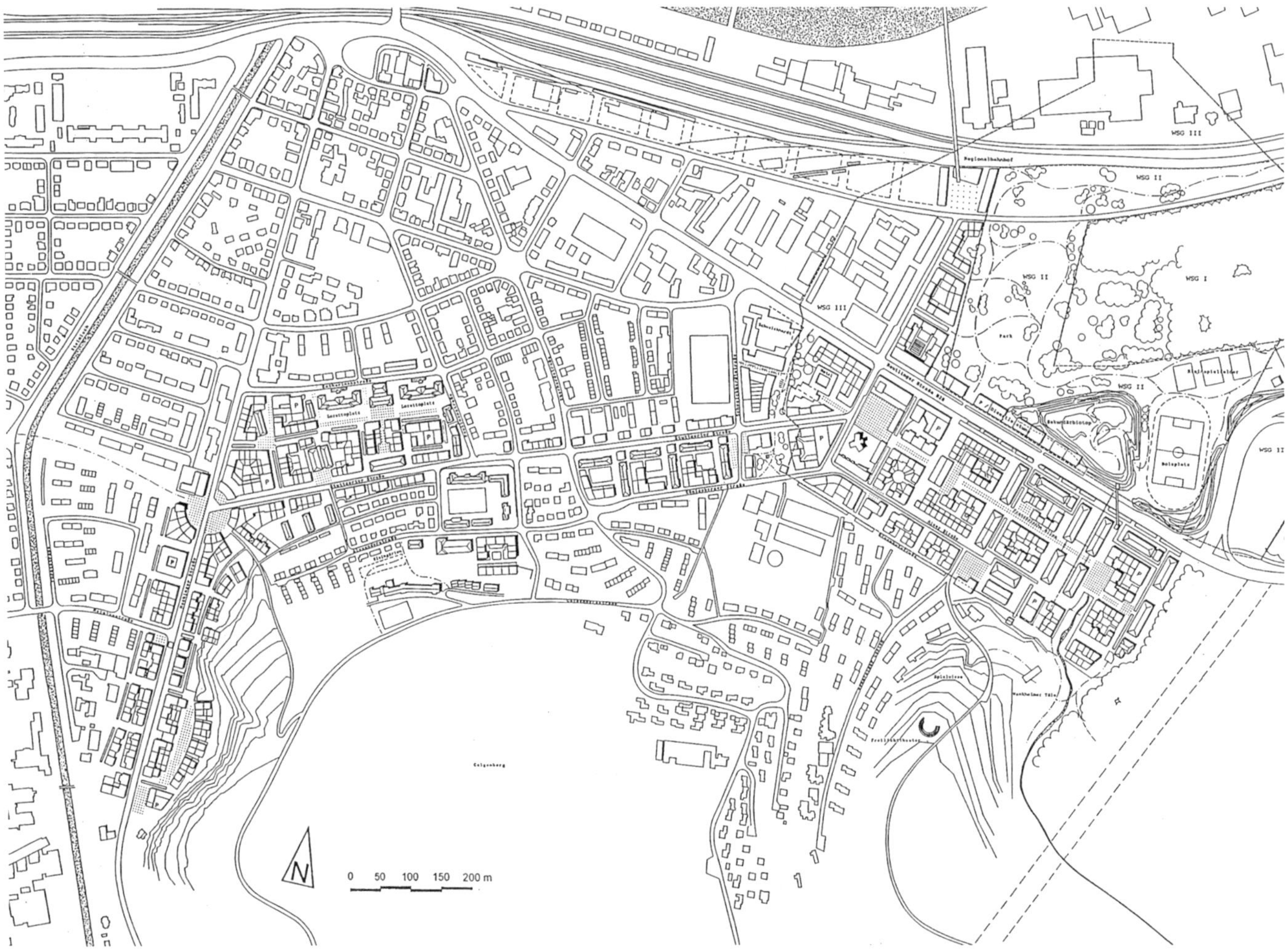

Der Rahmenplan (Fortschreibung von 2001) zeigt die kleinteilig parzellierte Stadtstruktur. Links im Plan das Loretto-Quartier, rechts das Französische Viertel

← Städtische Vielfalt im Loretto-Quartier

Einweihung eines Gartenhofs im Französischen Viertel. Die Gestaltung ging aus einer Mehrfachbeauftragung von Landschaftsarchitekten hervor, die die angrenzenden Baugruppen durchführte (Entwurf: Jedamzik & Reinboth).

Jeder Baublock hat einen großzügigen Gartenhof mit Gemeinschaftsbereich

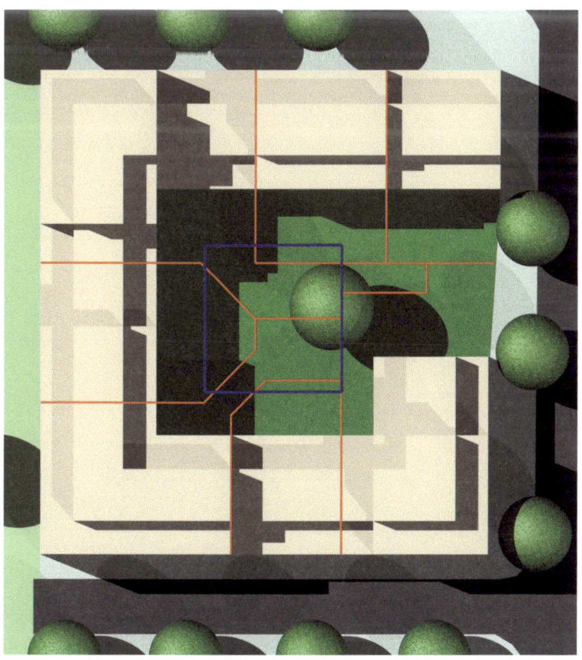

Rot markiert ist die Realteilung eines typischen Baublocks im Französischen Viertel, blau angedeutet der Gemeinschaftsgarten; Privatgärten sind direkt am Haus möglich.

Neue, gemischt genutzte Stadtquartiere können mit Baugruppen erfolgreich realisiert werden.

12.3 Bürger bauen Stadt: die Südstadt Tübingen

Leonhard Schenk

„La bataillon de la garde n'existe plus!" Der Abzug des französischen Militärs Anfang der 1990er-Jahre traf die rund 88 000 Einwohner zählende Stadt im Südwesten Deutschlands unerwartet, aber nicht unvorbereitet. Bereits kurz nach dem Fall der deutsch-deutschen Grenze traf sich im Rathaus eine Runde aus Politik und Verwaltung, um die zukünftige Stadtentwicklung zu diskutieren. Mit der Aufgabe der Garnison und zeitgleichen Überlegungen der Straßenbauverwaltung, die Bundesstraße B 27 aus der Südstadt heraus in einen Tunnel zu verlegen, gab es plötzlich völlig neue Möglichkeiten der Stadtentwicklung.

Eine Frage des politischen Willens
Andreas Feldtkeller, damaliger Leiter des Stadtsanierungsamts, konnte auf die erfolgreich abgeschlossene Sanierung der Tübinger Altstadt zurückblicken und schlug vor, neue städtische Strukturen auf den gerade frei gewordenen Kasernengebieten zu entwickeln. Kurz darauf gelang es Feldtkeller, unterstützt von der Ersten Bürgermeisterin Gabriele Steffen und dem Baubürgermeister Klaus Blanke, den Paradigmenwechsel „weg von der Siedlung, hin zur Stadt" auf eine breite politische Basis zu stellen.

Die Grundstücke waren für die Stadt zunächst nicht frei verfügbar, sondern im Eigentum des Bundes. Zur Lösung dieses Problems bot sich ein damals erst seit wenigen Monaten wieder im Planungsrecht verankertes Instrument, die „städtebauliche Entwicklungsmaßnahme" an. Mit der Neufassung des Baugesetzbuchs 1987 war auf dieses Instrument verzichtet worden, aber während des Prozesses der Deutschen Wiedervereinigung 1990 wurde es wieder eingeführt. Bei Durchführung einer städtebaulichen Entwicklungsmaßnahme können von der Kommune bei hohem öffentlichen Interesse und „insbesondere zur Deckung eines erhöhten Bedarfs an Wohn- und Arbeitsstätten" Grundstücke zum unentwickelten Grundstückswert erworben und der Eigentürmer, falls er nicht kooperieren sollte, notfalls gegen Ausgleichszahlung enteignet werden.

Im März 1991 beschloss der Gemeinderat ein Grundsatzprogramm, auf dessen Basis im Juni desselben Jahres ein städtebaulicher Wettbewerb ausgelobt wurde. Gefordert wurden:

– ein verdichtetes, kleinteilig parzelliertes und gemischt genutztes Stadtgebiet von innerstädtischem Charakter,
– eine Nutzungsmischung, die sowohl Wohnen und Arbeiten als auch soziale und kulturelle Einrichtungen beinhaltet,
– eine Vielfalt an Wohnformen für unterschiedlichste Zielgruppen,
– eine attraktive Mischung aus Altbausubstanz und Neubauten,
– ein Straßenraum, der für das Alltagsleben nutzbar ist,
– ein Stadtteil, in dem umweltfreundliche Verkehrsarten Vorrang haben und zentrale Parkierungsanlagen den öffentlichen Raum entlasten.

Der Wettbewerb
Wir – eine Gruppe angehender Architekten, aus deren Mitte sich das Büro LEHEN drei Architekten Stadtplaner entwickelte – fühlten uns von der Aufgabenstellung angesprochen: Das Programm entsprach unseren eigenen Lebenserfahrungen und Vorstellungen, wie wir gerne leben und arbeiten wollten – und das nicht in einem historischen, sondern in einem zeitgenössischen Stadtviertel. Aber nicht nur die Aufgabe war für uns faszinierend, sondern auch der Umstand, dass der Auslobung eine Fülle von Aufsätzen zur Stadtentwicklung beilag. Besonderen Eindruck machte auf uns der Berliner Stadtplaner Dieter Hoffmann-Axthelm, der in seinem Beitrag beschrieb, warum Stadtplanung künftig in Parzellen vor sich gehen müsse.[1] Für Hoffmann-Axthelm ist die Parzelle Verteilungseinheit, Nutzungseinheit (auch für Mischnutzung) und Grundlage der Stadtökologie. Darüber hinaus funktioniere das Haus auf der Parzelle als soziale Einheit, historische Speichereinheit und Wahrnehmungseinheit. Selbst der Ausfall einzelner Zellen lasse das System insgesamt nicht kollabieren. Hoffmann-Axthelm spricht von der „Belastbarkeit der Stadt", von einem stabilen Raster, das es dem Einzelnen erlaube, den eigenen Ort zu behaupten, und davon, dass die Siedlung oder Wohnmaschine der Moderne dies alles nicht leisten könne.

Derartig ausgerüstet machten wir uns ans Werk. Wir fanden die durch Neckar und Bahn von der Altstadt getrennte Südstadt als ein Patchwork aus unterschiedlichen Stadtfragmenten und Nutzungen vor. Es gab zwar ein kleines, attraktives Gründerzeitviertel rund um den Sternenplatz, aber auch all jene Einrichtungen, die man im Stadtzentrum nicht unterbringen konnte und wollte: die beiden in der Nachkriegszeit durch die französischen Streitkräfte genutzten Kasernenanlagen, die kommunalen Versorgungsbetriebe, zahlreiche private Gewerbebetriebe, die Siedlung Wennfelder Garten, die nach dem Zweiten Weltkrieg für Heimatvertriebene erbaut worden war – und die alles zerschneidende Bundesstraße B 27. Für unseren Wettbewerbsbeitrag arbeiteten wir mit klar definierten, parzellierten und gemischt genutzten Baublöcken, die aus der jeweiligen Situation abgeleitet wurden. Die Hindenburgkaserne aus den 1930er-Jahren bot die Möglichkeit, Baublöcke in die rund 100 Meter breiten Exerzier-

1
Dieter Hoffmann-Axthelm: „Warum Stadtplanung in Parzellen vor sich gehen muss", in: Bauwelt (1990), Heft 48, S. 2488–2491.

plätze zu integrieren und eine zentrale Achse, die Französische Allee, durch das Gebiet zu führen. Im Bereich der Loretto-Kaserne wurde ein langgestreckter Platz eingefügt, der als übergeordneter Treffpunkt inmitten der Südstadt dienen sollte. Um die beiden Kasernenareale miteinander zu verbinden, schlugen wir vor, die Stuttgarter Straße zu einem Boulevard zwischen dem quadratischen Platz im Osten und einem kreisförmigen Platz im Westen aufzuwerten. In seiner Begründung, unseren Beitrag mit dem ersten Preis auszuzeichnen, lobte das Preisgericht die „hohe städtebauliche Signifikanz", die „eindeutigen stadträumlichen Fassungen" und die „vielfältigen Platz- und Straßenräume". Darüber hinaus wurde als positiv hervorgehoben, dass der kräftige Städtebau dennoch „sensibel auf den Bestand regiere", die öffentlichen Stadt- und Grünräume gut verteilt seien und es eine Durchmischung von privaten und gemeinschaftlichen Freiflächen in den Baublöcken gebe.

Vom Plan zur Realität

Um das städtebauliche Konzept erfolgreich zu realisieren, entstand in Zusammenarbeit von LEHEN drei und dem Stadtsanierungsamt im nächsten Schritt der städtebauliche Rahmenplan. Dieser bestand aus einem weiterentwickelten städtebaulichen Entwurf und den schriftlichen „Zielen und Grundsätzen der Planung". Die Ziele der Auslobung wurden weiter ausdifferenziert, Verfahrensschritte, Finanzierung und die Art der Bürgerbeteiligung konkretisiert. Im städtebaulichen Entwurf waren zahlreiche Änderungen notwendig: Weitere Altbauten sollten für finanzschwächere soziale, kulturelle und gewerbliche Nutzungen erhalten werden, der öffentliche Raum wurde verfeinert und die Baublöcke fanden nun als anschauliche Addition von Einzelhäusern Darstellung und nicht mehr nur abstrakt, wie im Wettbewerbsmodell. Das stringente räumliche Konzept aus dem Wettbewerb zeigte sich angesichts der Vielzahl an Änderungen als extrem robust.

Die aus dem Rahmenplan abgeleiteten Bebauungspläne entstanden unter Mitarbeit von LEHEN drei in einem „lernenden Prozess", begleitet von Veranstaltungen der Bürgerbeteiligung zum öffentlichen Raum. Insbesondere die Parkierung bereitete große Schwierigkeiten. Die kleinteilige Parzellierung sollte nicht durch den Nachweis von Stellplätzen belastet werden, eine oberirdische Parkierung kam angesichts der urbanen Dichte und des angestrebten Umgangs mit dem öffentlichen Raum nicht in Frage. Die Idee war, dass die Entfernung zum eigenen Pkw in etwa der zum öffentlichen Nahverkehr entspricht. Die Parkierung wurde daher in dezentralen Parkhäusern angeordnet, die von privaten, teils auch von kommunalen Eigenbetrieben errichtet wurden. Große Hoffnung weckten platzsparende mechanische Parkierungsanlagen. Diese technische Lösung erwies sich aber als zu komplex und störungsanfällig, sodass in den letzten Bebauungsabschnitten auf gemeinschaftliche, konventionelle „Low-Tech"-Tiefgaragen in den Innenhöfen der parzellierten Blöcke umgestellt wurde. Hierfür betrat die Stadt in Zusammenarbeit mit einem Notar rechtliches Neuland und stellte das notwendige Know-how bereit.

Bürger bauen Stadt

Das Stadtsanierungsamt erkannte schon früh, dass sich die gewünschte kleinteilige Mischnutzung kaum mit Bauträgern realisieren lässt. Die Grundstücke sollten gemäß Rahmenplan bevorzugt an Tübinger Bürger abgegeben werden. Die Stadt setzte daher auf das damals noch junge Prinzip der Baugruppe (Private Baugemeinschaft), bei dem mehrere private Bauherren gemeinsam mit einem Architekten ihr individuelles Stadthaus bauen. Voraussetzung für den Erwerb des Grundstückes war, dass die Bauherren nicht nur ihre eigenen Wohnungen, sondern auch vermietete oder selbstgenutzte Gewerbeeinheiten im Erdgeschoss realisieren und dadurch zur Belebung des Quartiers beitragen sollten. Bei der Suche nach einer geeigneten Parzelle, nach Mitbauherren oder Gewerbeinteressenten fanden die Baugruppen umfassende Unterstützung beim Stadtsanierungsamt. Die ersten Baugruppen beäugten die Tübinger noch kritisch, doch nachdem die ersten Gebäude ab 1997 erst einmal standen, begann ein dynamischer Prozess, bei dem es am Ende viel mehr Bewerbergruppen als Parzellen gab.

Die große Vielfalt an Bauformen auf engstem Raum wurde in der Fachkritik – durchaus begründet – oft als zu bunt, laut oder chaotisch bemängelt. Gleichwohl wurde die Südstadt Tübingen gerade dank der Baugruppen zu einem großen Erfolg. Das Experiment ging auf: Neue städtische Strukturen können mit Baugruppen erfolgreich realisiert werden. Zu ergänzen wäre: kleinteilige städtische Strukturen möglicherweise nur durch Baugruppen. Der vielleicht wichtigste Erfolgsfaktor aber war, dass sich der Tübinger Grundsatz „weg von der Siedlung, hin zur Stadt" seit über 25 Jahren – ungeachtet der Wechsel in Amtsleitungen, Zuständigkeitsbereichen, politischen Mehrheiten, Dezernenten und neuen Oberbürgermeistern – als außerordentlich stabil erwiesen hat. Mehr noch, die Stadt Tübingen hat mittlerweile nach den in der Südstadt entwickelten Prinzipien zwei neue Quartiere mit Baugruppen auf ehemaligen Industrieflächen erfolgreich entwickelt.

Die Südstadt als Vorbild

Das nationale und internationale Interesse am Tübinger Modell ist noch immer ungewöhnlich hoch. Das Projekt wurde mehrfach mit Preisen, darunter der Deutsche Städtebaupreis und der Europäische Städtebaupreis, ausgezeichnet. Als vor einigen Jahren eine Delegation der niederländischen Stadt Almere die Südstadt besichtigte und von dem Projekt Anstöße für die Entwicklung eines eigenen neuen Quartiers erwartete, ging es zunächst um die Art und Weise, wie Baugruppen initiiert und realisiert werden können. Im gemeinsamen Gespräch wurde den Gästen klar, dass Baugruppen ein belastbares Entwicklungsinstrument sein können, dass es aber ursächlich darum geht, städtische Strukturen neu zu erschaffen. Die Ausstellung im Architekturzentrum Almere CASLA hieß dann auch: „Tübingen – Modell für Almere“ und der Untertitel lautete: „Es geht um Stadt“.

Anhang

Literaturverzeichnis
Projektverzeichnis
Autoren
Impressum

Literaturverzeichnis

Gerd Albers: *Stadtplanung. Eine praxisorientierte Einführung*, Darmstadt 1988.

Hans-Joachim Aminde: „Auf die Plätze ... Zur Gestalt und zur Funktion städtischer Plätze heute", in: ders. (Hg.): *Plätze in der Stadt*, Ostfildern 1994, S. 44–69.

Hans-Joachim Aminde: „Plätze in der Stadt heute", in: Städtebau-Institut, Universität Stuttgart (Hg.): *Lehrbausteine Städtebau*, Stuttgart 2003 (2. Aufl.), S. 139-149.

Leonardo Benevolo: *Die Geschichte der Stadt*, Frankfurt a. M./New York 1991 (zuerst 1975).

Helmut Bott: „Stadtraum und Gebäudetypologie im Entwurf", in: ders., Johann Jessen, Franz Pesch (Hg.): *Lehrbausteine Städtebau. Basiswissen für Entwurf und Planung*, Stuttgart 2010 (6. Aufl.), S. 145–154.

Thorsten Bürklin, Michael Peterek: *Stadtbausteine*, Basel/Boston/Berlin 2008.

Francis D. K. Ching: *Die Kunst der Architekturgestaltung als Zusammenklang von Form, Raum und Ordnung*, Wiesbaden/Berlin 1986 (zuerst 1979).

Gerhard Curdes: *Stadtstruktur und Stadtgestalt*, Stuttgart/Berlin/Köln 1997.

Christian von Ehrenfels: „*Über Gestaltqualitäten*", in: *Vierteljahrsschrift für wissenschaftliche Philosophie*, Jg. 14 (1890), S. 249–292.

Christian von Ehrenfels: „Über Gestaltqualitäten" (1932), in: Ferdinand Weinhandl (Hg.): *Gestalthaftes Sehen. Ergebnisse und Aufgaben der Morphologie*, Darmstadt 1967 (2. Aufl., zuerst 1960), S. 61–63.

Gerhard Fehl: „Stadt im ‚National Grid': Zu einigen historischen Grundlagen US-amerikanischer Stadtproduktion", in: Ursula von Petz (Hg.): *Going West? Stadtplanung in den USA – gestern und heute*, Dortmund 2004, S. 42–68.

Anna-Maria Fischer, Dietmar Reinborn: „Grün und Freiflächen", in: Städtebau-Institut Universität Stuttgart (Hg.): *Lehrbausteine Städtebau*, Stuttgart 2003, S. 119–138.

Dieter Frick, Urs Kohlbrenner: „Städtebau/ Urban Design", in: Dietrich Henckel u.a. (Hg.): *Planen – Bauen – Umwelt. Ein Handbuch*, Wiesbaden 2010, S. 435–439.

Thomas Herrmann, Klaus Humpert: „Typologie der Stadtbausteine", in: Städtebau-Institut Universität Stuttgart (Hg.): *Lehrbausteine Städtebau*, Stuttgart 2003, S. 233–247.

Marie Herzfeld: *Leonardo da Vinci, der Denker, Forscher und Poet. Nach den veröffentlichten Handschriften*, Jena 1906.

Hessisches Ministerium für Wirtschaft, Verkehr und Landesentwicklung (Hg.): *mitreden, mitplanen, mitmachen. Ein Leitfaden zur städtebaulichen Planung*, Wiesbaden 2001.

Thilo Hilpert (Hg.): *Le Corbusiers „Charta von Athen"*. Kritische Neuausgabe, Braunschweig 1988.

Dieter Hoffmann-Axthelm: „Warum Stadtplanung in Parzellen vor sich gehen muss", in: *Bauwelt* (1990), Heft 48, S. 2488–2491.

Ebenezer Howard: *Gartenstädte von morgen* (1898), Berlin 1968 (= Bauwelt-Fundamente, Bd. 21).

Klaus Humpert, Martin Schenk: *Entdeckung der mittelalterlichen Stadtplanung. Das Ende vom Mythos der gewachsenen Stadt*, Stuttgart 2001.

Roland Knauer: *Entwerfen und Darstellen. Die Zeichnung als Mittel des architektonischen Entwurfs*, Berlin 2002.

Bernhard Kohlenbach (Hg.): *Hendrik Petrus Berlage. Über Architektur und Stil. Aufsätze und Vorträge 1894-1928*, Basel/Berlin/Boston 1991.

Spiro Kostof: *Das Gesicht der Stadt. Geschichte städtischer Vielfalt*, Frankfurt a.M./New York 1992.

Spiro Kostof: *Die Anatomie der Stadt*, Frankfurt a.M./New York 1993.

Karl-Jürgen Krause: *Plätze. Begriff, Geschichte, Form, Größe und Profil*, Dortmund 2004 (= Umdruck 2 – FG SLG 2004).

Rob Krier: *Stadtraum in Theorie und Praxis an Beispielen der Innenstadt Stuttgarts*, Stuttgart 1975.

Kevin Lynch: *Das Bild der Stadt*, Basel/Boston/Berlin 2001 (zuerst 1965).

Dittmar Machule, Jens Usadel: „Grün-Natur und Stadt-Struktur: Chancen für eine doppelte Urbanität", in: dies. (Hg.): *Grün-Natur und Stadt-Struktur. Entwicklungsstrategien bei der Planung und Gestaltung von städtischen Freiräumen*, Frankfurt a.M. 2011, S. 7–17.

Wolfgang Metzger: *Gesetze des Sehens*, Frankfurt a.M. 1975.

Paul von Naredi-Rainer: *Architektur und Harmonie. Zahl, Maß und Proportion in der abendländischen Baukunst*, Köln 1995.

Miyoung Pyo (Hg.): *Construction and Design Manual. Architectural Diagramms*, Berlin 2011.

Franz Reber (Hg.): *Des Vitruvius zehn Bücher über Architektur*, Stuttgart 1865.

Dietmar Reinborn: *Städtebau im 19. und 20. Jahrhundert*, Stuttgart 1996.

Edgar Rubin: *Visuell wahrgenommene Figuren*, Kopenhagen/Berlin 1921.

Fritz Schumacher: *Das bauliche Gestalten*, Basel/Berlin/Boston 1991 (zuerst 1926).

Camillo Sitte: *Der Städte-Bau nach seinen künstlerischen Grundsätzen*, Wien 1901 (zuerst 1889).

Camillo Sitte: *Der Städte-Bau nach seinen künstlerischen Grundsätzen, vermehrt um „Großstadtgrün“*, Wien 1909 (4. Aufl.).
Josef Stübben: *Der Städtebau*, Stuttgart 1907 (= Handbuch der Architektur, IV. Teil, 9. Halbband).
Hartmut H. Topp: „Städtische und regionale Mobilität im postfossilen Zeitalter“, in: Architektenkammer Baden-Württemberg (Hg.): *Zukunftsfähige Stadtentwicklung für Stuttgart. Vorträge und Diskussionen*, Stuttgart 2011, Sp. 38–45.
Raymond Unwin: *Town planning in practice. An introduction to the art of designing cities and suburbs*, London 1909.
Virgilio Vercelloni: *Europäische Stadtutopien. Ein historischer Atlas*, München 1994.
Rudolf Wienands: *Grundlagen der Gestaltung zu Bau und Stadtbau*, Basel/Boston/Stuttgart 1985.

Ergänzende Literatur

Stadtplanung

Gerd Albers, Julian Wékel: *Stadtplanung. Eine illustrierte Einführung*, Darmstadt 2017 (3. Aufl., zuerst 2008).
Martina Baum (Hg.): *City as loft. Adaptive reuse as a resource for sustainable urban development*, Zürich 2012.
Helmut Bott, (Hg.), Gregor Grassl (Hg.), Anders, Stephan: *Nachhaltige Stadtplanung. Konzepte für nachhaltige Quartiere*, München 2013.
Andreas Feldtkeller (Hg.): *Städtebau. Vielfalt und Integration*, Stuttgart/München 2001.
Dieter Hassenpflug: *The Urban Code of China*, Basel 2010.
Johann Jessen, Ute Margarete Meyer, Jochem Schneider: *stadtmachen.eu. Urbanität und Planungskultur in Europa*, Ludwigsburg/Stuttgart 2008.
Michael Koch: Ökologische Stadtentwicklung. Innovative Konzepte für Städtebau, Verkehr und Infrastruktur, Stuttgart/Berlin/Köln 2001.
Sabine Kraft, Nikolaus Kuhnert, Günther Uhlig (Hg.): *Post-Oil City, die Stadt nach dem Öl. Die Geschichte der Zukunft der Stadt*, Aachen/Berlin 2010 (= Arch+, Heft 196/197)
Stefan Netsch: *Stadtplanung. Handbuch und Entwurfshilfe*, Berlin 2015.
Bernd Streich: *Stadtplanung in der Wissensgesellschaft. Ein Handbuch*, Wiesbaden 2005.

Stadt entwerfen

Christopher Alexander, Sara Ishikawa, Murray Silverstein: *Eine Muster-Sprache. Städte, Gebäude, Konstruktion*, Wien 1995 (zuerst 1977).
Klaus Theo Brenner: *Die schöne Stadt. Darlegungen einer Entwurfsmethode für eine nachhaltige Stadtarchitektur*, Berlin 2010.
Gerhard Curdes: *Stadtstrukturelles Entwerfen*, Stuttgart/Berlin/Köln 1995.
Eric Firley, Groen Katharina: *The Urban Masterplanning Handbook*, Chichester 2013.
Jan Gehl: *Städte für Menschen*, Berlin 2015.
Jan Heeling, Han Meyer, John Westrik: *Het ontwerp van de stadsplattegrond*, Amsterdam 2002.
Ron Kasprisin: *Urban Design. The composition of complexity*, London 2011.
John Lund Kriken u. A.: *City Building. Nine Planning Principles for the Twenty-First Century*, New York 2010.
Han Meyer, John Westrik, Maarten Jan Hoekstra (Hg.): *Stedenbouwkundige regels voor het bouwen*, Amsterdam 2008.
Charles Montgomery: *Happy City. Transforming Our Lives Through Urban Design.* London 2015.
Cliff Moughtin: *Urban Design – street and square*, Amsterdam 2005.

Dieter Prinz: *Städtebau*, Band 1: Städtebauliches Entwerfen, Stuttgart 1999 (7. Aufl., zuerst 1980).
Dieter Prinz: *Städtebau*, Band 2: Städtebauliches Gestalten, Stuttgart 1997 (6. Aufl., zuerst 1980).
Christa Reicher: *Städtebauliches Entwerfen*, Wiesbaden 2017 (5. Aufl., zuerst 2012).
Dietmar Reinborn, Michael Koch: *Entwurfstraining Städtebau*, Stuttgart/Berlin/Köln 1992.
Gerrit Schwalbach: Basics Stadtanalyse, Basel/Berlin 2009.
Dhiru A. Thadani (Hg.): *The Language of Towns & Cities. A Visual Dictionary*, New York 2010.

Stadtbausteine
Peter Ebner, Eva Herrmann, Roman Röllbacher, Markus Kuntscher, Ulrike Wietzorrek: *typologie+ Innovativer Wohnungsbau*; Basel/Boston/Berlin 2009.
Eric Firley, Caroline Stahl: *The Urban Housing Handbook*, Chichester 2009.
Eric Firley, Julie Gimbal: *The Urban Towers Handbook*, Chichester 2011.
Thomas Hafner, Barbara Wohn, Karin Rebholz-Chaves: *Wohnsiedlungen. Entwürfe, Typen, Erfahrungen aus Deutschland, Österreich und der Schweiz*, Basel/Berlin/Boston 1998.
Jürgen Knirsch: *Stadtplätze. Architektur und Freiraumplanung*, Leinfelden-Echterdingen 2004.
Javier Mozas, Aurora Fernández Per: *densidad. Density*, Vitoria-Gasteiz 2004.
Philippe Panerai, Jean Castex, Jean-Charles Depaule: *Vom Block zur Zeile. Wandlungen der Stadtstruktur*, Braunschweig 1985 (= Bauwelt-Fundamente, Bd. 66).
Leonhard Schenk, Rob van Gool: *Neuer Wohnungsbau in den Niederlanden. Konzepte Typologien Projekte*, München 2010.
Rob van Gool, Lars Hertelt, Frank-Bertolt Raith, Leonhard Schenk: *Das niederländische Reihenhaus. Serie und Vielfalt*, Stuttgart/München 2000.
Sophie Wolfrum (Hg.): *Platzatlas. Stadträume in Europa*, Basel 2015.

Stadtgrün
Annette Becker, Peter Cachola Schmal (Hg.): *Stadtgrün. Europäische Landschaftsarchitektur für das 21. Jahrhundert / Urban green. European Landscape Design for the 21st century*, Basel 2010.
Stefan Bernard, Hans Loidl: *Freiräum(en): Entwerfen als Landschaftsarchitektur*, Basel 2014.
Ralph Gälzer: *Grünplanung für Städte*, Stuttgart 2001.
Dieter Hennebo, Erika Schmidt: *Geschichte des Stadtgrüns in England von den frühen Volkswiesen bis zu den öffentlichen Parks im 18. Jahrhundert*, Hannover/Berlin 1977 (= Geschichte des Stadtgrüns, Bd. 3).
Günter Mader: *Freiraumplanung*, Stuttgart/München 2004.
Gerhard Richter: *Handbuch Stadtgrün. Landschaftsarchitektur im städtischen Freiraum*, München 1981.
Stiftung Lebendige Stadt, Frank Lohrberg, Jasmin Matros (Hg.): *Grüne Labore. Experimente zum Stadtpark von morgen*, Frankfurt a.M. 2017
Astrid Zimmermann: *Landschaft planen. Dimensionen, Elemente, Typologien*, Basel 2014.

Stadtgeschichte
Leonardo Benevolo: *Die Stadt in der europäischen Geschichte*, München 1999.
Sigrid Brandt: *Stadtbaukunst. Methoden ihrer Geschichtsschreibung*, Berlin 2015.
Wolfgang Braunfels: *Abendländische Stadtbaukunst. Herrschaftsform und Baugestalt*, Köln 1979.
Ruth Eaton: *Die ideale Stadt. Von der Antike bis zur Gegenwart*, Berlin 2001.
Charles P. Graves, *The Genealogy of Cities*, Kent/Ohio 2009.
Karl Gruber: *Die Gestalt der deutschen Stadt. Ihr Wandel aus der geistigen Ordnung der Zeiten*, München 1952.
Niels Gutschow, Jörn Düwel: *Städtebau in Deutschland im 20. Jahrhundert. Ideen – Projekte – Akteure*, Stuttgart 2001.
Tilman Harlander (Hg.): *Stadtwohnen. Geschichte, Städtebau, Perspektiven*, München 2007.
Franz Hoigl: *Die Geschichte der Stadt. Von der Antike bis ins 20. Jahrhundert*, Graz 2008.
Jürgen Hotzan: *dtv-Atlas zur Stadt. Von den ersten Gründungen bis zur modernen Stadtplanung*, München 1997.
Ilse Irion, Thomas Sieverts (Hg.): *Neue Städte. Experimentierfelder der Moderne*, Stuttgart 1991.
Vittorio Magnago Lampugnani: *Die Stadt von der Neuzeit bis zum 19. Jahrhundert: Urbane Entwürfe in Europa und Nordamerika*, Berlin 2017.
Vittorio Magnago Lampugnani: *Die Stadt im 20. Jahrhundert. Visionen, Entwürfe, Gebautes*, Berlin 2010.
Ralf Lange: *Architektur und Städtebau der sechziger Jahre*, Bonn 2003 (= Schriftenreihe des Deutschen Nationalkomitees für Denkmalschutz, Bd. 65).
Elisabeth Lichtenberger: *Die Stadt. Von der Polis zur Metropolis*, Darmstadt 2002.
Dieter J. Mehlhorn: *Stadtbaugeschichte Deutschlands*, Berlin 2012.
Lewis Mumford: *Die Stadt. Geschichte und Ausblick*, Köln/Berlin 1963.
Hendrik Neubauer, Kunibert Wachten (Hg.): *Städtebau und Architektur: Das 20. Jahrhundert*, Potsdam 2010.

Hildegard Schröteler-von Brandt: *Stadtbau- und Stadtplanungsgeschichte. Eine Einführung*, Wiesbaden 2014.

Wolfgang Sonne: *Urbanität und Dichte im Städtebau des 20. Jahrhunderts*, Berlin 2014.

Sophie Wolfrum, Winfried Nerdinger (Hg.): *Multiple City – Stadtkonzepte 1908/2008*, Berlin 2008.

Stadttheorie

Gerd de Bruyn: *Die Diktatur der Philanthropen. Entwicklung der Stadtplanung aus dem utopischen Denken*, Braunschweig/Wiesbaden 1996 (= Bauwelt-Fundamente, Bd. 110).

Matthew Carmona, Steven Tiesdell (Hg.): *Urban Design Reader,* Oxford 2007.

Alexander Cuthbert: *Understanding Cities. Method in Urban Design*, London 2011.

Christopher Dell: *Replaycity. Improvisation als urbane Praxis*, Berlin 2011.

Dieter Frick: *Theorie des Städtebaus. Zur baulich-räumlichen Organisation von Stadt*, Tübingen/Berlin 2006.

Thilo Hilpert: „Stadtvisionen der sechziger Jahre“, in: *Arch+* (1997), Heft 139/140, S. 50–57.

Rem Koolhaas: *Delirious New York: A retroactive manifesto for Manhattan*, Oxford 1978.

Hans Rainer Müller-Raemisch: *Leitbilder und Mythen in der Stadtplanung 1945–1985*, Frankfurt a.M. 1990.

Colin Rowe, Fred Koetter: *Collage City*, Basel/Berlin/Boston 1984 (zuerst 1978).

Robert Venturi: *Lernen von Las Vegas*, Braunschweig 1979 (= Bauwelt-Fundamente, Bd. 53).

Sophie Wolfrum, Alban Janson: *Architektur der Stadt*, Stuttgart 2016.

Projektverzeichnis

1956
Siedlung Halen, Bern (CH); Atelier 5, Bern; S. 194

1990
De Resident, Den Haag (NL); Rob Krier + Christoph Kohl, Berlin; S. 202

1991
Umnutzung Flughafengelände München-Riem, München (D); Andreas Brandt, Rudolf Böttcher, Berlin; S. 23
Umnutzung Flughafengelände München-Riem, München (D); Frauenfeld Architekten, Frankfurt a. M., mit Baer + Müller Landschaftsarchitekten, Dortmund; S. 91
Potsdamer Platz/Leipziger Platz, Berlin (D); Studio Daniel Libeskind, New York; S. 41
Potsdamer Platz/Leipziger Platz, Berlin (D); HILMER & SATTLER und ALBRECHT, Berlin/München, mit G. und A. Hansjakob, Berlin; S. 151

1992
Gartenstadt Falkenberg, Berlin (D); Architekten BDA Quick Bäckmann Quick & Partner, Berlin; S. 117
Südstadt Tübingen (D); LEHEN drei – Feketics, Kortner, Schenk, Schuster, Wiehl, Stuttgart; S. 168, 332 ff

1994
Quartier Vauban, Freiburg i. Br. (D); Kohlhoff Architekten, Stuttgart; S. 169
Ypenburg, Den Haag (NL); Palmbout-Urban Landscapes, Rotterdam; S. 239

1995
Ørestad Masterplan, Kopenhagen (DK); ARKKI ApS. (KHR arkitekter, Kopenhagen, mit APRT, Helsinki); S. 85
IJburg, Amsterdam (NL); Palmbout-Urban Landscapes, Rotterdam; S. 238

1996
Masterplan Chassé Terrein, Breda (NL); OMA, Rotterdam/Beijing/Hong Kong/New York, mit West 8 Urban Design & Landscape Architecture, Rotterdam/New York; S. 43
Stadtteil Layenhof/Münchwald, Mainz (D); Ackermann+Raff mit Alexander Lange, Tübingen; S. 58
Masterplan Wasserstadt Berlin-Oberhavel, Berlin (D); Arbeitsgemeinschaft Kollhoff, Timmermann, Langhof, Nottmeyer, Zillich, Berlin; S. 82
Westufer Hauptbahnhof, Darmstadt (D); Atelier COOPERATION Architekten & Ingenieure, Frankfurt a. M.; S. 135
Wohnungsbau für Bundesbedienstete, Berlin-Steglitz (D); Geier, Maass, Staab mit Ariane Röntz, Berlin; S. 171
Wohnungsbau für Bundesbedienstete, Berlin-Steglitz (D); ENS Architekten mit Norbert Müggenburg, Berlin; S. 172

1997
Das bezahlbare eigene Haus, Bamberg (D); Melchior, Eckey, Rommel, Stuttgart; S. 115
Theresienhöhe, München (D); Steidle + Partner Architekten, München, mit Thomanek + Duquesnoy Landschaftsarchitekten, Berlin; S. 170

1998
Müllerpier, Rotterdam (NL); KCAP Architects&Planners, Rotterdam/Zürich/Shanghai; S. 273

1999
MOB-Gelände, Greven (D); LK | Architekten, Köln; S. 51
MOB-Gelände, Greven (D); Fuchs und Rudolph Architekten Stadtplaner, München; S. 193
HafenCity Hamburg, Hamburg (D); ASTOC Architects and Planners, Köln, mit KCAP Architects&Planners, Rotterdam/Zürich/Shanghai; S. 83, 301, 318 ff
Grauenhofer Weg, Aachen-Forst (D); Baufrösche Architekten und Stadtplaner mit Planungsgemeinschaft Landschaft + Freiraum, Kassel; S. 114
Slot Haverleij, Haverleij, 's-Hertogenbosch (NL); Rob Krier + Christoph Kohl, Berlin; S. 203

2000
Ehemaliges Flughafengelände, Böblingen/Sindelfingen (D); ap'plan . mory osterwalder vielmo architekten und ingenieurgesellschaft mbh mit Kienle Planungsgesellschaft Freiraum und Städtebau mbH, Stuttgart; S. 129

2001
Teilbereich der Pirnaischen Vorstadt am Terrassenufer, Dresden (D); Prof. Günter Telian, Karlsruhe; S. 102
Teilbereich der Pirnaischen Vorstadt am Terrassenufer, Dresden (D); Rohdecan Architekten GmbH mit UKL Landschaftsarchitekten, Dresden; S. 200
Herrenweg – Meerlach – Schlack, Kippenheim (D); bäuerle lüttin architekten BDA, Konstanz, mit Pit Müller, Freiburg i. Br.; S. 183
Wohngebiet Neugraben – Fischbek, Hamburg (D); PPL Architektur und Stadtplanung, Hamburg; S. 261

2002

Rund um den Ostbahnhof, München (D); 03 Architekten GmbH, München; S. 24

Wohnquartier im Europaviertel, Frankfurt a. M. (D); rohdecan architekten mit Till Rehwaldt, Dresden; S. 108

Wohnquartier im Europaviertel, Frankfurt a. M. (D); h4a Gessert + Randecker Architekten mit Glück Landschaftsarchitektur, Stuttgart; S. 153

Wohnquartier im Europaviertel, Frankfurt a. M. (D); Spengler • Wiescholek Architekten Stadtplaner, Hamburg; S. 205

Europan 6, 3x2 Elemente für die Stadtlandschaft, Mönchengladbach (D); florian krieger – architektur und städtebau mit Ariana Sarabia, Urs Löffelhardt, Benjamin Künzel, Darmstadt; S. 79

Wohngebiet Herzo Base, Herzogenaurach (D); netzwerkarchitekten, Darmstadt; S. 86

Wohngebiet Herzo Base, Herzogenaurach (D); ENS Architekten BDA mit Regina Poly, Berlin; S. 96

Wohngebiet Herzo Base, Herzogenaurach (D); studio eu mit Stefan Tischer, Berlin; S. 216

Wohngebiet Herzo Base, Herzogenaurach (D); straub tacke architekten bda, München; S. 234

Siemens-Areal Isar-Süd, München (D); JSWD Architekten mit Lill + Sparla, Köln; S. 127, 164

Siemens-Areal Isar-Süd, München (D); pp a|s pesch partner architekten stadtplaner, Dortmund/Stuttgart; S. 128

Neues Stadtquartier am Hauptbahnhof/Mannheim 21, Mannheim (D); ASTOC Architects and Planners, Köln, mit WES & Partner Landschaftsarchitekten, Hamburg; S. 132

Belval-Quest, Esch-sur-Alzette (L); Jo Coenen Architects & Urbanists, Rolo Fütterer, Maastricht, mit Buro Lubbers, 's-Hertogenbosch; S. 145, 262, 328 ff

Herosé – Stadt am Seerhein, Konstanz (D); KLAUS THEO BRENNER STADTARCHITEKTUR mit Pola Landschaftsarchitekten, Berlin; S. 167

Areal Firnhaberstraße, Augsburg (D); Trojan Trojan + Partner Architekten + Städtebauer, Darmstadt, mit Prof. Heinz W. Hallmann, Jüchen; S. 197

2003

Campus Westend der Goethe-Universität, Frankfurt a. M. (D); Rolf-Harald Erz für SIAT GmbH mit Dieter Heigl, München, und EGL GmbH, Landshut; S. 49

Campus Westend der Goethe-Universität, Frankfurt a. M. (D); JSWD Architekten, Köln, mit KLA – Kiparlandschaftsarchitekten, Duisburg; S. 152

Campus Westend der Goethe-Universität, Frankfurt a. M. (D); pmp Architekten GmbH, München, mit Atelier Bernburg, LandschaftsArchitekten GmbH, Bernburg; S. 181

Konversion des Kasernenareals, Karlsruhe-Knielingen (D); Jutta Rump, Roetgen; S. 50

Konversion des Kasernenareals, Karlsruhe-Knielingen (D); Architektur und Stadtplanung Rosenstiel, Freiburg i. Br., mit faktorgrün Landschaftsarchitekten, Denzlingen; S. 198

Lingang New City, Shanghai (PRC); gmp Architekten von Gerkan, Marg und Partner, Hamburg; S. 53

Nymphenburger Höfe, München (D); Steidle + Partner Architekten mit realgrün Landschaftsarchitekten, München; S. 72

Wohnbebauung Isoldenstraße, München (D); LÉON WOHLHAGE WERNIK mit J. Menzer, H.J. Lankes und ST raum a. Landschaftsarchitekten, Berlin; S. 112

Wohnbebauung Isoldenstraße, München (D); Georg Scheel Wetzel Architekten, Berlin, mit Dr. Bernhard Korte, Grevenbroich; S. 126

Landsberger Straße – Bahnachse Süd, München (D); Rolf-Harald Erz für SIAT GmbH mit Bartosch Puszkarczyk, München, und EGL GmbH, Landshut; S. 159

Kerngebiet Bockenheim der Goethe-Universität, Frankfurt a. M. (D); K9 ARCHITEKTEN Borgards.Lösch.Piribauer mit Andreas Krause, Freiburg i. Br.; S. 197

Magdeburger Hafen/Überseequartier, HafenCity, Hamburg (D); David Chipperfield Architects, Berlin, mit Wirtz International Landscape Architects, Schoten; S. 104

2004

Europan 7, Hengelo O kwadraat, Hengelo (NL); architectuurstudio BötgerOudshoorn, Den Haag; S. 35

Europan 7, Suburban Frames, Neu-Ulm (D); florian krieger – architektur und städtebau, Darmstadt; S. 47, 256

Mühlpfad/Herrengrund, Schwaigern (D); Prof. Günter Telian mit P. Valovic, Karlsruhe; S. 36

Beckershof, Henstedt-Ulzburg (D); Schellenberg + Bäumler Architekten, Dresden; S. 39

Beckershof, Henstedt-Ulzburg (D); APB. Architekten BDA, Hamburg, mit JKL Junker + Kollegen Landschaftsarchitektur, Georgsmarienhütte; S. 224

Olympisches Dorf, Leipzig (D); ASTOC Architects and Planners, Köln, mit KCAP Architects&Planners, Rotterdam/Zürich/Shanghai und bgmr Becker Giseke Mohren Richard, Landschaftsarchitekten, Leipzig; S. 184

Technologiepark für Automobilzuliefererindustrie mit Wohnstadt, Beijing (PRC); GABRYSCH+PARTNER Architekten Stadtplaner Ingenieure, Bielefeld, mit LandschaftsArchitekturEhrig, Sennestadt und Büro Liren, Beijing; S. 89

Kostengünstige Wohnsiedlung, Helsingør-Kvistgård (DK); Tegnestuen Vandkunsten, Kopenhagen; S. 162

Masterplan Porte de Hollerich, Luxemburg (L); Teisen – Giesler Architectes mit Nicklas Architectes, Luxemburg, BS+ Städtebau und Architektur, Frankfurt a. M., und Landschaftsplaner stadtland, Wien; S. 222
Südliche Innenstadt, Recklinghausen (D); JSWD Architekten mit club L94 Landschaftsarchitekten, Köln; S. 294

2005
Rosensteinviertel, Stuttgart (D); Prof. Dr. Helmut Bott, Darmstadt, und Dr. Michael Hecker, Köln, mit Dr. Frank Roser Landschaftsarchitekt, Stuttgart; S. 63
Rosensteinviertel, Stuttgart (D); KSV Krüger Schuberth Vandreike, Berlin; S. 88
Rosensteinviertel, Stuttgart (D); pp a|s pesch partner architekten stadtplaner, Dortmund/Stuttgart, mit Agence Ter, Karlsruhe/Paris; S. 178
Siedlung Buchheimer Weg, Köln (D); ASTOC Architects and Planners mit urbane gestalt, Johannes Böttger Landschaftsarchitekten, Köln; S. 116
Marchtaler Straße, Ulm (D); studioinges Architektur und Städtebau mit H. J. Lankes, Berlin; S. 134
New Multi-functional Administrative City in the Republic of Korea, Sejong (ROK); LEHEN drei Architekten und Stadtplaner – Feketics, Schenk, Schuster, Stuttgart, mit C. Flury, F. Müller, S. Witulski, Konstanz; S. 154
Senioren-Wohnen am Englischen Garten, Landsberg am Lech (D); Nickel & Partner mit mahl-gebhard-konzepte, München; S. 217
Gilchinger Glatze, Gilching (D); Marcus Rommel Architekten BDA, Stuttgart/Trier, mit ernst + partner landschaftsarchitekten, Trier; S. 228
Spitalhöhe/Krummer Weg, Rottweil (D); Ackermann+Raff, Stuttgart/Tübingen; S. 232
Neufahrn-Ost, Neufahrn bei Freising (D); Ackermann+Raff, Stuttgart/Tübingen, mit Planstatt Senner, Überlingen; S. 250, 307
Harburger Schlossinsel, Hamburg (D); raumwerk, Frankfurt a. M., mit club L94 Landschaftsarchitekten, Köln; S. 288
geneve 2020 visions urbaines, Genf (CH); XPACE architecture + urban design, Richmond, Australien; S. 300

2006
Europan 8, Kalakukko, Kupio (FIN); CITYFÖRSTER architecture + urbanism, Berlin/Hannover/London/Oslo/Rotterdam/Salerno; S. 34
Europan 8, Stadtgespräch, Leinefelde-Worbis (D); Nicolas Reymond Architecture & Urbanisme, Paris; S. 276
Europan 8, L.A.R.S., Bergen (N); SMAQ – architecture urbanism research, Berlin; S. 282
Kartal Pendik Masterplan, Istanbul (TR); Zaha Hadid Architects, London; S. 38
ThyssenKrupp Quartier, Essen (D); Zaha Hadid Architects, London, mit ST raum a. Landschaftsarchitekten, Berlin/München/Stuttgart; S. 42
Werkbundsiedlung Wiesenfeld, München (D); Meck Architekten mit Burger Landschaftsarchitekten, München; S. 25
Werkbundsiedlung Wiesenfeld, München (D); Allmann Sattler Wappner Architekten GmbH, München, mit Valentien + Valentien & Partner Landschaftsarchitekten und Stadtplaner, Weßling; S. 71
Werkbundsiedlung Wiesenfeld, München (D); Kazunari Sakamoto mit Ove Arup; S. 119, 306
Architektur-Olympiade Hamburg, Röttiger-Kaserne, Hamburg (D); MVRDV, Rotterdam; S. 67
Architektur-Olympiade Hamburg, Familienwohnen Hinsenfeld, Hamburg (D); Wacker Zeiger Architekten, Hamburg; S. 182
Auf der Freiheit, Schleswig (D); studioinges Architektur und Städtebau, Berlin; S. 84
Wohnbauflächenentwicklung Knollstraße, Osnabrück (D); ASTOC Architects and Planners, Köln, mit Lützow 7, Berlin; S. 118
Wohnbauflächenentwicklung Knollstraße, Osnabrück (D); STADTRAUM Architektengruppe, Düsseldorf, mit Stefan Villena y Scheffler, Langenhagen; S. 210
RiverParc Development, Pittsburgh (USA); Behnisch Architekten, Stuttgart, mit architectsAlliance, Toronto, Gehl Architects, Kopenhagen, WTW architects, Pittsburgh; S. 146
Neues Wohnen am Ryck, Greifswald (D); Machleidt GmbH Büro für Städtebau, Berlin; S. 158
Neues Wohnen am Ryck, Greifswald (D); pp a|s pesch partner architekten stadtplaner, Dortmund/Stuttgart; S. 257
Schlösserareal und Schlachthofgelände, Düsseldorf (D); buddenberg architekten, Düsseldorf, mit FSWLA Landschaftsarchitektur, Düsseldorf/Köln; S. 165
neue bahn stadt:opladen, Leverkusen (D); ASTOC Architects and Planners, Köln, mit Studio UC, Berlin; S. 223
neue bahn stadt:opladen, Leverkusen (D); pp a|s pesch partner architekten stadtplaner, Dortmund/Stuttgart, mit brosk landschaftsarchitektur und freiraumplanung, Essen; S. 266

2007
Masdar Development, Abu Dhabi (UAE); Foster + Partners, London, mit Cyril Sweett Limited, W.S.P Transsolar, ETA, Gustafson Porter,

E.T.A., Energy, Ernst and Young, Flack + Kurtz, Systematica, Transsolar; S. 11, 68
Wohngebiet Am Bergfeld, Poing bei München (D); keiner balda architekten, Fürstenfeldbruck, mit Johann Berger, Freising; S. 120, 304
Changchun JingYue, Ecological City, Changchun (PRC); AS&P – Albert Speer & Partner, Frankfurt a. M./Shanghai; S. 149
Hochschulcampus Lange Lage, Bielefeld (D); pp a|s pesch partner architekten stadtplaner, Dortmund/Stuttgart, mit Agence Ter, Karlsruhe/Paris; S. 150
St. Leonhards Garten, Braunschweig (D); KLAUS THEO BRENNER STADTARCHITEKTUR, Berlin; S. 201
Development plan for Carlsberg, Kopenhagen (DK); Wessendorf Architektur Städtebau mit Atelier Loidl und Architektin B. Engel, Berlin; S. 213
Entwicklung LindeQuartier, Wiesbaden (D); wulf architekten mit Möhrle + Partner Landschaftsarchitektur, Stuttgart; S. 237
Südlich der Rechbergstraße, Denkendorf (D); LEHEN drei Architekten Stadtplaner – Feketics, Schenk, Schuster; Stuttgart; S. 291
Stadtnahes Wohngebiet an der Breiteich, Schwäbisch Hall (D); Wick + Partner Architekten Stadtplaner, Stuttgart, mit Gesswein Landschaftsarchitekten, Ostfildern; S. 293
Noorderhaven, Zutphen (NL); KCAP Architects&Planners, Rotterdam/Zürich/Shanghai; S. 106

2008
Newtown Dujiangyang (PRC); florian krieger – architektur und städtebau, Darmstadt, mit Irene Burkhardt Landschaftsarchitekten Stadtplaner, München; S. 37
Europan 9, Urban cocktail, Warschau (PL); BudCud mit Michal Palej, Artur Michalak, Patrycja Okuljar-Sowa, Krakau; S. 40
Europan 9, stepscape greenscape waterscape, Rostock (D); florian krieger – architektur und städtebau, Darmstadt; S. 230
Europan 9, Stoke-on-Trent (GB); Duggan Morris Architects, London; S. 259
Europan 9, Grünkern Babenhausen, Babenhausen (D); Metris Architekten, Darmstadt/Heidelberg, mit 711LAB, Stuttgart; S. 260
Europan 9, Chancen für den öffentlichen Raum // Walking, Südkreuz, Berlin (D); Architekten Koelbl Radojkovic, Wien; S. 298
Europan 9, Cumulus, Grorud Centre, Oslo (N); SMAQ – architecture urbanism research, Berlin; S. 278
Vatnsmyri International Urban Planning Competition, Reykjavik (IS); Graeme Massie Architects, Edinburgh; S. 48
Messestadt Riem, Schwerpunkt Wohnen, München (D); ASTOC Architects and Planners, Köln, mit lohrer.hochrein landschaftsarchitekten, München; S. 59
Masterplan Paramount/Xeritown, Dubai (UAE); SMAQ – architecture urbanism research, Berlin: Sabine Müller und Andreas Quednau mit Joachim Schultz, mit X-Architects, Dubai, Johannes Grothaus Landschaftsarchitekten, Potsdam, reflexion, Zürich, und Buro Happold, London; S. 65, 263, 303
Park City, Tirana (AL); CITYFÖRSTER architecture + urbanism, Berlin/Hannover/London/Oslo/Rotterdam/Salerno, mit Ulrike Centmayer Landschaftsarchitektin, Rotterdam; S. 69
Wohnquartier am Lettenwald, Ulm (D); jan foerster teamwerk-architekten mit ergebnisgrün, Büro für Landschaftsarchitektur, München; S. 78
Copenhagen Northern Harbour: The sustainable city of the future, Kopenhagen (DK); POLYFORM ARKITEKTER APS, Kopenhagen, mit Cenergia Energy Consultants, COWI, Deloitte, Oluf Jørgensen a/s; S. 87
Copenhagen Northern Harbour: The sustainable city of the future, Kopenhagen (DK); COBE, Kopenhagen/Berlin, mit SLETH, Aarhus und Rambøll, Kopenhagen; S. 275
Europacity, Berlin (D); ASTOC Architects and Planners, Köln, mit KCAP Architects&Planners, Rotterdam/Zürich/Shanghai, und Studio UC, Berlin; S. 155
Europacity/Heidestraße, Berlin (D); HILMER & SATTLER und ALBRECHT, Berlin/München, mit Keller Landschaftsarchitekten, Berlin; S. 233
Mars-la-Tour-Straße, Hannover (D); Marazzi + Paul Architekten, Zürich, mit Koeber Landschaftsarchitektur, Stuttgart; S. 173
Mars-la-Tour-Straße, Hannover (D); pfp architekten, Hamburg; S. 204
Universität Kassel Campus Nord (D); raumzeit Gesellschaft von Architekten mbH, Kassel, mit K1 Landschaftsarchitekten, Berlin; S. 218
Nordwestbahnhof, Wien (A); ernst niklaus fausch architekten, Zürich; S. 227
Alter Stadthafen, Oldenburg (D); BOLLES+WILSON, Münster, mit Agence Ter, Karlsruhe/Paris; S. 235
Holistic Uniqueness Helsinki (FIN); CITYFÖRSTER architecture + urbanism, Berlin/Hannover/London/Oslo/Rotterdam/Salerno, mit Steen Hargus, Hannover; S. 264
Handbuch öffentlicher Raum Flugfeld Aspern, Wien (A); feld72 architekten, Wien, mit Peter Arlt, Stadtsoziologe, Linz; S. 265
Neckarpark, Stuttgart (D); pp a|s pesch partner architekten stadtplaner, Dortmund/Stuttgart, mit lohrberg stadtlandschaftsarchitektur, Stuttgart; S. 272, 302
Bjørvika harbour district, Oslo (N); Behnisch Architekten, Stuttgart, mit Gehl Architects, Kopenhagen, und Transsolar KlimaEngineering, Stuttgart; S. 284
SV Areal, Wiesbaden-Dotzheim (D); Wick + Partner Architekten Stadtplaner, Stuttgart, mit

lohrer.hochrein landschaftsarchitekten, München; S. 290
Masterplan Nördliche Wallhalbinsel Lübeck (D); raumwerk, Frankfurt a. M., mit club L94 Landschaftsarchitekten, Köln; S. 296

2009
Wohnquartiere und Landschaftspark, Erlangen (D); Franke + Messmer, Emskirchen, mit Rößner und Waldmann, Erlangen, und E. Tautorat, Fürth; S. 27, 163
Wohnquartiere und Landschaftspark, Erlangen (D); Bathke Geisel Architekten BDA mit fischer heumann landschaftsarchitekten, München; S. 192
Masterplan Neckarvorstadt, Heilbronn (D); Steidle Architekten mit t17 Landschaftsarchitekten, München; S. 107
Masterplan Neckarvorstadt, Heilbronn (D); MORPHO-LOGIC Architektur und Stadtplanung, München, Lex Kerfers Landschaftsarchitekten, Bockhorn; S. 206
Neubebauung Pelikan-Viertel, Hannover (D); pfp architekten, Hamburg; S. 109
Intense Laagbouw De Meeuwen, Groningen (NL); DeZwarteHond, Groningen/Rotterdam; S. 123
Tornesch am See, Tornesch (D); Manuel Bäumler Architekt und Stadtplaner, Dresden; S. 180
Neubau Wohnbebauung in der Bad-Schachener-Straße, München (D); florian krieger – architektur und städtebau, Darmstadt, mit S. Thron, Ulm, und I. Burkhardt Landschaftsarchitekten, Stadtplaner, München; S. 212
Aubing-Ost, München (D); pp a|s pesch partner architekten stadtplaner, Dortmund/Stuttgart, mit WGF Landschaftsarchitekten, Nürnberg; S. 214
Industriestraße/Bocholter Aa, Bocholt (D); pp a|s pesch partner architekten stadtplaner, Dortmund/Stuttgart, mit scape Landschaftsarchitekten, Düsseldorf; S. 225
Vechtesee-Oorde, Nordhorn (D); pp a|s pesch partner architekten stadtplaner, Dortmund/Stuttgart, mit Glück Landschaftsarchitektur, Stuttgart; S. 236
Urban Transformation Airport Tempelhof, Berlin (D); Leonov Alexander Alexandrovich mit Zalivako Darya Andreevna, Moskau; S. 248
Metrozonen, Kaufhauskanal, Hamburg (D); BIG Bjarke Ingels Group, Kopenhagen, mit TOPOTEK 1, Berlin, und Grontmij, De Bilt; S. 249
Räumliches Strukturkonzept Schmelz Diddeleng (L); ISA Internationales Stadtbauatelier, Stuttgart/Peking/Seoul/Paris, mit Planungsgruppe Landschaft und Raum, Korntal-Münchingen; S. 252
Querkräfte, Berlin-Tegel (D); CITYFÖRSTER architecture + urbanism, Berlin/Hannover/London/Oslo/Rotterdam/Salerno, mit urbane gestalt, Johannes Böttger Landschaftsarchitekten, Köln, Steen Hargus, Hannover, und Anna-Lisa Brinkmann Design, Berlin; S. 280
Entwicklung des Ackermann-Areals, Gummersbach (D); rha reicher haase associierte GmbH, Aachen, mit Planergruppe Oberhausen, Oberhausen; S. 285
Watervrijstaat Gaasperdam (NL); HOSPER NL BV landschapsarchitectuur en stedebouw, Haarlem; S. 305

2010
Gangnam District, Seoul (KR); de Architekten Cie, Frits van Dongen, Amsterdam, mit Transsolar KlimaEngineering, Stuttgart; S. 131
Europan 10, Eine urbane Schnittstelle neu denken, Forchheim (D); gutiérrez-delafuente arquitectos, Madrid; S. 73
Europan 10, Eine urbane Schnittstelle neu denken, Forchheim (D); Jörg Radloff, Maximilian Marinus Schauren, Karoline Schauren, München; S. 254
Europan 10, PIXELES URBANOS (URBAN PIXELS), Reus (ES); Florian Ingmar Bartholome, Ludwig Jahn, José Ulloa Davet, Barcelona; S. 121
Europan 10, Tiefes Feld – U-Bahn schafft Stadt, Nürnberg (D); .spf I Arbeitsgemeinschaft Schönle.Piehler.Finkenberger, Stuttgart/Köln; S. 144
Europan 10, garten>Hof, Wien-Meidling/Liesing (A); Luis Basabe Montalvo, Enrique Arenas Laorga, Luis Palacios Labrador, Madrid; S. 277
Europan 10, Stärkung urbaner Kerne, Timezones, Dessau (D); Felix Wetzstein, You Young Chin, Paris; S. 299
Entwicklungsgebiet D der ÖBB-Immobilien, Wien (A); Wessendorf Architektur Städtebau mit Atelier Loidl, Berlin; S. 80
A101 Urban Block Competition, 100% BLOCK CITY, Moskau (RUS); KCAP Architects&Planners, Rotterdam/Zürich/Shanghai, mit NEXT Architects, Amsterdam; S. 90
Baugebiet Rennplatz-Nord, Regensburg (D); 03 Architekten GmbH mit Keller Damm Roser Landschaftsarchitekten Stadtplaner GmbH, München; S. 110
Stadtquartier Gutleutmatten, Freiburg i. Br. (D); ASTOC Architects and Planners mit urbane gestalt, Johannes Böttger Landschaftsarchitekten, Köln; S. 111
Stadtquartier Gutleutmatten, Freiburg i. Br. (D); 03 Architekten GmbH, München, mit Lex Kerfers Landschaftsarchitekten, Bockhorn; S. 124
Ehemaliges Stückgutgelände, München-Pasing (D); Daniel Ott und Robin Schraml, Berlin; S. 122
Leben in urbaner Natur, München (D); Ammann Albers StadtWerke mit Schweingruber Zu-

lauf Landschaftsarchitekten BSLA, Zürich; S. 160
Wissenschaftsquartier Magdeburg (D); De Zwarte Hond, Groningen, mit Studio UC, Berlin; S. 270

2011
Innerer Westen, Regensburg (D); 03 Architekten GmbH mit Keller Damm Roser Landschaftsarchitekten Stadtplaner GmbH, München; S. 60
Innerer Westen, Regensburg (D); Ammann Albers StadtWerke mit Schweingruber Zulauf Landschaftsarchitekten BSLA, Zürich; S. 157, 255
Ökologiepark, Qingdao (PRC); gmp Architekten von Gerkan, Marg und Partner, Hamburg; S. 64
Freiham Nord, Schwerpunkt Wohnen und Quartierszentrum, München (D); florian krieger – architektur und städtebau, Darmstadt, mit lohrberg stadtlandschaftsarchitektur, Stuttgart; S. 81
Freiham Nord, Schwerpunkt Stadtteilzentrum, München (D); MORPHO-LOGIC Architektur und Stadtplanung mit t17 Landschaftsarchitekten, München; S. 161
City-Bahnhof, Ulm (D); HÄHNIG|GEMMEKE Freie Architekten BDA, Tübingen; S. 103
Bebauung und Neugestaltung des westlichen Ortsrandes, Köln-Roggendorf/Thenhoven (D); Dr. Michael Hecker, Architekt+Stadtplaner mit urbane gestalt, Johannes Böttger Landschaftsarchitekten, Köln; S. 113
Stadtraum Bayerischer Bahnhof, Leipzig (D); Wessendorf Architektur Städtebau mit Atelier Loidl, Berlin; S. 147
Qingdao Science and Technology City, Qingdao (PRC); KSP Jürgen Engel Architekten, Berlin/Braunschweig/Köln/Frankfurt a. M./München/Peking; S. 148
Vorderer Kätzleberg, Stockach (D); LS Architektur und Städtebau, Stuttgart, mit Braun+Müller Architekten BDA, Konstanz; S. 231, 251
FredericiaC, Fredericia (DK); KCAP Architects&Planners, Rotterdam/Zürich/Shanghai; S. 274, 281

2012
Funkkaserne Nord, München (D); LÉON WOHLHAGE WERNIK mit Atelier Loidl, Berlin; S. 130
Europan 11, Central Lake, Kanaalzone, Leeuwarden (NL); BudCud, Krakau; S. 156
Jacob Geelbuurt, Vernieuwingsplan, Amsterdam (NL); JAM* architecten, Amsterdam; S. 286

2013
Neubau einer Wohnsiedlung an der Ludlstraße, München (D); LORBER PAUL Architekten GmbH mit club L94 Landschaftsarchitekten, Köln; S. 136
Städtebauliche Entwicklung Dichterviertel Nord, Ulm (D); bbzl – böhm benfer zahiri landschaften städtebau, Berlin; S. 199

2014
Ehemaliges Dornier-Gelände Süd, München (D); pp a|s pesch partner architekten stadtplaner GmbH, Dortmund/Stuttgart; S.125
Ehemalige Bayernkaserne, München (D); COBE Berlin mit MAN MADE LAND, Berlin; S. 185
Ehemalige Bayernkaserne, München (D); Ammann Albers GmbH StadtWerke mit Studio Vulkan Landschaftsarchitektur GmbH, Zürich; S. 215
Ehemalige Bayernkaserne, München (D); Arbeitsgemeinschaft ARGE MAX DUDLER HILMER SATTLER, Max Dudler, Berlin/München/Zürich/Frankfurt a. M., mit Hilmer Sattler Architekten Ahlers Albrecht Gesellschaft von Architekten mbH, Berlin/München und AGS Garten Adelheid Schönborn, Muhr am See; S. 292
Klimopass – Städtebauliche Rahmenplan Klimaanpassung der Stadt Karlsruhe (D); berchtoldkrass space&options, Karlsruhe, mit GEO-NET Umweltconsulting Hannover, Prof. Dr. Jürgen Baumüller, Stuttgart und Prof. Dr. Günter Groß, Hannover; S. 279
Landshut West, Landshut (D); Schellenberg + Bäumler Architekten GmbH, Dresden, mit ADLER & OLESCH Landschaftsarchitekten GmbH und Stadtplaner, Nürnberg/München; S. 289

2015
Wohnbauentwicklung Nordsteimke/Hehlingen, Wolfsburg (D); Thomas Schüler Architekten und Stadtplaner, Düsseldorf/Stuttgart, mit faktorgrün Landschaftsarchitekten, Freiburg i. Br./Rottweil/Heidelberg/Stuttgart; S. 61
Eureka Kvarteret – major new urban development, Oslo (NO); Schmidt Hammer Lassen Architects, Århus; S. 105
Neugestaltung des Quartiers Elbbrücken, HafenCity Hamburg (D); Hosoya Schaefer Architects AG, Zürich; S. 137
Bahnhofsareal Schwäbisch Hall (D); K9 ARCHITEKTEN Borgards.Lösch.Piribauer, Freiburg i. Br.; S. 195
Wittener Straße, Bochum (D); reicher haase assoziierte GmbH, Aachen/Vianden/Aachen/Dortmund, mit GREENBOX Landschaftsarchitekten, Köln/Düsseldorf/Stuttgart; S. 253
Wohnen für alle – mitten in Wilhelmsburg, Hamburg (D); DeZwarteHond, Rotterdam/Groningen/Köln, mit RMP Stephan Lenzen Landschaftsarchitekten, Bonn/Hamburg/Köln/Mannheim/Berlin; S. 287

2016

Wohnen am Volkspark, Hamburg (D); 03 Architekten GmbH, München, mit grabner huber lipp landschaftsarchitekten und stadtplaner partnerschaft mbb, Freising; S. 52

Schumacher-Quartier, Berlin (D); scheuvens + wachten plus planungsgesellschaft mbh, Dortmund, mit WGF Landschaft, Landschaftsarchitekten GmbH, Nürnberg; S. 226

Schumacher-Quartier, Berlin (D); OCTAGON architekturkollektiv, Leipzig, mit Latz + Partner LandschaftsArchitekten Stadtplaner, Kranzberg; S. 268

Wohngebiet nördlich Frankfurter Berg – Hilgenfeld, Frankfurt a. M. (D); Thomas Schüler Architekten und Stadtplaner, Düsseldorf/Stuttgart, mit faktorgrün Landschaftsarchitekten, Freiburg i. Br./Rottweil/Heidelberg/Stuttgart; S. 267

Wohngebiet nördlich Frankfurter Berg – Hilgenfeld, Frankfurt a. M. (D); DeZwarteHond, Rotterdam/Groningen/Köln, mit RMP Stephan Lenzen Landschaftsarchitekten, Bonn/Hamburg/Köln/Mannheim/Berlin; S. 269

Städtebauliche Entwicklung Deutzer Hafen, Köln (D); COBE Copenhagen, Copenhagen, mit Ramboll Studio Dreiseitl, Überlingen/Singapur/Beijing/Hamburg, Transsolar KlimaEngineering, Stuttgart und knp. bauphysik GmbH, Köln; S. 283

2017

Masterplan of the historical city center, Tscheljabinsk (RU); de Architekten Cie, Poro Puljiz, Amsterdam, mit felixx, Rotterdam; S. 133

Entwicklung des Baugebiets Bruhweg II, Gerlingen (D); MARS Metropolitan Architecture Research Studio, Esch-Sur-Alzette/Kaiserslautern, mit Agence Ter, Karlsruhe/Paris; S. 229

Leipzig 416 – Eutritzscher Freiladebahnhof, Leipzig (D); OCTAGON architekturkollektiv, Leipzig mit Atelier LOIDL, Berlin und FILON. Landschaftsarchitektur & Visualisierung, Leipzig; S. 271, 295

Abbildungsverzeichnis

Eigene Darstellung: S. 12, 13, 19 (Abb. 2.1, 2.3, 2.4), 20, 21, 29 (Abb. 2.13, 2.14), 33, 45, 46, 57, 62, 66, 70, 101 (Abb. 6.3 – 6.6), 143, 191, 209, 221
Eigene Darstellung, nach Rubin: S. 19 (Abb. 2.2)
Eigene Darstellung, nach Gruber: S. 101 (Abb. 6.1, 6.2)
Luc Viatour, Brüssel (B): S. 29 (Abb. 2.12)
OMA AMO: S. 43 © 2013 ProLitteris, Zurich
MVRDV: S. 67 © ProLitteris, Zurich
Planabbildungen aus: Jelte Boeijenga, Jeroen Mensink: Vinex Atlas, Rotterdam 2008. Abdruck mit freundlicher Genehmigung durch nai010 publishers, Rotterdam (NL): S. 238 (u.), 239 (u.)
Stadt Konstanz (D) S. 244
Beauty and the Bit, Madrid (ES): S. 283 (o.)
adaptive Architektur | Fritz und Braach, Zürich (CH): S. 311, 313 (Abb. 11.5), 315 (Abb. 11.10)
Esri Deutschland GmbH, Kranzberg (D), © Esri 2012: S. 313 (Abb. 11.2)
KAISERSROT, Zürich (CH): S 313 (Abb. 11.3, 11.4), 314, 315 (Abb. 11.7 – 11.9)
HafenCity Hamburg GmbH/Fotofrizz (D): S. 318/319
ELBE&FLUT, Thomas Hampel, Hamburg (D): S. 324
AGORA s.à r.l. & Cie, Esch-sur-Alzette (LU): S. 326/327, 328 (Abb. li. o., u.), 330
Rolo Fütterer, Esch-sur-Alzette (LU), S. 328 (Abb. re. o.)
Manfred Grohe, Kirchentellinsfurt (D): S. 332/333
Leonhard Schenk, Stuttgart (D): S. 322, 335 (Abb. li. o., re. o.), 336

Alle übrigen Abbildungen wurden dem Autor freundlicherweise von den jeweiligen Büros zur Verfügung gestellt, die Abbildungen der Werkbundsiedlung Wiesenfeld vom Deutschen Werkbund Bayern e.V.

Die Covergestaltung von Hug & Eberlein basiert auf ein Modell von keiner balda architekten, mit Johann Berger (Projekt 10.56, S. 304)

Leonhard Schenk,
Architekt und Stadtplaner

Leonhard Schenk, Jahrgang 1965, Prof. Dipl.-Ing., leitet an der HTWG Konstanz das Fachgebiet Städtebau und Entwerfen. Er ist Architekt, Regierungsbaumeister und Stadtplaner und gehört dem Bund Deutscher Architekten (BDA), dem Deutschen Werkbund (DWB), der Vereinigung für Stadt-, Regional- und Landesplanung (SRL) und der Deutschen Akademie für Städtebau und Landesplanung (DASL) an.

Als Inhaber des Büros LS Architektur Städtebau, Stuttgart, befasst er sich mit Stadtplanung sowohl aus Auftraggebersicht, als Berater von Kommunen, staatlichen Institutionen, Firmen sowie NGOs, aber auch aus der Architektensicht mit Planungsentwürfen, Rahmenplanungen und Wettbewerbsbeiträgen. Aus einem solchen Wettbewerb ging das Büro LEHEN drei Architekten Stadtplaner" hervor, dessen Gründungsmitglied und langjähriger Gesellschafter er bis 2008 war. In dieser Zeit gewann er den Deutschen Städtebaupreis und den Europäischen Städtebaupreis – jeweils für das Projekt Südstadt Tübingen.

In die in diesem Buch eingenommene Perspektive „Wie lässt sich Stadt entwerfen?" versetzt sich Leonhard Schenk mit seinen Studierenden regelmäßig. Aus dieser Sicht heraus ist die Zusammenstellung von alten und neuen abstrahierenden und damit allgemeingültigen Entwurfsmethoden und -werkzeugen entstanden, die er anhand von gelungenen Entwürfen – häufig aus Wettbewerbserfolgen – analysiert, diskutiert und auf ihre Anwendbarkeit hin überprüft. Dazu schöpft der Verfasser zahlreicher Publikationen, vor allem zum Städte- und Wohnungsbau in Deutschland und den Niederlanden, aus einem reichen Erfahrungsschatz aus eigenen Wettbewerbsbeiträgen, vor allem aber aus seiner breiten Gutachter- und Jurorentätigkeit bei städtebaulichen Projekten.

Oliver Fritz
Architekt

Oliver Fritz, Jahrgang 1967, Prof. Dipl.-Ing., leitet seit 2012 das Fachgebiet Digitale Medien und Architekturdarstellung an der HTWG Konstanz. Von 2005 bis 2013 war er Gesellschafter im Büro „Adaptive Architektur", Fritz und Braach, Zürich. Er ist Gründungsmitglied des Forschungsnetzwerks „KAISERSROT" für Architektur, Städtebau und Computertechnologie, Kaiserslautern/Rotterdam/Zürich. Von 2008 bis 2012 war er Professor für CAD und Darstellende Geometrie an der Fachhochschule Köln. Oliver Fritz ist Verfasser zahlreicher Publikationen zum Thema computergestütztes Entwerfen und Bauen.

Rolo Fütterer
Architekt

Rolo Fütterer, Jahrgang 1963, Prof. Dipl.-Ing., lehrt seit 2008 als Professor für Städtebau und Freiraumplanung an der Fachhochschule Kaiserslautern. Er ist Gründungsmitglied des Büros „M.A.R.S" (Metropolitan Architecture Research Studio), das er seit 2010 in Luxemburg leitet. Von 2000 bis 2002 war er Direktor bei Jo Coenen & Co Architects in Maastricht, danach bis 2009 geschäftsführend in Luxemburg. Rolo Fütterer berät zahlreiche in- und ausländische Städte in städtebaulichen Fragen und ist u. a. Masterplaner in Belval, Luxemburg. Seit 2011 ist er Auditor der Deutschen Gesellschaft für Nachhaltiges Bauen (DGNB) im Bereich Stadtquartiere.

Markus Neppl
Architekt BDA

Markus Neppl, Jahrgang 1962, Prof. Dipl.-Ing., leitet seit 2003 das Fachgebiet Stadtquartiersplanung und Entwerfen am Karlsruher Institut für Technologie (KIT), von 2008 bis 2012 als Dekan und seit 2013 als Studiendekan der Fakultät für Architektur. Von 1999 bis 2003 war er Professor für Städtebau und Entwerfen an der Universität Kaiserslautern. 1990 gründete er zusamen mit Kees Christiaanse, Peter Berner und Oliver Hall das Büro ASTOC Architects and Planners mit Sitz in Köln, in dem er seither Gesellschafter ist. Er ist Verfasser von zahlreichen Publikationen, ausgezeichneten Projekten und prämierten Wettbewerbsarbeiten im nationalen und internationalen Kontext.

Mit freundlicher Unterstützung der

STIFTUNG
LEBENDIGE STADT

Lektorat: Ilka Backmeister-Collacott
Projektkoordination: Annette Gref, Katharina Kulke
Herstellung: Amelie Solbrig
Layout, Covergestaltung: Hug & Eberlein
Satz: typocepta
Papier: Amber Graphic, 120 g/m²
Druck: Grafisches Centrum Cuno GmbH & Co.KG, Calbe

Library of Congress Control Number: 2018943491

Bibliografische Information der Deutschen Nationalbibliothek
Die Deutsche Nationalbibliothek verzeichnet diese Publikation in der Deutschen Nationalbibliografie; detaillierte bibliografische Daten sind im Internet über http://dnb.dnb.de abrufbar.

ISBN 978-3-0356-1600-2 (Softcover)
ISBN 978-3-0356-1747-4 (Hardcover)

e-ISBN (PDF) 978-3-0356-1750-4
e-ISBN (EPUB) 978-3-0356-1748-1
Englisch Print-ISBN 978-3-0346-1325-5

2. überarbeitete und erweiterte Auflage

Postfach 44, 4009 Basel, Schweiz
Ein Unternehmen der Walter de Gruyter GmbH, Berlin/Boston

9 8 7 6 5 4 3 2 1 www.birkhauser.com